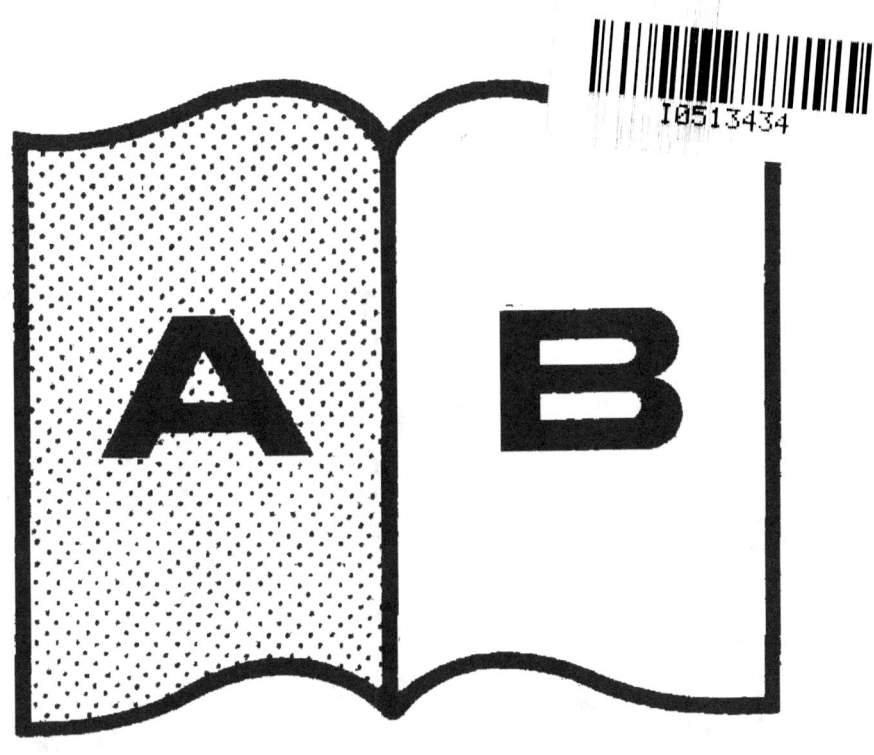

Contraste insuffisant

NF Z 43-120-14

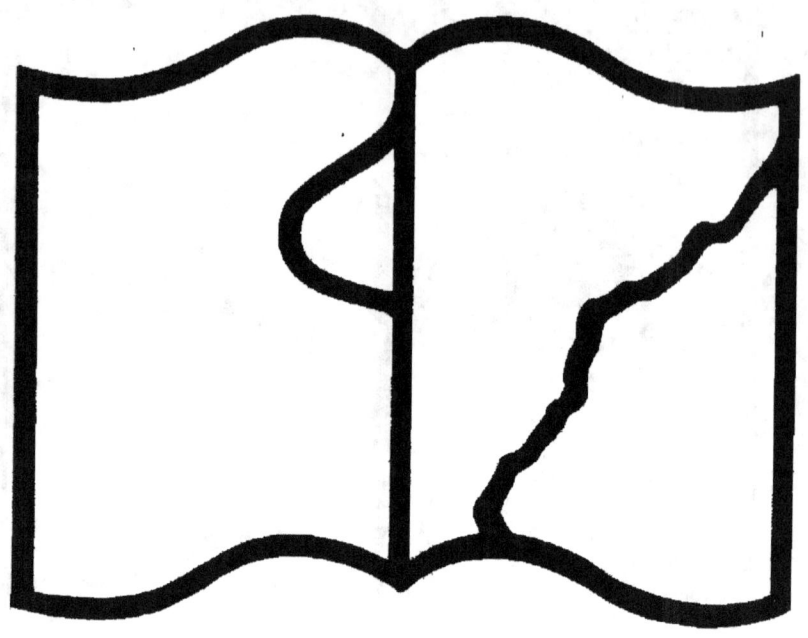

Texte détérioré — reliure défectueuse
NF Z 43-120-11

Y. §496.
+ c - s.

DICTIONNAIRE
DES
THÉÂTRES
DE PARIS.

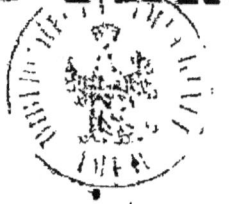

DICTIONNAIRE
DES
THÉÂTRES
DE PARIS,

Contenant toutes les Piéces qui ont été représentées jusqu'à présent sur les différens *Théâtres François*, & sur celui de l'*Académie Royale de Musique* : les Extraits de celles qui ont été jouées par *les Comédiens Italiens*, depuis leur rétablissement en 1716, ainsi que des *Opera Comiques*, & principaux Spectacles des Foires *Saint Germain & Saint Laurent*. Des faits Anecdotes sur les Auteurs qui ont travaillé pour ces Théâtres, & sur les principaux Acteurs, Actrices, Danseurs, Danseuses, Compositeurs de Ballets, Dessinateurs, Peintres de ces Spectacles, &c.

TOME CINQUIEME.

A PARIS,

Chez LAMBERT, Libraire, rue de la Comédie Françoise, au Parnasse.

M. DCC. LVI.
Avec Approbation, & Privilége du Roy.

DICTIONNAIRE DES THÉATRES.

✳✳✳✳✳✳✳✳✳✳✳✳✳✳✳✳✳✳✳✳✳

SA

ABINUS, Tragédie de M. *Richer*, représentée le Mercredi 29 Décembre 1734. suivie du *Médecin malgré lui*, in-12. Paris, Prault fils. *Hist. du Th. Fr. année* 1734.

SABLIER, (N......) Auteur vivant a donné au Théatre Italien :

LA JALOUSIE SANS AMOUR, *ou la* RUPTURE EMBARRASSANTE, Comédie Françoise en prose & en trois actes, 1728. non imp.

LES EFFETS DU JEU ET DE L'AMOUR, Comédie Françoise en prose & en trois actes, 1729. non imprimée.

SABOTIERE, (la) Pantomime représentée sur le Théatre de l'Opéra Comique le Mercredi 2 Septembre 1744. Ce Ballet étoit exécuté par les Sieurs *La Pierre*, Danseur Anglois,

Tome V.   A

& *Joffet*, ce dernier déguisé en femme. Voici quelle en étoit l'idée.

Une femme qui vient du marché, porte à son bras un panier dans lequel sont deux pigeons. Pendant qu'elle danse, un Villageois s'empare du panier qu'elle a posé à terre; elle s'en apperçoit, l'arrête. Il lui rend un pigeon & s'enfuit avec l'autre. La femme court appeller ses amis, on voit arriver une troupe de Villageois qui suivent le paysan, & après bien des lazzis, le forcent de payer à la femme le prix de sa marchandise. Le tout finissoit par un Ballet général. *Note Manuscrite*.

SABOTIERS, (les Enfans) c'est un des Ballets pantomimes qui attirerent de si nombreuses chambrées à la Comédie Italienne, depuis celui des *Enfans Jardiniers*, le Lundi 16 Octobre 1741. jusqu'à la clôture de Pâques 1742. & dont le principal honneur étoit dû à la Demoiselle *Roland*, au Sieur *Poitiers* & à ses enfans, un petit garçon de sept ans, & une petite fille de cinq, sur-tout à la derniere, qui avoit appris à mériter les applaudissemens du Public, par les graces & la précision de sa danse, dans un âge où d'autres enfans ont bien de la peine à apprendre à marcher. Plusieurs de ces Ballets, & celui des *Enfans Sabotiers* en particulier, empruntoient leurs noms de différens pas de deux que le frere & la sœur y exécutoient ensemble, & se donnoient sous le titre d'*Enfans Sabotiers*, *Jardiniers*, &c. La Demoiselle *Foulquier* (*Catinon*) & le Sieur *Vicentini* le fils, neveu de la Demoiselle de Hesse, ont depuis dansé ensemble un pas de deux d'Enfans

Sabotiers; ce n'étoit ni le même pas ni la même Musique, mais c'étoit le même talent; aussi, tant de prodiges en ce genre, si souvent renouvellés depuis environ quatorze ans, le souvenir encore récent de l'enfance de la Demoiselle Puvignée, la brillante réussite du Sieur Pietro le fils à l'Opéra Comique & au Théatre François, & fort récemment celle de la petite Demoiselle Frédéric (*) au même Théatre, vont-ils accoutumer les spectateurs à juger avec autant de sévérité les danseurs de cet âge, que ceux à qui un exercice de quinze ans a donné le temps de se perfectionner. Il faut remarquer que nous ne parlons ici que des enfans que nous avons vû danser, pour ainsi dire, au sortir du berceau, & que depuis la même époque on a applaudi, & l'on applaudit encore tous les jours sur différens Théatres de Paris, des talens pour la danse qu'on n'ose presque plus appeller prématurés à dix ou douze ans, lorsqu'on les voit exercer à cinq, six & sept, avec un succès si décidé.

SAC (le) DE JÉRICHO, Tragédie sainte du Sieur *Nancel.* Voyez *Josué.*

SAC (le) DE CARTHAGE, Tragédie en cinq actes & en prose, de M. *Puget de la Serre*, représentée au Théatre de l'Hôtel de Bourgogne en 1642. imp. la même année in-4°. Villery & Alliot. *Hist. du Th. Fr. année* 1642.

On a remarqué à l'article *Asdrubal* (*la mort d'*) que M. Montfleury, Auteur de cette piéce

---

(*) Elle est petite fille du Sieur Maltaire, surnommé l'Oiseau, à cause de sa légereté, de laquelle il semble qu'elle ait hérité.

avoit employé le sujet du *Sac de Carthage* de M. *de la Serre*, & n'avoit presque fait que mettre en vers la prose de ce premier Auteur.

SACRIFICE (le) SANGLANT. Voyez *Clarionte* ; Tragédie de M. de la *Calprenede*.

SAGE, (Alain-René le) né à Rhuys en Bretagne vers l'an 1677. mort à Boulogne sur mer le Vendredi 17 Novembre 1747. âgé de 80 ans, a composé pour le Théatre François.

LE POINT D'HONNEUR, Comédie en prose & en cinq actes, 1702.

DOM CÉSAR URSIN, Comédie en cinq actes & en prose, 1707.

CRISPIN RIVAL DE SON MAÎTRE, Comédie en un acte & en prose, 1707.

TURCARET, Comédie en cinq actes en prose, avec un prologue & un épilogue aussi en prose, 1709.

LA TONTINE, Comédie en prose & en un acte, 1732. *Hist. du Th. Franç. année* 1709.

Au Théatre Italien, en société avec Messieurs d'Orneval & Fuselier.

LE JEUNE VIEILLARD, Comédie Françoise en prose & en trois actes, & trois divertissemens, précédée d'un Prologue aussi en prose. (Le Prologue non imprimé.) 1722.

LA FORCE DE L'AMOUR, Comédie Françoise en prose & en un acte, suivie d'un divertissement, 1722.

LA FOIRE DES FÉES, Comédie Françoise en prose & en un acte, suivie d'un divertissement, 1722. Ces deux piéces précédées d'un rologue en profe, intitulé le *Dieu du hazard*, 1722.

Avec Monsieur d'Orneval.

L'ARBITRE DES DIFFÉRENDS, Comédie Françoife en profe & en trois actes, précédée d'un Prologue intitulé *Arlequin prologue*, 1725. non imprimée.

Au Théatre de l'Opéra Comique.

ARLEQUIN ROI DE SÉRENDIB, trois actes 1712.

ARLEQUIN THÉTIS, un acte, 1712.

ARLEQUIN INVISIBLE, un acte, 1712.

LA FOIRE DE GUIBRAY, Prologue, 1714.

ARLEQUIN MAHOMET, un acte, 1714.

LE TOMBEAU DE NOSTRADAMUS, un acte 1714.

ARLEQUIN COLONEL, un acte, 1714.

ARLEQUIN ET MEZZETIN HEUREUX POUR UN MOMENT, un acte, 1715.

LA CEINTURE DE VÉNUS, un acte, 1715.

TÉLÉMAQUE, Parodie, un acte, 1715.

LES EAUX DE MERLIN, un acte avec un Prologue, 1715.

LE TEMPLE DU DESTIN, un acte, 1715.

COLOMBINE ARLEQUIN, & ARLEQUIN COLOMBINE, un acte, 1715.

ARLEQUIN CHATOUILLEUX SUR LE POINT D'HONNEUR, un acte avec un Prologue, 1716.

ARLEQUIN HULLA, *ou la* FEMME RÉPUDIÉE, un acte, 1716.

Le Château des Lutins, un acte, avec un Prologue, 1718.

Arlequin Orphée le cadet, trois actes, 1718.

Les Filles ennuyées, Prologue, 1718.

Arlequin valet de Merlin, 1718.

La Princesse de Carisme, trois actes, 1718.

Le Miroir véridique, un acte, 1734.

Le Testament de la Foire, un acte, 1734.

La première Représentation, un acte, 1734.

Les Mariages de Canada, un acte, 1734.

Les deux Freres, un acte, 1734.

Le Rival dangereux, un acte, 1735.

Histoire de l'Opéra Comique, trois actes, 1736.

Le Mari préféré, un acte, 1736.

La Bazoche du Parnasse, un acte, 1738.

Le Neveu supposé, un acte, 1738.

Avec Messieurs Fuselier & d'Orneval.

Les Funérailles de la Foire, un acte, 1718.

Arlequin Endymion, un acte, 1721.

La Forêt de Dodone, un acte, avec un Prologue, 1721.

La Fausse Foire, Prologue, 1721.

La Boëte de Pandore, un acte, 1721.

LA TÊTE NOIRE, un acte, 1721.

LE RAPPEL DE LA FOIRE A LA VIE, un acte, 1721.

LE RÉGIMENT DE LA CALOTTE, un acte, 1721.

L'ENCHANTEUR MIRLITON, Prologue, 1725.

LA RAGE D'AMOUR, un acte, 1725.

LE TEMPLE DE MÉMOIRE, un acte, 1725.

LES COMÉDIENS CORSAIRES, Prologue, 1726.

L'OBSTACLE FAVORABLE, un acte, 1726.

LES AMOURS DÉGUISÉS, un acte, 1726.

LES DÉBRIS DE LA FOIRE S. GERMAIN, Prologue, 1727.

LES NOCES DE PROSERPINE, un acte, 1727.

LA PÉNÉLOPE FRANÇOISE, deux actes, 1728.

LES NOCES DE LA FOLIE, un acte, 1728.

LES AMOURS DE PROTÉE, un acte, 1728.

ACHMET ET ALMANZINE, trois actes, 1728.

LES PÊLERINS DE LA MECQUE, trois actes, 1728.

L'INDUSTRIE, Prologue, 1730.

ZÉMINE ET ALMANZOR, un acte, 1730.

LES ROUTES DU MONDE, un acte, 1730.

L'INDIFFÉRENCE, Prologue, 1730.

L'AMOUR MARIN, un acte, 1730.

L'ESPÉRANCE, un acte, 1730.

Avec M. d'Orneval.

L'ISLE DES AMAZONES, un acte, 1718.

La Statue merveilleuse, trois actes, 1720.

L'Ombre d'Alard, Prologue, 1721.

Magotin, un acte, 1721.

Robinson, un acte, 1721.

Arlequin Barbet, Pagode et Médecin, deux actes, avec un Prologue, 1723.

Les Captifs d'Alger, Prologue, 1724.

La Toison d'or, un acte, 1724.

L'Oracle muet, un acte, 1724.

La Pudeur a la Foire, Prologue, 1724.

La Matrone de Charenton, un acte, 1724.

Les Vendanges de la Foire, un acte, 1724.

Les Couplets en Procès, un acte, 1729.

La Reine de Barostan, un acte, 1729.

La Princesse de la Chine, trois actes, 1729.

Le Corsaire de Salé, un acte, 1729.

Les Spectacles malades, un acte, 1729.

L'Opéra Comique assiégé, un acte, 1730.

Roger Roi de Sicile, surnommé le Roi sans chagrin, trois actes, 1731.

Les Désespérés, Prologue, 1732.

Sophie et Sigismond, un acte, 1732.

La Fille Sauvage, un acte, 1732.

Avec M. Fuselier.

La Folie favorite de l'Amour et de Plutus, 1716.

Le Temple de l'Ennui, Prologue, 1716.
L'École des Amans, un acte, 1716.
Le Tableau du Mariage, un acte, 1716.

Avec Messieurs d'Orneval & Autreau.

Les Amours de Nanterre, un acte, avec un Prologue, 1718.

Avec Messieurs d'Orneval & Piron.

Les Trois Commeres, en trois actes, avec un Prologue, 1723.

Avec Messieurs d'Orneval & La Font.

Le Monde renversé, un acte, 1718.

Avec Monsieur de La Font.

La Querelle des Théatres, Prologue, 1718.

Avec Monsieur Fromaget.

Les Vieillards rajeunis, un acte, 1738.

Au Théatre des Marionnettes, avec Messieurs d'Orneval & Fuselier.

L'Ombre du Cocher Poëte, Prologue, 1722.
Pierrot Romulus, un acte, 1722.
Le Rémouleur d'Amour, un acte, 1722.
Sage (le) de Montmény, Comédien François. Voyez *Montmény.*
Sage (le) Comédien François, a débuté à Paris le Mercredi 30 Août 1741. par le role de *Gustave* dans la Tragédie de ce nom. Il n'a

point été reçu. *Histoire du Théatre François*, année 1741.

SAGE (le) ÉTOURDI, Comédie en trois actes & en vers de M. *Boiſſi*, repréſentée le Lundi 30 Août 1745. ſuivie de la *Folie du Jour*, piéce en un acte du même Auteur. Paris, in-12. & dans le Recueil des Œuvres de l'Auteur. *Hiſt. du Th. Fr. année* 1745.

SAGE (le) GOUVERNEUR. Voyez l'*Art de régner*, de M. *Gillet de la Teſſonnerie*.

SAINCTYON, (N......... de) de Paris, Auteur Dramatique, mort en cette même ville au mois de Septembre 1723. a donné au Théatre François:

LES FAÇONS DU TEMS, Comédie en cinq actes & en proſe, 1685.

En ſociété avec M. Dancourt.

LE CHEVALIER A LA MODE, Comédie en cinq actes & en proſe, 1687.

LES BOURGEOISES A LA MODE, Comédie en cinq actes & en proſe, 1692.
Hiſt. du Th. Franç. année 1692.

SAINTFOIX, (Germain - Poullain de) Gentilhomme Breton, Auteur vivant, a donné au Théatre François :

PANDORE, Comédie en proſe & en un acte, ſuivie d'un divertiſſement, 1721. non imp.

L'ORACLE, Comédie en proſe & en un acte, ſuivie d'un divertiſſement, 1740.

DEUCALION ET PYRRHA, Comédie en proſe & en un acte, ſuivie d'un divertiſſement, 1741.

L'Isle Sauvage, Comédie en prose & en trois actes, suivie d'un divertissement, 1743.

Les Graces, Comédie en prose & en un acte, suivie d'un divertissement, 1744.

Égérie, Comédie en prose & en un acte, 1747.

La Colonie, Comédie en prose & en trois actes, précédée d'un Prologue aussi en prose, 1749.

Le Rival supposé, Comédie en prose & en un acte, 1749.

Les Hommes, Comédie-Ballet en prose & en un acte, (*) 1753.

Au Théatre Italien.

La Veuve a la mode, Comédie Françoise en prose & en trois actes, 1726. non imprimée.

Le Contrast de l'Amour et de l'Himen, Comédie Françoise en prose & en trois actes, suivie d'un divertissement, 1727. non imprimée.

Le Sylphe, Comédie Françoise en prose & en un acte, 1743.

Divertissement pour le Mariage de Monseigneur le Dauphin et de la Princesse de Saxe, en prose & en un acte, avec des agrémens, 1747.

Le Double déguisement, Comédie Françoise en prose & en un acte.

Zéloïde, Tragédie en prose & en un acte.

(*) La première représentation du Jeudi 28 Juin 1753, elle a eu un grand succès. (Paris, Duchesne.)

ARLEQUIN AU SÉRAIL, Comédie Françoise en profe & en un acte ; ces trois piéces précédées d'un Prologue muet, de danfes, 1747.

LES VEUVES RIVALES, Comédie Françoife en profe & en un acte, fuivie d'un divertiffement, 1747.

LES MÉTAMORPHOSES, ou LES PARFAITS AMANS, Comédie Françoife en profe & en quatre actes, avec des divertiffemens, 1748.

LA CABALE, Comédie Françoife en profe & en un acte, fuivie d'un divertiffement, 1749. non imprimée.

ALCESTE, Divertiffement en profe & en un acte, fur la convalefcence de Monfeigneur le Dauphin, 1752. (*)

SAINTONGE (Louife-Geneviéve Gillot, femme de Monfieur de) fille de Pierre Gillot, Sieur de Dancourt, & de Demoifelle Geneviéve de Gomez, naquit à Paris en 1650. & mourut dans la même ville le 24 Mars 1718. elle fut inhumée en l'Eglife de S. Louis en l'Ifle ; cette Dame a fait beaucoup d'ouvrages, & quelques Poëmes Dramatiques, qui font raffemblés en deux volumes in-12. quelques traductions, & entr'autres, celle de la *Diane de Monte-maior*; une *Vie de Don Antoine, Roi de Portugal*, &c. Elle a donné auffi au Théatre de l'Académie Royale de Mufique.

DIDON, Tragédie lyrique en cinq actes, précédée d'un Prologue, Mufique de M. *Des Marets*, 1693.

CIRCÉ, Tragédie lyrique en cinq actes, pré-

―――――――――――――――――
(*) La premiére repréfentation du Mardi 19 Septembre. Paris, Duchefne.

cédée d'un Prologue, Musique du même, 1694.

SAINT-GLAS, (Pierre de) Prieur de Saint Uffans, a composé pour la scène Françoise:

Les Bouts-rimés, Comédie en un acte & en prose, 1681. *Hist. du Th. Franç. année 1682.*

SAISONS, (les) Ballet en quatre actes, avec un Prologue, de M. l'Abbé *Pic*, Musique de M. *Collasse*, représenté par l'Académie Royale de Musique au mois d'Octobre 1695. in-4°. Paris, Ballard, & tome V. du Recueil général des Opéra.

IIe Reprise du Ballet des *Saisons*, au mois de Février 1700. 2e édition in-4°. Ballard.

Acteurs du Prologue.

Melpomène.	Mlle Du Lac.
Euterpé.	Mlle Renaud.
Le Permesse.	Le Sieur Dun.
Clio.	Mlle Heufé.
Apollon.	Le Sieur Thévenard.

Ballet.

Suite du Permesse.
Les Sieurs Blondy, Baraze & Dumoulin L.
Nayades.   Mlle Dangeville.
Mlles Desmatins & Le Maire.
Suite des Muses.
Les Sieurs Germain, Boutteville & De Rouan.
Mlles Freville & Clément.

I. Entrée. *Le Printems ou l'Amour coquet.*

Le Printems.	Le Sieur Pithou.
Zéphyre.	Le Sieur Chopelet.
Flore.	Mlle Moreau.
Cloris.	Mlles Heufé & Du Lac alternativement.

Ballet.

Suite du Printems.   Mlle Subligny.
Mlles Desplaces, Dangeville, Le Maire & Desmatins.

SA

Les Sieurs Dumirail, Germain, Boutteville
& Dumoulin C.

II. ENTRE'E. *L'Eté ou l'Amour constant & fidéle.*

L'Eté.	Le Sieur Boutelou.
Vertumne.	Le Sieur Thévenard.
Pomone.	Mlle Moreau.
Cérès.	Mlle Maupin.

BALLET. *Fête de Village.*

Le Seigneur & sa femme.	Le Sieur Bouteville & Mlle Subligny.
Le Bailly & sa femme.	Le Sieur Ferrand & Mlle Dangeville.
Paysans.	Les Sieurs Lestang & Du Mirail.

Bergers & Bergéres.

Les Sieurs Balon, De Rouan, Dumoulin L.
Fauveau & Dumay.
Mlles Dufort, Freville, Le Maire,
Desmatins & Ruel.

Un Pastre. Le Sieur Dumoulin C.

III. ENTRE'E. *L'Automne ou l'Amour paisible dans l'état du Mariage.*

L'Automne.	Le Sieur Guyat.
Ariadne.	Mlle Heusé.
Bacchus.	Le Sieur Hardouin.
Céphise.	Mlle Prevost.

BALLET.

Vendangeuses & Vendangeurs. Mlle Desplaces.
Mlles Freville, Le Maire, Clément,
Chapelle, Desmatins & Ruel.
Les Sieurs Blondy, Barazé, De Rouan,
Dumoulin L. Ferrand, Dumay & Renoult.
Une petite Vendangeuse. Mlle Prevost.
Deux petits Vendangeurs. Les petits Du Ruel
& Clausse.

IV. ENTRE'E. *L'Hyver ou l'Amour brutal.*

L'Hyver.	Le Sieur Desvoyes.
Borée.	Le Sieur Dun.
Aquilons.	Le Sieur Poussin.
Orithie.	Mlle Desmatins.

Bohémiens & Bohémiennes.
Mlles Desmatins, Le Maire & Ruel.
Le Sieur Lestang.
Les Sieurs Baraué, Blondy, De Rouan
& Dumoulin L.

Espagnols & Espagnolettes.

Espagnol chantant.	Le Sieur David.
Espagnolette chantante.	Mlle Ghérardi.
Arlequine.	Mlle Dufort.
Deux Arlequins.	Les Sieurs Bouteville & Fauveau.
Allemand & Allemande.	Le Sieur Ferrand & Mlle Chapelle.
Polichinelle.	Le Sieur Dumoulin G.
Deux petits Polichinelles.	Les petits Claussé & Ruel.

IIIᵉ Reprise du Ballet des *Saisons*, avec des changemens, le 20 Septembre 1707. 3ᵉ édit. in 4°. Ballard.

Acteurs du Prologue.

Clio.	Mlle Aubert.
Euterpe.	Mlle Du Jardin.
Melpomène.	Mlle Boisé.
Le Permesse.	Le Sieur Dun.
Apollon.	Le Sieur Thévenard.
Une Bergere.	Mlle Heusé.

Ballet.

Mlle Guyot & le Sieur D. Dumoulin.

I. Entre'e. *Le Printems.*

Le Printems.	Le Sieur Cochereau.
Zéphire.	Le Sieur Chopelet.
Cloris.	Mlle Aubert.
Flore.	Mlle Poussin.

II. Entre'e. *L'Eté.*

L'Eté.	Le Sieur Boutelou.
Vertumne.	Le Sieur Thévenard.
Pomone.	Mlle Desmatins.
Cérès.	Mlle Du Jardin.

III. ENTRE'E. *L'Automne.*

L'Automne.	Le Sieur Beaufort.
Céphise.	Mlle Aubert.
Ariadne.	Mlle Poussin.
Baschus.	Le Sieur Hardouin.

BALLET. *Vendangeur & Vendangeuse.*

Mlle Prevost & le Sieur Balon.

IV. ENTRE'E. *L'Hyver.*

L'Hyver.	Le Sieur Desvoyes.
Borée.	Le Sieur Dun.
Aquilon,	Le Sieur Buseau.
Orithie.	Mlle Desmatins.
Apollon,	Le Sieur Creté.
Momus.	Le Sieur Daniel.

BALLET.

Le Sieur Blondy & Mlle Guyot.
Le Sieur D. Dumoulin & Mlle Prevost.

IVe REPRISE du Ballet des *Saisons*, le Mardi 12 Juillet 1712. 4e édition in-4° Ballard. A cette Reprise on supprima le Prologue.

I. ENTRE'E. *Le Printems.*

Le Printems.	Le Sieur Cochereau.
Zéphyre.	Le Sieur Beaufort.
Cloris.	Mlle Limbourg.
Flore.	Mlle Poussin.

BALLET. *Suite de Zéphyre.*

Le Sieur D. Dumoulin.
Les Sieurs Germain, Gaudreau, F. & P. Dumoulin.
Suite de Flore.
Mlles Mangot, Isecq, Haran & Dossise.

II. ENTRE'E. *L'Eté.*

L'Eté.	Le Sieur Chopelet.
Vertumne.	Le Sieur Thévenard.
Pomone.	Mlle Journet.
Cérès.	Mlle Antier.

BALLET. *Fête de Village.*

Le Seigneur & sa femme. Le Sieur Marcel & Mlle Maugis.

SA

La fille.	Mlle Prevost.
Le Bailly & sa femme.	Le Sieur Ferrand & Mlle Le Maire.
Le Fermier & la Fermière.	Le Sieur P. Dumoulin & Mlle Ifecq.

Bergers & Bergères.
Les Sieurs Favier, Pierret & Rameau.
Mlles Mangot, Haran & Doflife.

Un Pastre.	Le Sieur F. Dumoulin.

III. ENTRÉE. L'Automne.

L'Automne.	Le Sieur Le Mire.
Céphise.	Mlle Limbourg.
Ariadne.	Mlle Heusé.
Bacchus.	Le Sieur Hardouin.

BALLET. Vendangeurs & Vendangeuses.
Les Sieurs Dangeville, Javillier, Gaudrau & Duval.
Mlle Guyot.
Mlles Mangot, Ifecq, Haran & Doflife.

Paysan & sa femme.	Le Sieur Marcel & Mlle Chaillou.

IV. ENTRÉE. L'Hyver.

L'Hyver.	Le Sieur Mantienne.
Borée.	Le Sieur Dun.
Aquilon.	Le Sieur Chopelet.
Orithie.	Mlle Journet.
Apollon.	Le Sieur La Rozière.
Momus.	Le Sieur Hardouin.

BALLET. Troupe de Masques.
Le Sieur Blondy.
Les Sieurs Germain, Ferrand, Javillier & Gaudrau.
Mlles Mangot, Haran, Ifecq & Doflife.

Espagnols.	Les Sieurs Dumoulin L. & Marcel.
Espagnoleттes.	Mlles Chaillou & Maugis.
Arlequin.	Le Sieur F. Dumoulin.
Une Pagode.	Le Sieur P. Dumoulin.

Vᵉ REPRISE du Ballet des *Saisons*, le Mardi 12 Mai 1722. 5ᵉ édition in-4°. Ribou.

ACTEURS DU PROLOGUE.

Melpomène.	Mlle Lisarde.

Euterpe.	Mlle Souris L.
Clio.	Mlle Tetrelette.
Le Permeſſe.	Le Sieur Chaſſé.
Apollon.	Le Sieur Thévenard.

BALLET. Suite d'Apollon.

Le Sieur Dupré & Mlle Dupré.
Les Sieurs Dumoulin & Myon.
Mlles Le Maire & De Liſle.
Suite du Permeſſe.   Le Sieur D. Dumoulin.
Les Sieurs F. Dumoulin, Dangeville
& Maltaire.
Mlles La Ferriere, Duval & Thibert.

I. ENTRÉE. Le Printems.

Le Printems.	Le Sieur Muraire.
Zéphyre.	Le Sieur Tribou.
Cloris.	Mlle Minier.
Flore.	Mlle Eremans.

BALLET.

Suite de Flore.   Mlle Prevoſt.
Mlles La Ferriere, Dupré, Duval & De Liſle.
Suite de Zéphyre.
Les Sieurs F. & P. Dumoulin, Laval
& Dangeville.

II. ENTRÉE. L'Eté.

L'Eté.	Le Sieur Grenet.
Vertumne.	Le Sieur Thévenard.
Pomone.	Mlle Antier.
Une Nymphe.	Mlle Souris L.

BALLET. Fête de Village.

Le Seigneur & ſa femme.	Le Sieur D. Dumoulin & Mlle Prevoſt.
Le Bailly & ſa femme.	Le Sieur Pietret & Mlle Le Maire.
Le Fermier & la Fermiere.	Le Sieur P. Dumoulin & Mlle Duval.

Bergers & Bergeres.
Les Sieurs Maltaire & Duval.
Mlles Roland & Thibert.

III. ENTRÉE. L'Automne.

L'Automne.	Le Sieur Le Mire.
Céphiſe.	Mlle Liſarde.

Ariadne.	Mlle Tulou.
Bacchus.	Le Sieur Dun.
Vendangeurs.	Les Sieurs Dautrep, Houbeau & Chassé.

BALLET. Pastres & Pastourelles.

Les Sieurs P. Dumoulin, Dangeville & Laval.
Mlles La Ferriere, Duval & Corail.
Vendangeurs & Vendangeuses.
Les Sieurs Javilliers, Pierret, Maltaire & Duval.
Mlles De Lisle, Le Maire, Le Roy & Thierry.

IV. ENTRÉE. *L'Hyver.*

L'Hyver.	Le Sieur Artaud.
Borée.	Le Sieur Dubourg.
Aquilon.	Le Sieur Tribou.
Orithie.	Mlle Antier.
Momus.	Le Sieur Le Mire.
Apollon.	Le Sieur Chassé.

BALLET.

Masques.	Le Sieur Dupré.
	Les Sieurs Laval, Dangeville, Maltaire, Duval & Pierret.
	Mlles Duval, Corail, Le Roy, Roland & Thibert.
Espagnols.	Le Sieur Blondy.
	Les Sieurs Dumoulin L. Marcel & Myon.
	Mlles De Lisle, Thierry & Le Maire.
Arlequin & Arlequine.	Le Sieur F. Dumoulin & Mlle La Ferriere.

L'Académie Royale de Musique ajouta le Mardi 16 Juin au Ballet des *Saisons*, la mascarade de *Pourceaugnac*, ce divertissement continua jusques & compris le Mardi 23 du même mois.

SALAMANDRES, (les) *ou* l'AMOUR VIOLENT, c'est le titre de la troisiéme Entrée du Ballet des *Génies*, de M. *Fleury*, mis en Musique par Mlle *Duval*, & représenté par l'Académie Royale de Musique en 1736. Voyez *Génies*. (les)

SALERNE, (l'Ecole de) Divertissement Pantomime, par M. *Valois d'Orville*, représenté dans le mois de Juillet 1747. par la Troupe Pantomime, sur le Théatre de l'Opéra Comique, Foire S. Laurent.

Cette Pantomime mérite un extrait un peu détaillé, ne fut-ce que pour mettre le public a portée d'apprécier l'adresse de l'Auteur; on va voir qu'il a jugé à propos de personnifier la ville de Salerne, & d'en faire un Professeur en Médecine, qui a des écoliers, & qui plus est des écolieres.

ACTEURS.

SALERNE.
PIERROT.
COLOMBINE.
UN MALADE.
UN CHIRURGIEN.
TROUPE DE MÉDECINS, DE CHIRURGIENS, D'APOTICAIRES ET DE SAGES-FEMMES.
TROUPE DE MANANS ARMÉS DE BÂTONS.
ÉLÉVES DE SALERNE.

La scéne est dans la maison du Docteur Salerne.

Le Théatre représente un jardin où l'on voit quantité de vases remplis de plantes & d'herbes aromatiques de toutes espéces.

SCÉNE PREMIÉRE.

SALERNE *seul.*

Salerne se proméne un livre à la main,

xaminant ses plantes, & réfléchissant sur leurs ropriétés.

SCÉNE II.

SALERNE, PIERROT.

Pierrot, sans être apperçu de Salerne, considere aussi chaque vase, en imitant son Maître ironiquement. Salerne l'apperçoit, lui donne ordre d'aller chercher Colombine, & la prier de vouloir bien lui venir parler au sujet du mariage qu'ils doivent contracter ensemble.

SCÉNE III.

SALERNE *seul.*

Fatigué par ses travaux continuels, le sommeil s'empare de Salerne, il ôte sa robe, s'en fait un oreiller, se couche sur un lit de verdure, & s'endort.

SCÉNE IV.

PIERROT, SALERNE *endormi.*

Pierrot revient, s'étant acquitté de sa commission; il se met à rire de voir son Maître, homme si laborieux, n'avoir pu triompher des charmes du sommeil. Pierrot industrieux pour tout ce qui n'est que bouffonnerie, dérobe adroitement le vêtement de son Maître, endosse sa robe, décore son chef du bonnet doctoral, se munit d'un livre, & se proméne d'un air de contentement, comme s'il avoit toute la science de Salerne en partage.

SCÉNE V.

Colombine, Pierrot, Salerne *endormi*.

Colombine trompée par le travestissement de Pierrot, lui fait amitié, & Pierrot profitant de l'erreur, fait mille caresses à Colombine, & va même prendre dans les vases différentes simples, dont il forme un bouquet qu'il vient lui offrir. Colombine le reçoit galamment, mais à peine son odorat en est-il frappé qu'elle le jette. Pierrot le ramasse & le flaire à son tour. Au même instant ils se sentent provoqués à des éternuemens excessifs, ce qui éveille son Maître. Salerne fait entrer Colombine chez lui.

SCÉNE VI.

Salerne, Pierrot.

Salerne fait connoître à Pierrot le ridicule de la parure d'un sçavant, quand l'ignorance la porte. Il lui reprend sa robe & son bonnet ; Pierrot se fâche, faisant entendre à son Maître que pour en avoir été un seul instant revêtu, toute la science d'Hippocrate semble s'être infusée dans sa tête. Salerne rit de cette présomption, & lui fait connoître qu'il va le mettre à l'épreuve.

SCÉNE VII.

Pierrot, Salerne, un Chirurgien, un Malade.

Pierrot se propose de prouver tout son sçavoir

faire. On lui préfente un malade ; Salerne veut que Pierrot ordonne ce qu'il faut pour fa guérifon fans paroître embarraffé. Pierrot approche du fauteuil, tâte le poulx du bras droit, ordonne une faignée à ce même bras ; faifant la même chofe au bras gauche, autre faignée à ce bras là. Il pofe la main fur le front du malade, faignée du pied ; il lui fait tirer la langue, faignée à l'autre pied. Salerne le regarde enfuite, pour fçavoir s'il a rempli fon miniftere. Pierrot remplit une jatte de pilulles & les fait avaler au patient ; il va chercher une paire de bottes qu'il graiffe avec une chandelle, les lui met, & donne ordre qu'on le reméne chez lui. Salerne embraffe Pierrot, lui met fon bonnet fur la tête, & le félicite.

SCÉNE VIII.

SALERNE, TROUPE DE MÉDECINS, DE CHIRURGIENS, D'APOTICAIRES ET DE SAGES-FEMMES.

Plufieurs fuppots de la Faculté viennent en danfant rendre hommage à Salerne & à Pierrot.

SCÉNE IX.

Le Théatre change & repréfente un laboratoire rempli d'inftrumens de Chimie & de Botanique.

SALERNE, TROUPE D'ÉLÉVES.

Plufieurs jeunes gens de l'un & de l'autre exe, à qui Salerne vient de remettre un livre en main, se mettent à deux tables différentes, en devoir d'étudier. Salerne sort.

SCÉNE X.
Les Éléves *seuls*.

Ces jeunes gens ne voyant plus leur Maître, ferment leurs livres & se mettent à jouer. Les garçons jouent aux cartes, les filles au toton. Comme elles entendent quelque bruit, elles cessent de jouer, & viennent avertir ces jeunes gens, qui comme elles reprennent leurs livres, mais ne voyant venir personne, ils recommencent à jouer. Les disciples viennent ensuite regarder jouer les jeunes filles, & leur attrapent leurs totons. Elles courent après pour les ravoir; ils ne promettent de les leur rendre qu'à condition qu'ils danseront ensemble, à quoi elles consentent. Après avoir dansé, les garçons leur montrent à chacune leur toton, mais pour l'avoir il faut qu'elles se laissent embrasser. Les filles attrapent leurs totons; les garçons courent après pour les embrasser.

SCÉNE XI.
Salerne et les précédens.

Salerne les surprend dans cette attitude, les querelle vivement, les chasse & sort.

SCÉNE XII.
Pierrot, Colombine.

Pierrot fait entendre à Colombine qu'étant jeune & belle, il est ridicule à elle de vouloir épouser

épouser un barbon tel qu'est Salerne ; que si elle vouloit, il seroit bien mieux son affaire. Colombine l'envisage & le trouve à son gré ; ils se mettent la main l'une dans l'autre, promettent de s'unir, & s'en vont en dansant.

SCÉNE XIII.

SALERNE, PIERROT, COLOMBINE.

Salerne les arrête comme ils sortent ensemble ; il regarde Pierrot d'un air courroucé, lui fait des menaces, & sort dans le dessein de lui en faire ressentir les effets.

SCÉNE XIV.

PIERROT, COLOMBINE.

Pierrot & Colombine tremblans ne sçavent où se sauver, pour éviter la vengeance de Salerne. Pierrot cache Colombine dans une urne, & se sauve dans un alambic.

SCÉNE XV.

SALERNE, TROUPE DE MANANS
armés de bâtons.

Salerne cherche Pierrot de tous les côtés pour le faire assommer ; il regarde dans l'urne & dans l'alambic, & ne trouvant personne, il sort pour le chercher.

SCÉNE XVI.

PIERROT, COLOMBINE.

Ils sortent tous les deux des mêmes endroits

où ils s'étoient cachés. Pierrot dérange l'urne & l'alambic, & fait entendre à Colombine que quand Salerne viendra, il va lui jouer un tour.

SCÈNE XVII & *derniere.*

SALERNE, PIERROT, COLOMBINE.

Retrouvant les objets de son courroux, Salerne appelle au fond du Théatre les Manans qui le suivoient, mais dans l'instant il se trouve enfermé dans une cage. Pierrot lui promet la liberté s'il veut consentir qu'il épouse Colombine. Il lui présente une plume & du papier qu'il lui passe à travers le grillage. Salerne se voit forcé d'y souscrire, & le divertissement préparé pour la noce de Salerne sert pour celle de Pierrot. *Extrait Manuscrit.*

SALICOQUE, (l'Infante) *ou le* HÉROS DES ROMANS, Comédie en un acte, non imprimée, de M. *Brécourt*, représentée vers le 15 Août 1667. au Théatre de l'Hôtel de Bourgogne, à la suite de la première représentation de *Léandre & Ero*, Tragédie de M. de *Gilbert. Hist. du Th. Franç.* année 1667.

SALLE, (la) Comédien François, a débuté à Paris le Mercredi 8 Juin 1712. par les roles de *Crispin* dans la Comédie de *Crispin Médecin*, & de *Grichard* dans celle du *Grondeur*. Il n'a point été reçû. *Hist du Th. Fr.* année 1712.

SALLÉ, (Jean-Baptiste-Louis-Nicolas) Comédien François, étoit fils d'un Avocat de la ville de Troyes en Champagne, joua en 1697. à l'Opéra de Rouen, où il remplissoit les premiers roles de Basse-taille : débuta à Paris le 23 Août 1698. dans la Tragédie de *Manlius*, & la petite Comédie du *Deüil*. Passa ensuite en Pologne, & revint débuter pour la seconde fois à Paris au mois d'Août 1701. pour les roles de *Rois*, de *Paysans*, de *Gascons*, d'*Yvrognes*, de *Petits-Maîtres*, qu'il remplissoit supérieurement. Il est mort à Paris au mois de Mars 1706. âgé d'environ trente-cinq ans. *Hist. du Th. Fr. année* 1708.

SALLÉ, (Françoise Thoury, femme de Jean-Baptiste-Louis-Nicolas) Comédienne Françoise, avoit paru sur le Théatre de l'Académie Royale de Musique au mois d'Août 1702. débuta au Théatre François au mois de Mai 1704. reçûë au mois de Juin suivant pour les roles de *Confidentes*, qu'elle a remplie avec toute l'intelligence possible. Retirée du Théatre le Dimanche 30 Mars 1721. avec la pension de 1000 livres, morte le Vendredi 16 Octobre 1745. à S. Germain en Laye. *Hist. du Th. Franç. année* 1729.

SALLEBRAY, Auteur François, a composé pour le Théatre :

LE JUGEMENT DE PARIS ET LE RAVISSEMENT D'HÉLENE, Tragi-Comédie, 1639.

LA TROADE, Tragédie, 1640.

LA BELLE EGYPTIENNE, Tragi-Comédie, 1642.

L'AMANTE ENNEMIE, Comédie en cinq actes & en vers, 1642. *Hist. du Th. Fr. année* 1639.

« SALOMON, (N........) Musicien ordi-
» naire de la Chapelle du Roi, étoit Provençal :
» il vint à Paris dans sa jeunesse, & s'y perfec-
« tionna dans la Musique à laquelle il s'étoit

» appliqué dans son pays. Il fut reçû quelque
» tems après à la Musique de la Chapelle du
» Roi pour la basse de viole, où il fut confon-
» du avec plusieurs Musiciens, dont le princi-
» pal talent consiste à accompagner la voix & à
» soûtenir des chœurs de Musique, par la jus-
» tesse dont ils touchent leur instrument, lors-
» que tout à coup il donna un Opéra de sa
» composition, qui le fit sortir du milieu de
» ces chœurs, & le fit paroître comme un
» Orphée sur notre Théatre. Il n'avoit nulle-
» ment l'air petit-Maître, & de ces Musiciens
» qui vont aux toilettes des Dames, ou au
» lever des Seigneurs, pour faire valoir leurs
» ouvrages. Salomon fit répéter son Opéra,
» & se plaça aux premieres représentations dans
» le parterre de la salle fort *incognito*. Son Opé-
» ra réussit, & fut très estimé des meilleurs
» connoisseurs. Il a pour titre.

» MÉDÉE ET JASON, Tragédie en cinq actes,
» avec un Prologue, paroles de M. l'Abbé
» *Pellegrin*. 1713.

» THÉONOÉ, Tragédie en cinq actes, avec
» un Prologue, paroles de M. l'Abbé *Pellegrin*,
» 1715.

» Un Recueil de motets in-folio, imprimé,
1703.

» M. Salomon est mort à Versailles sur la
» fin de l'année 1731. il étoit alors âgé de soi-
» xante & dix ans. » *Parnasse François*.

SALTINBANQUES (les) DE LA PLACE SAINT MARC, *ou* l'AMOUR SALTINBANQUE. C'est le titre de la troisiéme Entrée du Ballet des *Fêtes Vénitiennes*, de M. *Dan-*

thet, Musique de M. *Campra*, représenté en 1710. Voyez *Fêtes (les) Vénitiennes*.

SAMSON, Tragi-Comédie Italienne, représentée pour la première fois le Dimanche 28 Février 1717. (Paris, Briasson.) Cette piéce a été traduite en François par M. Freret, & c'est de cette façon qu'elle a été imprimée, l'original & la traduction ensemble. Voyez le *Mercure du mois d'Avril*, année 1717. *page* 136. *& suivantes*.

SAMSON, Tragi-Comédie en vers François & en cinq actes au Théatre Italien, par M. de *Romagnesi*, représentée pour la première fois le Mardi 28 Février 1720. (Paris, Briasson.) Cette piéce est en partie traduite de la piéce Italienne précédente, mais M. de Romagnesi a sçu se rendre maître de son sujet, & l'embellir. Il a ajouté beaucoup de scénes & de situations qui donnent un nouveau mérite à cette piéce, en sorte qu'il seroit injuste de ne lui accorder que celui d'un Traducteur, quand bien même son Samson seroit en prose. Le Sieur Riccoboni pere jouoit la scéne de la *Soif* avec un succès prodigieux dans la Tragi Comédie Italienne ; nous ne sçavons si son jeu étoit fort supérieur à celui de l'Auteur du Samson François dans la même scéne jouée en notre langue, mais il n'est pas possible qu'il ait été plus applaudi. Il restera toujours au premier Acteur la gloire d'avoir pour ainsi dire noté ce morceau pour tous ceux qui l'ont récité après lui, quoique ce fut dans un langage différent, car personne n'a manqué jusqu'ici de s'y faire honneur de tous ceux qui ont été chargés du role de Samson.

SAMSONET ET BELLAMIE, *ou* LE RA‑
COLEUR, Parodie critique de la Tragédie
Lyrique d'*Achille & Déïdamie*, par M. *Caro‑
let*, représentée au Théatre de l'Opéra Comi‑
que le Vendredi 11 Mars 1735. in-12. Paris,
Maudouyt & Guillaume.

SANCHE (Dom) D'ARRAGON, Co‑
médie Héroïque en cinq actes de M. *Corneille*,
représentée sur le Théatre de l'Hôtel de Bour‑
gogne en 1651. imp. la même année in-4°.
Paris, Courbé, & dans le Recueil des Œuvres
de l'Auteur. Cette piéce est demeurée au Théa‑
tre. *Histoire du Th. Fr. année* 1651.

SANCHO PANÇA, Comédie en trois
actes & en prose de M. *Du Fresny*, représen‑
tée le Mercredi 27 Janvier 1694. non imp.
Hist. du Th. Franç. année 1694.

SANCHO, (le Gouvernement de) Comédie
de M. *Guérin de Bouscal*, 1641. Voyez *Gou‑
vernement (le) de Sancho.*

SANCHO PANÇA GOUVERNEUR, Comédie
en cinq actes & en vers, avec des divertisse‑
mens, Musique de M. *Gilliers*, par M. *Dan‑
court*, représentée le Mardi 15 Novembre
1712. imp. avec des changemens, in-12. Paris,
Ribou, 1713. & dans le Recueil des piéces de
M. Dancourt. *Histoire du Th. Fr. année* 1712.

SANCHO PANÇA GOUVERNEUR, Opéra
Comique. Voyez *Bagatelle. (la)*

SANCHO PANÇA, Piéce en trois actes de
M. de *Bellavaine*, représentée par la Troupe
de la veuve Maurice au mois de Février 1705.
Cette piéce eut beaucoup de succès, Belloni,
célèbre Pierrot de la Foire, y jouoit le role de
Sancho.

SAPIENCE, (la Fontaine de) Comédie Françoise de l'ancien Théatre Italien, avec spectacle & divertissement, un acte en prose, de M. Brugiere, (*) une partie de la septiéme est en vers. La *Fontaine de Sapience* a été représentée à ce Théatre le Jeudi 8 Juillet 1694. & au nouveau Théatre Italien le Lundi 16 Novembre 1722. imp. dans le cinquiéme volume du Théatre Italien de Gherardi.

SAPPHO ET PHAON, sujet de la seconde Entrée du Ballet du *Triomphe des Arts*, de M. *De la Motte*, Musique de M. *La Barre*, traité sous le titre de la *Poësie*, & représenté par l'Académie Royale de Musique le Dimanche 16 Mai 1700. Voyez *Arts*, (*le Triomphe des*)

SAPPHO ET ALCÉE, c'est le sujet de la premiére Entrée du Ballet intitulé *Les Fêtes d'Hébé*, ou *Les Talens lyriques*, mis en Musique par M. *Rameau*, que l'Auteur des paroles a traité sous le titre de la *Poësie*. Voyez *Fêtes (les) d'Hébé*, 1739.

SAPPHO, (la nouvelle) Opéra Comique en un acte, avec un divertissement, par Messieurs *Laffichard* & *Valois d'Orville*, représenté le Mardi 12 Juillet 1735. non imp.

Cette piéce fut composée à l'occasion des

(*) Brugiere de Barante, (Claude-Ignace) Avocat à Riom en Auvergne. On n'en a point fait d'article séparé dans ce Dictionnaire, parce qu'on n'a entrepris d'y parler que de ce qui regarde les Théatres de Paris actuellement existans, & qu'il n'en est pas de l'ancien Théatre Italien comme du Théatre du Marais, & autres dont le Théatre François d'aujourd'hui n'est qu'une continuation, au lieu que les deux Théatres Italiens n'ont presque rien de commun que leur patrie.

B iv

Poësies qui paroissoient sous le nom de la Demoiselle Malcrais de la Vigne.

Apollon ennuyé du service des neuf Muses, a pris la résolution de créer un Lieutenant du Parnasse, & choisit pour cet emploi le cheval Pégase, à qui il a donné la voix & la figure humaine. Il a tout lieu de s'applaudir de son choix, car ce demi-Dieu de nouvelle création entre parfaitement dans toutes ses idées. Apollon, sur le récit de Mercure, est devenu amoureux d'une inconnue à qui le public a donné le nom de nouvelle Sappho. Pégase lui conseille de détruire l'ancien Parnasse, & d'en former un neuf, dont il destinera la premiere place à l'objet de sa passion. M. de Rimeplatte, Poëte & Architecte, est accepté pour le dessein & la conduite de l'édifice. Apollon l'emméne, & laisse Pégase pour tenir l'audience.

Madame Brouillon se présente. Elle se vante d'être connue dans tout Paris, personne, dit-elle, ne conte avec plus de grace que moi, mes peintures sont parfaites, & il n'y en a pas qui fasse de portraits plus brillans. Elle vient chercher une certaine mijaurée de Sappho pour la dévisager.

MADAME BROUILLON.

« Je la trouve bien hardie de vouloir espérer de l'emporter sur moi ; chacun la loue sur la moindre bagatelle, & moi, après les ouvrages que j'ai faits, je n'ai pas le moindre madrigal.

(Air. *Un Inconnu.*)

Ne puis-je plus inspirer de tendresse ?
Que dites-vous, n'ai-je plus de beauté ?
Ce trait me blesse,
Quelle fierté !

SA

PÉGASE *ironiquement*.

Quand on vous voit, Madame, en vérité,
On est contraint d'avouer sa foiblesse.

MADAME BROUILLON.

» Sçachez que la beauté la plus solide & la plus respecta-
» ble est celle de l'ame : mes sentimens sont délicats, mes
» pensées ingénieuses. N'est-ce pas assez pour mériter la
» main d'Apollon ?

Un Gascon se présente ensuite. Il est amoureux de la nouvelle Sappho, & veut même l'épouser.

PÉGASE.

» Qu'a-t-elle donc de si attrayant pour vous ?

LE GASCON.

» Son esprit seul. Je suis enthousiasmé de ses aimables
» peintures. Je m'imagine voir des tendres tourterelles, ...
» je me perds lorsque je me figure d'aimables coquillages,...
» Ah ! je ne puis vous exprimer tout ce qu'elle a d'adorable.
» Je vous dirai confidemment que ma fortune est faite si je
» puis épouser ce prodige de génie.

PÉGASE.

» Comment ?

LE GASCON.

« Mon Hôtel ne désemplira point de Seigneurs.

(AIR. *Joconde*.)

Les ris, les plaisirs & les jeux,
Vont enchanter mon ame
Et j'emprunterai de tous ceux
Qui viendront voir ma femme.
Eh donc ; usant de ces Messieurs,
C'est ma fortune faite.

PÉGASE.

Bon, emprunter à des Seigneurs,
C'est à ceux-là qu'on prête.

Pégase indigné de la bassesse des vûes du Gascon le chasse. La scéne suivante n'est pas neuve :

c'est une jeune fille qui voulant acheter de l'esprit s'adresse à Pégase, & lui présente une bague de deux louis pour avoir sa protection. Le Lieutenant du Parnasse refuse le présent, & lui conseille de s'adresser au jeune Damon son Amant, qui lui donnera avec plaisir ce qu'elle souhaite. La jeune fille est remplacée par un Libraire.

LE LIBRAIRE.

» Je m'appelle Bouquinard : Je cherche la nouvelle Sap-
» pho pour acheter ses Poësies. Si vous pouvez me les faire
» avoir pour quelques exemplaires, vous verrez que je ne
» suis pas un ladre.

PÉGASE.

» Vous en avez pourtant bien la mine.

LE LIBRAIRE. (Air. *Ce n'est qu'en France.*)

Votre regard est offensant,
Votre discours est insultant,
Quelle est donc cette hardiesse ?
Ah ! ne me méprisez pas tant,
Car je vous puis dès cet instant
    Mettre sous presse.

PÉGASE.

» Il me prend une grande envie de venger les Auteurs.

LE LIBRAIRE.

» Comment, que dites-vous ?

PÉGASE.

» Ce que je dis est fort clair : je veux vous assommer.

LE LIBRAIRE.

» De grace, voulez-vous que mes épaules servent d'épreuve
» à votre mauvais caractere.

PÉGASE *le poussant au bord du Théatre.*

(Air. *Quand le péril est agréable.*)

Ma colere m'est trop à charge,
Il faut sur toi dans cet instant....

LE LIBRAIRE.

Hélas ! ne me pouffez pas tant,
Laiffez-moi de la marge.

PÉGASE s'adouciffant.

» Vous me touchez : allons rentrez en page ; avez-vous-là
» quelques livres nouveaux.

Le Libraire cite une Dissertation de trois cens pages *sur la couleur du poil de Barberouffe*, un *Recueil d'Epigrammes tirées du Pratisien François*, & l'*Alphabétomanie*.

PÉGASE.

» Envoyez-moi des exemplaires de tout cela, & je vous
» ferai à voir les œuvres de notre Mufe.

LE LIBRAIRE.

» Je vous en aurai une rame d'obligations.

PÉGASE.

» Je n'en doute pas. Tournez le feuillet, & oubliez que
» j'ai eu deffein de vous liffer.

LE LIBRAIRE en s'en allant.

» Comptez fur une bibliothèque. Serviteur.

La Fleurette perfonnifiée paroît enfuite. C'est la favorite d'Apollon, il est conféquent qu'elle reçoive les hommages de Pégafe. Apollon revient avec fon Architecte Rimeplatte : on voit élever le nouveau Parnaffe. Dans le moment Bacchus entre, il cherche la Fleurette : Apollon fans concevoir aucune jaloufie contre le Dieu du vin, s'informe quel eft le perfonnage fingulier qu'il voit à fa fuite.

APOLLON *voyant Rimétout*.

» Quel eft cet homme-là.

RIMÉTOUT.

» Homme ?

(Air. *Bouchez Nayades vos fontaines.*)

Aussitôt qu'il me voit paroître,
Apollon peut me méconnoître,
Bon, bon, il badine, je croi,
Méconnoître sa favorite ?

APOLLON.

Qui pouvez-vous donc être ?

RIMETOUT.

Moi,
Mais je suis un Hermaphrodite.

» Je suis Sappho, ci-devant Rimetout, pour vous servir.

APOLLON.

» Comment Sappho ! cette charmante Muse ?

RIMETOUT. (Air. *Menuet de M. Grandval.*)

Je suis la Muse, je l'assure,
A qui tendrement on écrit,
Je suis homme par la figure,
Et je suis femme par l'esprit.

(Air. *Tu n'as pas le pouvoir.*)

Je sçais répondre galamment,
A chaque compliment. *bis.*
Et l'on ne trouve pas ma foi
Des femmes comme moi. *bis.*

APOLLON *à part.*

» Je me serois abusé !

RIMETOUT. (Air. *La bonne aventure.*)

Adieu, je vais vous quitter,
Et ma gloire est sûre.
J'ai sçû me faire exalter,
En tous lieux je vais chanter
Ma bonne aventure
O gué,
Ma bonne aventure.

APOLLON.

» Allez, mais avant prenez tous part à la fête préparée.
» Charmante Fleurette, ne différez plus à vous unir à moi,
» & recevez la place que mon cœur vous présente.

LA FLEURETTE.

» Comment pourrois-je vous refuser : la Fleurette de tout
» tems fut votre partage ».

Couplets du Vaudeville.

Damon est épris d'Uranie
Sur le récit de ses attraits ;
Il vante son brillant génie,
Sur quoi ? sur les vers qu'elle a faits.
Damon enfin la voit paroître,
Il ne lui trouve plus d'appas.
Vous qui désirez la connoître,
Ne vous y trompez pas.

Sous le masque de l'innocence
Le ton naïf, l'air ingénu,
Une Coquette a la puissance
De manger votre revenu,
Elle veut se donner pour neuve,
En tous lieux vous suivez ses pas,
Mais d'autres en ont fait l'épreuve
Ne vous y trompez pas.

Dans une profonde ignorance,
Un Crœsus fait l'homme d'esprit.
Il parle, chacun fait silence,
A ses discours tout applaudit,
Pour homme d'esprit on le donne,
Il étourdit par son fracas,
Tout paroît grand dans sa personne :
Ne vous y trompez pas.

Extrait Manuscrit.

SARRAZIN, (Pierre) Comédien François, a debuté le Jeudi 3 Mars 1729. par le role d'*Œdipe*, dans la Tragédie de M. Corneille, qui porte ce nom ; reçû dans la Troupe des Comédiens du Roi, le 31 Décembre de la même année, pour les roles de *Roi*, qu'il continue de remplir avec les applaudissemens du public. Aujourd'hui vivant. *Hist. du Th. Fr.* année 1730.

SATURNALES, (les) *ou la* PRUDE DU TEMS, Comédie en cinq actes & en vers, de M. *Palaprat*, représentée le 7 Janvier 1693. imprimée dans le Recueil des Œuvres de l'Auteur. *Hist. du Th. Fr.* année 1693.

SATURNALES, (les) troisième Entrée du Ballet héroïque des *Fêtes Grecques & Romaines*, de M. *Fuselier*, Musique de M. *Colin de Blamont*, représenté en 1723. Voyez *Fêtes (les) Grecques & Romaines*.

SATURNALES, (les) Comédie-Parodie en prose & vaudevilles, précédée d'un Prologue, du Ballet héroïque des *Fêtes Grecques & Romaines*, au Théatre Italien, par M. *Fuselier*, représentée pour la première fois sur le Théatre des Comédiens Italiens du Fauxbourg S. Laurent, le Jeudi 2 Septembre 1723. non imp. & sans extrait.

« Le 2 du mois de Septembre, les Comé-
» diens Italiens donnérent sur leur Théatre du
» Fauxbourg S. Laurent *Les Saturnales*, pièce
» nouvelle en trois actes, en vaudevilles avec
» un Prologue ; cette piéce n'a été jouée que
» deux fois, & on a été obligé de reprendre
» *Agnès de Chaillot*, le *Triomphe de la Folie*,
» avec le Prologue des *Saturnales*, qui est ce
» que le public a trouvé de plus supportable
» dans tout l'ouvrage ». (*Mercure de Septembre*
1723. *p.* 584.

SATURNALES, (* le débris des) Parodie en un acte en prose, mêlée de Vaudevilles, du

―――――
(*) C'est la piéce des *Saturnales* réduite en un acte.

Ballet héroïque des *Fêtes Grecques & Romaines*, au Théatre Italien, par M. *Fuselier*, représentée pour la premiére fois par les Comédiens Italiens, sur leur Théatre du Fauxbourg S. Laurent, le Lundi 6 Septembre 1723, non imprimée.

Cette Parodie n'est point composée de façon à pouvoir être extraite, c'est ce qui a fait prendre le parti d'en rapporter les meilleurs endroits.

SCÉNE PREMIÉRE.

AMINTAS, ÉROS.

AMINTAS.

Parbleu, la Guinguette d'Apollon est assez jolie ! je n'en avois pas encore remarqué tous les agrémens.

ÉROS *derrière le Théatre, chante.*

Et bon, bon, bon, que le vin est bon,
Par ma foi, j'en veux boire.

AMINTAS.

Qu'entens-je ? c'est la voix d'Eros, l'esclave de Marc-Antoine.

CHŒUR.

Et bon, bon, bon, que le vin est bon,
Par ma foi, j'en veux boire.

AMINTAS. (AIR. *O reguingué.*)

Ne les voilà pas mal en train,
Ils vont trinquer jusqu'à demain,
O reguingué, ô lon lan la,
Je crois qu'au lieu de Saturnales,
On fait ici les Bacchanales.

SCÉNE II.

ÉROS, AMINTAS.

ÉROS *chante.*

Ziste & zeste, point de chagrin
Je me rigole avec Catin.

AMINTAS.

Serviteur, seigneur Eros, à présent digne esclave de Marc-Antoine.

EROS.

Oh! qu'il y a de vin dans ce corps-là. Ma foi, je suis un vrai muid.

AMINTAS.

Ou plutôt un sac à vin.

EROS.

Souvenez-vous, seigneur Amintas, que vous êtes l'esclave du galant Alcibiade, & que vous devez être poli.

AMINTAS.

Soit. Mais comment avez-vous pû vous nourrir si bien depuis un moment ? à peine Timée, Adélie & Plotine ont-elles eu le tems de manger un morceau.

EROS.

N'y a-t'il pas deux heures que je suis arrivé !

AMINTAS.

Mais vous avez dû voir la Comédie Italienne ?

EROS.

Je ne m'amuse pas à la bagatelle. J'ai d'abord assiégé le buffet.

AMINTAS. (AIR. *M. le Prevôt des Marchands.*)

Je vous croyois, seigneur Eros,
Moins amoureux du Dieu des pots.
Je suis surpris de votre yvresse ;
Quand vous étiez à l'Opéra
Vous ne parliez qu'avec sagesse ?

EROS.

C'est que dans sa place elle est-là.
Mais vous, que vous dit le cœur ?

AIR. (*M. le Prevôt des Marchands.*)

Antoine votre bon Seigneur,
Mon cher, vous a rendu buveur
Moi, l'esclave d'Alcibiade,
J'imite son penchant coquet,
Près des tendrons je bats l'estrade :
Enfin tel maître, tel valet.

ÉROS.

Nous faisons fort bien de ressembler à nos maîtres. Sçavez-vous que Marc-Antoine qui se pique d'imiter Bacchus, fit son entrée à Ephèse vêtu comme le vainqueur de l'Inde ; & moi, pour flatter sa manie, je me suis mis en Satyre.

AMINTAS.

Cela vous sied à merveille.

ÉROS.

Vous avez voulu aussi copier le tic de votre maître.

AMINTAS.

Oui, je me suis fait dérater. J'ai brillé aux jeux Olympiques parmi les piétons, comme Alcibiade parmi les cochers.

ÉROS.

Etes-vous aussi devenu volage ? Je vous ai vû trancher du pédagogue, & débiter que l'inconstant ne peut être heureux dans les désirs.

AMINTAS.

On me voit hautement me déclarer volage.

(AIR. *Réveillez-vous.*)

Un grand exemple m'autorise,
Mon cœur le suivra sans effort :
Diversité, c'est ma devise,
Le mot de constance m'endort.

ÉROS.

Peste ! vous êtes aussi sentencieux que votre Maître.

AMINTAS. (AIR. *Le Confiteor.*)

Nous réformerons l'art d'aimer,
Celui d'Ovide devient fade ;
Sçavez-vous qu'on fait imprimer
Les maximes d'Alcibiade ?
Oh ! dans Paris, ce grand Auteur,
Aura plus d'un commentateur.

ÉROS.

Les Dames ne mettront pas leur approbation à ce livre-là. Nous avons pris le bon parti, nous autres.

(AIR. *De tous les Capucins.*)

La table sera mon partage.

AMINTAS.
L'inconstance aura mon hommage.
AMINTAS ET ÉROS.
Livrons-nous à nos goûts nouveaux ;
Au plaisir seul soyons fidéles.
ÉROS.
On doit vider tous les tonneaux.
AMINTAS.
On doit aimer toutes les belles.

SCÉNE III.

AMINTAS *seul.*

Le Seigneur Éros court achever le siège du buffet. Pour moi, je vais chercher loin des buveurs, quelque fillette entre deux vins, que Bacchus ait obligé de quitter la table.

SCÉNE IV.

PLAUTINE, AMINTAS.

PLAUTINE.
Si je connoissois la mijaurée qui m'escroque ton cœur, je lui en dirois de bonnes sur ton chapitre.

AMINTAS. (Air. *Le Confiteor.*)
Calmez ce dépit éclatant,
Votre courroux m'est favorable ;
Plus on se plaint d'un inconstant
Plus on le fait paroître aimable,
Et tout le mal que l'on en dit,
Ne sert qu'à le mettre en crédit.

PLAUTINE.
Quoi ? Tu fuis mes regards, tu ne me réponds pas ?

(*déclamant.*)
Mais que veux-je sçavoir ? j'avois tout entendu ;
Adieu. J'épouserai.

AMINTAS.
Qui ?

SA PLAUTINE.

Le premier venu,
Mais c'est à condition qu'il te rossera d'importance.

SCÉNE V.

AMINTAS *seul.*

(Air. *Quand le péril.*)

J'ai bien poussé la gasconnade,
Dans cette scène j'ai brillé ;
Parbleu, je m'en suis démêlé
Comme un Alcibiade.

SCÉNE VI.

TIMÉE, AMINTAS.

TIMÉE. (Air. *Je suis fils d'Ulysse, moi.*)

Amour, dois-tu te servir d'un volage
Pour prendre un tendre cœur !
Dès que l'ingrat sçait que je la partage
Il éteint son ardeur.
Je ne dois plus compter sur l'infidelle :
Je serai cruelle,
Moi,
Je serai cruelle.

AMINTAS.

C'est Timée, l'amante délaissée de mon maître. Cela m'appartient comme les habits qu'il quitte.

TIMÉE.

Ah ! c'est toi, mon cher Amintas. Que fait Alcibiade ?

AMINTAS.

Il est aux genoux de la belle Aspasie.

TIMÉE. (Air. *Réveillez-vous.*)

Conçois ma juste jalousie,
Ah ! mes soupirs sont superflus !
Alcibiade aime Aspasie :
L'inconstant ne changera plus.

AMINTAS. (Air. *La tretin, tretous.*)

Connoissez mieux mon maître,
Mignonne, c'est l'amant à tretous.
Il est tretin, treti, il est tretin tretous
C'est l'amant à tretous.

à part.

J'aime assez cette pleureuse-là. Séchons ses larmes. (*à Timée.*) En vérité belle Timée, je suis surpris qu'Alcibiade vous préfère à Aspasie.

TIMÉE. (Air. *Du nouveau monde,*)

C'est que partout la Grèce on dit
Que c'est une femme d'esprit,
Méprisant fort la bagatelle,
La science est son vrai bijou :
Le grand Périclès en est fou,
Socrate va manger chez elle.

AMINTAS.

Cependant elle n'en fait pas voir beaucoup lorsque dans les jeux Olympiques elle apporte une couronne de lauriers au vainqueur Alcibiade.

(Air. *Branle de Mets.*)

Son esprit ne paroît guere,
On peut le lui reprocher ;
Voudroit-elle le cacher
Sous les ombres du mystere ?
Son discours n'est pas brillant,
Et Babet la bouquetiere,
Auroit tourné sûrement,
Beaucoup mieux le compliment.

TIMÉE.

Hélas !

AMINTAS.

Supprimez vos fréquens hélas.

(Air. *Joconde.*)

Il m'est permis dans ce beau jour
De chausser le Cothurne ;
Ma Reine, écoutez mon amour,
Ainsi le veut Saturne ;
Amintas vous offre sa foi,
Qu'un nouveau nœud nous lie ;
De votre Alcibiade en moi
Vous voyez la copie.

TIMÉE *donnant un soufflet à Amintas.*

Tenez, voilà les faveurs que je vous réserve.

SCÉNE VII.

AMINTAS, ÉROS.

ÉROS.

Il me semble qu'Alcibiade ne recevoit pas des soufflets.

AMINTAS. (AIR. *Du tambour.*)

Un soufflet !
O Dieux ! quelle impolitesse !
Votre valet,
Vite au filet,
Laissons-là la tendresse,
Çà, délogez mon amour,
Et sans tambour.
Un soufflet !
Il a sonné clair & net ;
Je le sens encore, ah ! tigresse !
Dieux ! quel prix d'un tendre aveu !
Morbleu !
Mon cœur est glacé, j'ai la joue en feu.
Morbleu ! cent fois morbleu !
Des soufflets donnés avec rudesse,
Sont-ils les émolumens
Des Inconstans !

il sort.

ÉROS.

La coquetterie lui en fera souvent attraper. Voici mon Maître qui en tient ; pour moi, j'ai fait un petit somme benin, qui m'a desenyvré.

SCÉNE VIII.

MARC-ANTOINE, ÉROS.

ÉROS. (AIR. *M. le Prevôt des Marchands.*)

Eh ! quoi, vous quittez le buffet ?
Seigneur Antoine, c'est mal fait,
Quel soin inquiète votre ame ?

ANTOINE.

C'est Cléopatre que j'attens ;
Je prétens lui chanter sa game :
Les Romains en sont mécontens.

Point de quartier.

(*Il chante.*)

T'en auras tantôt, &c.

ÉROS.

Vous avez été l'amant de Cléopatre aussi promptement que son juge. Je vous ai cité dans une brunette l'exemple de votre ami.

(AIR. *Ton relon ton ton.*)

En abordant cette charmante Reine,
L'aigle Romaine est devenue oison :
Chez vous l'amour éclot & croît sans peine
Subitement tout comme un champignon.
    Ton relon ton ton
  Que votre humeur hautaine,
    Ton relon ton ton
  Fait vîte le plongeon.

(AIR. *Que j'estime mon cher voisin.*)

Lorsque l'Amour vous a dompté....

ANTOINE.

Je te le dis encore,
Bacchus est ma divinité,
C'est Bacchus que j'adore.

ÉROS.

Oh, parbleu ! on ne comprend plus rien à vos discours ; on ne vous reconnoît pas d'une phrase à l'autre. Du moins à l'Opéra il faut une scéne entiere pour vous voir changer du blanc au noir.

ANTOINE.

N'est-il pas vrai que Cléopatre est adorable ? quand elle arriva sur les bords du fleuve Cidnus.... Je l'apperçois qui vient dans sa gondole.

ÉROS.

C'est son même équipage.

SCÉNE IX.

ANTOINE, CLÉOPATRE, ÉROS.

CLÉOPATRE. (Air. *Du haut en bas.*)

Bon jour, Toinon,

ANTOINE.

Bon jour, belle Cléopatrine.

CLÉOPATRE.

Bon jour, Toinon.

ANTOINE.

Ah ! le joli petit trognon !
Êtes-vous mortelle ou divine ?
Il faut que je vous examine....

CLÉOPATRE.

Hola, Toinon.

ÉROS.

Mon Maître est expéditif, mais ce n'est pas quand il va punir les Parthes inconstans.

CLÉOPATRE. (Air. *Lurelu, lurette.*)

A me chanter goguette,
Il étoit résolu :
Lurelu ;
Il m'a compté fleurette,
Sans parler de cela
Lérela,
Lurelu, lérela, lurette,
Ah ! quel Romain voilà !

(Air. *L'Amour, la nuit & le jour.*)

Vos transports superflus
Ne m'en font point accroire ;
Je sçais que de Bacchus
Vous chérissez la gloire.

ANTOINE.

L'Amour
N'y perd pas son tour.

CLÉOPATRE.

On nous regarde au moins.

ÉROS.

Eh, depuis quand êtes-vous si retenue ? vous qui avez écouté la déclaration d'amour qu'il vous a faite à la tête d'une armée de cinquante mille hommes ?

(AIR. *Vous m'entendez bien.*)

Romains, cela ne va pas mal,
Nous avons un grand Général ;
Nous ne souffrirons guere

CLÉOPATRE.

Hé bien !

ÉROS.

Des exploits qu'il va faire ;
Vous m'entendez bien.

CLÉOPATRE. (AIR. *Tu croyois en aimant Colette.*)

Puis-je compter sur la constance
Du feu qui vous brûle en ce jour ?
Ma foi, je crains que l'espérance
N'ait un démenti de l'Amour.

ANTOINE. (*Même air.*)

Comptez, comptez sur la constance
Du feu qui me brûle en ce jour :
Ne craignez pas que l'espérance
Reçoive un affront de l'amour.

ÉROS. (AIR. *Robin turelure.*)

Depuis que vous vous aimez,
Vous faites bien, je vous jure,
Tous les deux des bouts rimés
Turelute,
A mettre dans le Mercure ;
Robin turelurelure.

SCÉNE X.

CLÉOPATRE, ANTOINE, ÉROS, AMINTAS.

AMINTAS.

Parles donc l'ami ? n'est-ce pas-là Cléopatre ?

ÉROS.

C'est elle-même.

AMINTAS.

AMINTAS. (Air. *Oh, que si.*)
Elle passe le joli,
D'Amour on la croiroit la mere ;
Je ne la crois pas sévere.

E'ROS.
Oh, que si.

AMINTAS.
Quelle perle on lui remarque !

E'ROS.
N'as-tu donc pas lû Plutarque ?

AMINTAS.
Oh, que nenni !

Permettez-moi, Madame, de vous faire mes complimens sur tout le mérite moderne qu'on vous a donné, & que sûrement vous n'aviez pas en Cilicie.

E'ROS.
Ne sois pas concis avec elle ; la Reine d'Egypte aime les longues phrases.

AMINTAS.
Puisque la prolixité est de son goût, ne te mets pas en peine.

E'ROS.
N'amène-tu pas un divertissement ?

AMINTAS.
Oui.

E'ROS.
Allons qu'il commence.

(Air. *Des Bacchantes.*)
Belle Cléopatre,
Sur le Théatre,
Vous n'êtes plus panier percé ;
Le goût de dépense
Dont on vous tance
Y paroît fort baissé.
Avez-vous un méchant procès ?
Montrez vos attraits,
Le Juge perd sa balance,
Et payera les frais.

Tome V.   C

Ah ! - dit-il, que votre innocence
Pour sa défense
Dans vos yeux plaide avec éclat !
La premiere œillade,
Me persuade
C'est un bon Avocat.
Que dans un camp
Sur le champ
Votre art éclate ;
Aux soldats vous chantez du fin :
Mais ce qui les flatte
C'est la Cantate
Que vous brodez en plein.
En Musicienne,
Du ton certaine,
Vous la suivez sans tâtonner ;
Vit-on jamais Reine
Prendre la peine
De si bien fredonner ?

ANTOINE.

A qui appartient cet Esclave ? Il me conviendroit fort.

EROS.

Pour chanter un duo avec Cléopatre.

ANTOINE. (Air. *O Ricandenne.*)

Vraiment, ton avis est fort bon,
O ricandenne, ô ricandon.

AMINTAS.

Oui, Seigneur, vous ferez fort bien,
Pour m'avoir, ne négligez rien,
A Cléopatre je conviens :
Car,
Je la divertirai
O ricandenne,
Je la divertirai
O ricandé.

CLÉOPATRE. (Air. *Folies d'Espagne.*)

Dans ces beaux lieux, les témoins de ma gloire,
Où nous parlons tous à bâtons rompus,
Mon cher Toinon, viens te remettre à boire ;
Tous nos discours finissent par Bacchus.

SCÉNE XI.
AMINTAS seul.

J'apperçois l'enjouée Délie, voilà ce qu'il me faut. C'est une bonne pâte de fille, qui rit même dans les situations les plus tendres.

SCÉNE XII.
DÉLIE, AMINTAS.

AMINTAS. (AIR. *Gavotte des Fêtes Grecques.*)

Salut à votre enjouement,
Bon jour, aimable Délie;
Vous badinez finement,
Si j'en crois ce qu'on publie;
Mais en récompense aussi
Le public malin, s'écrie,
Que votre amoureux transi
N'entend pas la raillerie.

DÉLIE. (AIR. *Tour lour lour lour.*)

Il est vrai que mon cher Tibulle,
Sans besoin longtems dissimule,
Il a l'esprit un peu trop lourd,
Tour lour lour lour lour,
Il a l'esprit un peu trop lourd
Au joli jeu d'amour.

AMINTAS. (AIR. *Musette des Fêtes Grecques.*)

Le pauvre sire
Ne sçait que vous dire.
Pour un fameux Auteur quel rôle est-ce donc là ?
Le pauvre sire.
Ne sçait que vous dire;
Oh ! que les gens d'esprit sont sots à l'Opéra !

DÉLIE.

Vous n'avez pas absolument tort. Tibulle devroit mieux profiter de la liberté des Saturnales.

(AIR. *Joconde.*)

On n'auroit pas appris le choix
De cet amant si tendre,
S'il avoit sçû qu'en tapinois
Délie alloit l'attendre.

De son déguisement complet
Il me cachoit l'histoire :
Ne s'habilloit-il en valet,
Que pour verser à boire ?

AMINTAS. (Air. *Lampons.*)

Si l'on ne vous convient pas
Lorsqu'on tremble à chaque pas,
Ecoutez, j'ai votre affaire.

DÉLIE.

Quel présent m'allez-vous faire ?

AMINTAS.

C'est moi, c'est moi,
Oui, ma chere, c'est moi.

DÉLIE. (Air. *Ta la le rire.*)

Amintas ose aimer Délie !
Et de plus l'ose révéler !
La fière excuse ta folie ;
Garde-toi de la redoubler.
Saturne m'ordonne d'en rire,
Ta la le ri ta, la le ri ta, la le rire.

(Air. *Quand le péril est agréable.*)

Ne fatiguez plus mon oreille,
Tibulle fixera mon choix,
Quoiqu'il s'amuse dans un bois
A bayer aux corneilles.

Je me souviens qu'il fait de belles Elégies, & qu'il est encore plus délicat que son ami Ovide.

AMINTAS. (Air. *Fi d'un Amant s'il n'est que Poëte.*)

La muse gentille
Ne plaît pas toujours,
Il faut d'autres secours
Aux projets des amours.
De leur empire
Quel est le soutien ?
C'est (*cinq fois.*) ce que l'on n'ose dire,
Et qui s'entend bien.

SCÉNE XIII.

APOLLON, DÉLIE, AMINTAS.

AMINTAS. (Air. *On dit que vous aimez les fleurs.*)
Qui vient ici ? .... C'est Apollon !

DÉLIE.
C'est Apollon lui-même.

AMINTAS.
C'est Apollon.

DÉLIE.
C'est Apollon.

AMINTAS.
C'est Apollon lui-même.

DÉLIE.
C'est lui,
C'est Apollon lui-même.

APOLLON. (Air. *Je suis fils d'Ulysse.*)
Ah ! si j'allois au Temple de mémoire
Pour présider aux jeux,
Ou défrayer la muse de l'histoire,
J'aurois un char pompeux :
Mais dame , ici , je suis comme à la Foire,
Et j'y viens sans gloire
Moi,
Et j'y viens sans gloire.

DÉLIE. (Air. *Du haut en bas.*)
Ouvrons le bal,
Dans cette agréable retraite
Ouvrons le bal,
Et dansons tous tant bien que mal ;
Puisqu'Apollon dans sa guinguette
Veut bien qu'on saute & qu'on muguette,
Ouvrons le bal.

AMINTAS. (Air. *Musette des Fêtes Grecques.*)
Qui diantre ose danser encore
En présence du blond Phœbus,
Lui, qui ne fait plus
Que voir danser Terpsicore ?
Lui, qui ne fait plus
Que chanter ses attributs.

Qui diantre ose danser encore
En présence du blond Phœbus,
Lui qui ne fait plus
Que voir danser Terpsicore !

APOLLON.

Allons, Ministres, convoquez l'assemblée.

AMINTAS.

(AIR. *Menuet du Prologue des Fêtes Grecques.*)

Que l'on danse,
Que le bal commence,
Hâtez-vous jeunes coquets,
Faites briller vos feux folets.
Que l'on danse,
Que le bal commence
Macarons, biscuits volez, bon vin coulez à longs traits.

APOLLON, DÉLIE ET AMINTAS.

Dans cette fête charmante
Ici les tendres desirs,
N'attendent pas longtemps les soupirs.
Fringuez bien, tant en large qu'en long,
Les sept sauts, les rats, le carillon :
Et sur-tout sans vous lasser
Faites danser
Bien haut le cotillon.
Que l'on danse,
Que le bal commence,
Hâtez-vous jeunes coquets
Faites briller vos feux folets.

SCÉNE XLV. ET DERNIÉRE.

DÉLIE, AMINTAS, DANSEURS ET DANSEUSES, &c.

Vaudeville.

Quand Saturne régnoit, que le temps étoit bon !
Des bigarrures du blason,
On n'avoit point l'ame occupée,
Tous les mortels égaux ignorant le jargon
De la robe & de l'épée
Vivoient de pair à compagnon.

Du siécle où les humains se voyoient sans façon,
Et sans s'informer de leur nom,
Le jeu nous offre la figure :
Aujourd'hui, dans les lieux soumis au Pharaon
Et la noblesse & la roture
Vivent de pair à compagnon.

N'espérez pas briller chez la moindre Suson,
Si vous ne roulez le seston,
L'amour gueux n'a point de ressource :
Avez-vous des ducats ? d'abord plus d'un Gascon
Tutoyant vous & votre bourse
Vivra de pair à compagnon.

On prétend qu'à Paris le temps est encor bon,
Et que dans plus d'une maison
On jouit d'une vie heureuse :
Là, par fois, en dépit du Procureur barbon
Les Clercs avec la Procureuse
Vivent de pair à compagnon.

Un Charcutier Crésus, fameux pour le jambon,
Malgré ses talens, ce dit-on,
N'a pas l'humeur plus arrogante :
Tout habile qu'il est à faire un saucisson,
Avec Marotte sa servante,
Il vit de pair à compagnon.

Quand le parterre siffle, il est un vrai dragon ;
Bat-il des mains, c'est un mouton
Qui nous suit & qui nous caresse :
Puisse-t'il doucement, & sans être grognon
Avec nous, pendant cette piéce
Vivre de pair à compagnon.

Extrait Manuscrit.

SAVETIER, (le) Canevas Italien en trois actes, qui n'a pas été bien reçu du public ; il a été représenté une seule fois, le Samedi 20 Mai 1747. C'est à peu près le même sujet que celui de l'*Avocat sans étude*, du Sieur *Rosmont*, & de l'*Avocat Savetier* du Sieur *Scipion*, deux piéces imprimées, & peut-être celui des *Contrats rompus*, ou d'*Arlequin Savetier vindicatif*. Canevas sans extrait, au Théatre Italien. Voyez *Avocat* (l') *sans étude*, & *Contrats* (les) *rompus*.

Saül le Furieux, Tragédie de *Jean de la Taille*, in-8°. Paris, Morel, 1562. *Hist. du Th. Franç. année* 1568.

Saül, Tragédie de *Claude Billard de Courgenay*, représentée en 1608. imp. avec les autres pieces dramatiques du même Auteur, in-8°. Paris, Langlois, 1610. *Histoire du Th. Fr. année* 1608.

Saül, Tragédie sainte de M. *Du Ryer*, représentée en 1639. in-4°. Paris, Sommaville & Courbé, 1642. & tome III. du Recueil intitulé Théatre François, imp. à Paris par la Compagnie des Libraires, in-12. 12 vol. 1737. *Hist. du Th. Fr. année* 1639.

Saül, Tragédie sainte de M. l'Abbé *Nadal*, représentée le Vendredi 27 Février 1705. in-12. Paris, Ribou, la même année, & in-12. Paris, veuve Ribou, 1731. Elle se trouve dans le Recueil des Œuvres de M. l'Abbé Nadal. *Hist. du Théatre François, année* 1705.

SAULX (Jean le) D'ESPANNEY, Auteur Dramatique, a composé

L'Adamantine, ou Le Désespoir, Tragédie, 1600. *Hist. du Th. Franç. année* 1600.

SAVOYARDS, (le Ballet des) de la composition de Monsieur de *Hesse*. Ce Ballet, en partie Pantomime, dont le succès prodigieux se soutient encore au Théatre Italien, a été donné pour la premiére fois le Samedi 30 Août 1749. Mademoiselle Favart, alors dans son premier début, y fit connoître ses talens pour la danse & le vaudeville. Celui qu'elle y chante est une ronde dans le goût des porteuses de marmotte, dont M. Favart est l'Auteur, & elle le rend avec des graces si naïves, qu'il n'y a que ceux qui l'ont entendu, ou qui ont entendu Mademoiselle Silvia dans le *Cahos*, & autres piéces d'agrémens, qui s'en puissent former une idée. La mode de la Musique Italienne a jetté Mademoiselle Favart dans une nouvelle catriere qui ne lui fait pas moins d'honneur, & où le public doit lui tenir compte du travail assidu qu'elle est maintenant obligée de joindre aux dons de la nature.

Nous croyons qu'on nous sçaura gré d'ajouter ici, tant la ronde dont nous venons de parler, que les différents airs ou Vaudevilles de la composition de M. Favart, qui ont été chantés à la Cour & à Paris aux différentes reprises de ce Ballet, par les Dlles Favart & de Hesse, & par le Sieur Chanville.

AIR.

Habitans de ces montagnes,
N'attendez point les frimats;
Déja Flore, dans nos campagnes,
Languit & perd ses appas.
Les jeux vont quitter nos asyles;
Mais en France, au sein des villes,
Ils voleront sur vos pas;
Partez pour ces heureux climats;
On y voit régner l'allégresse,
Au milieu des hivers comme au temps des Zéphirs;
Les ris & les amours y folatrent sans cesse,
Et c'est toujours la saison des plaisirs.

SA RONDE.

Mon paire, auffi ma maire
M'ont voulu marida,
Derida ;
A c'tu faifon derniere,
Avec un Avocat,
Hé ! couffi, couffa,
A ç't'heure-là,
Le pauvre Amant que voilà !

Dans ma chambre endormie,
Un jour il me trouva
Derida,
Il dit : Dormez ma mie,
Et doucement s'en va.
Hé ! couffi, &c.

Au bois fous ces coudrettes,
Seulette il me mena,
Derida ;
A chercher des noifettes,
Le nigaud s'amufa.
Hé ! couffi, &c.

Sur l'herbette nouvelle,
D'ennui je fommeilla
Derida ;
Il faifoit fentinelle,
Pour qu'on ne m'éveilla.
Hé ! couffi, &c.

Un vent à l'improvifte,
Mon mouchoir détacha
Derida ;
De fon capel bien vite,
Le nigaud me cacha.
Hé ! couffi, &c.

Un cousin malhonnête,
Sur le sein me piqua
Derida ;
Le sot tourna la tête,
Et me laissa, chercha.
Hé ! coussi, &c.

Ç'ta piquure profonde
Me fit évanouir,
Deridi ;
Pour appeller du monde
Il se mit à courir.
Hé ! coussi, &c.

Par-là, par aventure,
Passa mon Savoya,
Derida ;
Il pansa ma blessure,
Et me faisa sauta.
Hé ! coussi, coussa,
A ç't'heure-là,
Sauta la Catarina.

Au Parterre.

Si mon zéle sincere
Messieurs, ne déplaît pas
Derida ;
Le désir de vous plaire,
Toûjours m'animera.
Hé ! coussi, coussa,
A ç't'heure-là,
Que n'ai-je ce bonheur-là.

Vaudeville chanté par M. Chanville en pere de famille Savoyarde.

Ne regrettons point nos champs,
Fuyons la triste indigence,
En France, on trouve en tout temps,
Les plaisirs & l'abondance ;
Les peuples y sont contents,
Tout est pour eux jouissance.
Allons tous en France, mes enfans,
Allons en France.

Nous n'avons rien apprêté
Pour faire notre voyage ;
Nos talens, notre gaieté,
Nous tiennent lieu d'équipage ;
Par des danses, par des chants,
Nous payons notre dépense.
Allons tous, &c.

Nous ne craignons jamais rien,
Nous vivons sans espérance,
Le présent est notre bien ;
Jouir est notre science ;
Nos jeux, nos amusemens
Nous valent de la finance.
Allons tous, &c.

La gaieté confond les rangs,
Dans ce pays de cocagne ;
On y reçoit bien les gens
Que le plaisir accompagne,
On y trouve chez les Grands
Doux accueil sans suffisance.
Allons tous, &c.

Les attraits les plus piquans
N'y suffisent point aux belles ;
Le prix flatteur des talens
N'est réservé que pour elles ;
Les dons les plus séduisans
Sont unis à la décence.
Allez tous en France, mes enfans,
Allez en France.

Là, l'esprit le plus pesant,
Aime mieux, par convenance
Devenir mauvais plaisant,
Qu'ennuyeux par son silence ;
Tous propos sont amusans ;
Souvent on en rit d'avance ;
Allons tous en France, mes enfans,
Allons en France.

On y voit les Médecins
Raisonner musique & danse,
Et par des propos badins,
Egayer une ordonnance ;
Là, les gens à cheveux blancs
Ont la gaieté de l'enfance.
Allons tous, &c.

C'est-là que les Avocats
D'une gaillarde éloquence
Par mille traits délicats,
Réjouissent l'audience ;
Les Abbés y sont galands,
Tout est gai par influence.
Allons tous, &c.

En ce charmant pays-là
Par l'industrie on s'avance ;
Souvent on nous chargera
De messages d'importance ;
Soyons actifs & prudens ;
Sur-tout gardons le silence.
Allons tous, &c.

La grand'ville de Paris
Sera notre résidence ;
C'est-là que tous les esprits
Sont gais avec pétulence ;
On y marche en fredonnant ;
On s'y proméne en cadence.
Allons vivre en France, mes enfans,
Allons en France.

Second Vaudeville de Savoyards qui montrent la Curiosité.

Vous allez voir, Messieurs, Mesdames,
Tout ce que vous allez voir ;
Un fat qui dit du bien des femmes,
Et qui les sert sans espoir ;
Un guerrier constant & discret
Qui rougit près d'un jeune objet ;
Ha ! la rareté merveilleuse !
La piéce curieuse !

Voyez deux petites Maîtresses
Qu'une amitié tendre unit ;
Point de noirceurs dans leurs caresses,
Le cœur parle & non l'esprit ;
Voyez comme par sentiment,
L'une céde à l'autre un amant.
Ha ! la rareté, &c.

Ha ! remarquez un beau modéle
D'amour envers un mari ;
C'est une épouse jeune & belle,
Qui pleure un vieillard chéri ;
Elle va descendre au tombeau,
Pour s'y joindre à son tourtereau.
Ha ! la rareté, &c.

Vous allez voir un petit-Maître
Qui cache ses rendez-vous ;
Heureux sans le vouloir paroître,
Il brule ses billets doux.
Aux égards dûs à la beauté,
Il immole sa vanité.
Ha ! la rareté, &c.

Une Coquette surannée
Qui n'a plus soin de son teint ;
Qui songeant au temps qu'elle est née,
Renonce au ton enfantin ;
Des belles louant les attraits,
Sans glisser un perfide mais....
Ha ! la rareté, &c.

Un Auteur qui se rend justice ;
Un Critique sans humeur ;
Un jeune Page sans malice ;
Une Prude sans aigreur ;
Un Valet devenu Commis
Qui cite ses anciens amis.
Ha ! la rareté, &c.

Un bel esprit sans perfidie,
Sans orgueil & sans jargon,
Qui de la bonne compagnie
N'a point pris le mauvais ton,
Et qui ne déchire jamais
Ses amis par de malins traits,
Ha! la rareté merveilleuse!
La piéce curieuse!

Le Ballet des Savoyards a été redemandé à la Cour, & donné le Mercredi 20 Mars 1754. sur le Théatre de Versailles; Mlle Favart y a ajoûté par ordre deux Arriétes Italiennes, chantées ci devant sur le Théatre de l'Opéra, par la *Signora Tonelli*; l'une qui commence par ces mots: *Amor e fatto com un ocelletto*, &c. & l'autre par ceux-ci: *Se in me sol speranza avete*, &c. Le succès qu'elle y a eu, a été confirmé par les applaudissemens du Public de Paris.

« SAURIN, Acteur Forain, frere d'un Maî-
» tre Paulmier du même nom, étoit un gros
» garçon de fort bonne mine: il jouoit les *Mez-*
» *zetins*, les travestissemens d'hommes en fem-
» mes, & les roles de *Sultan* & de *Pere*. De
» plus il étoit chargé du soin de débiter le com-
» pliment en prose qu'on faisoit en ce temps à
» l'ouverture de chaque Foire. Saurin entra
» dans la Troupe de Nivelon au commence-
» ment de l'année 1711. & s'étant lié d'amitié
» avec Baxter, qui étoit entré en même temps
» dans cette Troupe, il le suivit chez la Dame
» Baron, & en Province. Après la malheureuse
» entreprise de la Foire S. Laurent 1721. Baxter
» se retira en Province dans un hermitage:
» Saurin aussi dégoûté du Théatre que son ami

» Baxter, mais moins touché de dévotion, le
» laissa partir pour son hermitage, & se retira
» chez ses parens, où il est mort vers l'année
» 1730 ». *Mémoires sur les Spectacles de la Foire*, Paris, Briasson, T. I. p. 120.

SAUT (le) DU FOSSÉ, Opéra Comique en un acte, de M. *Panard*, représenté le Lundi 16 Juillet 1742. non imprimé. L'Auteur a fait en cette occasion ce qu'il avoit déja pratiqué avec succès, & dont on trouve une infinité d'exemples : il retoucha sa piéce du *Fossé du Scrupule*, & la présenta une seconde fois sous le nouveau titre du *Saut du Fossé*.

SAUT (le) DE LEUCADE, Opéra Comique en un acte, avec un divertissement, par M. *Fuselier*, non imprimé, représenté le Mercredi 3 Juillet 1726. avec le *Galant brutal*, & un Prologue du même Auteur, pour l'ouverture du Théatre

On croira aisément qu'en choisissant ce sujet, l'Auteur n'en avoit qu'une idée confuse, ainsi que des personnages qu'il y introduit un peu ridiculement.

Arlequin se trouve sans qu'on sçache par quel hasard, au Promontoire de Leucade. Il y voit Marton sa Maîtresse, mais cette fille qui a certaines raisons pour garder l'*incognito*, lui soutient qu'elle n'est point Marton, mais Mirtillis confidente de la Prêtresse d'Apollon : elle ajoûte que cette éminence qu'on apperçoit est le fameux promontoire de Leucade, d'où se précipitent les Amans infortunés qui veulent se guérir de leur passion. Puisque tu es dans ce cas, continue-t'elle, je te conseille de faire galamment ce faut, qui t'illuftrera autant que *la gain d'une bataille, ou un entrechat fait avec grace.* Arlequin héfite beaucoup à prendre ce parti: la Prêtreffe eft obligée de lui citer des exemples célébres pour le déterminer.

Arlequin reconnoit Scaramouche fon ancien ami, à qui il fait part de fon deffein: Scaramouche veut l'en diffuader, & n'en pouvant venir à bout, il le recommande à Gondolin, matelot de Leucade, dont l'emploi eft de pêcher les malheureux qui ont fait le faut. Je le veux bien, répond Gondolin, pourvû qu'il foit difcret.

GONDOLIN. (AIR. *Je ne fuis né ni Roi.*)

Que là haut il n'aille pas braire
Et fcandalifer le vulgaire:
Empêchez-le de larmoyer
Pour fes intérêts, pour les nôtres.
Et s'il ne veut pas fe noyer,
Qu'il n'en dégoûte pas les autres.

Erafte, petit Maître François, entreprend le voyage de Leucade par pure charité: c'eft moi, dit-il à Gondolin, qui vous ai donné le plus d'occupation; plus de vingt aimables filles ont déja fait le faut pour l'amour de moi, & j'ai pitié d'une infinité d'autres qui feroient bientôt contraintes à fuivre un fi dangereux exemple.

ERASTE. (AIR. *Vous parlez Gaulois.*)

Dès que j'aborde quelque Dame,
Auprès de moi fon cœur s'enflamme.

GONDOLIN.

Pefte il y fait chaud.

ERASTE.

Mon mérite qui tout abrége,
N'a pas le temps de faire un siége,
Je prends tout d'assaut.

GONDOLIN. (Air. *Landerirette.*)

Oh ! par ma foi, l'amour est mal
S'il n'a pas un autre arsénal,
Landerirette,
Il ne paroit pas bien muni,
Landeriri.

D. Diegue, vieil Espagnol, se présente ensuite : le motif qui le conduit est bien différent de celui du Cavalier François. Il aime la jeune Lisette, son mariage est conclu avec le pere de cette belle, mais il aime mieux faire le saut, que de forcer la répugnance de sa Maîtresse.

D. DIEGUE. (Air. *Réveillez-vous.*)

Depuis un an je lui fais grace ;
Si je l'avois bien résolu.....

GONDOLIN.

Depuis un an, à votre place
Un vieux François seroit cocu.

D. DIEGUE. (Air. *Vous m'entendez bien.*)

Et l'excès de ma flamme, hélas.....

GONDOLIN.

C'est que la belle ne croit pas
Que votre ardeur parfaite....

D. DIEGUE.

Hé bien !

GONDOLIN.

Aux excès soit sujette,
Vous m'entendez bien.

LISETTE *entre & chante.*
(AIR. *Les filles de Nanterre.*)

Ah ! quelle extravagante,
Qu'osez-vous déclarer ?
Vous n'êtes pas, je pense,
En âge d'espérer.

Le petit Toinillon, amant de Lisette, ose, malgré la foiblesse de son âge, tenter l'aventure.

TOINILLON. (AIR. *Du Cap de bonne Espérance.*)

Vous me donnez un collégue,
Qui ne me va nullement.
Oui, le Seigneur Dom Diegue,
Ne me vaut pas, sûrement.
Car tous les jours, ma charmante,
Il décline, & moi j'augmente.

LISETTE.

J'ai mauvaise opinion
De votre augmentation.

TOINILLON. (AIR. *Pierre Bagnolet.*)

Morbleu, que j'ai d'impatience
De n'être plus petit enfant !
Vous auriez plus de complaisance
Pour Toinillon, s'il étoit grand.
S'il étoit grand. (bis.)
Vous ne le verriez pas, je pense,
Avec un œil indifférent.

L'Auteur a placé dans les scénes suivantes une critique faite à la hâte de la Tragédie d'*Œdipe* de M. de *La Motte*, & de celle de *Pyrrhus* de M. *Crébillon*. Œdipe se confiant sur son *Talisman*, (c'est le nom d'une petite Comédie de M. de La Motte, qui paroissoit en même temps,) se précipite & coule bientôt à fond. A l'égard de Pyrrhus, il essuye quelque bourasque, mais il a le bonheur de se sauver à la nâge.

Marton revient accompagnée de Lisette & du petit Toinillon : elle conseille à cette belle de se rendre aux volontés du vieux Diegue ; c'est, ajoûte-t'elle, le seul moyen d'accorder les intérêts de vous trois.

MARTON. (Air. *La pétarde.*)

Allez vous mettre en ménage,
Et bientôt un doux veuvage,
De votre vieux personnage,
Vous défera,
Et ce petit-là,
Pour un second mariage,
Grandira.

Il ne reste plus qu'à fixer le sort d'Arlequin : Marton, quoiqu'obligée de se démasquer, s'obstine à vouloir que son Amant fasse le saut : Arlequin irrésolu, va, revient, & se détermine enfin à obéïr.

ARLEQUIN *prêt à sauter*. (Air. *Lon la.*)

Ecoute, ingrate Marton,
Je vais faire tout de bon,
Comme tu le vois,
Le saut discourtois,
Et sans en rien rabattre (*Il prend sa secousse deux fois.*)

SCARAMOUCHE.

Quoi ! tu t'y reprens par deux fois ?

ARLEQUIN.

Je vous le donne en quatre
Grivois,
Je vous le donne en quatre.

Marton sentant quelques scrupules, prie Gondolin de repêcher son Amant avec son croc, mais de prendre bien garde de le mutiler. Arlequin reparoît dans le moment, pour faire cesser son inquiétude : Heureusement, dit Scaramouche, c'est un homme de paille qui a fait la cullebute à sa place. Marton est satisfaite de l'épreuve, & les Matelots & Matelottes viennent célébrer les noces d'Arlequin avec Marton, & de D. Diegue avec Lisette.

Couplets du Vaudeville.

Venez, jeunes Amans,
Au cœur malade,
Sans perdre de momens
Droit à Leucade.
Et tôt tôt tôt,
Et ziste & zeste,
Et vite, & preste,
Faites le saut.

Un Caissier fort épris
D'une Coquette,
Chèrement à Paris
Fit cette emplette;
Sa Caisse tôt,
Et ziste, & zeste,
Et vite, & preste,
Ne fit qu'un saut.

Extrait Manuscrit.

SAUVAGES, (danses de deux) sur le Théatre Italien, exécutées pour la premiére fois le Lundi 10 Septembre 1725.

« Les Comédiens Italiens, avant leur départ
» pour Fontainebleau, donnérent sur leur
» Théatre une nouveauté des plus singulieres.
» *Deux Sauvages* venus depuis peu de la Loui-
» siane, grands & bienfaits, âgés d'environ
» vingt-cinq ans, dansérent trois sortes de dan-
» ses, ensemble & séparément, & d'une ma-
» niere à ne pas laisser douter qu'ils n'ayent ap-
» pris les pas & les sauts qu'ils font, très loin
» de Paris. Ce qu'ils prétendent figurer est

» sans doute fort aisé à entendre dans leur pays;
» mais ici rien n'est plus difficile à pénétrer:
» voici ce que nous en avons pû apprendre.

» Le premier Danseur représentoit un Chef
» de sa Nation, vêtu un peu plus modestement
» qu'on ne l'est à la Louisiane, mais en sorte
» que le nud du corps paroissoit assez. Il avoit
» sur la tête une espéce de couronne, pas riche,
» mais fort ample, ornée de plumes de diffé-
» rentes couleurs. L'autre n'avoit rien qui le
» distinguât d'un simple guerrier. Le premier
» fit entendre à celui ci, par sa façon de danser,
» & par ses attitudes cadencées, qu'il venoit
» proposer la paix, & présenta le *calumet* ou
» étendart à son ennemi. Ensuite ils danserent
» ensemble la danse de la *paix*. La seconde
» danse appellée *la guerre*, exprime une assem-
» blée de Sauvages, où l'on prend le parti de
» faire la guerre à tel ou tel peuple, & on en
» fait voir toutes les horreurs. Ceux qui sont de
» ce sentiment opinent en venant se mêler à la
» danse. Dans la troisiéme le guerrier va d'abord
» à la découverte de l'ennemi, armé d'un arc &
» d'un carquois garni de fléches, pendant que
» l'autre assis par terre bat du tambour, ou
» espéce de timballe pas plus gros que la forme
» d'un chapeau. Après avoir découvert l'enne-
» mi, le Sauvage revient en donner avis à son
» Chef. Il imite ensuite le combat, dans le-
» quel il suppose avoir défait l'ennemi. Après
» quoi ils dansent ensemble la danse de la vic-
» toire ». *Mercure du mois de Septembre*, 2^e
vol. 1725. p. 2274-2276.

SAUVAGES, (les) nouvelle Entrée ajoûtée le

Samedi 12 Mars 1736. au Ballet des *Indes Galantes*, paroles de M. *Fuselier*, Musique de M. *Rameau*. Voyez *Indes* (les) *Galantes*.

SAUVAGES, (les) Parodie en un acte & en vers de la Tragédie d'*Alzire*, au Théatre Italien, par Messieurs *Riccoboni* fils, & *Romagnesi*, représentée pour la premiere fois le Lundi 5 Mars 1736. Paris, Prault fils.

ACTEURS DE LA PARODIE.

Garnement, Gouverneur.	La Dlle Silvia en homme.
L'Alzire, femme du Gouverneur.	La Dlle Riccoboni.
Bonhommés, pere de Garnement.	Le Sieur Riccoboni.
Fadaise, pere d'Alzire.	Le Sieur Thomassin.
Matamore, Amant d'Alzire.	Le Sieur Romagnesi.
Négrillon.	Le Sieur de Helle.

La scène est en Amérique.

Cette Parodie a été très-favorablement reçue du public. Comme l'action est précisément la même que celle d'*Alzire*, nous croyons que nos Lecteurs ne trouveront pas mauvais que nous les renvoyons à l'argument de la *Tragédie* que nous avons inséré dans le Mercure du mois dernier. (Février.) Il n'y a presque dans la Parodie d'autre changement que celui du lieu & des noms des personnages. Il est vrai que ce dernier changement est une espéce de critique des caracteres; on en jugera facilement par les noms de *Bonhommés*, de *Garnement*, de *Matamore* & de *Fadaise*; on voit bien que les Auteurs de la Parodie ont voulu faire entendre par ces nouveaux noms, qu'*Alvarés* est un bon homme, que *Gusman* en est un méchant; que

Zamore est un Gascon, qui prétend toujours battre, & par malheur est toujours battu ; que *Fadaise* enfin est peu de chose dans la piéce. On a fait encore un changement de nation & de lieu ; les François ont été substitués à la place des Espagnols ; & pour faire voir que le lieu de la scéne n'étoit pas trop précisément désigné dans la Tragédie, on l'a établi d'une maniere plus vague & plus indécise dans l'Amérique. Les Sieurs Romagnesi & Riccoboni le font sentir plus intelligiblement dans la cinquiéme scéne, où Matamore ayant demandé à ses amis en quels lieux ils sont, l'un d'entr'eux qui s'appelle *Négrillon*, lui répond sur le ton plaisant.

      Personne n'en sçait rien.
Peut-être croyez-vous l'apprendre par la suite,
Mais non ; de la façon que la chose est conduite,
Je leur donne à choisir dans tout le Potosi,
Quel que soit cet endroit, il est fort mal choisi.

Au reste quoique nous renvoyons nos Lecteurs à l'argument de la Tragédie, nous allons tâcher de leur en épargner la peine, en disant en peu de mots ce qui concerne l'action principale. Le voici. *Bonhommés* établissant Gouverneur de l'Amérique son fils *Garnement*, lui fait une petite réprimande sur ses égaremens passés ; lui conseille d'être tout autre à l'avenir, & de prendre pour exemple le *Comte de Neuilly*, (*) dont la vertu lui fait tant d'adorateurs. *Garnement* lui répond qu'il n'en a pas été

(*) Comédie héroïque de M. de Boissi.

plus heureux. (*) *Bonhommés* prie son fils de mettre en liberté les six prisonniers Américains qu'il a pris ce même jour, & de gagner par cet acte de clémence le cœur de l'*Alzire* qu'il doit épouser, & qui ne se donne à lui que par une aveugle obéissance aux ordres de *Fadaise* son pere. *Garnement* consent à délivrer les prisonniers; *Fadaise* promet à *Bonhommés* de réduire sa fille, & de l'engager non seulement à épouser *Garnement*, mais à l'aimer; il ajoute que sa fille eut toujours de l'amour de reste; sa fille qui arrive après que *Bonhommés* s'est retiré, ne confirme que trop ce qu'il vient de dire; elle n'a que trop d'amour pour *Matamore*; cependant elle promet, non d'aimer *Garnement*, mais de l'épouser; *Garnement* revient sur la scéne; l'*Alzire* lui parle sur un ton à le dégoûter de son hymen, mais il n'en veut pas démordre, & prenant son parti en homme qui ne craint point de disgrace conjugale, il dit:

<blockquote>
Par les nœuds de l'hymen il la faut engager,
Et je l'épouserai dussai-je en enrager.
</blockquote>

Matamore mis en liberté, se plaint de son sort avec ses compagnons; *Bonhommés* vient lui apprendre qu'ils sont tous libres; il reconnoît *Matamore* pour cet Américain qui lui a autrefois sauvé la vie; *Matamore* lui demande des nouvelles de *Fadaise*; *Bonhommés* lui dit qu'il va le lui envoyer. *Fadaise* vient. *Matamore*, après l'avoir tendrement embrassé, le fait souvenir de la promesse qu'il lui a faite autrefois de lui donner sa fille l'*Alzire*. *Fadaise* est dans

---

(*) Cette piéce ne fut jouée qu'une fois. Voyez dans ce Dictionnaire son article, & celui du *Duc de Surrey*.

un très grand embarras; on vient l'avertir que tout est prêt pour la cérémonie, & qu'on n'attend plus que lui; Matamore lui demande quelle est cette cérémonie? *Fadaise* n'a garde de lui dire que c'est le mariage de l'*Alzire* sa fille avec *Garnement*; il ordonne aux Gardes de retenir *Matamore* qui veut le suivre. Le mariage étant fait, l'*Alzire* vient s'occuper du souvenir de son cher *Matamore*; ce malheureux Amant paroît sans être instruit de rien; elle lui apprend son malheur, & lui dit qu'elle vient d'épouser ce même *Garnement*, qui lui a fait souffrir tant de tourmens. *Bonhommés* & *Garnement* arrivent; *Matamore* accable son rival d'injures; *Garnement* ordonne qu'on l'arrête; l'*Alzire*, après avoir parlé tout bas à sa confidente, demande à *Garnement* la grace de *Matamore*; cette grace lui est refusée, elle fait entendre qu'elle s'y étoit bien attendue, & qu'elle avoit pris de meilleures mesures; en effet *Nigritte* sa confidente, à qui nous avons dit qu'elle avoit parlé tout bas, vient lui dire qu'elle a gagné un soldat à force d'argent, & qu'on délivre actuellement son cher *Matamore*; ce dernier vient un moment après, mais comme l'*Alzire* ne veut pas consentir à prendre la fuite avec lui, il prend un parti violent; il se retire avec le soldat qui l'a délivré, & se couvre de son habit & de ses armes, pour aller assassiner *Garnement*.

Dans cet endroit la Parodie s'est écartée de la Tragédie : *Matamore* n'a pû exécuter son projet; il a été fait prisonnier pour la troisiéme fois; on doit faire mourir l'*Alzire* avec lui, comme complice de son projet. Après de tendres regrets de part & d'autre, *Garnement* vient faire la péripétie par ces vers :

> Doucement s'il vous plaît, car c'est moi qui commande,
> Et je ne prétends point du tout que l'on le pende ;
> Matamore peut bien n'être pas criminel ;
> Peut-être venoit-il m'appeller en duel :
> Car je ne pense pas qu'une ame bien placée
> Pût d'un assassinat concevoir la pensée.

à l'Alzire.

> Pour vous que vainement on voudroit corriger,
> Qui mettiez mon honneur & ma vie en danger,
> Qui des cœurs vertueux êtes la Parodie,
> Trouvez bon s'il vous plaît que je vous répudie ;
> Bien plus ; à mon rival je vous donne aujourd'hui,
> Non pas dans le dessein de me venger de lui ;
> Je n'ai point de rancune, & mon cœur lui pardonne.

Matamore témoigne sa surprise sur ce grand changement ; auquel on n'avoit garde de s'attendre, par tout ce qui s'étoit passé. *Garnement* finit la piéce par ces vers, qu'il adresse au public.

> Quiconque sur ce point voudra se satisfaire,
> En toute sûreté peut aller voir mon frere ;
> Sur la fin de sa vie il a fait éclater
> Des traits que la critique a lieu de respecter ;
> Nous les trouvons si beaux, que nous ferions scrupule
> De répandre sur eux le moindre ridicule.

Extrait du Mercure, mois de Mars 1736. pag. 543-550.

SAUVAGESSE, (la) *ou la* FILLE SAUVAGE, Opéra Comique en un acte, de Messieurs *Le Sage* & *d'Orneval*, (Musique du divertissement de M. *Gilliers*,) représenté le Lundi 7 Juillet 1732. avec *Sophie* & *Sigismond*, piéce en un acte, & un Prologue intitulé *Les Désespérés*. La Sauvagesse fut faite à l'occasion d'une fille Sauvage trouvée en ce temps-là dans un bois du voisinage de la Rochelle. Elle est imprimée tome IX. du Théatre de la Foire.

SCAMANDRE, c'est le titre de la premiere Entrée du Ballet des *Stratagêmes de l'Amour*, de M. *Roy*, Musique de M. *Destouches*, représenté en 1726. Voyez *Stratagêmes* (*les*) *de l'Amour*, Ballet.

SCAMANDRE, c'est aussi le titre du premier acte de la Parodie des *Stratagêmes de l'Amour*, donnée au Théatre de l'Opéra Comique, par M. *Fuselier*. Voyez *Stratagêmes* (*les*) *de l'Amour*, Parodie.

SCAMANDRE, (le Fleuve) Comédie en un acte, prose & vaudevilles, par M. *Fuselier*, représentée pour la premiere fois par les Comédiens Italiens, sur leur Théatre du Fauxbourg S. Laurent, le Jeudi 2 Septembre 1723. avec les *Saturnales*. Elle ne fut pas plus heureuse. (*) non imprimée.

Tout le monde sçait le sujet de cette piéce, il faut seulement dire quelque chose des détails. Trivelin & Arlequin sont les valets du faux Scamandre, & c'est par leur conseil que leur Maître se présente à Callirée sous le nom du Fleuve Scamandre. Trivelin (**) se dit Nimphe d'une Fontaine, & Arlequin Dieu d'un petit ruisseau.

Démoclès s'offre pour époux à Callirée.

CALLIRÉE.

Je ne sçaurois croire qu'un Dieu brûle d'un feu sincere.

TRIVELIN.

Le fleuve Scamandre n'est ni glorieux ni intéressé, pourvû

―――――――――――――
(*) Voyez *Saturnales*. (*les*)
(**) Il est habillé en femme.

qu'en vous épousant il trouve seulement dix mille écus pour faire raccommoder son pont, il sera content.

CALLIRÉE.

Ah ! mon pere peut me donner en mariage plus de quarante mille francs.

TRIVELIN. (Air. *Belle brune.*)

Belle brune, (*bis.*)
Avec cette somme-là,
Vous épouseriez Neptune
Belle brune.

CALLIRÉE.

Mais dame, si vous voulez sérieusement m'épouser, attendez un moment ; ma mere viendra, & nous ferons la cérémonie.

TRIVELIN à DÉMOCLÈS.

Emmenez Callirée dans cette cabane, j'ai donné ordre au Sacrificateur de s'y rendre.

DÉMOCLES. (Air. *Ton hymeur est Catherains.*)

Dérobons à tout le monde
Vos discours & mes soupirs ;
Qu'un Fleuve n'ait que son onde
Pour témoin de ses désirs :
Je fors de mon lit la belle
Pour avoir votre entretien.

TRIVELIN.

Et moi, j'entrerois, pour elle ;
Très-volontiers dans le sien.

Cependant Arlequin trouve Ismenide amie de Callirée, à qui il s'annonce pour un des plus jolis ruisseaux de la campagne, qui vous offre, ajoûte-t-il, sa cruche & tout ce qu'elle contient.

ISMENIDE.

Je n'avois pas encore vû de ruisseau en chair & en os.

ARLEQUIN *chante.*

Sçachez que je coule, coule,
Autant l'été que l'hyver.

Jamais je ne géle.

La mere de Callirée & tous les parens viennent pour faire le mariage de Callirée avec un vieux barbon, mais Trivelin annonce qu'elle vient d'épouser le fleuve Scamandre ; la mere donne dans le paneau & s'écrie :

LA MERE.

Quel bonheur ! ma fille est l'épouse du Scamandre !

ARLEQUIN.

Oui, oui ; allez embrasser la nouvelle mariée.

TRIVELIN à ISMENIDE. *en lui montrant Arlequin.*

Et vous la belle, épousez ce petit ruisseau.

(AIR. *Joconde.*)

Faites-en vîte votre époux
Il a de la ressource ;
Son murmure est flateur & doux,
Il vient de bonne source.

ISMENIDE.

Peut-on le voir, sous ses roseaux ?

ARLEQUIN.

Corrigez vos manieres ;
On sçait que les petits ruisseaux
Font les grandes rivieres.

TRIVELIN.

Si vous devenez sa femme, il vous fera Nayade.

ISMENIDE.

Tope.

La piéce finit par un divertissement de Marchands d'une Foire de campagne. Voici trois couplets du deuxiéme Vaudeville.

Une Marchande de métier sucré.

Qui veut acheter du bonbon,
Qui veut du friand macaron,
Galans ouvrez vos escarcelles
Mettez-vous en frais pour vos belles,
Vla le petit métier sucré, ô gué,
Vla le petit métier sucré.

Quand tu le suis seule au jardin,
Quel métier t'apprend donc Colin,
Demandoit à Fanchon, Marotte ?
Fanchon répondit à la lotte,
C'est le petit métier sucré, ô gué,
C'est le petit métier sucré.

Lorsqu'à nos jeux on s'assoupit,
Arlequin est gagne petit,
Mais quand une grande assemblée
Y rit à gorge déployée,
Vla le petit métier sucré, ô gué,
Vla le petit métier sucré.

SCAMANDRE, (le Fleuve) Opéra Comique en un acte, de Messieurs *Panard* & *Laffichard*, représenté le Lundi 6 Septembre 1734. précédé du *Nouvelliste dupé*, repris à l'ouverture de la Foire S. Germain 1740. suivi de la premiere représentation des *Fols volontaires*.

« Pour mieux mettre le Lecteur au fait de
» l'intrigue de cette piéce, nous avons crû qu'il
» ne seroit pas hors de propos de commencer
» par la troisiéme scéne qui contient l'exposition
» du sujet. Pamphile & son valet Dave la com-
» mencent. On y apprend que Pamphile, à
» l'insçu de Chrisante son pere, a quitté sa pa-
» trie pour voyager, & sur-tout pour voir les
» ruines de la célébre ville de Troye. C'est sur
» les bords du fleuve Scamandre qu'il devient
» amoureux de Callirhée, fille de Dircé. Une
» conversation que Callirhée a avec sa Confi-
» dente, donne lieu à Dave de faire l'imposture
» à laquelle cette piéce doit son titre. Dans la
» conversation dont on vient de parler, Cal-
» lirhée dit à Frosine qu'elle a vû dans un songe
» un Dieu tendre, jeune & charmant, qui vou-

D iv

» loit l'époufer. Dave ne manque pas de fe pré-
» valoir de la foibleffe de Callirhée, & croit ne
» le pouvoir mieux faire qu'en lui perfuadant
» que fon Maître eft un Dieu. Un Oracle pro-
» noncé par Calchas, à la priere de Callirhée,
» ou plûtôt infpirée par Dave à un faux Cal-
» chas, vient à l'appui du fonge. Voici comme
» le prétendu Calchas s'exprime.

ORACLE.

Un époux mortel ne doit pas
Prétendre à tes jeunes appas ;
Je t'apprens que ta deftinée
Te garde un partage plus doux :
Par un éclatant hymenée,
Un Dieu deviendra ton Epoux.

» C'eft de ce fonge & de cet Oracle que pro-
» céde l'entêtement de Callirhée. Cet entête-
» ment la fait paffer pour folle aux yeux des
» Spectateurs, au lieu qu'elle n'eft que crédule
» & dupe.

» Dircé témoigne à fa fille qu'elle voudroit
» bien qu'elle accepte un époux qu'un de fes an-
» ciens amis lui offre dans la perfonne de fon
» fils : ce fils eft le même Pamphile dont nous
» venons de parler, en faveur duquel Dave a
» imaginé l'impofture en queftion.

» Callirhée entêtée du Dieu que le Songe &
» l'Oracle lui ont promis, ne peut fe réfoudre
» à renoncer à l'immortalité dont elle fe flatte.
» Dircé ne veut pas heurter fon fentiment de
» front, elle a déja chargé Frofine fa Confidente
» de la tirer de fon erreur avec adreffe.

» Dave a difpofé toutes chofes à fervir le
» ftratagême. Il a lui-même intérêt à le faire
» réuffir, il eft amoureux de Frofine, fuivante

» de Callirhée. Le moment propre à l'éxécution
» étant arrivé, Pamphile & lui se présentent à
» Callirhée & à Frosine, & se donnent l'un
» pour le fleuve Scamandre, & l'autre pour un
» Ruisseau de la suite de ce fleuve : le Songe &
» l'Oracle ont disposé la crédule Callirhée à
» donner tête baissée dans tout ce que Pamphile
» & Dave lui disent. Frosine même, qui devoit
» la tirer d'erreur, s'y trouve entraînée, &
» quoiqu'elle n'ait qu'un petit Ruisseau pour
» Amant, elle ne laisse pas d'être ravie de deve-
» nir Fontaine. Voici le premier compliment
» que Pamphile fait à Callirhée, & la réponse
» de son Amante.

PAMPHILE. (Air. *Fanfare*.)
Reconnoissez le Dieu qu'un songe favorable
Vous fit voir l'autre nuit rangé sous votre loi.

CALLIRHÉE.
C'est vous, Dieu trop aimable,
C'est vous qu'ici je voi.

PAMPHILE.
Oui, Nimphe incomparable,
C'est moi.

Voici les titres & la généalogie que Dave
» donne à son Maître. Oui, mon Maître est le
» Dieu Scamandre, souverain Seigneur de tou-
» tes les eaux que vous voyez, fils de Triton,
» cousin de Neptune, & neveu de l'Océan à
» la mode de Bretagne.

» Frosine ne se rend pas sitôt que Callirhée,
» elle veut des preuves plus réelles; Dave aché-
» ve de la convaincre par une fête qu'il a pré-
» parée, & qui est composée de Fleuves, Ruis-
» seaux & Nayades, qui viennent attester la

D v

» Divinité de Scamandre. L'imposture n'est pas
» consommée. Chrisante, pere de Pamphile
» arrive, à peine a-t-il vû Callirhée dans les
» accès de sa folie, qu'il est prêt de rompre le
» mariage dont il a fait la proposition à Dircé,
» mais trouvant enfin le vrai Pamphile dans le
» faux Scamandre, il pardonne à son fils toutes
» les fautes qu'il a faites, & remercie les Dieux
» d'avoir fait prévenir par l'amour un hymen
» qu'il avoit projetté avant que ni lui ni son fils
» eussent vû Callirhée.

PAMPHILE *à Callirhée.*

» Puis-je me flatter, adorable Callirhée, qu'en perdant
» ma divinité je ne perdrai point votre tendresse ?

CALLIRHÉE.

» Mon cher Pamphile,

(AIR. *Quand je vous ai donné mon cœur.*)

Quand vous redevenez mortel,
Je n'en suis pas moins tendre :
Oui, pour vous mon amour est tel
Qu'il fut pour le Scamandre.

PAMPHILE.

Comptez que vous serez toûjours
Ma Déesse & mes amours.

» La piéce finit par un second divertissement
» & un Vaudeville, dont voici quelques cou-
» plets.

Dans tous les lieux, dans tous les tems
L'Amour fit des déguisemens :
L'histoire est pleine d'avantures
L'origine de tout est là,
Et dans toutes les conjonctures,
On trouve toûjours de celà.

Quelle raison fait qu'un Seigneur
Accorde à quelqu'un sa faveur,

C'est femme, fille, ou sœur jolie ?
Il résulte encore de-là,
Que tout ce qu'on fait dans la vie
Tire sa source de cela.

✻

Belle Ariane, sans ton fil
Le vaillant Théfée auroit-il
Du Dédale trouvé l'issue ?
Ton secours l'a tiré de là,
C'est donc une chose conclue
Que tout a rapport à cela.

Mercure de France, Novembre 1734. pag. 2487. & suivantes.

Cette piéce est joliment écrite, les détails en sont nouveaux & inventés avec art : on peut remarquer les roles de Dave & de Frosine qui en conduisent l'intrigue, & ajouter qu'en changeant un peu la forme, elle auroit pû paroître sur la scéne Françoise. On la trouve imp. dans le Recueil des Œuvres de M. Laffichard.

SCANDERBERG, Tragédie en cinq actes de M. de *La Motte*, avec un Prologue donné par M. de *La Serre*, Musique de Messieurs *Rebel & Francœur*, représentée par l'Académie Royale de Musique, le Jeudi 27 Octobre 1735. in-4°. Paris, Ballard, & tome XVI. du recueil général des Opéra. *Extrait, Mercure de France, Décembre 1735. 1 vol. p. 2704. & suiv.*

ACTEURS DU PROLOGUE.

Melpoméne.   Mlle Eremans.
Polymnie.   Mlle Monville.
L'Amour.   Mlle Bourbonnois L.
La Magie.   Le Sieur Jélyotte.

BALLET.

Suite de l'Amour. Les Graces.

Mlles Frémicourt, Le Breton & Courcelle.

Jeux & Plaisirs.

Les Sieurs Bontems, Matignon, Maltaire L. & Hamoche.
Mlles Du Rocher, Petit, Binet & Centuray.

ACTEURS DE LA TRAGÉDIE.

Amuralh, grand Empereur des Turcs.	Le Sieur Chassé.
Roxane, Sultane favorite.	Mlle Antier.
Scanderberg, Prince d'Albanie.	Le Sieur Tribou.
Servilie, Princesse de Servie.	Mlle Pélissier.
Osman, Bostangi Bachi.	Le Sieur Dun.
Le Muphti.	Le Sieur Jélyotte.
Une Sultane.	Mlle Eremans.
Une Grecque.	Mlle Bourbonnois L.
L'Aga des Janissaires.	Le Sieur Jélyotte.
Deux Scythes	Les Sieurs Cuvillier & Cuignier.
Une Asiatique.	Mlle Eremans.
Une Italienne.	Mlle Bourbonnois L.
Une Odalique.	Mlle Eremans.

BALLET.

ACTE I. *Sultanes.* — Mlle Mariette.
Mlles Du Rocher, Petit, Thibert, Rabon, Carville, Fremicourt, Courcelle, Le Breton & Centuray.

ACTE II. *Turcs.* Le Sieur Maltaire 3.
Les Sieurs Dumay, Dupré, F. & P. Dumoulin, Dangeville & Matignon.

Grecques. Mlles Du Rocher, Carville, Rabon, Petit, Le Breton & Fremicourt.

ACTE III. *Janissaires.* Les Sieurs Savar, Dumay, Dupré, Bontems & Matignon.

Spahis. Les Sieurs Dangeville, F. & P. Dumoulin, Maltaire L. Hamoche.

ACTE IV. *Italiens.* Le Sieur D. Dumoulin & Mlle Sallé.
Les Sieurs Bontems & P. Dumoulin.
Mlles Thibert & Fremicourt.

Scythes. Le Sieur Javillier L.
Le Sieur Dupré & Mlle Rabon.
Les Sieurs Savar & Dumay.
Mlles Du Rocher & Carville.

Asiatiques.
Le Sieur Maltaire 3. & Mlle Mariette.
Les Sieurs Matignon & Maltaire L.
Mlles Petit & Le Breton.
Acte V. *Odaliques.* Mlle Sallé.
Mlles Du Rocher, Petit, Thibert, Rabon,
Carville, Frémicourt, Courcelle,
Le Breton & Centuray.

Cet Opéra n'a jamais été repris.

SCAPIN, (les Fourberies de) Comédie en trois actes & en prose, de M. *Moliere*, représentée sur le Théatre du Palais Royal le 24 Mai 1671. imp. dans le Recueil des ouvrages de l'Auteur. Cette piéce est restée au Théatre. *Histoire du Th. Fr.* année 1671.

SCAPIN, (les Fourberies de) Canevas Italien en trois actes, de M. *Romagnesi*; la premiére représentation est du Samedi 15 Juillet 1741. le Sieur Constantini y joua dans son début le role d'Arlequin, & le sieur Bertinazzi (Carlin) celui de Pantalon, le Samedi 5 Août de la même année. Il y a grande apparence que ce Canevas est à peu près le même que celui de la piéce intitulée: *Arlequin tourmenté par les fourberies de Scapin*, & que M. Romagnesi n'a fait que le corriger. Voyez *Arlequin tourmenté par les fourberies de Scapin*.

SCAPIN, (les nouveaux defis de Coraline, d'Arlequin & de) Canevas Italien en cinq actes; on a déja rendu compte de cette piéce à sa place naturelle, mais on l'a mise par erreur au rang des piéces sans extrait, quoiqu'il en existe un programme imprimé qui ne nous est tombé entre les mains que depuis l'impression de la lettre D, & conséquemment, on s'est contenté de faire usage d'une note prise du Mercure à ce sujet. Les programmes imprimés des piéces Italiennes sont aussi rares au bout de quelques années, & quelquefois plus ignorés que les Manuscrits ; c'est ce qui a occasionné la meprise, & qui ne nous permet pas de manquer à la réparer ici, en donnant un extrait du Programme en question. Voyez pour la date, & tout ce qui peut d'ailleurs concerner cette piéce, *Défis (les nouveaux) d'Arlequin & de Scapin* ; il nous reste seulement à observer ici qu'elle a été annoncée indifféremment, tantôt sous ce dernier titre, & tantôt sous celui qui est à la tête de cet article, qui est le même que lui donne le Mercure, comme on verra à l'article où nous venons de renvoyer.

ACTEURS.

PANTALON, *Négotiant.*
CÉLIO *son fils.*
MARIO.
FLAMINIA, *Amante de Mario.*
LE DOCTEUR.
LUCINDE, *son esclave.*
CORALINE, *intriguante.*
ARLEQUIN, *valet de Célio.*
SCAPIN, *valet de Mario.*
SOLDATS.
ARCHERS.

La scéne est à Paris.

ACTE I.

Scapin déclare son amour à Coraline, qui se moque de lui, avec Arlequin, mais Arlequin ne reçoit pas mieux les agaceries qu'elle lui fait, qu'elle n'a reçue la déclaration de Scapin; Coraline irritée s'en venge sur Scapin, qu'elle traite encore plus mal, & déclare à Arléquin qu'il faut qu'il l'aime de force ou de gré.

Célio paroît avec son pere, qui lui ordonne de partir sur le champ pour Marseille, pour des affaires de commerce. Le fils s'en excuse; le pere qui sçait qu'il n'est retenu que par son amour pour Lucinde, esclave du Docteur, se promet de le faire partir de force, & sort. Arlequin apprend à Célio que Mario est son rival, & veut acheter Lucinde; Célio désespéré lui promet une bonne récompense s'il peut rompre ce coup, & Arlequin animé par cette espérance, lui promet d'imaginer le moyen d'attraper à la fois Pantalon & Mario. Il commence par proposer un prix considérable au Docteur pour son esclave, mais celui-ci répond qu'il ne peut manquer de parole à Mario, à qui il a promis la préférence; Arlequin irrité lui déclare qu'il prétend la lui voler, & se soumet à payer dix écus au Docteur s'il parvient à la remettre entre les mains de Mario, à condition que le Docteur s'engage à lui en donner cinquante, s'il vient à bout de l'enlever avant que le Docteur l'ait livrée au rival de son maître; le Docteur accepte le parti en riant.

Pantalon reproche à Arlequin de causer l'entêtement de son fils pour une esclave; Arlequin nie le fait, mais comme on ne l'en croit pas sur sa parole, il se met en colere, & déclare à Pantalon que son maître épousera Lucinde malgré lui, & gage cent écus qu'il fera réussir ce mariage. Scapin de son côté gage que Lucinde épousera Mario; Coraline se moque d'eux, & leur déclare qu'elle rompra tous les projets d'Arlequin, s'il ne répond à sa tendresse, & tous ceux de Scapin s'il ne trouve moyen de mettre Arlequin à la raison. Arlequin & Scapin ne font aucun cas de ses menaces, & ils sortent tous pour mettre la main à l'œuvre.

Acte II.

Flaminia fait des reproches à Mario de ce qu'il l'abandonne pour une esclave; Mario se défend assez mal: Scapin arrive à propos pour le tirer d'embarras; il prétexte une affaire pour le renvoyer, feint ensuite d'être dans les intérêts de Flaminia, & lui propose de la mener au Docteur, pour le dissuader de rendre Lucinde à Mario. Flaminia consent à voir le Docteur, mais elle dit qu'elle veut y aller avec un certain Arlequin qui s'est engagé à traverser l'amour de Mario; Scapin veut l'en détourner, mais elle persiste dans sa résolution, & sort. Scapin se propose de se travestir en Arlequin, afin de profiter de la confiance qu'a Flaminia en lui, & de la conduire au Docteur, comme une esclave qu'il veut vendre, afin d'en débarrasser son maître. Arlequin l'entend, & se propose de son côté de se déguiser en Docteur; mais Coraline qui les a entendus tous deux, se promet de les tromper l'un & l'autre, par un travestissement dont ils ne se douteront pas.

Pantalon prie le Docteur de refuser Lucinde à son fils; le Docteur appelle Lucinde, lui défend d'aimer Célio; elle promet d'obéir; &

rentre ensuite. Pantalon emprunte cent louis au Docteur, qui l'emméne pour les lui donner.

Scapin en Arlequin conduit Flaminia chez le Docteur; Arlequin en Docteur se présente, & Scapin lui veut vendre Flaminia sans que celle-ci s'en apperçoive. Coraline arrive déguisée en Scapin, & soutient que cette esclave appartient à Mario son maître, & que c'est à tort qu'on la veut vendre au Docteur. Les deux valets se retirent confus, & Coraline fait voir à Flaminia qu'elle étoit entre les mains de deux fourbes.

Acte III.

L'action se passe pendant la nuit.

Coraline fait entrer Flaminia dans sa maison, & lui promet de lui ramener Mario. Elle appelle ensuite Lucinde, & la fait aussi entrer chez elle, pendant l'absence du Docteur, en lui promettant de lui faire épouser Célio. Arlequin & Scapin qui observent ce qui se passe, courent avertir leurs maîtres. Ils se rencontrent en chemin, & s'arrachent leur secret l'un à l'autre, Scapin contrefaisant Mario, & Arlequin le Docteur.

Mario & Célio arrivent, se reconnoissent, & se disputent Lucinde l'épée à la main. Coraline les sépare, & leur promet Lucinde à chacun en particulier; elle donne Flaminia voilée à Mario, & Lucinde à Célio. Scapin avertit son Maître qu'il est dupé. D'un autre côté, Arlequin qui a sçu de Scapin le projet de Mario, a été avertir le Docteur qu'on veut enlever son esclave; celui-ci accourt, & vient arracher Lucinde des mains de Célio. Les deux Amans restent immobiles, aussi bien que les valets, & Coraline les raille de leur mal-adresse.

ACTE IV.

Arlequin & Scapin ouvrent le quatriéme acte avec Coraline, en convenant qu'il est honteux qu'une jeune fille leur fasse si souvent manquer leur coup. Coraline leur déclare qu'il en sera toujours de même s'ils ne se résolvent à accepter les conditions qu'elle leur a proposées, & les quitte sur leur refus, en continuant ses railleries.

Arlequin & Scapin en sont piqués, & se réunissent contre elle, à condition de s'employer chacun de leur côté pour faire épouser Flaminia à Mario, & Lucinde à Célio, mais Scapin fait entendre, par un *à parte*, qu'il ne prétend pas tenir ce marché, & qu'Arlequin en sera la dupe; Arlequin, de son côté, se promet que Scapin de qui il se méfie sera la sienne, & Coraline qui est revenue pour les écouter, admire leur friponnerie, & se promet de les attraper tous deux.

Pantalon vient rendre au Docteur l'argent qu'il lui a emprunté. Mario & Scapin déguisés, frappent chez Lucinde; elle ouvre, reconnoît Mario, crie, & se sauve; le maître & le valet la poursuivent. Arlequin en Exempt, accompagné d'Archers vient la dégager, & veut faire conduire les coupables en prison, & mener Lucinde à son maître.

Coraline déguisée en Officier, & suivie de plusieurs soldats, lui vient ravir sa proie qu'Arlequin a beaucoup de peine à céder. Enfin il s'y détermine ; Coraline fait entrer Lucinde chez elle, & ordonne qu'on méne en prison Mario, Arlequin & Scapin, qui lui demandent quartier, mais elle se découvre, en riant de leur frayeur.

ACTE V.

Flaminia apprend à Pantalon la trahison de Mario ; celui ci la console, lui promet son secours, & entre chez lui avec elle.

Mario entre avec Scapin, à qui il reproche que sa gageure a indisposé le Docteur contre lui ; Scapin, pour l'appaiser lui promet de sacrifier son amour pour mettre Coraline dans ses intérêts. En effet, il exhorte Arlequin à répondre à la passion de Coraline ; celui-ci le rebute, & se met en colere. Coraline arrive, l'appaise, l'attendrit par degrés, & s'en fait aimer. Scapin sort en suppliant Coraline de s'intéresser pour son maître, mais Arlequin la presse de lui faire gagner son pari. Célio entre désespéré de ne pouvoir épouser sa maîtresse. Coraline & Arlequin lui parlent à l'oreille, & Célio plus tranquille rentre chez lui.

Un moment après, Pantalon vient fort affligé, & dit que son fils est devenu fou. Coraline lui fait entendre que la folie de son fils ne vient que de la peur qu'il a que sa maîtresse ne tombe entre les mains de son rival, & que pour le guérir il n'a qu'à l'acheter ; il y consent, la demande au Docteur qui la lui donne, & Coraline instruit Lucinde à l'oreille de ce qui se passe. Pantalon la méne chez lui. Mario survient, & fait au Docteur des reproches de son manque de parole. Celui-ci entre chez Pantalon, sans s'en mettre fort en peine. Mario irrité frappe à la porte de Pantalon. Arlequin paroit & demande ce qu'il veut ; *Lucinde*, répond-il, & Scapin se joint à lui, faisant remarquer à Arlequin que ce n'est qu'en faveur de son maître, & pour lui faire obtenir Lucinde, qu'il a renoncé à Coraline. Arlequin leur promet ironiquement de les satisfaire, & rentre.

Pantalon se présente à Mario avec Flaminia, il lui déclare qu'elle est sa niéce, & le détermine par ses reproches à l'époufer. Alors Coraline & Arlequin aménent Lucinde à Mario, qui déclare que son choix est fait, & qu'il s'en tient à Flaminia. Arlequin fait semblant d'en être fâché. Le Docteur vient dire que la folie de Célio augmente de plus en plus. Célio entre l'épée à la main, feignant d'être fou, & de vouloir percer Arlequin, qui à son tour feint beaucoup d'épouvante, & réussit à persuader à Pantalon de consentir au mariage de Célio avec Lucinde. Tout le monde se réunit pour louer l'adresse de Coraline, & l'on convient que c'est à elle qu'Arlequin doit le gain de sa gageure. *Extrait du Programme imprimé.*

SCARAMOUCHE PÉDANT SCRUPULEUX, Piéce en deux actes, précédée d'un Prologue, & suivie d'*Orphée*, ou *Arlequin aux Enfers*, Piéce en un acte, le tout par écriteaux, représentée le Vendredi 12 Septembre 1711. par la Troupe de Dolet & La Place, in-12. Paris. Cette Piéce, qui est tirée d'un Canevas de l'ancien Théatre Italien, avoit déja paru en prose sous le titre d'*Arlequin écolier ignorant*, &

Scaramouche pédant scrupuleux, à la Foire S. Germain 1707. Dolet y repréfentoit à vifage découvert le role de l'Ecolier, & La Place celui de Scaramouche. Le fond du fujet qui eft plaifant, le jeu des deux Acteurs, & certaines circonftances du tems, procurerent à la piéce une prodigieufe réuffite. On la reprit aux Foires fuivantes avec le même fuccès, jufqu'en 1710. que les Comédiens François obtinrent enfin un Arrêt du Confeil, qui réduifoit les Forains à jouer à la muette, & par le moyen des écriteaux. Pour fe conformer à cette loi indifpenfable, M. *Fufelier* fe chargea de retoucher la piéce qui fait le fujet de cet article, & d'y joindre quelques couplets. C'eft de cette façon qu'elle parut le 12 Septembre 1711. & qu'elle fe trouve imprimée. On vient de dire que la meilleure partie des plaifanteries confifte dans le jeu des Acteurs. En voici le fujet.

Ifabelle fille du Docteur, & promife à Octave, eft amoureufe d'Arlequin ; ce jeune écolier, à qui Scaramouche fon précepteur a fait accroire qu'il doit fuir les femmes comme des objets les plus dangereux, demeure tout interdit à la vûe d'Ifabelle, & veut d'abord fe fauver. Peu à peu il s'apprivoife ; Scaramouche le furprend au moment qu'il baife la main de cette belle, & après une vive réprimande, le force à fe retirer. Le difciple & le maître conviennent que le premier d'eux qui parlera à une femme, recevra de l'autre des coups de bâton. Cette convention s'éxécute. Scaramouche apperçoit Arlequin en converfation avec Ifabelle, & l'étrille d'importance. Peu de temps après, devenu amoureux de Colombine suivante de cette derniere, il veut lui conter des douceurs: Arlequin interrompt brusquement ce tête à tête, & rend à son Précepteur avec usure les coups qu'il en a reçû. Le mariage d'Arlequin & d'Isabelle fait le dénoüement.

SCARRON, (Paul) fils d'un Conseiller au Parlement de Paris, naquit en cette ville à la fin de l'année 1610. ou au commencement de 1611. & mourut en cette même ville au mois d'Octobre 1660. âgé de 49 à 50 ans. Il a composé pour la scéne Françoise.

JODELET, *ou le* MAÎTRE VALET, Comédie en cinq actes & en vers, 1645.

LES BOUTADES DU CAPITAN MATAMORE, Comédie en un acte & en vers de huit syllabes, 1646.

LES TROIS DOROTHÉES, *ou* JODELET SOUFFLETÉ, Comédie en cinq actes & en vers, 1646.

L'HÉRITIER RIDICULE, *ou* LA DAME INTÉRESSÉE, Comédie en cinq actes & en vers, 1649.

DOM JAPHET D'ARMÉNIE, Comédie en cinq actes & en vers, 1653.

L'ÉCOLIER DE SALAMANQUE, *ou* LES GÉNÉREUX ENNEMIS, Comédie en cinq actes & en vers, 1654.

LE GARDIEN DE SOI-MÊME, Comédie en cinq actes & en vers, 1655.

LE MARQUIS RIDICULE, *ou* LA COMTESSE FAITE A LA HÂTE, Comédie en cinq actes & en vers, 1656.

LA FAUSSE APPARENCE, Comédie en cinq actes & en vers, 1662.

LE PRINCE CORSAIRE, Comédie en cinq actes & en vers, 1662. Ces deux derniéres piéces n'ont point été représentées. *Histoire du Théatre François, année* 1645.

SÇAVANT, (le Faux) Comédie en trois actes & en profe avec un Prologue, de M. *Du Vaur*, repréfentée le Lundi 21 Juin 1728. corrigée & changée par l'Auteur, & donnée pour la feconde fois fous le titre de l'AMANT PRÉCEPTEUR, en trois actes & fans Prologue, le Mercredi 13 Août 1749. reftituée dans fon premier titre le Lundi 18 du même mois, imprimée. *Hiftoire du Théatre Fr. année* 1728.

SCÉDASE, ou l'HOSPITALITÉ VIOLÉE, Tragédie d'*Alexandre Hardy*, repréfentée au Théatre de l'Hôtel de Bourgogne en 1604. imp. T. II. du Théatre de Hardy, in-8°. Paris, Quefnel, 1624. *Hift. du Th. Fr. année* 1604.

SCÉVOLE, Tragédie de M. *Du Ryer*, repréfentée au Théatre de l'Hôtel de Bourgogne en 1646. in-4°. Paris, Sommaville, 1647. dans le Recueil intitulé Théatre François, in-12. 3 vol. Paris, Ribou, 1705. & tome III. du Recueil donné fous le même titre en 12 vol. in 12. Paris, par la Compagnie des Libraires, 1737. Cette piéce eft reftée au Théatre. *Hiftoire du Th. Fr. année* 1646.

SCIPION, Tragi-Comédie de M. *Defmarefts*, repréfentée au Théatre de l'Hôtel de Bourgogne en 1639. in-4°. la même année, Paris, Le Gras. *Hiftoire du Th. Franç. année* 1639.

SCIPION L'AFRIQUAIN, Tragédie de M. *Pradon*, repréfentée le Vendredi 22 Février 1697.

imp. la même année, Paris, Guillain, in-12. & dans le Recueil des Œuvres de M. Pradon. *Histoire du Théatre Franç. année 1697.*

SCRUPULE, (le Fossé du) Opéra Comique. Voyez *Fossé (le) du Scrupule.*

SCUDERY, (George de) Auteur Dramatique, né au Havre de Grace en 1601. fut Gouverneur du Château de Notre Dame de la Garde, près Marseille, & l'un des Quarante de l'Académie Françoise. Il mourut à Paris le 14 Mai 1667. âgé de 66 ans. Il a composé pour le Théatre François :

LIGDAMON ET LYDIAS, ou LA RESSEMBLANCE, Tragi-Comédie, 1629.

LE TROMPEUR PUNI, ou HISTOIRE SEPTENTRIONALE, Tragi Comédie, 1631.

LE VASSAL GÉNÉREUX, Tragi Comédie, 1632.

LA COMÉDIE DES COMÉDIENS, 1634.

ORANTE, Tragi Comédie, 1635.

LE FILS SUPPOSÉ, Comédie, 1635.

LE PRINCE DÉGUISÉ, Tragi-Comédie, 1635.

L'A MORT DE CÉSAR, Tragédie, 1636.

DIDON, Tragédie, 1636.

L'AMANT LIBÉRAL, Tragi-Comédie, 1636.

L'AMOUR TYRANNIQUE, Tragi-Comédie, 1639.

EUDOXE, Tragi Comédie, 1641.

IBRAHIM, ou L'ILLUSTRE BASSA, Tragi-Comédie, 1642.

ARMINIUS, ou LES FRERES ENNEMIS, Tragi Comédie, 1642.

AXIANE, Tragi-Comédie en prose, 1643. *Histoire du Th. Fr. année 1629.*

S C

SCULPTEURS, (les) Ballet Pantomime exécuté sur le Théatre du nouveau Spectacle Pantomime, à la Foire S. Laurent, le Dimanche 3 Juillet 1746. *Affiches de Boudet.*

SCULPTURE, (la) c'est le titre de la cinquiéme Entrée du Ballet du *Triomphe des Arts*, de M. de *La Motte*, Musique de M. *La Barre*, sous lequel l'Auteur des paroles a traité le sujet de *Pygmalion*. Voyez *Arts*, (*le Triomphe des*) & *Pygmalion*.

SCYLLA, Tragédie en cinq actes, avec un Prologue, de M. *Duché*, Musique de M. *Théobalde*, représentée par l'Académie Royale de Musique, le Vendredi 16 Septembre 1701. in-4°. Paris, Ballard. Extrait, *Mercure de France*, Octobre 1732. p. 2240-2252.

ACTEURS DU PROLOGUE.

L'Envie.	Le Sieur Desvoyes.
Apollon.	Le Sieur Chopelet.
La France.	Mlle Maupin.

BALLET.

Furies.   Le Sieur Blondy.
Les Sieurs Fauveau, Dangeville, Rose, Javillier, Du Ruel & Dumas.
Suite de la France.
Les Sieurs Du Mirail, Blondy & Ferrand.
Mlles Dufort, Dangeville & Victoire.
Dieux des bois.
Les Sieurs Fauveau, Dangeville, Du Ruel & Dumay.
Néréides.
Mlles Le Maire, Freville, Desmatins & Le Brun.
Dryades chantantes.   Mlles d'Humé & Duval.

ACTEURS DE LA TRAGÉDIE.

Nisus, Roi de Megare.	Le Sieur Hardouin.
Minos, Roi de Crête.	Le Sieur Thévenard.
Scylla, fille de Nisus.	Mlle Moreau.
Capis, Reine de Béotie.	Mlle Desmatins.

Tome V.   E

Dardanus, Amant de Scylla.	Le Sieur Chopelet.
Ismene, Magicienne.	Mlle Maupin.
Artemidor, Magicien.	Le Sieur Dun.
Doris, Confidente de Scylla.	Mlle Marchand.
La Statue de Tiresie.	Le Sieur Hardouin.
La Paix.	Mlle Dupeyré.
La Discorde.	Le Sieur Desvoyes.

ACTEURS DU BALLET.

ACTE I. *Suite de Minos.*
Les Sieurs Germain, Du Ruel, Dumoulin L. & Dangeville.

Suite de Nisus.
Les Sieurs Du Mirail, Blondy, Bouteville, & Dumoulin C.
Mlles Dangeville, Victoire, Le Maire & Rose.

Un Magicien chantant.	Le Sieur Boutelou.
Un Candiot chantant.	Le Sieur Pithon.

ACTE II. *Plaisirs.* Mlle Subligny.
Les Sieurs Du Mirail, Germain, Bouteville & Dumoulin C.
Mlles Dangeville, Victoire, Le Maire & Rose.

Un Plaisir chantant.	Le Sieur Boutelou.

ACTE III. *Magiciens.*
Les Sieurs Blondy & Dumoulin C.
Les Sieurs Germain, Bouteville, Blondy, Ferrand, Fauveau & Dumoulin L.

ACTE IV. *Bergers, Bergères.*
Les Sieurs Dumoulin L. Blondy & Philbois.
Mlles Victoire, Rose & Desmatins.

Bergere chantante.	Mlle Loignon.
Berger chantant.	Le Sieur Boutelou.
Bergere chantante.	Mlle Heusé.

Paysans, Paysannes.
Les Sieurs Du Ruel, Dangeville & Dumay.
Mlles Le Maire, Freville & Le Brun.

ACTE V. *Mégariens.* Le Sieur Lestang.
Les Sieurs Bouteville, Germain, Dumoulin L. & C.
Mlles Subligny, Dufort, Victoire & Dangeville.
Magiciens chantans.
Les Sieurs Labbé, Boutelou & Pithon.

L'Académie Royale de Musique ayant suspendu les représentations de cette Tragédie, la reprit le Mardi 20 Décembre de la même année 1701. avec des changemens in-4°. Ballard, 2ᵉ édition. C'est suivant cette derniere édition qu'elle est imprimée tome VII. du Recueil général des Opéra.

ACTEURS DU PROLOGUE.

Thétis.   Mlle Maupin.
Mars.   Le Sieur Dun.

BALLET.

Suite de Thétis.   Le Sieur Blondy.
Les Sieurs Fauveau, Dangeville, Rose,
Javillier, Du Ruel & Dumay.
Les Sieurs Du Mirail, Blondy & Ferrand.
Mlles Dufort, Dangeville & Victoire.

Dieux des Eaux.
Les Sieurs Fauveau, Dangeville, Du Ruel
& Dumay.

Néréides.
Mlles Freville, Le Maire, Desmatins & Le Brun.

Les Acteurs de la Tragédie & le Ballet, comme le 16 Septembre 1701.

IIᵉ REPRISE de l'Opéra de *Scylla* au mois d'Octobre 1720. 3ᵉ édition in-4°. Ribou.

ACTEURS DU PROLOGUE.

Thétis.   Mlle Limbourg.
Mars.   Le Sieur Du Bourg.
Une Dryade.   Mlle Constance.
Un Faune.   Le Sieur Jasier.

BALLET.

Tritons.   Le Sieur Blondy.
Les Sieurs Dumoulin L. Pierret, F. Dumoulin,
P. Dumoulin, Javillier & Deshayes.
Le Sieur Marcel & Mlle Menés.

Néréides.
Mlles La Ferriere, Dupré, Corail, Le Maire
De Lisle & Duval.

ACTEURS DE LA TRAGÉDIE.

Nisus.   Le Sieur Le Mire.
Minos.   Le Sieur Thévenard.

Scylla.	Mlle Antier.
Capis.	Mlle Tulou.
Dardanus.	Le Sieur Muraire.
Ismene.	Mlle Lambert.
Artemidor.	Le Sieur Dubourg.
Doris.	Mlle Souris.
La Statue de Tirésie.	Le Sieur Dun *fils*.
Un Magicien.	Le Sieur Dautrep.
Un Candiot.	Le Sieur Duchesne.
Un Magicien.	Le Sieur Duchesne.
Un Plaisir.	Le Sieur Dautrep.
Un Magicien.	Le Sieur Dun *fils*.
Deux Bergéres.	Mlles Constance & Tettelette.

ACTEURS DU BALLET.

ACTE I. *Suite de Minos.*
Les Sieurs Blondy & Marcel.
Les Sieurs Ferrand, Pierret & Laval.
Mlles Le Maire, Le Roi & Corail.
Mlle Prevost.
Suite de Nisus.
Les Sieurs Dumoulin L. Deshayes & Guyot.
Mlles Dupré, La Ferriere & De Lisle.

ACTE II. *Esprits transformés en plaisirs.*
Les Sieurs P. Dumoulin, Laval, Deshayes, Pierret, Guyot & Maltaire.
Mlles Menès, Dupré, Corail, De Lisle, Le Maire & Le Roy.

ACTE III. *Magiciens.* Le Sieur Dupré.
Les Sieurs Pierret, Deshayes, Javillier & Marcel C. P. Dumoulin, Laval, Maltaire & Guyot.

ACTE IV. *Bergers, Bergeres.* Mlle Guyot.
Les Sieurs Dumoulin L. Dupré, Pierret, Deshayes, Maltaire & Guyot.
Mlles Dupré, De Lisle, Corail, Le Maire, Mangot & Le Roy.

ACTE V. *Un Paysan.* Le Sieur F. Dumoulin.
Troupe de Mégariens. Le Sieur D. Dumoulin.
Les Sieurs Ferrand, Javillier, Pierret, Dupré, Deshayes & Marcel C.
Mlles Le Maire, Le Roy, Corail & De Lisle.

IIIe REPRISE de la Tragédie de *Scylla*, le Jeudi 11 Septembre 1732. 4e édition, Paris, Ribou.

ACTEURS DU PROLOGUE.

Thétis.	Mlle Eremans.
Mars.	Le Sieur Gouget.
Une Dryade.	Mlle Minier.

BALLET. Tritons.

Le Sieur Maltaire C.
Les Sieurs Dumay, Dupré, Matignon
& P. Dumoulin.

Néréides. Mlle Ferret.
Mlles Du Rocher, Carville, S. Germain
& Favre.

ACTEURS DE LA TRAGÉDIE.

Nisus.	Le Sieur Dun.
Minos.	Le Sieur Chaffé.
Scylla.	Mlle Pélissier.
Capis.	Mlle Antier.
Dardanus.	Le Sieur Tribou.
Ismene.	Mlle Eremans.
Artemidor.	Le Sieur Dun.
Doris.	Mlle Petitpas.
La Statue de Tirésie.	Le Sieur Gouget.
Une Bergère.	Mlle Petitpas.

BALLET.

ACTE I. *Suite de Nisus.* Le Sieur Laval.
Mlle Camargo.
Les Sieurs Dupré & Dumay.
Mlles Du Rocher & Carville.
Suite de Minos.
Les Sieurs Dangeville & Matignon.
Mlles Thibert & Ferret.

ACTE II. *Esprits transformés.* Mlle Sallé.
Les Sieurs F. & P. Dumoulin, Maltaire C.
& Dangeville.
Mlles Thibert, Richalet, Ferret, Favre
& La Martiniere.

ACTE III. *Magiciens.*
Les Sieurs Dumay, Dupré, Savar, Javillier C.
Dangeville, Hamoche, Maltaire L.
& Matignon.

ACTE IV. *Bergers & Bergéres.* Mlles Camargo & Sallé.
Les Sieurs Matignon, Dangeville,
Maltaire L. & Hamoche.
Mlles Thibert, Ferret, Richalet,
Favre & S. Germain.

E iij

Pastres.	Les Sieurs F. & P. Dumoulin.
Acte V. Mégariens.	Le Sieur D. Dumoulin.
Les Sieurs Dupré, Dumay, Javillier C. & Savar.	
Mlles Carville, Du Rocher, La Martiniere & Favre.	

SCYLLA ET GLAUCUS, Tragédie en cinq actes, avec un Prologue de M. *d'Albaret*, Musique de M. *Le Clair*, représentée par l'Académie Royale de Musique, le Mardi 4 Octobre 1746. in-4°. Paris, de Lormel.

ACTEURS DU PROLOGUE.

Le Chef des Peuples d'Amathonte. Sacrificateur.	Le Sieur Person.
Une Propétide.	Le Sieur Cuvillier.
Vénus.	Mlle Romainville.
L'Amour.	Mlle Cazeau.

BALLET.

Peuples d'Amathonte.	Mlle Le Breton.
	Le Sieur Marignon & Mlle Lyonnois.
	Les Sieurs Dangeville, Lyonnois, Caillez & Feuillade.
	Mlles Puvignée, Minot, Du Château & Devaux.
Propetides.	
	Les Sieurs De Vice, Hamoche & P. Dumoulin.

ACTEURS DE LA TRAGÉDIE.

Scylla, Nymphe.	Mlle Fel.
Thémire, Confidente de Scylla.	Mlle Coupée.
Glaucus, Dieu marin.	Le Sieur Jélyotte.
Circé, Magicienne.	Mlle Chevalier.
Dorine, Confidente de Circé.	Mlle Jacquet.
Licus, Confident de Glaucus.	Le Sieur Lamare.
Un Berger.	Le Sieur La Tour.
Un Silvain.	Le Sieur Albert.
Une Coriphée.	Mlle Cazeau.
Hécate.	Le Sieur Albert.

ACTEURS DU BALLET.

Acte I.	Silvains & Bergères.
	Le Sieur D. Dumoulin & Mlle Camargo.

Mlles Courcelle, S. Germain, Lyonnois C.
Minot, Sauvage & Du Château.
Le Sieur Pitro.
Les Sieurs Matignon, Dumay, Monfervin,
Dupré, Lyonnois & Feuillade.

Acte II. *Miniſtres de Circé ſous des formes agréables.*
Le Sieur Dupré.
Les Sieurs Hamoche, Dangeville, P. Dumoulin,
Caillez, Feuillade & Lyonnois.
Mlles Courcelle, S. Germain, Thierry,
Beaufort, Lyonnois C. & Minot.

Acte III. *Divinités de la Mer.* Mlle Dallemand.
Les Sieurs Dumay, Dupré, Lyonnois & Caillez.
Mlles Rosalie, Petit, Beaufort & Thierry.

Acte IV. *Démons.* Le Sieur Pitro.
Les Sieurs Dumay, Dupré, Caillez, Hamoche,
Matignon, Monfervin, Feuillade & Lyonnois.

Acte V. *Peuples de Sicile.* Mlle Camargo.
Les Sieurs Matignon & Monfervin.
Mlles Carville & Lyonnois.
Les Sieurs Maltaire C. & F. Dumoulin.
Mlles Sauvage & Thierry.
Les Sieurs Lyonnois & Device.
Mlles Rosalie & Petit.

SECRET (le) RÉVÉLÉ, Comédie en un acte & en proſe, de Meſſieurs *Brueys* & *Palaprat*, repréſentée après la Tragédie de *Phèdre*, le Mercredi 13 Septembre 1690. imprimée dans le Recueil des Œuvres dramatiques de M. *Brueys*. *Hiſt. du Th. Fr.* année 1690.

SÉDÉCIE, *ou* LES JUIFVES, Tragédie de *Robert Garnier*, repréſentée en 1583. imp. dans les Œuvres de ce Poëte. *Hiſt. du Th. Franç.* année 1583.

SÉGUINEAU, (N........) fils du Sieur Séguineau, Sécretaire d'un Conſeiller de la Grand'Chambre de Paris, Auteur dramatique, a compoſé pour la ſcéne Françoiſe, en ſociété avec le Sieur Pralard :

ÉGISTHE, Tragédie, 1721. non imp.

Au Théatre de l'Académie Royale de Musique, sous le nom de M. de la Serre.

PIRITHOÜS, Tragédie en cinq actes avec un Prologue, Musique de M. *Mouret*, 1723.

Le Sieur Séguineau est mort à Paris au mois de Septembre 1722. âgé d'environ 45 ans. *Hist. du Th. Franç. année* 1722.

SÉJANUS, Tragédie de M. *Magnon*, représentée au Théatre de l'Hôtel de Bourgogne en 1646. in-4°. Paris, 1647. Sommaville & Quinet. *Hist. du Th. Fr. année* 1646.

SÉJOUR (le) DE BACCHUS, Feu d'Artifice éxécuté sur le Théatre Italien, le Dimanche 3 Juillet 1746.

SÉLEUCUS, Tragi-Comédie Héroïque de M. de *Montauban*, représentée en 1652. in-12. Paris, de Luynes, 1654. *Histoire du Th. Fr. année* 1651.

SELLES, (Christophe de) dit COLBICHE, éléve de Maurice, ouvrit en son nom un nouveau Spectacle de Danseurs de Corde & de Sauteurs, à la Foire S. Laurent 1701. Sa Loge étoit située vis-à vis de S. Lazare, derriere le Cabaret de l'Epée royale, où est présentement la poterie. De Selles étoit un bon sauteur, & il avoit rassemblé d'excellens sujets pour ses exercices, entr'autres le nommé *Laurent*, jeune Sauteur qui surpassoit tous les autres, tant pour cet exercice, que pour la danse de corde, sur laquelle il dansoit avec des chaines aux pieds & avec des paniers. La veuve Maurice l'attira chez elle, & l'engagea dans sa Troupe pour la Foire S. Germain 1702; mais la mort précipitée de ce jeune sauteur, anéantit ses espérances. A la Foire S. Germain de cette même année 1702. De Selles s'associa avec Bertrand : ces deux Entrepreneurs louerent une Loge dans le Préau, qui appartenoit au Sieur de Blanpignon, Receveur des revenus de l'Abbaye de S. Germain, & continuerent ainsi les Foires suivantes, jusqu'à celle de S. Germain 1704. qu'ils tinrent chacun leur Jeu séparément. En 1706. De Selles ouvrit deux Théatres, il jouoit sur le premier, & conduisoit l'autre où étoient Dolet & La Place, qu'il avoit pris à ses gages. Ce dernier Spectacle cessa avec cette Foire ; De Selles continua toûjours son Spectacle, & eut le bonheur de n'être point inquiété dans le procès que les Forains furent obligés de soûtenir contre les Comédiens François. Ce ne fut qu'au commencement de l'année 1709. que n'osant plus ouvrir son jeu, il suivit l'exemple de Bertrand, & le tint sous le nom de Jean Godard, Suisse de la garde de feu S. A. R. Monseigneur le Duc d'Orléans, dont il se disoit seulement gagiste ; ce lazzi subsista environ dix-huit mois : les Comédiens François obtinrent enfin, après un long & ennuyeux procès la suppression de ces Théatres. De Selles privé de ses espérances, s'engagea avec des Comédiens qui jouoient en Province, & quittant Paris après les Fêtes de Pâques de l'année 1710. il n'est plus revenu en cette ville. Voyez les *Mémoires sur les Spectacles de la Foire*, Paris, Briasson, 1743. *Tome I.* 24 *& suiv.*

SELVE, (N........ la) Auteur Dramatique, n'est connu que par la piéce suivante :

LES AMOURS INFORTUNÉES DE LÉANDRE ET D'HÉRON, Tragi-Comédie, 1633.
Histoire du Théatre Franç. année 1633.

SEMBLABLE (le) A SOI-MÊME, c'est le titre du troisiéme Interméde de l'*Ambigu Comique* de M. *Montfleury*, représenté en 1673. Voyez *Ambigu* (l') *Comique*.

SÉMÉLÉ, Tragédie en cinq actes, avec un Prologue, par M. *De la Motte*. Musique de M. *Marais*, représentée par l'Académie Royale de Musique, le Mardi 9 Avril 1709. in-4°. Paris, Ballard, & tome IX. du Recueil général des Opéra.

ACTEURS DU PROLOGUE.

Le Grand-Prêtre.	Le Sieur Hardouin.
La Prêtresse.	Mlle Dun.
Apollon.	Le Sieur Beaufort.

BALLET. Ægipans.

Le Sieur Balon & Mlle Prevost.
Les Sieurs F. & P. Dumoulin, Dangeville C. Pécourt, Marcel & Javillier.

Bacchantes.	Mlle Guyot.

Mlles Milot, La Croix, Le Maire, Menès, Dufresne & Mangot.

ACTEURS DE LA TRAGÉDIE.

Cadmus, Roi de Thébes.	Le Sieur Hardouin.
Sémélé, fille de Cadmus.	Mlle Journet.
Jupiter sous le nom d'Idas.	Le Sieur Thévenard.
Adraste, Prince Thébain.	Le Sieur Cochereau.
Junon.	Mlle Du Jardin.
Dorine, Confidente de Sémélé.	Mlle Poussin.
Mercure sous le nom d'Arbate.	Le Sieur Dun.
Une Bergére.	Mlle Aubert.
Deux autres Bergéres.	Mlles Daulin & Boissé.

Acteurs du Ballet.

ACTE I. *Guerriers.*   Le Sieur D. Dumoulin,
Les Sieurs Germain, Dumoulin L. Marcel,
Javillier, Gaudreau & Marcel C.

ACTE II. *Peuples.*   Le Sieur Balon.
Les Sieurs Germain, Dumoulin L. F. Dumoulin,
P. Dumoulin, D. Dumoulin & Dangeville L.
Mlles Prevoft, Guyot, Chaillou, Milot,
Menès & Le Maire.

ACTE III. *Démons.*   Le Sieur Blondy.
Les Sieurs Germain, Dumoulin L. Dangeville L.
Dangeville C. Marcel L. Javillier,
Gaudreau, Pierret & Du Breuil.

ACTE IV.   *Bergers, Bergères.*
Les Sieurs Dangeville, Pecourt & François.
Mlle Prevoft.
Mlles Douville, Menès & Carré.
Paſtres.
Les Sieurs Dangeville, Pierret & Du Breuil.
Paſtourelles.
Mlles Le Maire, Dufresne & Mangot.
Berger & Bergère.   Le Sieur D. Dumoulin
& Mlle Guyot.
Le Bailly & la Baillive. Le Sieur Ferrand &
Mlle Chaillou.
Le Procureur Fiscal & sa Le Sieur Marcel L. &
Femme.   Mlle La Croix.
Un Payſan.   Le Sieur F. Dumoulin.

ACTE V. *Thébains & Thébaines.* Le Sieur Dangeville L.
Les Sieurs Germain, Dumoulin L. Ferrand,
Blondy, Marcel L. & Javillier.
Mlles Prevoft & Guyot.
Mlles Chaillou, Milot, Menès, Le Maire,
Mangot & d'Ouville.

Cet Opéra n'a jamais paru depuis sa nouveauté.

SÉMIRAMIS, Tragédie de M. *Gilbert*, représentée par la Troupe royale en 1647. imp. la même année, in-4°. Paris, Courbé. *Histoire du Th. Fr. année* 1647.

SÉMIRAMIS, (la véritable) Tragédie de M. *Desfontaines*, représentée au Théatre du

E vj

Marais en 1647. imp. la même année, Paris, Lamy, in-4°. *Hist. du Th. Fr. année* 1647.

SÉMIRAMIS, Tragédie de Madame de *Gomez*, représentée le Samedi 1 Février 1716, imp. dans le Recueil des piéces de Théatre de cette Dame. *Hist. du Th. Fr. année* 1716.

SÉMIRAMIS, Tragédie de M. *Crébillon*, représentée le Samedi 10 Avril 1717. imprimée la même année, in-12. Paris, Ribou, & dans le Recueil des Œuvres de l'Auteur. *Hist. du Th. Franç. année* 1717.

SÉMIRAMIS, Tragédie de M. de *Voltaire*, représentée le Jeudi 29 Août 1748. suivie de l'*Epreuve réciproque*, Paris, Le Mercier & Lambert, & dans le Recueil des Œuvres de l'Auteur. *Histoire du Théatre Fr. année* 1748.

SÉMIRAMIS, Tragédie lyrique en cinq actes, avec un Prologue, de M. *Roy*, Musique de M. *Destouches*, représentée par l'Académie Royale de Musique, le Dimanche 4 Décembre 1718. in-4°. Paris, Ribou, & tome XII. du Recueil général des Opéra. *Extrait, nouveau Mercure de France, Décembre* 1718. p. 146 & *suivantes*.

L'ÉDUCATION D'HERCULE. PROLOGUE.

Linus.	Le Sieur Dubourg.
Clio.	Mlle La Garde.
Uranie.	Mlle Tulou.
Une Dryade.	Mlle Constance.
Une autre Dryade.	Mlle Limbourg.

BALLET.

Faunes.   Le Sieur D. Dumoulin.
Les Sieurs P. Dumoulin, Dangeville, Laval, Guyot, Dupré & Pierret.

Dryades.
Mlles La Ferriere, Haran, Le Roy C. Brunel, Chasteauvieux & Duval.

SE

ACTEURS DE LA TRAGÉDIE.

Sémiramis.	Mlle Antier.
Amestris, Princesse du Sang Royal.	Mlle Journet.
Arsane ou Ninus.	Le Sieur Cochereau.
Zoroastre.	Le Sieur Thévenard.
Un Babylonien.	Le Sieur Murayre.
Une Babylonienne.	Mlle Limbourg.
Un Génie.	Le Sieur Murayre.
Une Prêtresse de Jupiter.	Mlle La Garde.
L'Ordonnateur des Jeux funébres.	Le Sieur Du Bourg.

ACTEURS DU BALLET.

ACTE I. *Babyloniens & Babyloniennes.*
Les Sieurs Dumoulin L. Marcel L. P. Dumoulin, Laval, Dupré & Pierret.
Mlle Prevost.
Mlles Le Roy C. Dupré, Haran, Brunel, Le Maire & Duval.

ACTE II. *Peuples élémentaires.* Mlles Prevost & Guyot
Les Sieurs Dumoulin L. Dupré & Pierret.
Mlles Le Roy C. Dupré & Corail.
Les Sieurs F. Dumoulin, D. Dumoulin & Laval.
Mlles La Ferriere, Haran & Brunet.
Enfans dansans.
Roque, Paris, Algin.
Les Dlles Clément, Baptiste & Paris.

ACTE III. *Magiciens & Magiciennes.*
Les Sieurs Dangeville, Laval, Javillier, Guyot, Maltaire & Marcel C.
Mlles Chasteauvieux, Brunet, Le Maire, Le Roy C. Duval & Mangot.
Démons.
Les Sieurs Blondy, Marcel L. & Dupré.

ACTE IV. *Prêtresses.* Mlle Guyot.
Mlles Haran, Chasteauvieux, Dupré, Duval, Le Maire & Le Roy L.
Prêtres. Le Sieur Blondy.
Les Sieurs Marcel L. & Dupré.
Les Sieurs F. & P. Dumoulin, Dangeville & Maltaire.

ACTE V. *Soldats Babyloniens.*
Les Sieurs Ferrand, Javillier, Dupré, Pierret, Dangeville, Laval, Guyot & Maltaire.

Cet Opéra n'a point reparu au Théatre.

SENÉQUE, (la Mort de) Tragédie de M. *Tristan*, représentée en 1644. au Théatre de l'Hôtel de Bourgogne, imp. la même année, in-4°. Paris, Quinet, & in-12. 1645. *Hist. du Th. Fr. année 1644.*

SENS, (le Ballet des) en cinq actes, avec un Prologue de M. *Roy*, Musique de M. *Mouret*, représenté par l'Académie Royale de Musique, le Jeudi 5 Juin 1732. in 4°. Paris, Ballard, & tome XV. du Recueil général des Opéra. Extrait, *Mercure de France*, Juin 1732. p. 1196. & *suiv.*

L'ASSEMBLE'E DES DIEUX. PROLOGUE.

Jupiter.	Le Sieur Chassé.
Vénus.	Mlle Eremans.
Mercure.	Le Sieur Dumast.

BALLET.

Jeux & Plaisirs.
Les Sieurs Matignon, Dupré, Savar, Dangeville & Hamoche.
Mlle Ferret.
Mlles Thibert, Du Rocher, Carville, S. Germain & Favre.

I. ENTRE'E. *L'ODORAT.*

Leucothoé.	Mlle Le Maure.
Clytie.	Mlle Antier.
Le Soleil.	Le Sieur Tribou.
Enone, Confidente de *Clytie.*	Mlle Mignier.

BALLET.

Babyloniens & Babyloniennes.
Le Sieur Dupré.
Le Sieur Laval & Mlle Sallé.
Les Sieurs Dangeville, Bontems, Dupré & Dumay.
Mlles Thibert, Richalet, Ferret, Du Rocher, Carville, La Martiniere & Favre.

II. Entrée. LE TOUCHER.

Laodamie.	Mlle Pélissier.
Protésilas.	Le Sieur Tribou.
Diomede.	Le Sieur Chassé.
Proserpine.	Mlle Julie.
Une Prêtresse.	} Mlle Eremans.
Une Ombre.	

BALLET.

Prêtresses de Proserpine.
Mlles Thibert, Du Rocher, Favre, S. Germain, Ferret, La Martiniere & Carville.

Ombres heureuses. Le Sieur D. Dumoulin.
Les Sieurs P. & F. Dumoulin, Dangeville, Maltaire L. & C.
Mlles Thibert, Du Rocher, Ferret, Favre & S. Germain.

III. Entrée. LA VUE.

L'Amour.	Mlle Le Maure.
Zéphyre.	Mlle Petitpas.
Iris.	Mlle Eremans.
Aquilon.	Le Sieur Dun.

BALLET.

Bergers & Bergeres. Le Sieur Laval.
Le Sieur Dumoulin & Mlle Camargo.
Les Sieurs Malignon, Bontemps, Maltaire C. P. & F. Dumoulin.
Mlles Thibert, Richalet, Mariette, La Martiniere & Ferret.

IV. Entrée. L'OUYE.

Ajoûtée le Mardi 8 Juillet 1732. au lieu de l'acte du *Toucher*, in 4°. Ballard. *Extrait, Mercure de France*, Juillet 1732. pag. 1615. & suiv.

ACTEURS.

La Reine des Sirénes.		Mlle Pélissier.
Leucosie.	} Sirénes.	Mlle Eremans.
Parthenopé.		Mlle Minier.
Ulysse.		Le Sieur Chassé.
Orphée.		Le Sieur Dumast.

BALLET.

Sirènes.	Mlle Sallé.

Mlles Du Rocher, Carville, Thibert, La Martiniere, Favre, S. Germain & Ferret.

V. ENTRÉE. LE GOUT.

Ajoûtée le Jeudi 14 Août 1732. à la place de l'acte de la *Vûe*, in-4°. Paris, Ballard. Extrait, *Mercure de France, Août* 1732. p. 1843. & *suiv*.

ACTEURS.

Erigone.	Mlle Antier.
Bacchus.	Le Sieur Tribou.
Céphise.	Mlle Petitpas.
Bacchantes.	Mlles Petitpas & Dun.

BALLET.

Faunes, Ægipans & Bacchantes.
Mlle Camargo.
Les Sieurs Dupré, Dumay, Bontemps, Maltaire C. Hamoche & Javillier.
Mlles Mariette, Du Rocher, Richalet & Carville.

IIe REPRISE du Ballet des *Sens*, le Mardi 17 Mai 1740. 2e édition in-4°. Ballard.

ACTEURS DU PROLOGUE.

Jupiter.	Le Sieur Le Page.
Vénus.	Mlle Julie.
Mercure.	Le Sieur Berard.

BALLET.

Jeux & Plaisirs.	Le Sieur Matignon.

Les Sieurs Savar, La Croix, Bontems & Teissier.
Mlle Le Breton.
Mlles Fremicourt, Erny, Thierry & S. Germain.

I. ENTRÉE. L'ODORAT.

Leucothoé.	Mlle Fel.
Clythie.	Mlle Eremans.
Le Soleil.	Le Sieur Jélyotte.
Enone.	Mlle Coupée.

S E 113

BALLET.

Babyloniens & Babyloniennes.
Le Sieur Dupré.
Le Sieur Javillier 3. & Mlle Le Duc.
Les Sieurs F. Dumoulin, Dangeville,
Matignon, Dumay & Maltaire C.
Mlles Frémicourt, Courcelle, Le Breton,
Du Rocher & S. Germain.

II. ENTRÉE. *LE TOUCHER.*

Laodamie.	Mlle Julie.
Protésilas.	Le Sieur Berard.
Diomede.	Le Sieur Le Page.
Proserpine.	Mlle Monville.
Une Grecque & une Ombre.	Mlle Eremans.

BALLET.

Prêtresses de Proserpine. Mlle Mariette.
Mlles Maltaire, S. Germain, Du Rocher,
Erny, Thierry & Frémicourt.
Ombres heureuses. Le Sieur D. Dumoulin.
Les Sieurs Javillier 2. Javillier 3. Dumay
& La Croix.
Mlles Maltaire, S. Germain, Du Rocher,
Erny, Thierry & Frémicourt.

III. ENTRÉE. *LA VUE.*

L'Amour.	Mlle Eremans.
Zéphyre.	Mlle Fel.
Iris.	Mlle Eremans.
Aquilons.	Le Sieur Albert.

BALLET.

Bergers & Bergères. Mlle Dallemand L.
Les Sieurs Bontems, Tessier, Hamoche
& Maltaire L.
Mlles Courcelle, Le Duc, Maltaire & Erny.

IV. ENTRÉE. *L'OUYE.*

Ajoûtée au Ballet précédent le Mardi 31 Mai 1740. à la place de la IIe Entrée intitulée *Le Toucher*, 2e édition in-4°. Ballard.

ACTEURS.

La Reine des Sirènes.	Mlle Pélissier.
Leucosia.	Mlle Eremans.
Parthenope.	Mlle Bourbonnois.
Ulysse.	Le Sieur Le Page.
Orphée.	Le Sieur Berard.

BALLET.

Sirènes.

Mlles S. Germain, Fremicourt, Le Breton, Courcelle, Erny & Du Rocher.

Continuation de la reprise du Ballet des *Sens*, le Jeudi 17 Novembre 1740. Ce Ballet étoit suivi de quelques Entrées Pantomimes, exécutées par le Sieur *Rinaldi Fossano*, & la Demoiselle son épouse. Cet Opéra fut encore représenté les Jeudis jusqu'au Carnaval de l'année suivante.

IIIᵉ REPRISE du Ballet des *Sens*, le Mardi 27 Août 1751. 3ᵉ édition in 4°. De Lormel.

ACTEURS DU PROLOGUE.

Jupiter.	Le Sieur Cuvillier.
Vénus.	Mlle Jacquet.
Mercure.	Le Sieur La Tour.

BALLET.

Jeux & Ris.	Mlle Carville.

Le Sieur Tessier & Mlle Labatte.
Les Sieurs Caillez, Beat, Bourgeois, Martinet, Mergerie & Sevefte.
Mlles Sauvage, Bellenot, Puvignée, Coupée, Selles & Courar.

I. ENTRÉE. L'ODORAT.

Leucothoé.	Mlle Coupée.
Clytie.	Mlle Romainville.
Le Soleil.	Le Sieur Jélyotte.
Enone.	Mlle Le Miere.

Babyloniens & Babyloniennes.
Le Sieur Dupré.
Le Sieur Laval & Mlle Carville.
Mlle Lyonnois.

Les Sieurs Dupré, Saunier, Le Lievre,
Feuillade & Gobert.
Mlles Désirée, Beaufort, Briseval, Bellenot
& Ponchon.

II. ENTRÉE. L'OUYE.

La Reine des Sirénes.	Mlle Chevalier.
Leucosie.	Mlle Jacquet.
Parthenope.	Mlle Le Miére.
Ulysse.	Le Sieur Chassé.
Orphée.	Le Sieur Poirier.

BALLET.

Sirénes, Mlle Puvignée.
Mlles Courcelle, d'Azenoncourt, Coupée,
Briseval, Beaufort, Désirée,
Ponchon & Bellenot.

III. ENTRÉE. LA VUE.

L'Amour.	Mlle Fel.
Zéphyre.	Mlle Coupée.
Iris.	Mlle Romainville.
Aquilon.	Le Sieur Person.

BALLET.

Bergers & Bergéres.
Le Sieur Tessier.
Le Sieur Vestris.
Mlle Vestris.
Les Sieurs Hamoche, Le Lievre, Feuillade
& Gobert.
Mlles Briseval, Beaufort, d'Azenoncourt
& Gautier.
Pastres & Pastourelles.
Le Sieur Lany & Mlle Lany.
Les Sieurs Laurent, Beat & Mergerie.
Mlles Courcelle, Victoire & Coupée.

LA VUE, acte du Ballet des *Sens*, repris le Jeudi 2 Décembre 1751. précédé d'*Æglé*, Ballet héroïque en un acte, & de *Pygmalion*, Ballet aussi en un acte.

ACTEURS DE L'ACTE DE LA VUE.

L'Amour.	Mlle Fel.
Zéphyre.	Mlle Coupée.

Iris. . . . . Mlle Jacquet.
Aquilon. . . . . Le Sieur Person.

BALLET.

Bergers & Bergères.
Le Sieur Tessier.
Le Sieur Vestris.
Mlle Vestris.
Les Sieurs Hamoche, Feuillade, Gobert
& Desplaces C.
Mlles Briseval, Deschamps, S. Germain
& Puvignée *mere*.
Pastres & Pastourelles.
Le Sieur Lany & Mlle Lany.
Les Sieurs Béat & Bourgeois.
Mlles Victoire & Coupée.

SERDEAU (le) DES THÉATRES, Parodie en prose & en vaudevilles du *Banquet des sept Sages*, des *Nôces de Gamache*, & de la Tragédie lyrique de *Pirithoüs*, au Théatre Italien, par M. *Fuselier*, représentée pour la premiére fois le Vendredi 19 Février 1743. Paris, Briasson.

L'Auteur du Mercure, si exact à donner les Extraits des piéces nouvelles, oublia, ou voulut oublier celle-ci. M. *Fuselier* étoit alors brouillé avec M. *De la Roque*, titulaire du Mercure, & de plus l'Abbé Pellegrin avoit travaillé à l'Opéra de *Pirithoüs*. Comme cet Abbé étoit chargé de rendre compte des piéces nouvelles, il lui auroit été dur de rappeller au public les défauts qu'on reprochoit à son ouvrage.

Quoique cette piéce soit imprimée, elle est imaginée & conduite d'une façon si différente des autres Parodies, que nous croyons faire plaisir au Lecteur de lui en retracer l'idée dans l'Extrait suivant.

La scène se passe sur le Mont Parnasse.

Apollon qui ouvre la scéne avec Terpsicore, demande à cette derniere si elle connoît les noces de *Gamache* de la Comédie Françoise?

TERPSICORE *bâillant.*

Oui, je les connois de réputation.

APOLLON.

Vous vous êtes trouvée au *Banquet des sept Sages* de la Comédie Italienne.

TERPSICORE.

Non certainement.

APOLLON.

Vous avez du moins assisté au festin des Lapites & des Centaures.

TERPSICORE.

Je n'ai pas eu l'honneur de voir M. Pirithoüs; je sçai seulement que bien des gens prennent la liberté de censurer sa conduite & sa conversation, & qu'il leur répond à tous du ton du Maître à danser du *Bourgeois Gentilhomme*: *la Musique & la Danse, la Danse & la Musique*, c'est-là tout ce qu'il faut.

APOLLON.

Vous conviendrez que voilà trois méchans repas qu'on a fait essuyer à la bonne ville de Paris.

TERPSICORE.

On n'a pas dessein qu'elle fasse la débauche.

APOLLON.

J'ai pourtant résolu de réunir ces trois méchans repas & de n'en faire qu'un seul.

TERPSICORE.

Vous avez donc projetté de faire crever le public?

Survient un Siffleur: après quelques plaisanteries critiques sur les piéces nouvelles, Terpsicore s'adresse au Siffleur & lui dit.

TERPSICORE.

Sçachez qu'Apollon médite un projet qui va mettre les Siffleurs sur les dents.

LE SIFFLEUR.

De grace, obtenez d'Apollon qu'il ait l'indulgence de me communiquer son projet.

APOLLON *au Siffleur*.

Je veux bien vous satisfaire. Prêtez-moi attention.

TERPSICORE.

C'est ce qu'il prête le moins volontiers.

APOLLON.

Le Banquet des sept Sages, les Noces de Gamache & le Festin des Lapites & des Centaures, sont trois repas qui n'ont point obtenu l'approbation de bien des convives.

LE SIFFLEUR.

Pour moi j'en sortois presque toujours avant le fruit.

TERPSICORE.

Y en avoit-il ?

APOLLON.

J'ai imaginé d'établir pour les Théatres un Serdeau différent des autres, car loin de remplir les plats de rebuts & de restes, on n'y recevra que les bons morceaux.

LE SIFFLEUR.

Il ne vous faudra pas une grande boutique.

APOLLON.

Je veux commencer ce triage par les trois repas que je viens de citer, & dès aujourd'hui j'en extrairai les mets les plus friands, pour en composer un ambigu.

TERPSICORE.

C'est fort bien pensé, un ambigu, car vous aurez beaucoup de viande froide.

APOLLON.

J'ai mandé à Basile & Quitterie, à Dom Quichotte & aux sept Sages de la Gréce, ainsi qu'à Pirithoüs de se rendre sous cette ramée.

TERPSICORE.

Nous allons avoir ici bonne compagnie.

LE SIFFLEUR à *Apollon.*

Vous prétendez rassembler ici Basile, D. Quichotte, les sept Sages de la Gréce & Pyrithoüs.

APOLLON.

Et Pirithoüs.

LE SIFFLEUR.

Adieu.

APOLLON.

Où courez-vous donc, Monsieur le Siffleur ?

LE SIFFLEUR.

Je vais chercher du secours, il y aura ici trop de besogne pour moi tout seul.

SCÉNE IV.

Apollon, Terpsicore, Basile en Chevalier errant, L'Ecuyer au grand nez.

APOLLON.

Qui sont ces beaux masques-là ?

TERPSICORE.

Ce ne peut être que Don Quichotte.

BASILE *sans lever la visiere de son casque.*

Moi, Don Quichotte ! vous vous méprenez.

APOLLON.

Vous n'êtes point Don Quichotte ! & qui donc êtes-vous, s'il vous plaît, nouveau Chevalier de la triste figure ?

BASILE.

Je suis Basile.

APOLLON.

Basile ! & pourquoi vous être habillé si ridiculement ? est-ce-là un harnois convenable à un amant malheureux ?

BASILE.

Paix, paix ; c'est une finesse d'amour.

TERPSICORE *ironiquement.*

Une finesse d'Amour ? ah ! le petit rusé !

BASILE.

Je m'étois ainsi équipé dans cet ajustement commun pour parler à Quitterie, sans être observé par les gens de la noce.

TERPSICORE.

Ce déguisement est judicieusement choisi pour un incognito (*) un casque, une cuirasse, une lance, dans une noce champêtre, cela ne se remarque pas.

APOLLON.

J'aurois crû, moi, que vous auriez pris toutes ces armes offensives & défensives pour aller combattre votre rival.

TERPSICORE à *Basile*.

O çà, M. le Paladin de nouvelle fabrique, l'Enchanteur qui enregistre vos belles actions, m'a dit que le moment où vous avez paru si martialement caparaçonné devant Quitterie, étoit le moment fatal où elle alloit épouser le riche Gamache votre rival.

BASILE.

L'Enchanteur ne ment pas.

TERPSICORE.

Il m'a dit encore que loin de ménager des instans si courts & si précieux, & de les employer à chercher promptement les moyens d'arracher votre Maîtresse à votre rival, vous vous êtes amusé comme un écolier à badiner hors de propos avec Dom Quichotte, & à copier la mascarade du *Bachelier Samson Carasco*. Cette scène ne convenoit ni à un esprit raisonnable, ni à un cœur passionné.

BASILE.

Elle a pourtant bien fait rire.

APOLLON.

Quoi ! une situation si absurde ! un badinage si déplacé !

BASILE.

Bon, bon, si vous aviez vû le beau contraste de ce badinage-là, avec les tendres lamentations que nous venions de faire Quitterie & moi, vous auriez été enchantés ; c'étoit du comique, & puis du tragique, & puis du comique ; on n'avoit pas le temps de les distinguer.

(*) Cet avertissement étoit dans la piéce de Basile & Quitterie. *Note de la Parodie.*

TERPSICORE,

Aussi les connoisseurs même s'y méprenoient-ils. On les voyoit souvent pleurer au comique, & rire au tragique.

APOLLON *appercevant l'Ecuyer au grand nez.*

Qui est ce nez-là ?

BASILE.

C'est mon Ecuyer.

APOLLON.

Autre puérilité. A quoi bon mener avec vous cet Ecuyer au grand nez ? dès que vous ne vouliez que parler à Quitterie, ce nez-là étoit inutile.

TERPSICORE.

Vous ne connoissez pas les admirables propriétés de ce nez-là. Apprenez que sans ce nez-là on n'auroit jamais pû faire une pièce de trois actes des Amours de Basile & de Quitterie. C'est ce nez qui allonge le parchemin, & qui produit toutes les terreurs de Sancho, ces terreurs enfantent des scènes, & ces scènes font une Comédie.

APOLLON.

Allez M. l'Ecuyer, allez m'attendre à l'office.

SCÉNE VI.

APOLLON, TERPSICORE, ARLEQUIN *se curant les dents.*

TERPSICORE.

Arlequin se nettoye les dents ! (*à Arlequin.*) Oh ! notre ami, qu'avez-vous dans la bouche qui vous incommode ?

ARLEQUIN.

C'est un lopin de morale qui me tracasse la machoire.

TERPSICORE.

Un lopin de morale !

ARLEQUIN.

Oui ; cela m'est resté entre les dents depuis le *Banquet des sept Sages.*

APOLLON.

Quel mets donc avoit-on servi à ce Banquet si longtemps annoncé ?

####### ARLEQUIN.

De la morale bouillie, rotie, en ragoût, en compote, en fricassée, en hachis, au caramel & même au bleu.

####### APOLLON.

Voilà de la morale à toutes sortes de sauces.

####### TERPSICORE.

Oui, mais il n'y a pas eu une seule de ces sauces-là qui ait engagé personne à se lécher les doigts.

####### APOLLON.

Qu'a donc fait le pauvre Arlequin à ce lugubre banquet ?

####### ARLEQUIN.

J'ai fait des argumens cornus.

####### APOLLON.

Tu disois donc bien des sotises ?

####### TERPSICORE.

Non, c'étoient les Sages qui en disoient. Arlequin étoit le héros de la fête, c'étoit lui seul qui soutenoit la conversation.

####### ARLEQUIN.

Je soutenois aussi des thèses.

####### APOLLON.

Tu soutenois des thèses ! eh ! contre qui ?

####### ARLEQUIN.

Contre le premier venu.

####### APOLLON.

Mais encore qu'as-tu bû au banquet ?

####### ARLEQUIN.

Ne parlons plus de la *piquette*, (*) je vous en prie ; cette liqueur est un poison pour moi.

####### TERPSICORE.

C'est un vin qui ne rappelle pas son buveur.

(*) Terme que le public a trouvé mal employé dans le Banquet des sept Sages. *Note de la Parodie.*

APOLLON à *Arlequin*.

Tu n'as donc pas sifflé la linote ?

ARLEQUIN.

Non, mais on m'a sifflé, moi.

TERPSICORE.

On t'a sifflé !

ARLEQUIN.

Oui, on m'avoit fait venir des antipodes exprès pour cela.

APOLLON.

Arlequin, allez joindre à la cuisine l'Ecuyer au grand nez.
Je suis d'avis d'aller voir ce que je tirerai de nos sages, qui, je crois, sont arrivés, puisqu'Arlequin est ici.

SCÉNE VIII.

TERPSICORE, PIRITHOUS.

TERPSICORE.

Bon jour, Seigneur Pirithoüs.

PIRITHOUS.

Bon jour agréable Terpsicore : je suis charmé de vous ; je ne suis pas ingrat. (*)

TERPSICORE à *part & étonnée*.

Eh ! comment donc, Pirithoüs parle ! on disoit dans le monde qu'on ne pouvoit pas tirer une bonne parole de lui. (*à Pirithoüs.*) Qu'avez-vous ? vous me paroissez embarrassé.

PIRITHOUS.

Hélas ! c'est un maudit rêve qui me trouble le cerveau.

TERPSICORE.

Quoi, encore un songe ! il faut convenir que Pirithoüs est bien sujet à faire de mauvais songes : de grace, racontez-moi ce songe nouveau qui peut allarmer un esprit aussi fort que le vôtre ?

(*) Les Ballets de l'Opéra de Pirithoüs en ont fait la réussite.

PYRITHOUS.

(AIR. *L'autre nuit j'apperçus en songe.*)

L'autre nuit j'apperçus en songe *bis.*
Le Théatre de l'Opéra ....
Grands Dieux ! qu'allois-je faire là ?

(AIR. *Réveillez-vous belle endormie.*)

Un mauvais plaisant du parterre
En m'appercevant s'écria.

(AIR. *Ah ! Philis, je vous vois, je vous aime.*)

Pirithoüs, je vous vois, je vous aime,
Pirithoüs, je vous aimerai tant,
Pourvû que ce soit un instant,
Je vous vois, je vous veux, je vous aimerai ta...

(AIR. *Mon pere je viens devant vous.*)

Un de mes proneurs à ces mots
A voulu prendre ma défense ;
C'étoit un Caissier des plus gros,
Un bel esprit de la finance
Il a dit au méchant railleur :

(AIR. *On dit qu'amour est si charmant.*)

Que Pyrithoüs est charmant !
Peut-il ennuyer un moment ?
On y voit jusqu'au dénoüement
Quelque danse jolie ;
Passepied, Menuet galant ;
La belle Tragédie !

TERPSICORE.

Cette sçavante apologie a sans doute fermé la bouche aux Frondeurs, & votre songe a fini plus heureusement qu'il n'avoit commencé.

PYRITHOUS. (AIR. *Folies d'Espagne.*)

Non ; ce discours quoi qu'aussi doux que manne,
Trouva d'abord un très-aigre censeur,
Un franc Gascon, qui jurant Dieu me damne,
Répondit sec à mon gros défenseur.

(AIR. *Dupont mon ami.*)

Caiffier mon ami
Qui t'a fait si bête
De voir sans ennui,
Et sans mal de tête,
Un Opéra si plaintif
Et si réfrigératif ?

(AIR. *Tout cela m'est indifférent.*)

Eh donc ! tu crois que les pavots
N'y sont débités qu'à propos,
Et que l'Auteur ne les amène
Qu'avec les songes seulement ?
Mais cadédis, dans chaque scène,
Morphée arrive à tout moment.

(AIR. *J'entens le moulin tiquetèr.*)

Lors près du Gascon, tique, tique, taque
Tout le parterre à taqueté.

TERPSICORE.

C'est donc ainsi que votre songe s'est terminé ?

PIRITHOÜS.

Hélas ! oui.

Survient Hyppodamie, (*l'Amante de Pirithoüs*) après avoir chanté sur l'air *O reguingué* la Parodie de celui de *Fuyez, fuyez, tristes ennuis*, & un duo sur l'air de *Flon, flon*, avec Pirithoüs, Terpsicore dit à ces deux Amans; *De grace, tendre Pirithoüs, & vous sensible Hyppodamie, racontez-moi vos aventures de l'Opéra.* Pirithoüs commence, & rend compte presque scène par scène de la marche de ce Poëme en couplets critiques, ensuite Hyppodamie continue & n'est pas moins sincere sur les défauts de cette Tragédie lyrique. Enfin Terpsicore leur impose silence & les oblige à s'enfuir en leur annonçant l'arrivée du Centaure Eurite, & de sa sœur Hermilis. Le premier vient se plaindre à Apollon de ce qu'on l'a fait paroître sur le Théatre en culotte. Enfin la piéce est terminée par un pot pourri de danses & de couplets parodiés que Terpsicore imagine à la place d'un divertissement d'une musique nouvelle.

SÉRÉNADE, (la) Comédie en un acte & en prose de M. *Regnard*, avec un divertissement, Musique du même, retouchée par M. *Gilliers*, représentée à la suite de la Tragédie de *Bajazet*, le Samedi 3 Juillet 1694. in-12. Paris, Guillain, & dans le Recueil des Œuvres de l'Auteur. Cette petite Comédie est restée au Théatre. *Histoire du Théatre François*, année 1694.

SÉRÉNADE, (la) second titre de la troisiéme Entrée du Ballet des *Plaisirs de la Paix*, de M. *Menesson*, Musique de M. *Bourgeois*, intitulée *Le Jaloux puni*, ou la *Sérénade*. Voyez *Plaisirs (les) de la Paix*.

SÉRÉNADE (la) VÉNITIENNE, c'est le titre de la troisiéme Entrée ajoûtée aux Fragmens de M. *Lully* en 1703. & qui a été remise au Théatre le 18 Janvier 1731. sous le titre du *Jaloux trompé*. Voyez *Jaloux (le) trompé*.

SÉRÉNADES (les) ET LES JOUEURS, seconde Entrée du Ballet des *Fêtes Vénitiennes*, de M. *Danchet*, Musique de M. *Campra*, représentée en 1710. Voyez *Fêtes (les) Vénitiennes*.

SERMENS (les) INDISCRETS, Comédie en cinq actes & en prose, de M. *Marivaux*, représentée le Dimanche 8 Juin 1732. suivie du *Baron de la Crasse*, imp. la même année,

Paris, Prault, & dans le Recueil des Œuvres de ce Poëte. Cette piéce est au Théatre. *Histoire du Th. Franç. année* 1732.

SERPILLA E BAJOCCO, *o vero, il Marito giocatore, e la Moglia Bachetona: Intermezzi comici musicali, da representarsi (in Brusselle nell'Opera di Lucio Papirio,* 1728.) *nel Theatro de l'Academia Reale di Musica in Parigi, il* 1729.

SERPILLA ET BAJOCCO, ou le Mari Joueur et la Femme Bigotte, Intermédes comiques en trois actes, qui furent représentés (sur le Théatre de Lucio Papirio à Bruxelles en 1728.) & à Paris sur celui de l'Académie Royale de Musique, le Mardi 7 Juin 1729. in-4°. *Extrait*, Merc. de France, Juin 1729. I. vol. p. 1223-1230.

ACTEURS.

Bajocco, *Joueur*.   Le Sieur Antoine - Marie
          Ristorini.
Serpilla, *femme de Bajocco*. La Dlle Rose Ungarelli.

BALLET.

Un Vénitien chantant.   Le Sieur Dumast.

ACTE II.

Mlle Camargo.
Les Sieurs Laval & Maltaire.

ACTE III.

      Le Sieur Laval.
Arlequin.   Le Sieur P. Dumoulin.
Polichinelle.   Le Sieur F. Dumoulin.
      Mlle Mariette.
Arlequine chantante. La Dlle Rose.

Cette piéce a été reprise sous le titre du *Joueur, Il Giocatore,* le Mardi 22 Août 1752.

avec quelques changemens, in-12. Paris, de Lormel.

ACTEURS.

Serpilla.   Mlle Tonelli.
Baccoque.   Le Sieur Pierre Manelli.

SERPILLA ET BAJOCCO, Parodie en Vaudevilles, moitié Italien & moitié François, de l'Interméde Italien du même titre, représenté sur le Théatre de l'Académie Royale de Musique, au mois de Juin 1729. par Messieurs *Dominique & Romagnesi*, représentée pour la premiére fois au Théatre Italien, le Jeudi 14 Juillet 1729. Paris, Briasson.

Cette Parodie fut précédée d'un Prologue, d'une piéce en un acte, suivie d'un divertissement intitulée : Les *Paysans de qualité*, & des *Débuts*, autre piéce en un acte, & un divertissement, le tout en prose & des mêmes Auteurs de la Parodie. Le Mercure du mois de Juillet donna l'Extrait du Prologue & des deux piéces qui le suivirent. A l'égard de la Parodie de *Serpilla & Bajocco*, voici le compte qu'il en rendit.

« A la fin de la piéce des *Débuts*, un Laquais
» vient annoncer encore deux nouveaux sujets.
» C'est la Dlle Silvia & le Sieur Theveneau,
» l'un dans le role de *Serpilla*, & l'autre dans
» celui de *Bajocco*, ils parodient les trois Intermédes du *Joueur*, qui ont été représentés sur
» le Théatre de l'Opéra, d'une maniere si comi-
» que, & avec tant de précision, que l'on n'est
» nullement surpris des applaudissemens que le
» Public leur donne, & qu'ils méritent avec
» tant de justice. Ces scénes sur-tout attirent de

» très-nombreuses assemblées à l'Hôtel de
» Bourgogne. L'art admirable avec lequel elles
» sont éxécutées fait un plaisir qu'il est impossi-
» ble de décrire ; quelque effort qu'on tentât,
» on n'en sçauroit donner qu'une idée très-
» imparfaite. Pour l'intelligence du sujet, nous
» renvoyons à l'article des Spectacles du pre-
» mier volume du Mercure de Juin, où l'on
» trouvera l'Extrait des trois Intermédes paro-
» diés sous le titre du *Mari joueur*, & *de la*
» *Femme bigotte*, que les Sieurs Dominique &
» Romagnesi ont très-ingénieusement imités
» par des couplets moitié Italiens, moitié Fran-
» çois, ausquels l'accompagnement prête de
» nouveaux agrémens. Toute la Musique qu'on
» trouve très-convenable, est de la composi-
» tion du Sieur *Mouret*. Une chaconne comique
» en fait le principal morceau. L'air Italien avec
» un accompagnement de trompette que chante
» la Dlle Ursola Astori, femme du Sieur Fabio
» Sticoti, est fort applaudi. » *Mercure du mois
de Juillet* 1729. p. 1639. Voyez Thévenot (N.)
& Sodi. (Charles)

SERRE, (Jean Puget de la) né à Toulouse
en 1600. fut Garde de la Bibliothéque de Monsieur frere du Roi Louis XIII. & Historiographe de France. Il est mort à Paris au mois de
Juillet 1665. & a composé pour le Théatre
François.

THOMAS MORUS, *ou* LE TRIOMPHE DE LA
FOI ET DE LA CONSTANCE, Tragédie en prose,
1641.

LE SAC DE CARTHAGE, Tragédie en prose,
1642.

Le Martyre de Sainte Catherine, Tragédie en prose, 1643.

Climéne, ou Le Triomphe de la Vertu, Tragi-Comédie en prose, 1643.

Thésée, ou Le Prince reconnu, Tragédie en prose, 1644.

Pandoste, ou La Princesse malheureuse, Tragédie en prose & en deux Journées, chacune de cinq actes, 1631, non représentée. *Hist. du Théatre Franç. année* 1641.

Serre, (Jean-Louis-Ignace de la) Sieur de l'Anglade, Gentilhomme de la Province de Quercy, Auteur Dramatique, aujourd'hui vivant, Pensionnaire de l'Academie Royale de Musique, a présenté au Théatre François.

Artaxare, Tragédie, 1718.

Et à celui de l'Académie Royale de Musique.

Polyxene et Pyrrhus, Tragédie en cinq actes, avec un Prologue, Musique de M. *Colasse*, 1706.

Dioméde, Tragédie en cinq actes, avec un Prologue, Musique de M. *Bertin*, 1710.

Polydore, Tragédie en cinq actes, avec un Prologue, Musique de M. *Batistin*, 1720.

Pirithoüs, Tragédie en cinq actes, avec un Prologue, Musique de M. *Mouret*, 1723.

Pyrame et Thisbé, Tragédie en cinq actes, avec un Prologue, Musique de Messieurs *Rebel & Francœur*, 1726.

Tarsis et Zélie, Tragédie en cinq actes, avec un Prologue, Musique des mêmes, 1728.

Pastorale Héroïque en un acte, composée pour la fête des Ambassadeurs d'Espagne, à l'occasion de la Naissance de Monseigneur le Dauphin, Musique des mêmes, 1730.

SCANDERBERG, Tragédie, 1735. Musique des mêmes, le Prologue & la fin du cinquiéme acte.

NITÉTIS, Tragédie en cinq actes avec un Prologue, Musique de M. *Myon*, 1741.

Voyez les articles de ces piéces.

SERTORIUS, Tragédie de M. *Corneille*, représentée sur le Théatre du Marais le 25 Février 1662, imp. la même année, in 12. Paris, Courbé, & dans le Recueil des Œuvres Dramatiques de l'Auteur. Cette Tragédie est restée au Théatre. *Hist. du Th. Franç. année 1662.*

SERVA (la) PADRONA, (*la Suivante Maîtresse,*) piéce Italienne en deux actes, mêlée de prose & de chants, avec deux Divertissements, représentée pour la première fois sur le Théatre Italien, le Mardi 4 Octobre 1746. Paris, de Lormel.

» Le Mardi 4 Octobre, les Comédiens Ita-
» liens ont donné sur leur Théatre la premiére
» représentation de la *Serva Padrona*, Comé-
» die en deux actes, accompagnée de deux di-
» vertissemens. Cette piéce ressemble parfaite-
» ment à ce qui s'est éxécuté sur le Théatre de
» l'Académie Royale de Musique, quand
» S. A. S. Monseigneur le Prince de Carignan
» y fit paroître des Acteurs bouffons, venus
» exprès d'Italie en 1729.

» *La Serva Padrona* est une espéce d'Opéra
» Comique Italien, mêlé de prose ; la Musique
» en a été trouvée excellente ; elle est d'un
» Auteur Ultramontain (*Pergolesse*) mort fort

F vj

» jeune. L'ouverture ajoûtée est du Signor *Pa-*
» *ganelli*, estimé en France & en Italie. Il n'y
» a dans cette piéce que deux Acteurs chantans,
» & un personnage muet, éxécuté par Scapin;
» M. Francesco Riccoboni joue le role d'*Uberto*,
» vieillard dominé par Serpilla sa servante, qui
» le gourmande éternellement; elle l'impatiente
» d'abord, en ne lui donnant pas son chocolat,
» ensuite en l'empêchant de sortir, lui alléguant
» qu'il est midi. Enfin le maître trop débon-
» naire, outré, prend la résolution de se ma-
» rier, pour se soustraire au joug de son impé-
» rieuse servante: Serpilla lui dit qu'il sera fort
» bien, & se propose obstinément pour être
» son épouse. Uberto ébranlé par ses dis-
» cours pressans se retire, presque déterminé à
» ce ridicule mariage. Au deuxiéme acte, Ser-
» pilla qui a mis le valet dans ses intérêts, lui
» fait entreprendre une mascarade comique,
» pour accélérer le succès de son dessein. Il se
» déguise en militaire furibond, & par ses gestes
» menaçans oblige Uberto de se livrer à Ser-
» pilla. Ces deux divertissemens qui coupent &
» terminent cette piéce, sont très amusans, &
» d'une composition vive & légere. Le rôle de
» Serpilla étoit éxécuté par la Signora Monta,
» (Montigni) très-aimable Italienne, qui
» n'avoit jamais paru sur aucun Théatre. (*Voyez*
» *son article dans ce Dictionnaire.*) Le feu &
» l'intelligence régnoient aussi dans le rôle d'U-
» berto, & cela ne doit pas surprendre, puis-
» que M. Riccoboni en étoit chargé ». *Mercure*
de France, Octobre 1746. *p.* 160-162.

SERVA (la) PATTRONA, *La Soubrette*

Maitreſſe, Intermède comique en deux actes, Muſique du Sieur *Pergolezze*, repréſenté au Théatre de l'Académie Royale de Muſique, à Paris le Mardi 1 Août 1752. in-12. Paris, de Lormel, 1746.

ACTEURS.

Hubert, vieillard.   Le Sieur Pierre Manelli.
Serpine, ſa Gouvernante.   La Dlle Anne Tonelli.
Freſton, valet perſonnage muet.

SERVANDONI, (Jean-Nicolas) Chevalier de l'Ordre de Chriſt, eſt né à Florence le 2 Mai 1695. Son talent pour la Peinture & l'Architecture eſt connu dans toute l'Europe, & il s'eſt également rendu fameux dans l'art des décorations, qui réunit les deux premiers arts, & tous ceux qui en dépendent. Il eſt éléve de Jean-Paul Panini, & de Jean-Joseph de Roſſi, Artiſtes fameux, à qui ſes ſuccès font un nouvel honneur. Il arriva en France en l'année 1724. & fut reçu à l'Académie Royale de Peinture & de Sculpture, avec la diſtinction que méritoit ſon habileté, le Samedi 26 Mai 1731. L'objet de ce Dictionnaire étant borné à ce qui concerne les Spectacles, c'eſt principalement comme Décorateur que nous l'enviſageons ici, & nous ne parlerons ni du fameux portail de ſaint Sulpice, pour la conſtruction duquel il fut préféré, ſur ſes deſſeins, au concours de 1732. ni du projet d'une Place au devant de ce Portail, en 1754. ni de beaucoup d'autres ouvrages d'une égale importance.

Il a travaillé pendant pluſieurs années pour l'Académie Royale de Muſique, & l'on ſe rappelle encore avec plaiſir, parmi beaucoup d'autres ouvrages qui n'ont rien d'inférieur à ceux que nous allons citer, mais dont l'énumération nous entraineroit trop loin, les décorations suivantes.

Le Palais de Ninus, dans l'Opéra de *Pyrame & Thisbé*, 1726. Les figures étoient du Sieur *Du Mont*, Peintre de l'Académie.

Le Temple du Soleil, pour une des reprises de l'Opéra de *Phaëton*, 1730.

La Forêt de Dodone, pour une reprise de l'Opéra d'*Issé*, 1741. &c.

En 1728. il donna à l'Opéra Comique une décoration faite exprès pour la piéce intitulée *La Pénélope moderne*; cette décoration représentoit une prairie terminée par un bois, avec un Château dans l'éloignement, & aux deux côtés, un torrent qui venoit se jetter par cascades dans la prairie. Elle lui fit d'autant plus d'honneur, qu'elle fit tout son effet, malgré les bornes étroites où le talent de l'Auteur se trouvoit resserré.

Il a été chargé par le corps de Ville des décorations nécessaires pour les fêtes données à Paris à l'occasion de la naissance de Monseigneur le Dauphin, & du mariage de Madame Premiere.

Son habileté pour les décorations Théatrales & pour celles des Fêtes publiques, a également brillé en diverses occasions, en Portugal & en Angleterre, mais c'est à Paris qu'elle s'est principalement signalée. Il a donné au public sur le grand Théatre des Thuilleries différents Spectacles de décorations & machines pendant les trois semaines où les autres Théatres sont

SE 135

fermés à Paris. En voici les titres & les sujets :

LA REPRÉSENTATION DE L'ÉGLISE DE
S. PIERRE DE ROME, 1738.

PANDORE, 1739.

LA DESCENTE D'ÉNÉE AUX ENFERS, 1740.

LES TRAVAUX D'ULISSE, 1741.

LÉANDRE ET HÉRO, 1742.

Et actuellement, depuis le Dimanche 31 Mars 1754.

LA FORÊT ENCHANTÉE, Spectacle en cinq actes, orné de machines, animé par des Acteurs Pantomimes, & accompagné d'une Musique de la composition du Sieur *Geminiani*, qui en exprime les différentes actions ; le sujet en est tiré de la *Jérusalem délivrée*, du *Tasse*, chant treiziéme & dix-huitiéme. Nous espérons qu'on ne sera pas fâché de trouver ici un court extrait tiré également des deux programmes imprimés de ce Spectacle qui fait actuellement la nouvelle de Paris.

Les Mahométans assiégés dans Jérusalem par l'armée des Croisés, commandée par Godefroi de Bouillon, ayant dans une sortie brulé les machines des assiégeans, le Magicien *Ismen* enchante la seule Forêt d'où l'armée Chrétienne peut tirer du bois pour réparer cette perte ; des Magiciens & Magiciennes le précédent, & se retirent par respect à son arrivée ; la Lune change de couleur, & devient sanglante par la force de ses conjurations ; il met tous les arbres de la forêt chacun sous la garde d'un esprit infernal chargé de le défendre, & son charme fini, les Magiciens & Magiciennes qui s'étoient écartés reviennent pour le féliciter, & l'accompagnent comme en triomphe à son retour à Jérusalem, ce qui finit le premier acte. Le Théatre représente pendant tout cet acte, la forêt dont le Magicien vient confier la défense aux Démons, qui est située dans un vallon solitaire, dont l'épais feuillage ne laisse qu'une foible entrée à la pale lumiere de la lune. Il change au second, & il représente l'intérieur d'une Mosquée éclairée par des lampes, parce que la scéne se passe pendant la nuit. On y voit Aladin, le Souverain de Jérusalem, qui tient conseil avec le Muphti & ses Ministres & Généraux; on paroît proposer différens avis pour la défense de la place ; *Argant* demande la permission d'envoyer défier au combat le Général des assiégeans; là-dessus *Ismen* arrive, & rend compte de ce qu'il vient de faire; Aladin en remercie Mahomet, & termine le second acte. Le Théatre change pour le troisiéme. La Forêt enchantée paroît dans une nouvelle situation, & éclairée par le jour. On voit arriver un détachement de travailleurs de l'armée de Godefroi de Bouillon, qui se retirent, intimidés par des spectres & des fantômes ; ils reviennent un moment après, soutenus d'une troupe d'élite commandée par un guerrier nommé Alcaste. Les obstacles se multiplient, des bêtes féroces succédent aux spectres, une muraille de feu flanquée de tours aussi enflammées leur ferme le passage; Alcaste les anime à donner l'assaut à ce rempart singulier, les Démons défendent le terrain, & répandent des torrens de feu sur les assaillans, qui sont forcés de prendre enfin la fuite, & qui entraînent avec eux leur Chef, malgré qu'il en ait, & quelque effort qu'il faffe pour les rallier. Le Théatre repréfente au quatriéme le camp des Chrétiens. On y voit l'intérieur du Pavillon de Godefroi de Bouillon, où ce Général rêve triftement aux moyens de prévenir les dangers auxquels la chaleur exceffive du climat, la longueur du fiége, & la difette d'eau ne peuvent manquer d'expofer fes troupes, que la foif commence à tourmenter. Alcafte arrive, & lui rend compte avec confufion du mauvais fuccès de fa commiffion. Le faint Hermite Pierre paroît enfuite & lui préfente Rénaud, qui s'étoit abfenté du camp après avoir tué un des Chefs de l'armée dans une querelle particuliere. L'Hermite qui fçait que le défenchantement de la Forêt lui eft deftiné par le Ciel, l'a envoyé rappeller par deux guerriers, & annonce à Godefroi quelle eft la volonté de Dieu fur Renaud. Le Général ceint à ce jeune guerrier l'épée qu'un Ange lui a remife, & qui eft deftinée à cette entreprife. Cependant l'Hermite leve les mains au ciel, & obtient en attendant, pour le foulagement des foldats, une pluie qu'on voit tomber avec abondance (*)

La décoration du cinquiéme acte repréfente la Forêt enchantée dans toute fon étendue, éclairée par degrés des rayons du foleil. Renaud paroît avec le point du jour, à l'endroit où les fpectres ont effrayé les plus courageux de l'armée Chrétienne; il ne remarque rien de femblable. La forêt ne lui offre qu'une verdure

---

(*) On a cru devoir fupprimer la tentative de Tancréde pour éviter la répétition d'objets à peu près femblables. *Note d'un des Programmes.*

charmante ; ses oreilles sont frappées d'un doux concert formé par le murmure des eaux, le chant des rossignols, des voix mélodieuses, & l'harmonie de différens instrumens. Une riviere lui ferme le passage, & à peine a-t-il cherché des yeux le moyen de franchir cet obstacle, qu'un pont se présente à sa vue ; il le traverse, & dès qu'il a touché l'autre bord de la riviere, elle se change en un torrent impétueux, qui ne permettroit à personne de tenter le même passage, si quelqu'un osoit s'y hasarder ; à mesure qu'il avance, les arbres de la forêt que le temps avoit privés de leurs ornemens, reprennent une nouvelle verdure ; il arrive dans une place spatieuse, au milieu de laquelle se présente un myrthe qui par sa hauteur & sa beauté paroît le souverain de la forêt. Il s'ouvre, aussi bien que tous les arbres des environs ; il en sort des Nymphes charmantes, en tout semblables à celles de Diane, telles que les Peintres les représentent, excepté qu'au lieu d'arcs & de fléches, elles ont en leurs mains des instrumens de Musique. Elles font un cercle autour du myrthe & de la Nymphe qui semble y présider, & enferment Renaud dans ce cercle. Cette Nymphe se montre à ses yeux avec tous les traits d'Armide, mais il est sur ses gardes, & n'en est point ébranlé. Il tire son épée, & se met en devoir de frapper le myrthe ; le tonnerre se fait entendre, la terre est ébranlée, & répond au tonnerre par des mugissemens ; la fausse Armide devient un géant énorme ; les Nymphes deviennent des Ciclopes ; tous ces monstres attaquent Renaud, qui parvient enfin malgré leurs efforts à couper l'arbre en deux ; cet arbre semble gémir, en tombant sous ses coups, & sa chute met fin à l'enchantement ; le tonnerre cesse de gronder ; le mirthe & les monstres disparoissent, &c. Quelques soldats cachés à l'entrée de la forêt se rassemblent autour de Renaud ; ils sont suivis de plusieurs escadrons de l'armée des Croisés ; le jeune héros se met à leur tête, & est reconduit en triomphe au camp de Godefroi, après avoir désenchanté la forêt, comme *Ismen* a été reconduit par les Magiciens à Jérusalem, après l'avoir enchantée. Pendant ce temps-là les travailleurs détruisent cette forêt redoutable, qui remplit le théatre de ses débris, & c'est par-là qu'est terminé ce spectacle, où rien n'est oublié de tout ce que la peinture, la perspective & les méchaniques peuvent produire de plus propre à la satisfaction des Spectateurs.

Nous nous sommes laissé emporter par les circonstances présentes, à rendre compte de la ressource presque unique en ce temps, que M. Servandoni offre aux amateurs des Spectacles ; les bornes que nous nous sommes imposées de ne faire mention que de ceux qui sont actuellement existants, ne nous ont pas permis de faire des articles séparés de chacun des autres Spectacles du même genre que le même Auteur a présentés au Public dans la même saison, & qui étoient interrompus depuis longtemps, quand ce Dictionnaire a été entrepris. Nous espérons réparer ailleurs cette omission involontaire.

SERVANDONI, (Jean-Nicolas) né à Grenoble en Dauphiné ; il est neveu du précédent ;

& joue depuis plusieurs années la Comédie en Province sous le nom de *Dannetaire*. Il a débuté à Paris au Théatre François par le rolle d'*Orgon*, dans la Comédie du *Tartuffe*, le Jeudi 27 Avril 1752. & depuis par plusieurs autres rolles, dans un temps où la mort du Sieur Poisson n'avoit point ouvert la carriere aux débutans, pour le genre comique, & dans la seule vue de faire connoître son talent. On lui trouva en effet beaucoup d'intelligence, d'esprit & de variété dans son jeu. Il joue actuellement, (1754.) avec beaucoup de succès à Bruxelles, les roles à *Manteau*, & beaucoup de ceux que remplissoit à Paris le Sieur Poisson, & qu'y remplit maintenant le Sieur Preville, au gré du public.

SERVANDONI, (N..... Danicour, femme du Sieur) connu sous le nom de Dannetaire, joue la Comédie en Province, à peu près depuis le même temps que son mari, & remplit en chef au même Théatre, l'emploi des *Soubrettes*, elle n'a jamais paru sur celui de Paris, & n'en passe pas moins pour une des meilleures de la Province.

SERVANTE (la) JUSTIFIÉE, Opéra Comique en un acte de Messieurs *Favart* & *Fagan*, représenté le Samedi 19 Mars 1740. à la suite de l'*Ecole d'Asniere*, & imprimée in-8°. Paris, Prault fils, 1747. Cette piéce dont le sujet est tiré d'un conte de M. de la Fontaine, eut un plein succès : elle fut reprise avec de nouveaux applaudissemens, le Dimanche 2 Octobre 1740. le Samedi 3 Février 1742. & depuis.

A cette dernière reprise de 1742. le Sieur *Panard* y joignit un Prologue qui n'a jamais été imprimé. C'est ce qui nous engage à en donner un Extrait : nous ne nous arrêtons cependant qu'à deux scénes, qui sont les plus remarquables par la singularité.

Mlle Rémond, Actrice de l'Opéra Comique, s'entretient avec un Acteur de sa Troupe, du mauvais état de leur Spectacle. Pour le soutenir ils attendent Momus, qui a promis de leur amener la *Critique* sa fille. Pendant que l'Acteur court chercher des nouvelles de ce Dieu, Mlle Rémond donne audience à un Gascon, à un Bourgeois & à un Procureur, qui viennent se plaindre qu'on ne cesse de les jouer au Théatre de l'Opéra Comique. Mlle Rémond les badine & les congédie. L'Acteur revient annoncer qu'il ne faut point compter sur la Critique, qui par ordre de Jupiter est condamnée au silence pendant six mois. Mais ajoûte-t-il, eu égard à son sexe, on lui a permis de parler, à condition qu'elle ne prononcera que trois syllabes. La Critique paroît, Mlle Rémond & l'Acteur déplorent son malheur.

Mlle RÉMOND. (Air. *Des fraises*.)

Vous nous donniez des couplets,
Qui nous faisoient connoître :
Vous ne pouvez désormais
Nous fournir de pareils traits.

LA CRITIQUE.

Peut-être ?

Mlle RÉMOND.

Peut-être ?

LA CRITIQUE.

Peut-être ?

L'ACTEUR.

» Comment !

(AIR. *Si l'on vous demande à la porte.*)

Sans passer les bornes prescrites,
Vous pourriez remplir votre emploi ?

LA CRITIQUE.

Je le croi.

Mlle RÉMOND.

Avec trois syllabes petites
De tout nous rendrez-vous raison ?

LA CRITIQUE.

Pourquoi non ?

L'ACTEUR.

Je doute de ce que vous dites.

LA CRITIQUE.

Essayez.

L'ACTEUR. (AIR. *Un Berger de notre village.*)

Pour parler suivant nôtre style,
Il nous faut ici. . . . .

LA CRITIQUE.

Quelques chants.

Mlle RÉMOND.

Sur l'air du nouveau Vaudeville
Nous entendrez-vous ?

LA CRITIQUE.

J'y consens.

Mlle RÉMOND.

Votre réponse est nécessaire.

LA CRITIQUE.

Vous l'aurez.

L'ACTEUR.

En chansons, pourrez-vous la faire ?

LA CRITIQUE.
Vous verrez.

Mlle RÉMOND.

» Nos Camarades viennent à propos pour nous seconder;
» allons Messieurs les Musiciens.

LA CRITIQUE.

» Commencez.

Couplets du Vaudeville.

UN ACTEUR.

Froids mortels qui n'aimez rien,
Je n'ai garde de vous croire.
Aimer me paroît un bien :
J'en ai fait jusqu'ici ma gloire :
 Oui, toûjours mon fort
 Fut d'aimer fort.....

LA CRITIQUE.

A boire.

UN ACTEUR.

Si je me fixe jamais
Je prendrai, quoi qu'on puisse dire,
Quelqu'un de ces doux objets
Que sur le Théatre on admire.
 Femmes de ce goût
 Sont propres à tout....

LA CRITIQUE.

Détruire.

UNE ACTRICE.

Nous avons ici, dit-on,
Plus de trente amans dans nos chaînes;
Quelle erreur ! dans ce canton,
Je connois nombre de Climénes,
 Qui pendant trois mois
 N'en ont que trois.

LA CRITIQUE.

Douzaines.

UN ACTEUR.

Je suis le Tuteur heureux
D'un objet qui me trouve aimable,
Quand je suis loin de ses yeux,
Cette belle est inconsolable,
Son plus doux espoir
Est de me voir

LA CRITIQUE.

Au Diable.

UNE ACTRICE.

Tous les jours mon jeune Amant,
Me promet un doux hymenée :
Quand il me voit un moment,
De plaisir son ame est charmée.
Qu'il s'applaudira
Quand il m'aura

LA CRITIQUE.

Trompée.

UN GASCON.

Spadassins & fierabras,
Ce fer-là craint peu votre brette ;
Je ne vous conseille pas
D'attaquer un pareil athléte
Dans tous mes combats
Toûjours je bats

LA CRITIQUE.

Retraite.

UN PETIT-MAITRE.

Quoique je sois inconstant,
Tous les jours je fais des conquêtes,
L'on m'écrit à chaque instant,
On m'invite à toutes les fêtes.
Je suis estimé,
Je suis aimé

LA CRITIQUE.

Des bêtes.

UN ACTEUR.

Qu'un mari nabot est laid
Me disoit l'autre jour Thérèse,
Puisqu'un grand homme est son fait,
J'ai de quoi la mettre à son aise ;
Car certainement
Je suis un grand

LA CRITIQUE.

Nicaise.

UNE ACTRICE.

C'est de la Cour que l'on tient
Le bon goût, la mine gentille,
Mon origine en provient,
Tout Paris dit que la famille
De mon grand papa
Sortit de la......

LA CRITIQUE.

Courtille.

UN ACTEUR.

Le beau Tircis que voilà
En voulant m'égaler me pique,
Du valet de Treffle il a
Le minois grotesque & comique.
Mais on voit en moi
Le port d'un Roi

LA CRITIQUE.

De pique.

UNE ACTRICE.

Il court un écrit charmant
Qu'à bon droit le public admire :
Monsieur dit publiquement
Que c'est lui qui l'a sçu produire.

UN ACTEUR.

Et c'est en effet
Moi qui l'ai fait

LA CRITIQUE.

Transcrire.

UNE ACTRICE.

Vous voyez dans ma maison
Tous les jours accourir Clitandre,
Que vous en semble, Marton ?

UNE ACTRICE.

Je crois qu'un hommage si tendre
Et des soins si doux
Sont pris pour vous

LA CRITIQUE.

Surprendre.

UN ACTEUR.

Philis à mes feux répond,
Dans ses yeux j'ai vû qu'elle m'aime,
Pour mes rivaux, quel affront !
Pour mon cœur, quel plaisir extrême !
La belle, je crois,
N'aime que moi

LA CRITIQUE.

Vingtiéme.

UNE ACTRICE au Parterre.

Si des ennemis secrets
Sont venus ici pour nous nuire :
Contr'eux aiguisez vos traits :
Dans ce jour il faut les détruire.
Quel bonheur pour nous
S'ils crévent tous

LA CRITIQUE.

De rire.

Passons à la scéne du Paysan qui cherchant Maître, offre ses services à l'Acteur Forain, qui lui demande s'il a déja servi. Ce role de Paysan étoit joué plaisamment par le Sieur *Rousselet*.

LE PAYSAN.

» Pensez qu'oui.

(AIR. *Je reviendrai demain au soir.*)

Pendant l'espace de tras mois,
J'ons sarvi tras bourgeois *bis*.
Mais, hélas ! par un grand guignon,
J'ons quitté leur maison. *bis*.

L'ACTEUR.

» Ne vous seriez-vous point attiré ce guignon-là !

LE PAYSAN.

» Si vous voulez bien m'accouter, je vais vous dégoiser
» l'affaire de bout en bout : je ne vous cacherai rian, en
» bonne vérité.

L'ACTEUR.

» Voyons.

LE PAYSAN.

» Le premier Maître que j'ons sarvi s'appelloit Monsieur le
» Pere. Ce Monsieur le Pere me dit un jour, va chez M.
» Frere, dis à M. Neveu que M. Cousin l'attend chez M.
» Germain, pour réconcilier la Belle-mere de M. Beau-gen-
» dre avec le Beau-pere de M. Beau-fils.

L'ACTEUR.

» Vous avez fait votre commission ?

LE PAYSAN.

» Fort mal, mon bon Monsieur, tout vis-à-vis ma Com-
» mere, attenant ma Maraine, un peu en-deçà de ma
» Tante, j'ai rencontré un de mes Oncles, qui m'a mené
» chez une de mes Sœurs. Ste Sœur-là m'a fait oublier toute
» la parenté de M. le Pere. Tant y a qu'il m'a pris par les
» deux épaules, & qu'il m'a renvoyé chez ma mere.

L'ACTEUR.

» Vous le méritiez bien.

LE PAYSAN.

» J'entrai deux jours après au service de Monsieur Le
Grand.

L'ACTEUR.

» J'en connois beaucoup de ce nom-là.

LE PAYSAN.

» Accoute-moi, me dit un jour Monsieur Le Grand : va
» chez M. Le Gras, dit à M. Le Gros, que M. Le Long &
» M. Le Large seront tantôt chez M. Le Droit. Chemin fai-
» sant, je rencontrai vis-à-vis M. l'Epais, M. Le Bas, qui
» me menit chez M. Le Court, où je trinquâmes tant que je
» devins M. Le Rond. Le lendemain M. Le Grand, qui
» étoit très-haut, traita très-mal son valet très-humble. J'en
» sortis le cœur gros & le gousset très-plat.

L'ACTEUR.

» Vous ne pouvez vous en prendre qu'à vous-même.

LE PAYSAN.

» Mon troisiéme Maître étoit un nommé M. Le Noir,
» bonne personne, & que j'aimois de tout mon cœur. Un
» tel, me dit un jour ce M. Le Noir, va chez M. Le Blanc,
» dis à M. Le Gris, que M. Le Clair l'ira prendre chez M.
» Le Brun, pour présenter Mademoiselle Le Blond à M. Le
» Roux. En y allant, je fis rencontre de mon ami l'Olive,
» j'entrîmes aux Barreaux verds, où je bûmes tant de vin
» rouge, que je voyois tout de couleur de rose. M. Le Noir
» fâché de me voir gris, prit un bâton blanc, & battit tant
» mon habit jaune, que je sortis le corps tout violet ».

L'Acteur s'appercevant que le prétendu Paysan le badine, le reconnoît pour un Comédien
ci-devant débutant sur la scéne Françoise, où il
briguoit l'emploi de Roi.

LE PAYSAN.

Oui, Seigneur, je le fus, & devrois encor l'être,
J'ai l'organe assez fort pour vous parler en Maître ;
Sous l'habit d'un Héros, j'en sçais prendre le ton,
Et j'ai le noble orgueil du fier Agamemnon.
D'Auguste & de César l'illustre personnage,
Pendant plus de dix ans fut mon brillant partage.
Cet heureux temps n'est plus ; Quel changement ? Hélas !
Mon Sceptre s'est brisé, j'ai perdu mes Etats !
Fortune, c'est ainsi que ta rigueur nous joue,
Aujourd'hui sur le trône, & demain dans la boue.

J'ai servi les Romains autant que je l'ai pû :
De secrets ennemis m'ont seuls interrompu.
Quelque plaisir, du moins, aujourd'hui me console,
Tout, jusqu'aux Sénateurs, ont fui le Capitole,
Et depuis mon départ, un tas de débutans
N'ont pû garnir encor un gradin d'assistans, &c.

Le Vaudeville roule sur l'accord de l'Antiquité & de la Nouveauté. En voici quelques couplets.

Couplets du Vaudeville.

Je veux que l'on serve à ma table
Ce qu'il faut dans chaque saison.
La jeune chair m'est agréable,
Et j'aime fort le vieux poisson.

❊

Lorsqu'avec le voisin Grégoire,
Je vais au cerceau m'héberger,
Le vieux fromage nous fait boire,
Et le pain frais nous fait manger.

❊

L'amitié, comme la tendresse,
Partage en tout temps mon ardeur :
Vieux amis, & jeune Maîtresse,
Font l'amusement de mon cœur.

❊

J'aime au pays de l'harmonie
De jeunes voix, & de vieux chants.
Il faut, en fait de symphonie,
Jeunes mains, & vieux instrumens.

❊

Il faut aux Aydes & Domaines,
Vieux Directeurs, jeunes Commis.
Jeunes Soldats, vieux Capitaines,
Sont bons contre nos ennemis.

❊

La docte antiquité surpasse
Tous nos ouvrages les plus beaux.
Phœbus met dans la même classe,
Vieux Almanachs, & vers nouveaux.

Belle figure & bonne grace,
Mènent au comptoir le chaland,
La vieille marchandise passe,
Quand un jeune objet nous la vend.

Je mets, quand la bise est piquante,
Vieille perruque, & bon manteau,
Je prends, quand la cigalle chante,
Perruque neuve, & vieux chapeau.

Un certain soupçon me tourmente,
Quand je vois aller au serain,
Vieux Maître & jeune Gouvernante,
Jeune Filleule, & vieux Parrain.

Ce qu'en vingt ans gagna le pere,
Le fils le mange en un quartier,
Les vieux écus ne restent guère
Dans les mains d'un jeune héritier.

Au Parterre.

Messieurs, souvent on vous rappelle,
Pour des salmis joliment faits,
Plus d'une fois sauce nouvelle,
Fait passer pour neuf un vieux mets.

Accordez-nous la même grace,
Qu'aux Auteurs vous fîtes toûjours;
Que votre indulgence nous passe,
Vieille pensée & nouveaux tours.

Extrait Manuscrit.

SERVANTE (la) DE SA FILLE, Parodie Pantomime en un acte, de la Comédie de la *Gouvernante*, de M. de *La Chaussée*, par M. *Valois d'Orville*, représentée sur le Théatre de l'Opéra Comique, par le Spectacle Pantomime à la Foire S. Germain, au mois de Mars 1747.

ACTEURS.

NANON, *mere & servante d'Angélique.*
ANGÉLIQUE, *fille de Nanon.*
UNE BARONNE, *Dame du Village.*
LE BAILLIF, *pere de Pierrot.*
PIERROT, *fils du Bailly.*
NICOLE, *servante du Château.*
TROUPE DE VILLAGEOIS ET DE VILLAGEOISES.

La scène se passe dans un Village proche Paris.

Le Théatre représente un Château.

SCÉNE PREMIÈRE.
PIERROT *seul.*

Pierrot un livre à la main, tranche du Philosophe, & se proméne en rêvant.

SCÉNE II.
LE BAILLIF, PIERROT.

Le Baillif, trouve son fils plongé dans la lecture, il lui fait connoître qu'il faut mieux employer son temps, & que ce n'est qu'à force d'écritures que le fils d'un Praticien peut voler à la fortune.

SCÉNE III.
ANGÉLIQUE, PIERROT.

Cette scéne se passe en de mutuelles protestations d'amour.

G iv

SCÉNE IV.

NANON, ANGÉLIQUE, PIERROT, NICOLE.

Nanon voyant Pierrot tenir la main d'Angélique, fait entendre à sa fille qu'il est dangereux de se prêter aux fleurettes des amans, à quoi elle répond par son air ingénu qu'elle n'y entend point de malice. Pierrot, pour empêcher qu'on ne prévienne sa Maîtresse contre lui, se propose de lui donner une fête, & sort pour cet effet.

SCÉNE V.

NANON, ANGÉLIQUE, NICOLE.

Angélique se voyant grondée vivement par sa mere, qu'elle croit n'être que sa Gouvernante, se justifie en montrant la sincérité du cœur de Pierrot, par les lettres qu'elle en a reçues.
Nanon la détermine à lui renvoyer ses lettres & son portrait, & la fait rentrer avec elle dans le Château.

SCÉNE VI.

PIERROT, TROUPE DE MÉNÉTRIERS.

Pierrot fait répéter la fête dont il a dessein de régaler sa Maîtresse.

SCÉNE VII.

NICOLE, PIERROT, ET LES PRÉCÉDENTS.

Nicole interrompt la fête en venant rendre à Pierrot, de la part d'Angélique, les lettres & le portrait, après quoi elle se retire.

SCÉNE VIII.

PIERROT ET LES MÉNÉTRIERS.

On voit Pierrot tomber dans un délire extrême. Les Ménétriers veulent continuer la répétition de la Fête, & même y faire danser Pierrot ; mais cet Amant infortuné les congédie aussitôt avec la derniere rigueur.

SCÉNE IX.

PIERROT *seul.*

Pierrot reste en proye à ses tristes réfléxions.

SCÉNE X.

LA BARONNE, PIERROT.

La Baronne qui voit Pierrot, apprend de lui la cause de son affliction; elle tâche vainement de l'en consoler.

SCÉNE XI.

LE BAILLIF, LA BARONNE, PIERROT.

Le Baillif tient un sac d'argent dans sa main, & vient demander l'avis de son fils, s'il doit porter cet argent à ceux à qui il appartient. Pierrot l'envoye promptement le donner, ce que le Baillif exécute à regret.

SCÉNE XII.

LA BARONNE, PIERROT.

Pierrot fait entendre à la Baronne toutes les difficultés qu'il prévoit, pour épouser Angélique.

G v

SCÉNE XIII.

La Baronne, le Baillif, Pierrot, Troupe de gens chargés d'argent, qui surviennent.

A peine le Baillif en soupirant a t-il fait connoître que restitution est faite, qu'au même instant il voit rapporter ses mêmes espéces; la joye le transporte; il sort pour faire entrer chez lui les gens chargés de ces deniers.

SCÉNE XIV.
Pierrot, Angélique.

Le Baillif sorti, Pierrot appercevant Angélique, demeure pour lui reprocher sa perfidie. Angélique s'excuse sur la volonté de sa servante, qu'elle a suivi trop légérement; mais elle lui proteste de nouveau de ne jamais aimer que lui. Pierrot ne la veut plus croire qu'elle n'ait signé conjointement avec lui une promesse réciproque. Angélique balance: Pierrot veut se tuer; elle tremble pour lui; il soupire pour elle, & enfin elle y souscrit.

SCÉNE XV.
Nanon, Pierrot, Angélique.

Nanon surprend Angélique lorsqu'elle signe la promesse; elle s'en empare. Angélique se fâche, étant maîtresse de ses volontés, & quoique très jeune encore, ne connoissant ni pere ni mere, ni tutrice, ni curateur, quoiqu'en ayant besoin. Nanon lui déclare qu'elle est sa mere. Angélique s'en moque, & n'en croit rien. Nanon poussée à bout, se voit forcée de lui en donner des preuves. Angélique se rend avec soumission ; ses entrailles parlent ; elle reconnoît son sang.

SCÉNE XVI. ET DERNIÉRE.

LE BAILLIF, LA BARONNE, NANON, ANGÉLIQUE, PIERROT.

Le Baillif instruit par la Baronne du role inutile que Nanon joue auprès de sa fille, l'engage à la donner en mariage à Pierrot, ce qu'elle n'ose refuser. Le Baillif épouse la Baronne, & la joye que cette double alliance répand dans le village, engage tous les habitans à en célébrer les nœuds.

Extrait Manuscrit.

SERVICE (le) MAL RÉCOMPENSÉ. Voyez *Arlequin Chasseur*.

SÉSOSTRIS, Tragédie de M. de *Longepierre*, représentée le Mercredi 28 Décembre 1695. non imp. *Hist. du Th. Fr. année* 1695.

SÉVIGNY, (François de la Traverse, Sieur de) Comédien François, débuta à Paris le Mercredi 31 Mars 1688. reçu dans la Troupe pour les roles de *Roi* en second, & les roles rompus dans le Comique, quitta vers la fin de l'année 1695. débuta une seconde fois le Vendredi 10 Juin 1712. par le role de *Mithridate* dans la Tragédie de ce nom, & ne fut point reçu. Mort dans une Troupe de province. *Hist. du Th. Franç. année* 1695.

SGANARELLE, ou LE COCU IMAGINAIRE, Comédie en un acte & en vers de

M. *Moliere*, représentée par sa Troupe sur le Théatre du petit Bourbon, le 28 Mai 1660. in-12. Paris, Loison, 1660. & dans le Recueil des piéces de M. Moliere. Cette piéce est restée au Théatre. *Hist. du Th. Fr. année* 1660.

SICHEM RAVISSEUR, Tragédie de Jacques *Du Hamel*, représentée en 1600. imp. la même année, in-12. Rouen. *Hist du Th. Fr. année* 1600.

SICILIEN, (le) *ou l'*AMOUR PEINTRE, Comédie-Ballet en un acte & en prose, de M. *Moliere*, représentée dans le Ballet des *Muses*, à S. Germain en Laye, au mois de Janvier 1667. & à Paris sur le Théatre du Palais Royal, le dix Juin suivant, in-12. Paris, Ribou, & dans le Recueil des Œuvres de l'Auteur. Cette piéce est restée au Théatre. *Hist. du Th. Fr. année* 1667.

SIDNEY, Piéce en trois actes & en vers, de M. *Gresset*, représentée le Lundi 3 Mai 1745. suivie de l'*Avocat Patelin*, imp. la même année in-12. *Hist. du Th. Fr. année* 1745.

SIDONIE (Mlle) VICENTINI. Voyez *Vicentini*.

SIDONIE, (la) Tragi-Comédie de M. *Mayret*, représentée en 1637. in-4°. Paris, Sommaville, 1643. *Histoire du Théatre Franç. année* 1637.

SIÉGE (le) DE GRENADE, piéce héroi-comique en trois actes. (*Programme imprimé.*) C'est une piéce Italienne, mais entremêlée de scénes Françoises: elle a été représentée pour la premiere fois sur le Théatre Italien, le Jeudi 31 Décembre 1744. si l'on en croit le

Mercure, (*) mais suivant une note du feu Sieur *Laffichard*, auteur de plusieurs ouvrages qui ont leur place dans ce Dictionnaire, & Controlleur de la Comédie Italienne, elle ne l'a été que le Samedi 2 Janvier 1745. c'est aussi de ce dernier que nous tenons que le sujet a été donné par le Signor *Chiavarelli* (*Scapin*) & que les scénes Françoises sont de la Demoiselle *Riccoboni*, femme de M. Riccoboni le fils.

Cette piéce héroï-comique, (pour me servir des termes du Programme,) est en effet une Tragédie qui ne différeroit presque en rien de beaucoup de Tragédies nouvelles qu'on représente tous les jours sur la scéne Françoise, si elle étoit dialoguée en vers François, partagée en cinq actes, & récitée par cœur d'un bout à l'autre par les Comédiens, car le comique qu'y jettent Arlequin, Scapin & Coraline, peut en être soustrait sans qu'on s'en apperçoive : on en va juger par l'extrait.

Cléarte, fils d'Oronte, Roi de Grenade, est devenu amoureux de Zulime, fille du Roi de Maroc, promise à Pharnace, Prince de Fez, qu'elle aime, & dont elle est passionnément aimée. Oronte a fait demander Zulime pour son fils, & le refus d'Arsace a produit une guerre qui n'a pas été avantageuse au Roi de Grenade. Réduit à faire la paix qu'Arsace lui a accordée généreusement à des conditions honorables, il s'est rendu à Maroc, sous prétexte de la jurer en personne, & a enlevé la Princesse,

_____

(*) Voyez le Mercure de France, Janvier 1745. p. 156. & suivantes.

pour forcer le Roi de Maroc à l'accorder à son fils. Cet enlévement a occasionné une seconde guerre plus funeste encore que la premiere, pour Oronte. Après la perte de plusieurs batailles, il est réduit à défendre les murs de Grenade, & est prêt d'être forcé dans ce dernier asile. C'est ici que l'action de la piéce commence.

Le Théatre représente d'un côté la ville de Grenade, & de l'autre un camp ; c'est celui d'Arsace, dont on voit l'armée prête à monter à l'assaut, & lui-même entouré de ses principaux Officiers qu'il encourage, en leur rappellant les événemens dont nous venons de rendre compte. Arbate son Général, recommandable par son courage, son expérience & sa fidélité, lui représente qu'il est à propos d'achever de mettre son ennemi dans son tort, en lui offrant la paix, à condition de rendre la Princesse. Pharnace s'y oppose, disant que l'honneur du Roi est intéressé à sa vengeance ; mais Arbate lui répond que sa haine contre un rival le séduit sans qu'il s'en apperçoive, & qu'il est de la bonté du Roi de ne pas exposer sans nécessité aux efforts d'un reste de désespérés des troupes qui sont résolues de mourir aux pieds des remparts de Grenade, plutôt que de manquer à les emporter. Le Roi attendri, charge Arbate lui-même de la négociation, & rentre dans sa tente. Pharnace exige d'Arbate de lui promettre par serment de lui rendre service, dans une occasion où celui de son Roi n'est point intéressé. Arbate le promet, & engage son honneur. Pharnace alors s'explique ; il prétend entrer dans la ville avec lui, comme étant de sa suite, pour essayer de voir Zulime. Arbate, lié par son serment, consent à le satisfaire avec beaucoup de répugnance, à cause du péril que le rival de Cléarte peut courir dans Grenade; ils sortent ensemble. Arlequin paroît sur les murailles, armé de toutes piéces, & encourageant à sa mode les défenseurs d'un poste, où il commande comme Ecuyer d'Attamante, Général des troupes d'Oronte. Scapin, Ecuyer de Pharnace, paroît du côté des assiégeans avec quelques troupes, ce qui produit des injures, des defis, & une escarmouche. Les assiégés, à l'exemple d'Arlequin, jettent des pierres, des pots, &c. Un trompette sort du camp, approche de la muraille, & reçoit un pot sur la tête, avant que de pouvoir s'expliquer. Il demande à parler par ordre de son Roi, qui veut envoyer un Ambassadeur dans la ville. Arlequin promet d'en instruire le Capitaine des Gardes. Enfin on baisse le pont, un Capitaine introduit l'Ambassadeur, Pharnace & Scapin, qui a demandé à son maître qu'il reconnoît, la grace d'être de la partie, dans l'espérance de voir Coraline, confidente de Zulime, dont il est amoureux. Le Capitaine bande les yeux à l'Ambassadeur, un Sergent à Pharnace, & Arlequin à Scapin, ce qui fait partie du comique de la piéce. Ils entrent tous dans la ville; le Théatre change & représente une salle du Palais d'Oronte, où il tient conseil, & dit qu'ayant été obligé d'enlever Zulime pour se venger de l'affront qu'on lui a fait en la refusant à son fils, il prétend l'obliger à l'épouser ce jour même, & l'envoye chercher pour lui signifier ses ordres. En attendant qu'elle vienne, il apprend à son Conseil qu'il va venir des Ambassadeurs d'Arsace pour redemander la Princesse selon les apparences ; Cléarte offre d'y renoncer pour le bien de la paix, mais le Conseil trouve qu'il y auroit de la honte à recevoir la loi de l'ennemi. La Princesse arrive, & le Roi lui déclare que le jour est arrivé où elle doit épouser son fils, en lui ordonnant de s'y préparer. Elle répond qu'elle sçaura mourir avant que de se laisser contraindre. On annonce l'Ambassadeur. Oronte fait retirer Zulime, sans lui laisser le temps de s'instruire que ce sont des Ambassadeurs de son pere. Il réitere ses ordres en la congédiant, & elle répond avec la même fermeté. L'Ambassadeur entre ; Arbate, revêtu de ce caractere, expose sa commission, il est refusé, il se retire avec menaces, & le Roi donne ses ordres à Attamante, pour la défense de la ville. Le Théatre change, & représente l'appartement de la Princesse. Elle paroît au désespoir, & persuadée que supposé même que son pere se rende maître de Grenade, il vaincra trop tard, puisque ce jour doit éclairer son hymen, ou sa mort. Coraline la console, & lui apprend qu'il est arrivé des Ambassadeurs d'Arsace. Zulime dit qu'elle sçavoit l'arrivée des Ambassadeurs, sans sçavoir qu'ils fussent envoyés par son pere, & qu'elle seroit moins affligée si elle pouvoit parler à quelqu'un de l'Ambassade. Coraline lui répond que le Capitaine chargé d'observer l'Ambassadeur & sa suite est son Amant, & lui a promis de procurer cette satisfaction à sa Maîtresse. Ce

Capitaine entre, & améne Pharnace, dont la vue étonne beaucoup Zulime, avec qui cet Officier la laisse. Les deux Amans ont ensemble une scéne tendre, interrompue par le Capitaine qui revient un moment après, pour presser Pharnace de rejoindre Arbate, qui est prêt à retourner au Camp. Ils sortent tous. On voit paroître Arlequin qui conduit Scapin les yeux bandés. Coraline arrive, Arlequin la cajole, Coraline l'écoute, pour se moquer de lui. Scapin reconnoît la voix de Coraline, & veut l'aborder, ce qui produit les lazzis ordinaires entre Arlequin & lui, & c'est ainsi que finit le premier acte.

Le Théatre représente au commencement du second, ce qu'il représentoit au commencement de la piéce. On voit sortir de la ville l'Ambassadeur & sa suite, à qui on débande les yeux, & Arlequin fait beaucoup de lazzis, avant que de rendre ce service à Scapin. Il rentre dans la ville avec ceux de son parti; les autres marchent vers le camp. Arsace sort d'un pavillon. Arbate lui rend compte du mauvais succès de son Ambassade, & du danger où est la Princesse, qu'on veut forcer d'épouser le fils d'Oronte avant la nuit. Le Roi se promet bien d'être maître de Grenade avant que ce malheur arrive; cependant on va voir qu'il ne se tient pas parole, & que l'assaut ne se donne que le lendemain, & par conséquent trop tard, si la fermeté de la Princesse ne faisoit différer la cérémonie. Il faut supposer cette raison du délai d'Oronte, puisqu'on n'en donne aucune dans la piéce, & que dans cet acte il se sépare de

Zulime, en la menaçant de la faire périr dans les supplices, si elle n'épouse son fils sur le champ, ce qu'elle reçoit comme elle a déja fait les premieres propositions du Tyran. Entre cette scéne & celle où Arbate rend compte à Arsace, il y a une sortie où les deux Rois, les deux Généraux, les deux Princes, & enfin Arlequin & Scapin combattent ensemble. Les assiégés sont repoussés ; le Théatre change & représente l'appartement de Zulime, qui est encore tremblante de l'action qui vient de se passer. Coraline la rassure ; le Roi entre ; nous venons de rendre compte de la scéne qu'il a avec elle, après laquelle Coraline, pénétrée de compassion de l'état où elle voit sa Maîtresse, imagine un moyen de la tirer d'affaire, & sort pour aller chercher le Capitaine son Amant. Cléarte entre avec Arlequin, à qui il propose de sortir de la ville, pendant la nuit qui approche, & d'examiner ce qui se passe au camp ennemi, sur-tout au pavillon Royal, & de lui en venir rendre compte au matin, hors de la porte de la montagne par laquelle il doit sortir lui-même pour attaquer l'ennemi, par derriere, pendant l'assaut qu'il se prépare à donner à la ville. Arlequin y consent, après bien des difficultés de sa part, & des caresses & des présens de celle de Cléarte. Ils sortent ensemble. Coraline arrive, avec le Capitaine qu'elle engage, à force de promesses, à livrer aux assiégeans la porte où il commande. Il sort pour dépêcher un exprès aux Généraux d'Arsace. Coraline reste ; Arlequin arrive, fait une scéne de lazzis avec elle, & le second acte finit. Le Théatre change, & redevient encore comme au commencement de la piéce, à l'exception qu'il est obscurci, parce que la scéne se passe pendant la nuit. L'exprès envoyé par le Capitaine Amant de Coraline, sort de la ville, & paroît embarrassé à trouver le pavillon de Pharnace; il est arrêté par la ronde, & conduit à ce Prince, à qui il a dit avoir à communiquer des choses de conséquence. Cependant on ouvre une fausse porte de la ville. On en voit sortir Arlequin, qui fait des lazzis de frayeur, & d'autres de différentes espéces, à l'occasion des soldats qu'il trouve endormis. Scapin entre, l'apperçoit, & se doutant que c'est un espion, tâche de le joindre. Arlequin, sans voir Scapin, sort du Théatre en continuant ses observations, & Scapin le suit autant que la nuit peut le lui permettre. Cependant Pharnace entre, & dit à l'exprès que la ronde lui a amené, que le jour va paroître & qu'il faut se hâter. Celui-ci répond qu'il peut marcher avec ses soldats, & qu'il est prêt à leur servir de guide. Ils sortent; le point du jour paroît, un tambour bat la diane; Arbate donne ses ordres pour l'assaut; Scapin lui amene Arlequin garotté, comme un espion de la ville & du Prince Cléarte en particulier, & sur ce qu'on demande à Arlequin ce qu'il vient faire dans le camp du Roi de Maroc, il répond qu'il exerce les fonctions de la charge de curieux de camp qu'on vient de créer à Grenade en sa faveur. Enfin la peur lui fait déclarer l'ordre qu'il a reçu de son maître, qui est déja sorti de la ville pour attaquer les troupes d'Arsace pendant l'assaut. Arbate lui promet la vie, & une récompense, s'il veut lui donner les moyens de surprendre Cléarte; il refuse d'abord, mais Arbate ordonne qu'il soit pendu sur le champ, & il promet tout ce qu'on lui demande, pour avoir sa grace. On donne l'assaut; les assiégés commencent à perdre du terrain, lorsqu'Oronte paroît sur la muraille prêt à poignarder Zulime, si l'on ne cesse l'attaque; les assiégeans hésitent sur le parti qu'ils doivent prendre, lorsqu'Arbate arrive, conduisant Cléarte prisonnier, qu'il montre à son pere, en levant sur lui le poignard. Oronte à son tour reste interdit. En ce moment, Pharnace qui s'est rendu maître de la ville, par le moyen de l'Amant de Coraline, surprend le Roi & le tue. Les troupes de ce dernier mettent les armes bas; les assiégeans se rendent maîtres des remparts de Grenade, & y plantent leurs drapeaux; Pharnace donne la main à la Princesse, & descend avec elle; il fait baisser le pont, & la mene hors de la ville au Roi son pere, qui la lui donne en mariage. Le coup de Théatre dont on vient de rendre compte est à peu près le même que celui qui termine l'Ipsiphile du fameux *Metastazio*, mais il est ici déplacé & inutile, au lieu qu'il fait un fort grand effet dans un assez mauvais ouvrage du Poëte tragique Italien. Apparemment que c'est de lui qu'il est emprunté, à moins que le canevas du siége de Grenade ne soit ancien & connu en Italie, ce qui n'est pas sans vraisemblance, & que l'Auteur d'Ipsiphile ne l'en ait emprunté lui-même, & n'en ait tiré parti en homme de génie qu'il est effectivement. Il y a dans cette piéce une marche de troupes & une espéce d'exercice qui forme un Ballet des plus singuliers, composé par le Sieur de Hesse, inimitable en ce genre. Il ne faut pas oublier qu'elle a été remise au Théatre le Mardi deux Décembre 1749. avec quelques changemens, sous le nom des *Corsaires*. De nouveaux Ballets de la composition du même Auteur contribuérent beaucoup au succès de cette reprise. *Extrait du Programme imprimé.*

SIGISMOND DUC DE VARSAU, Tragi-Comédie du Sieur *Gillet de la Tessonnerie*, représentée en 1646. imp. la même année in-4°. & in-12. Paris, Quinet. *Hist. du Th. Fr. année* 1646.

SILENCE, (Corine *ou le*) Pastorale d'*Alexandre Hardi*. Voyez *Corine*.

SILENCE (le Dieu du) A LA FOIRE. Voyez *Oracles* (les) d'*Harpocrate*.

SILENCE, (le prix du) Comédie Françoise au Théatre Italien, en trois actes & en vers libres de Monsieur de *Boissi*, très-applaudie & à très-juste titre à la premiere représentation, le Vendredi 26 Février 1751. Cette représentation fut donnée *incognito*, & devant une assemblée peu nombreuse, mais le succès fut confirmé à la seconde, où il y avoit beaucoup de monde. Cependant la concurrence des *Amans inquiets*, jolie Parodie de l'Opéra de *Thétis & Pelée*, par M. *Favart*, & la fureur du public pour ce genre de spectacle nouvellement rendu au Théatre Italien, firent quelque tort aux représentations suivantes. (*) Paris, veuve

―――――――――――――――――――
(*) La premiere représentation des *Amans inquiets* fut donnée le Mardi 9 Mars, le lendemain de la sixiéme du *Prix du Silence*, les deux piéces furent jouées alternative-

Cailleau. Voyez l'*Extrait*, *Mercure de Mai* 1751. *page* 168.

SILENE, (la Folie de) Pastorale. Voyez *Folie (la) de Silene*.

SILVANIRE, (la) *ou* LA MORTE VIVE, Tragi-Comédie Pastorale de M. *Mayret*, représentée au Théâtre de l'Hôtel de Bourgogne en 1625. avec des chœurs & un Prologue, in-4°. 1631. Paris, Targa. *Hist. du Th. Franç. année* 1625.

SILVIA. Voyez *Benozzi* (*Zanetta Rosa*.)

SILVIE, (la) Tragi-Comédie Pastorale en cinq actes, de M. *Mayret*, représentée au Théatre de l'Hôtel de Bourgogne en 1621. in-8°. Paris, Targa, 1627. idem Rouen, 1629. Paris, Marette, 1634. la même année, Paris, Targa, idem Troyes, Oudot, 1645. & chez le même, in 12. 1681.

SIMON, (N.........) Auteur dramatique aujourd'hui vivant, a composé pour la scéne Françoise :

LES CONFIDENCES RÉCIPROQUES, Comédie en un acte & en vers libres, 1747.
Histoire du Th. Fr. année 1747.

SINCERE (le) A CONTRE TEMPS, Comédie Italienne en un acte, de M. *Riccoboni le pere*, représentée pour la premiere fois le Jeudi 21 Octobre 1717. Elle eut beaucoup de succès. Le Mercure de France donna dix ans après l'Extrait de cette piéce qu'on va lire, à l'occasion de la traduction que M. *Riccoboni* le fils en fit alors représenter.

―――――――――――――
ment pendant quelques représentations, & ensuite réunies, mais le coup étoit porté à celle de M. de Boissi.

ACTEURS.

PANTALON, *pere de Flaminia.*
LÉLIO, *fils de Pantalon.*
FLAMINIA, *fille de Pantalon.*
MARIO, *Amant de Flaminia.*
ALBERT, *ami de Pantalon.*
HORTENSE, *fille d'Albert, promise à Mario.*
SCARAMOUCHE, *ami de Lélio.*
ARLEQUIN, *valet de Pantalon.*

La scéne est dans la maison de Pantalon.

« Pantalon ouvre la scéne en chassant Arle-
» quin de chez lui, ne pouvant plus, dit-il,
» s'accommoder de son service, à cause de sa
» bétise, & autres mauvaises qualités qu'il lui
» reproche. Lélio survient qui tache de conso-
» ler Arlequin, & lui promet de le placer chez
» Scaramouche son ami. Il lui écrit pour cela
» une lettre de recommandation, qu'Arlequin
» se charge avec plaisir de lui porter. Lélio
» qui se pique d'une sincérité outrée, vante
» d'abord dans sa lettre les bonnes qualités de
» ce nouveau domestique, mais il ne peut s'em-
» pêcher d'ajoûter qu'Arlequin est un balourd,
» un yvrogne, un fainéant, &c. Arlequin pré-
» sente la lettre à Scaramouche, qui le renvoye
» bien vite, après avoir lû la lettre, & se retire.
» Pantalon arrive, avec Lélio son fils ; il lui dit
» d'abord qu'il vient de conclure son mariage
» avec Hortense, fille du Seigneur Albert, &
» qu'il veut en même temps finir celui de Fla-
» minia avec Mario.

» Pantalon dit en confidence à son fils qu'il
» a des raisons très-fortes pour faire ensemble
» ces deux mariages, dont la principale est
» qu'ayant un procès considérable à terminer,
» il ne peut donner présentement 50 mille écus
» qu'il a promis à Mario pour la dot de Flami-
» nia, & que pour ne pas manquer à sa parole,
» il faut que lui Lélio épouse au plûtôt Hortense,
» afin que la dot qu'il recevra puisse être remise
» à Mario, qui doit épouser Flaminia. Cette
» confidence que Pantalon vient de faire à son
» fils, ne s'accorde nullement avec la sincérité
» dont ce dernier se pique tant; il promet pour-
» tant de n'en pas parler; Pantalon se retire;
» Flaminia survient qui trouve son frere; celui-
» ci lui dit qu'il vient d'apprendre qu'on va la
» marier à Mario, mais qu'il ne peut s'empê-
» cher de lui dire en bon frere que Mario est
» fort adonné à toutes sortes de plaisirs, &
» sur-tout à en conter à toutes les femmes qu'il
» trouve; Flaminia, quoique fâchée de ce qu'elle
» apprend du caractere de Mario, est pourtant
» bien aise d'être informée de ce qu'elle igno-
» roit, & se retire. Mario vient joindre Lélio,
» qui le félicite sur son mariage avec Flaminia;
» il lui fait connoître le plaisir & l'honneur que
» va lui faire son alliance, mais il lui dit en mê-
» me temps, qu'en qualité d'ami, & de son futur
» beau-frere, il ne sçauroit lui cacher le carac-
» tere de sa sœur, qui est d'une humeur si hau-
» taine & si impérieuse, que personne ne sçau-
» roit vivre avec elle; Mario remercie son ami
» de ce qu'il lui apprend, & se retire; Albert
» arrive avec sa fille Hortense, & la présente
» à

» à Lélio comme lui ayant été promise. Après
» quelques civilités de part & d'autre, Albert
» voyant Lélio un peu embarrassé, lui en de-
» mande la cause. Lélio lui apprend que sa sin-
» cérité ne lui permet pas de rien déguiser, &
» il lui avoue de bonne foi que la dot qu'il
» va donner à sa fille, doit passer de ses mains
» en celles de Mario, pour celle de sa sœur Fla-
» minia, que Mario est prêt d'épouser. Pantalon
» qui survient, est bien étonné de voir le beau
» projet qu'il avoit fait, renversé par la trop
» grande sincérité de son fils ; Mario & Flami-
» nia se reprochent leurs communs défauts ;
» Albert dit à Pantalon qu'il ne prétend pas que
» la dot de sa fille serve pour en marier une
» autre ; chacun se retire très-mécontent, &
» sur-tout Pantalon, pestant contre son fils &
» sa sincérité déplacée. Ce dernier reste seul, &
» finit la piéce, en disant qu'il ne sçauroit plus
» rester dans une ville où il ne peut mettre en
» pratique la sincérité dont il se pique, & qu'il
» va dorésnavant faire son séjour à la Cour, où
» il pourra mieux apprendre l'art de dissimuler,
» pour être moins sincere à l'avenir ». (*Extrait imprimé.*) *Mercure de Novembre* 1727. page 2508.

SINCERE (le) A CONTRE-TEMPS, Comédie Françoise, au Théatre Italien, représentée pour la premiere fois le Lundi 10 Novembre 1727. c'est la traduction dont il est parlé dans l'article précédent, de la piéce Italienne du même nom, ainsi il est inutile d'en donner un nouvel extrait. (*) Cette traduction est de M. *Riccoboni*

(*) Voyez l'article précédent.

le fils, & n'a pas eu le même succès que l'original. Non imprimée.

SINCERES, (les) Comédie Françoise au Théatre Italien, un acte en prose de M. de *Marivaux*. La premiere représentation est du Mercredi 13 Janvier 1739. Cette piéce a beaucoup réussi. Voyez l'*Extrait*, *Mercure de Février* 1739. Paris, Prault pere.

SINCERES (les) MALGRÉ EUX, Opéra Comique en un acte, avec un Divertissement, par M. *Fuselier*, représenté le Mardi 28 Juillet 1733. accompagné du *Départ de l'Opéra Comique*, & du *Ballet des Ages*. Non imp.

Le sujet de cette piéce est tiré du *Puits de la Vérité*, *Histoire Gauloise*, de la composition de M. *Du Fresny*, l'Auteur y a ajusté l'épisode de *Crispin rival de son Maître*, de M. *Le Sage*.

La Fée sincere, nouvellement arrivée d'Asie, sur un éléphant aîlé, accompagnée de Folette sa confidente, s'arrête dans un bois écarté de la Picardie, où elle veut faire paroître une des sources du Puits de la Vérité.

FOLETTE.

Je ne crois pas que je sois tentée d'en faire débauche.

(AIR. *De la Ceinture.*)

De ces eaux je crains, entre nous,
Une inondation fatale.

LA FÉE.

Ma pauvre enfant, que craignez-vous ?

FOLETTE.

Un débordement de morale.

Rassure-toi, lui dit la Fée: cette source ne coulera que pendant une heure, je ne l'établis que pour faire réussir un stratagême que j'ai imaginé en faveur de Clitandre, Amant de la jeune Isabelle, fille d'un Financier, qui sans avoir d'autre titre que ses richesses, a acquis le Château que tu vois dans l'éloignement, & se fait appeller le Comte du Chenil. Je te communiquerai, ajoûte-t-elle, mon projet : elle part & laisse à Folette le soin de la distribution des eaux. La premiere personne qui se présente est Laurette, qui sans le secours de l'eau véridique, avoue ingénuement que son attachement & ses soins ne paroissent faire aucune impression sur le cœur du volage Lucas : Folette lui conseille d'affecter un air de coquetterie.

LAURETTE.
(AIR. *Oh vraiment je ne me connois guère.*)

Je ne me connois guère
A cet air qui ne veut que plaire :
Je ne sçais que l'art d'aimer bien.

FOLETTE.
En amour, c'est ne sçavoir rien.

Gogo, plus jeune, mais plus expérimentée que Laurette, se présente ensuite. Folette reconnoissant à ses discours qu'elle se trompoit en la prenant pour une innocente, lui demande si elle a un Amant : Je n'en ai que la moitié d'un, répond Gogo, c'est le très-petit Colinet, qui me suit par-tout, me gêne, & est si jaloux, qu'il l'est de ma poupée.

FOLETTE.
» Il est jaloux de votre poupée ! c'est pis qu'un Florentin.

GOGO.
» Et quand je l'en raille, il me répond brusquement.

H ij

(Air. *Lon la.*)

Quoi le jeune Nicolas,
Avec son cousin Lucas,
Simon & Bertrand,
Jacques, Claude & Jean,
Qui dans vos équipées,
Vont avec vous jouer souvent,
Sont-ce là des poupées,
L'enfant,
Sont-ce là des poupées ?

FOLETTE.

» Malpeste ! Colinet n'a pas tort d'être boudrillon : il est
» clair par votre exposé qu'il a un régiment de rivaux. Quelle
» éveillée !

(Air. *O reguingué.*)

Cela sçait déja caqueter,
Lorgner, minauder, coqueter;
D'un son aigre doux argoter,
Aussi matin que les Poëtes,
La nature fait les coquettes.

GOGO.

» Je ne suis point coquette, moi, je ne cours point après
» les garçons, ce sont eux qui courent après moi.

FOLETTE.

» Et vous ne les fuyez pas...... Vous ne refusez rien.

(Air. *Amis sans regretter Paris.*)

Ainsi les amans sur vos pas,
A leur aise prétendent ?

GOGO.

Oh je ne leur accorde pas
Tout ce qu'ils me demandent.

» Adieu questionneuse.

A la Coquette succéde le désolé Clitandre, à qui M. du Chenil vient de faire signifier son congé, parce qu'il n'a point de bien. On sera sans doute surpris de voir qu'ici Folette distributrice des eaux de Vérité, blâme la franchise de cet Amant, & veuille l'exciter à la fourberie.

Elle lui promet cependant la protection de la Fée, & l'emméne pour faire place à Frontin, valet de Clitandre, & à Pasquin & Merlin ses deux camarades. Mes dignes associés, leur dit Frontin, il s'agit aujourd'hui d'enlever héroïquement cent mille écus, & de les partager entre nous.

PASQUIN. (Air. *M. de la Palisse.*)

Cent mille écus ?

FRONTIN.

Tout autant.

PASQUIN.

La capture est triomphante,
Jamais Chevalier errant,
N'enleva si belle Infante.

MERLIN. (Air. *Quand on est bon rameur.*)

Il ne faut point avoir peur
Dans une bonne affaire
Quand on est bon rameur.

PASQUIN.

» Mais, avec votre permission.....

FRONTIN.

» Mais avec la vôtre, qu'est-ce que tenir une rame ? Ce » n'est qu'une contenance, qu'une attitude.

PASQUIN.

» Cette attitude n'est pas noble.

MERLIN.

» Je crois, Pasquin que tu mollis : allons, ranime ta vertu, » reprens ton courage. *Audaces fortuna juvat.*

FRONTIN.

» Je vous ai déja annoncé au Comte, l'un comme le » Baron de Fourbagnac, & l'autre comme le Marquis de » Chicanonville, vous remplirez dignement ces commis-
» sions.

H iij

(AIR. *Lon la.*)

Vous sçavez également
Parler Gascon & Normand !

PASQUIN.

Manceau , Bourguignon ,
Picard , Bas Breton ,
Quand le cas se présente,
Nous parlons en perfection
Une langue sçavante ,
L'Argot ,
L'Argot , langue sçavante.

FRONTIN.

» Quelle érudition ! partez sçavans du premier ordre, &
» revenez promptement. Je vais entretenir le Comte, &
» préparer votre arrivée.

Ce Comte du Chenil, foible imitateur de M. *Orgon*, du *Crispin rival de son Maître*, & beaucoup plus stupide que lui , croit sans hésiter tout ce que Frontin lui dit pour le dégoûter de Clitandre, & se détermine à choisir pour gendre le prétendu Fourbagnac, ou Chicanonville.

LE COMTE.

» Mais, dis-moi un peu, Frontin, tu m'assure qu'ils sont
» intimes amis ; leur rivalité ne les brouillera-telle pas ?

FRONTIN.

» Jamais : leur amitié est indissoluble. Castor & Pollux se
» brouilleroient plutôt qu'eux.

LE COMTE.

» Cela est admirable : les bons cœurs !

FRONTIN.

» Et les bonnes bourses ; ils sont aussi riches, qu'ils sont
» honnêtes gens.

LE COMTE. (AIR. *Vous en venez.*)

De leurs biens dis-moi le partage
Avant le jour du mariage,

FRONTIN.

Le lendemain vous en sçaurez,
Vous en sçaurez, vous en sçaurez,
Mille fois plus que vous voudrez
Que vous n'en voudrez.

LE COMTE.

» Tu me ravis.

Les deux prétendans paroissent. Après les premiers complimens, Frontin prend la parole, & dit au Comte: Soyez persuadé, Monsieur, que ces deux Seigneurs suserains sont plus amoureux de vous que de votre fille.

PASQUIN au Comte.

» Eh donc, optez hardiment, bous né poubez que bien
» tomber.

En montrant Merlin. (AIR. *Folies d'Espagne.*)

Monsu n'est pas d'uné noublesse mince,
C'est un Seigneur.

FRONTIN bas.

Fort peu connu du Roi.

MERLIN.

Verre, entre nous, je ne suis pas un Prince,
Mais je suis noble.

PASQUIN.

Oui, novle autant qué moi.

MERLIN.

» No sommes les ainés de nos familles.

PASQUIN.

» Qué dites-bous? nous soumes les suls de nos maisouns.

LE COMTE.

» Quoi! ces Gentilshommes-là n'ont ni pere ni mere?

FRONTIN.

» C'est façon de parler : ils veulent dire qu'ils ont

(AIR. *De celà je vous en répond.*)

Des Châteaux fort bien bâtis

à part. En Espagne s'entend.

LE COMTE.

Voilà deux bons partis.
Deux rivaux ne se flattent guère,
Je vois que leur richesse est claire.

FRONTIN.

Très-claire, oh ! je vous en répond,
Ou je suis un fripon.

Pendant que le Comte est allé faire un tour de promenade avec ces trois fripons, Folette mettant en usage le pouvoir qu'elle a reçu de la Fée, fait paroître une boutique garnie de liqueurs fraîches, & s'y place déguisée en Marchande Limonadiere. Le Comte revient avec sa compagnie : il propose de prendre quelques rafraîchissemens. Frontin & ses camarades refusent d'abord de boire d'autre liqueur que du vin, mais enfin par politesse, ils acceptent une caraffe de groseilles, à cause de la couleur. L'eau de Vérité ne tarde pas à produire son effet : Merlin & Pasquin quittant leur jargon emprunté, raillent le Comte sur sa prétendue noblesse. Qu'est-ce que cela veut dire, répond ce dernier, ce changement de style me feroit douter de vos richesses & de vos Châteaux.

FRONTIN.

Eux des Châteaux ? Ils n'ont aussi bien que moi, que leur petite part dans le Château de Bicêtre.

LE COMTE.

Et c'est toi qui vantois ces deux personnages ?

FRONTIN. (Air. *Du haut en bas.*)
Bon je mentois.
LE COMTE.
De leurs biens tu m'enflois la somme ?
FRONTIN.
Et je mentois.
LE COMTE.
Tu m'as rapporté mille fois
Que leur qualité l'on renomme ;
Tu te disois un honnête-homme.
FRONTIN.
Ho ! je mentois.

» Tenez, Monsieur, voulez-vous sçavoir ma généalogie,
» Je suis le fils posthume.

(Air. *Du Cap de bonne Espérance.*)
D'un Frater pourvû d'adresse,
Qui sçavoit bien son métier.
PASQUIN.
Moi, d'un Mitron de Gonesse,
Je suis l'unique héritier.
MERLIN.
Quant à moi, mon origine
Est moins blanche que farine,
Et Merlin est le bâtard
D'un Greffier de Vaugirard.

La vertu de l'eau oblige ces trois fripons à faire un sincere aveu de leur vie passée. Frontin contraint par le même pouvoir, justifie Clitandre des calomnies dont il l'a noirci auprès du Comte. Tout cela se passe en présence de Folette, qui ordonne de la part de la Fée, que Clitandre soit marié avec Isabelle. Le Comte y consent : il ne reste plus qu'à songer ce que l'on fera des trois fourbes. Clitandre se ressentant du tour qu'on lui a joué, veut qu'ils soient pendus, mais ils obtiennent grace en déclarant sincérement qu'ils n'ont jamais eu intention de tromper Isabelle.

MERLIN.

» Oui, nous avions fait vœu de respecter Isabelle «.

(AIR, *Si Troye fut réduite.*)

Malgré sa belle encolure,
Malgré ses jolis appas,
Nous n'en voulions, je vous jure,
Qu'à son argent, & non pas
A lon lan la, landerirette,
A lon lan la landerira.

Un dénouement aussi pacifique améne un Divertissement, il est composé de Glaneuses & de Moissonneurs.

Une Glaneuse.

Un Epoux aux champs du ménage
Croit faire seul tout son ouvrage :
Mais quoiqu'habile à moissonner,
Son voisin vient chez lui glaner.

Une Moissonneuse.

Lisis dans un bois
Tenoit une fois
La jeune Lisette
Déja sur l'herbette.
La maman vient, opegué
Lui couper l'herbe sous le pied.

Le vieux Lisimon
Auprès de Fanchon,
Caressoit l'Infante
D'une main tremblante.
Lorsque le jaloux, opegué,
Lui coupa l'herbe sous le pied.

Extrait Manuscrit.

SIRENES, (les) c'est le sujet de la quatriéme Entrée du *Ballet des Sens*, de M. *Roy*, Musique de M. *Rameau*, traité sous le titre de l'*Ouye*. Voyez *Sens*. (*le Ballet des*)

SODI, (Pierre) Romain, né avec un talent singulier pour la composition & l'éxécution des danses Pantomimes, & depuis *Fontainebleau* 1753. conjointement avec le Sieur Dourdet, Maître de Ballet de la Comédie Françoise, où il est entré en cette qualité à l'ouverture du Théatre, après Pâque 1753. Il arriva en France vers la fin de l'année 1743. & fut reçu à l'Opéra à la rentrée de Pâques 1744. il y demeura quelques années, avec un applaudissement général, & l'ayant quitté pour passer en Angleterre, les Spectateurs qui l'avoient beaucoup regretté, l'y virent reparoître avec joie à la rentrée de 1748. Il a quitté l'Opéra une seconde fois, depuis environ 4 ans, par des raisons dont le détail n'a rien d'intéressant pour le Public.

Il a composé & dansé à l'Opéra les Pantomimes suivantes;

Avec Mlle *Dallemand* l'aînée, (*Mimi*) à la suite de l'Opéra d'*Acis & Galatée*;

LA CORNEMUSE,

A la suite de *Théfée*,

LES JARDINIERS, ou LES CISEAUX, cette Pantomime tiroit son nom de grands ciseaux à tailler les arbres, que les Acteurs de ce Ballet avoient à la main, & qui servoient à les caractériser.

Ces deux Pantomimes furent dansées à la Cour avec beaucoup de réussite, dans les Spectacles qu'on y donna à l'occasion du mariage de Madame la premiere Dauphine. (*)

(*) Le Sieur *Sodi* & la Dlle *Camargo* dansérent ensemble

Avec le Sieur & la Dlle *Lani*,

Les Foux, pas de trois Pantomime; le Sieur *Lani* y caractérisoit un *Bouffon de Cour*; le Sieur *Sodi* un *Fou*, & la Dlle *Lani* une *Folle*. Ce pas fut éxécuté à la suite du Ballet intitulé *Le Carnaval & la Folie*.

Avec la Dlle *Victoire* & le Sieur *Beat*;

Un pas de trois Pantomime, dans le Ballet des *Fêtes Vénitiennes*, le Sieur *Sodi* étoit en *Polichinelle*, la Dlle *Victoire* en *Dame Gigogne*, & le Sieur *Beat* en *Arlequin*.

Avec les Dlles *Lani* & *Dallemand* l'aînée;

Les Mandolines, pas de trois Pantomime; ce pas de trois qui caractérisoit une jalousie, tiroit son nom de ce que le danseur & les deux danseuses tenoient à la main un instrument de ce nom, & de ce que le Sieur Sodi l'aîné, frere de celui qui fait le sujet de cet article, accompagnoit dans l'orqueftre l'air sur lequel ce pas étoit dansé avec un pareil instrument.

Avec Mlle *Lani*;

Le Bouquet, pas de deux Pantomime, à la suite du *Carnaval du Parnasse*. Ce pas fut très-applaudi, le jour que le corps de Ville vint en cérémonie à l'Opéra, après avoir obtenu le privilége de ce Spectacle.

Pendant que le Sieur *Sodi* étoit à l'Opéra, il a fait éxécuter au Théatre Italien les Pantomimes suivantes, & beaucoup d'autres, dans la seule vue d'obliger ses compatriotes. (*)

à la Cour à l'occasion du même mariage, une Pantomime d'un Paysan & d'une Paysanne, dans la *Princesse de Navarre*, & cette Pantomime étoit aussi de la composition du Sieur *Sodi*, Musique du Sieur *Rameau*.

(*) C'est par ce même & unique intérêt, & pour rendre

Entre la Dlle *Veronese* l'aînée (*Coraline*) & le Sieur *Baletti*, dans *Coraline Magicienne*;

LES CORS DE CHASSE, pas de deux Pantomime, qui tiroit son nom des instrumens de ce nom, que la danseuse & le danseur représentant des chasseurs avoient à la main, pendant que de pareils instrumens se faisoient entendre dans l'orquestre.

Dans différentes piéces;

LE DORMEUR.
L'ALLEMANDE. } pas de deux Pantomimes.

La seconde de ces deux Pantomimes étoit dans le genre gratieux.

Entre la Dlle *Veronese* cadette, (*Camille*) le Sieur *du Bois*, éléve du Sieur *Sodi*, & des figurans & figurantes, dans le *Prince de Salerne*, Comédie Italienne.

Le divertissement du premier acte.

LES CHASSEURS, OU LES ENFANS VENDANGEURS, Pantomime dans le quatriéme. Le second titre de cette Pantomime indique suffisamment l'âge qu'avoient alors la Demoiselle Camille & le Sieur du Bois; ce dernier soutient maintenant en Prusse la réputation que ses premiers essais lui ont acquise à Paris. Voyez *Vendangeurs*. (*les enfans*).

Par la Dlle *Veronese* cadette, représentant *Terpsicore* dans les *Tableaux*, Comédie.

LES NOUVEAUX CARACTERES DE LA

---

service à la Dlle *Bugiani* & au Sieur *Maranesi*, que pendant la Foire S. Laurent 1752, il a composé pour l'Opéra Comique *Le Jardin-des-Fées*, Ballet Pantomime, dans lequel ils avoient inséré leur pas de deux des *Sabotiers*, & qu'il a exécuté avec eux leur pas de trois des *Batteurs en grange*.

DANSE. Ce morceau, aussi agréablement exécuté, qu'ingénieusement imaginé, eut un succès prodigieux, sur-tout le *Caractere de l'Agnès*.

En qualité de Maître de Ballet de la Comédie Françoise, il a fait éxécuter sur le Théatre de cette Comédie différens Ballets de sa composition, entr'autres les Ballets suivans.

Le Ballet de la Comédie des HOMMES. (*) Musique de M. *Girault*.

LA NOCE, Ballet Pantomime où lui-même a dansé le pas de l'*Yvrogne* avec un applaudissement universel.

LES AMUSEMENS CHAMPÊTRES.

Les Ballets du BOURGEOIS GENTILHOMME, où l'on applaudissoit beaucoup le pas de deux de la Dlle *Bugiani* en homme, & de la petite Dlle *Gorion*, dont le public voit avec plaisir les talens se former à ce Théatre, & le pas de trois du dernier divertissement, entre le Sieur *Maranesi*, la Dlle *Bugiani* (**) & lui.

───────────────

(*) Nous croirions manquer à ce qu'on doit aux talens, de ne pas profiter de cette occasion pour faire mention de la danse gratieuse & expressive de la Demoiselle Hus, dans le pas de trois de la Comédie des *Hommes*, d'autant plus que l'impression de la meilleure partie de ce Dictionnaire ayant précédé son début & cette Comédie, nous ne serions plus à temps de lui rendre ailleurs cette justice. Elle fut parfaitement secondée par le Sieur *Sodi* & par le Sieur *Drouin*, à qui un malheureux accident fit payer trop cher les applaudissements qu'on lui prodiguoit.

(**) Il ne nous a pas été possible de faire l'article de ces danseurs & de beaucoup d'autres sujets en divers genres, non plus que d'un grand nombre d'ouvrages Dramatiques, & de différentes productions qui ont rapport à ce Dictionnaire, parce que la lettre où ces articles pouvoient se placer étoit imprimée, quand les sujets où les ouvrages dont on y auroit rendu compte ont paru sur quelqu'un des Théatres de Paris.

La Chasse, Ballet Pantomime. Voyez l'article suivant.

Le Ballet des Adieux du Goût, terminé par la Pantomime des *Enfans Bucherons*, entre le Sieur *Pietro* fils, & la petite Demoiselle *Frédéric*.

Sodi, (Charles) Romain, frere aîné du précédent, Musicien & bon compositeur, joue supérieurement de l'instrument appellé *Mandoline*. Il est venu à Paris longtemps après son cadet, dans le cours de l'année 1749. & y a depuis éxercé ses talens avec distinction; il a fait éxécuter au Théatre de l'Opéra la Musique des deux Pantomimes suivantes, dont il accompagnoit la premiere, dans l'orquestre, de sa *Mandoline*, & qui étoient dansées, celle-ci par son frere & les Dlles Lani & Dallemand l'aînée, & la seconde par le même & la Dlle Lani.

Les Mandolines.

Le Bouquet. Voyez l'article précédent au sujet de ces deux Pantomimes.

Il a composé pour la Comédie Italienne:

La Musique de plusieurs Ballets qu'il accompagnoit de sa *Mandoline*, & qui ont été éxécutés à la Cour & à Paris.

Tout ce qu'il y a de nouvelle Musique dans les Parodies de *Titon & l'Aurore*, & du *Devin de Village*, & particuliérement dans cette derniere, la ronde chantée par Mlle *Favart*, qu'il accompagnoit de sa *Mandoline*; il a ainsi partagé les applaudissements du Public avec elle dans cette occasion, & dans beaucoup d'autres.

La nouvelle Musique de la Parodie du *Joueur*, interméde Italien qui a été représentée deux fois à la Cour avec beaucoup de succès. Les anciens Vaudevilles ayant déplu à la dernière reprise de cette Parodie, les Comédiens Italiens prirent le parti de charger le Sieur *Sodi* de composer de nouvelle Musique sur les mêmes paroles, & le mélange d'Italien & de François ayant encore déplu dans les paroles, ils supprimérent tout l'Italien, & y substituerent des paroles Françoises de la composition de M. *Favart* qui fut obligé de parodier la Musique du Sieur *Sodi*. La piéce, dans ce dernier état, fit honneur au Musicien & à M. *Favart*, aussi bien qu'à la Dlle *Favart* & au Sieur *Rochard*, qui jouerent l'un le rôle de *Serpilla*, & l'autre celui du *Joueur*.

Pour l'Opéra Comique.

Plusieurs *arriettes* Italiennes, entr'autres deux, dont l'une commence par ces mots: *Quanto mai felici siete*, &c. & l'autre avec un accompagnement de Cors de chasse en écho, commence ainsi: *Gia risonar d'intorno al Campidoglio*, &c.

C'est la Dlle *Rosalie* qui a chanté ces airs sur le Théatre de l'Opéra Comique, & le Sieur *Sodi* lui a donné des leçons pour le goût du chant Italien.

Il a aussi donné des leçons du même art à une écoliere qui fait bien de l'honneur à ses Maîtres, & de qui les chanteuses Italiennes qui ont fait tant de bruit à l'Opéra, depuis le mois d'Août 1752. n'auroient pas mal fait d'en prendre; je crois n'avoir pas besoin de la désigner plus clairement, puisqu'il n'y a pas deux Dlles *Favart* à Paris.

Pour le Théatre François.

Il a composé la Musique du divertissement de la *Chasse*, dont son frere a composé les danses. Voyez l'article précédent. Madame *Drouin* habillée en chasseuse, y chantoit avec le goût qu'on lui connoît, & la gayeté convenable aux paroles, différents airs dont la Musique légere facile & gratieuse, y répondoit aussi parfaitement ; ces paroles sont de M. *Pattu*, un des Auteurs des *Adieux du Goût*, Comédie qui vient de réussir au Théatre François, comme elles ne sont pas longues & sont très jolies, nous croyons faire plaisir à nos Lecteurs de les placer ici.

AIR.

Accourez, bergéres aimables,
Unissez-vous à nos Chasseurs,
Vos yeux soumettent tous les cœurs,
Leurs coups sont inévitables,
Dans ce beau séjour,
Vos dards sont vos charmes ;
Vous n'avez d'autres armes
Que celles de l'Amour.

SECOND AIR.

Un gros sanglier des finances,
Sorti du fond de ces forêts,
Pour échapper à nos traits,
En vain tourne la tête & montre ses défenses ;
Amour le dompte à peu de frais,
Un coup d'œil, un souris lui vient livrer l'attaque,
Craque,
La machine se détraque,
La bête est dans nos filets.

RONDE.

Riez, dansez sur ces fougeres,
Mais gardez-vous, jeunes bergéres,
De nos Satires d'alentour,
En vain feriez-vous les sévéres,
Le Dieu d'Amour sçait plus d'un tour ;
Ce Dieu fait la chasse aux fillettes,
Et quand il les trouve seulettes,

En vainqueur use de ses droits;
Chantez, dansez, jeunes bergéres,
Mais sans vos meres,
N'avancez pas trop dans ce bois.

Pour attraper la jeune Annette,
Un riche Silvain sur l'herbette,
Avoit semé des pommes d'or;
Il voit accourir la brunette,
Et de son fort le drole sort;
Elle veut fuir, Ha! quelle entorse!
Annette tombe & perd la force,
La douleur la met aux abois,
Chantez, dansez, &c.

Bientôt Annette se console;
Le richar en fait son idole;
Son or efface sa laideur;
Elle a raison, sur ma parole,
Garder son cœur est un bonheur,
Mais, lorsqu'on le laisse surprendre,
De dépit faut-il s'aller pendre?
L'Amour en r't en tapinois,
Chantez, dansez, &c.

Enfin le Sieur *Sodi* a composé pour le même Théatre toute la Musique de la Comédie des *Adieux du Goût*, qui n'est point empruntée de celle des *Bouffons* qu'on y parodie, ou de nos bons Opéra François dont on y fait l'éloge.

SŒUR, (la) Comédie en cinq actes & en vers, de M. *Rotrou*, représentée en 1645. in-4°. Paris, 1647. *Hist. du Th. Fr. année* 1645.

SŒUR (la) GÉNÉREUSE, Tragi-Comédie de M. l'Abbé *Boyer*, représentée en 1646. in-4°. Paris, Courbé, 1647. *Hist. du Th. Fr. année* 1646.

SŒUR (la) RIDICULE, Comédie en quatre

actes & en vers. C'eſt ſous ce titre que les Comédiens François repréſentent les quatre derniers actes du *Comédien Poëte*, Comédie de Meſſieurs *Montfleury* & *Corneille de Liſle*. Voyez *Comédien (le) Poëte*.

Sœur (la) valeureuse, *ou* l'Aveugle Amante, Tragi-Comédie de M. *Maréchal*, repréſentée en 1633. in-8°. Paris, Sommaville, 1634. *Hiſt. du Théatre François*, année 1633.

Sœurs (les) jalouses, *ou* l'Écharpe et le Bracelet, Comédie en cinq actes & en vers de M. *Lambert*, repréſentée ſur le Théatre de l'Hôtel de Bourgogne en 1658, in-12. Paris, Sercy, 1661. *Hiſt. du Th. Franç.* année 1658.

Sœurs (les) Rivales, Comédie en un acte d'un Auteur *Anonyme*, repréſentée à la ſuite de la Tragédie d'*Héraclius*, le Jeudi 26 Juillet 1696. non imp. *Hiſtoire du Théatre François*, année 1696.

Sœurs (les deux) Rivales, Canevas Italien en cinq actes, avec des agrémens, la premiere repréſentation du Samedi 1 Juillet 1747. Cette piéce qui eut une grande réuſſite, en dut une partie au début de la Dlle *Veroneſe* cadette, connue ſous le nom de *Camille*. (Voyez *Veroneſe*.) Elle n'avoit juſques-là paru au Théatre Italien que comme danſeuſe, & s'étoit déja acquis, malgré ſa jeuneſſe, une juſte réputation en ce genre, mais elle fit alors concevoir d'autres eſpérances que le ſuccès juſtifie tous les jours. Les danſes furent auſſi extrêmement applaudies. Voyez le *Mercure de Juillet 1747*. pag. 121. (*Programme imprimé*.) Voici l'Extrait du Programme.

ACTEURS.

PANTALON, *mari de Flaminia.*
FLAMINIA.
LUCINDE, *fille de Pantalon & de Flaminia.*
MARIO, *mari de Lucinde.*
LE DOCTEUR, *pere de Mario, amoureux de Coraline.*
LE COMTE, *ami du Docteur, amoureux de Camille.*
CORALINE.
CAMILLE. } *sœurs.*
SCAPIN, *Amant de Coraline.*
ARLEQUIN, *Amant de Camille.*
UN VALET.
DANSEURS.

La scéne est à Florente.

ACTE I.

Le Théatre représente la chambre de Coraline & de Camille.

Coraline travaille à faire de la tapisserie; Camille est à sa toilette. Coraline reproche à sa sœur sa coquetterie & son peu d'amour pour le travail; Camille reçoit fort mal les reprimandes de son aînée, qui est choquée à son tour des réponses de sa cadette. Cependant elle prend un ton plus doux, pour lui faire entendre raison; Camille alors baisse aussi le ton, & se met à travailler, mais la querelle recommence bientôt, sur ce que Coraline ne veut point que sa sœur pense à avoir des Amans, & dit qu'elle sçauroit bien l'empêcher d'en recevoir, mais qu'elle ne s'imagine pas que quelqu'un veuille s'attacher à un enfant. Camille lui répond qu'elle prétend être sa maîtresse, qu'elle trouvera plus d'amants qu'elle, & sera mariée la premiere. Le Théatre change & représente le quartier de la ville où demeurent les principaux personnages. Pantalon & Mario paroissent l'un & l'autre avec leurs femmes, & Scapin qui revenant de la campagne remet à Pantalon une lettre de femme, que celui-ci lit avec joie, tandis que Mario demande au même Scapin des nouvelles d'une autre femme de sa connoissance. Flaminia & Lucinde, témoins de l'empressement de leurs maris, en conçoivent de la jalousie, leur font des reproches, & rentrent dans la résolution de se venger. Le Docteur arrive ; Pantalon l'entretient du chagrin que lui cause l'humeur jalouse de sa femme & de sa fille, qui tout nouvellement encore, se sont avisées de s'imaginer qu'il est amoureux de Coraline, & que Mario l'est de Camille. Le Docteur persuadé de la sagesse des deux sœurs, & qui aime éperduement l'aînée, donne le tort à Flaminia & à Lucinde, & conseille à Pantalon de les bien gronder. Elles paroissent à la fenêtre, se font signe qu'elles entendent ce qu'on dit d'elles, & s'apprêtent à descendre ; Scapin & Arlequin surviennent, & se mêlent à la conversation, en approuvant les conseils du Docteur ; la mere & la fille paroissent, querellent leurs maris, remercient ironiquement le Docteur de ses bons avis, & bâtonnent Arlequin & Scapin ;

Pantalon & le Docteur, en voulant mettre le hola, reçoivent leur part des coups. Le Comte, espéce d'important, vient en robe de chambre, se plaint qu'on l'empêche de dormir, quoique la journée soit déja bien avancée, menace de faire déloger tout le quartier, est bien battu à son tour, & le premier acte finit.

Acte II.

Camille ouvre le second, & dans l'impatience de tenir parole à sa sœur, elle reçoit fort bien Scapin, qui lui fait une déclaration d'amour, & lui propose de l'épouser; Scapin se retire, Arlequin le remplace; autre déclaration d'amour; elle trouve Arlequin plus à son gré que l'autre, mais elle est retenue par l'engagement qu'elle vient de prendre avec Scapin, elle l'avoue de bonne foi à Arlequin, qui veut se tuer; Camille touchée de son désespoir, lui promet de rompre avec Scapin, & de l'épouser, & se retire. Mario entre, il prie Arlequin de remettre une lettre à Pantalon sans que sa femme s'en apperçoive; il sort; Pantalon paroît, & reçoit la lettre, par laquelle son gendre l'invite à une partie de plaisir avec une société d'amis; il dit à Arlequin de n'en point parler à Flaminia, mais elle arrive, entend cette priere qui l'inquiéte beaucoup, & presse son mari de lui dire de quoi il s'agit; Pantalon répond froidement qu'il ne sçait ce qu'elle veut dire, & sort. Arlequin qu'elle interroge répond de même, mais comme il veut aussi se retirer, il est arrêté par Lucinde; elles le caressent toutes deux, pour tirer son secret;

Camille survient, qui interrompt la conversation par une scéne de jalousie; Flaminia & Lucinde sont fort irritées de la hardiesse de Camille; Coraline entre, prend le parti de sa sœur, & le second acte finit par le tapage que font les quatre femmes.

Acte III.

Le Comte & le Docteur se font une confidence mutuelle au commencement du troisiéme acte, le premier de son amour pour Camille, & le second du sien pour Coraline; ils se proposent de donner le bal à leurs Maîtresses, & le Docteur sort. Camille entre, elle est outrée de l'infidélité prétendue d'Arlequin, & consent par dépit à recevoir les offres du Comte, qui lui promet de l'épouser; ils s'en vont ensemble. Coraline paroît avec Scapin, dont elle est amoureuse, & à qui elle s'ouvre timidement. Scapin confus de ses bontés, lui fait entendre qu'il ne manqueroit pas d'y répondre s'il n'étoit engagé avec sa sœur; il sort, & Coraline pleine de colere & de jalousie contre Camille, voit entrer Arlequin, à qui elle fait avance pour se venger; il lui dit des douceurs, mais il finit comme Scapin, & laisse Coraline furieuse. Le Docteur entre qui en profite, & qui obtient d'elle la permission d'aller faire dresser leur contrat de mariage; Il sort, & Camille entre; sa sœur la querelle de ce qu'elle ose avoir des amans, Camille la brave, & lui dit qu'entre plusieurs soupirans elle choisit exprès le Comte, afin d'avoir le plaisir d'être Comtesse, tandis qu'elle ne sera qu'une bourgeoise. Coraline irritée, la menace de mettre obstacle à son mariage; la querelle s'échauffe, elles sont prêtes à se battre; Arlequin & Scapin entrent & les séparent; ils exigent ensuite que Camille prononce sur leur sort, celle-ci balance un moment, à cause de l'inclination qu'elle a pour Arlequin, mais la jalousie & l'ambition la déterminent pour le Comte. Arlequin la conjure de revenir à lui; Scapin essaye de se réconcilier avec Coraline; le Comte & le Docteur entrent, menacent leurs rivaux, emmènent leurs Maîtresses, malgré Arlequin & Scapin, qui les suivent inutilement, & ferment le troisième acte.

Acte IV.

Le Comte commence le quatrième avec Pantalon & Mario, & leur fait des reproches sur la passion qu'il suppose qu'ils ont l'un pour Coraline & l'autre pour Camille, & sur le tort qu'ils font à leurs femmes; ses avis réussissent mal, Mario impatienté met l'épée à la main, & le Comte se sauve; Pantalon emmène Mario; le Comte revient avec Arlequin, à qui il dit, pour se débarrasser de sa concurrence, que Scapin est son rival, & qu'il se vante partout qu'il le cherche pour le tuer, sans pouvoir le joindre. Arlequin sort, en disant qu'il va lui épargner la peine de le chercher davantage; Scapin entre, le Comte lui en dit autant d'Arlequin, & Scapin sort de même. Le Comte sort à son tour, fort content de sa manœuvre. Arlequin & Scapin rentrent l'épée à la main, se

cherchant

cherchant l'un l'autre ; ils se rencontrent, & après des marques d'une poltronnerie réciproque, ils s'expliquent ensemble, reconnoissent la fourberie du Comte, & se réunissent pour se venger de lui ; ils sortent. Pantalon entre avec Flaminia, à qui il dit que lui & Mario sont invités à se trouver au bal chez le Docteur, & la quitte pour s'y rendre. Flaminia appelle Lucinde, à qui elle parle de cette partie ; elles en sont toutes deux fort inquiétes, sçachant bien que Coraline & Camille en doivent être, & elles conviennent d'aller surprendre leurs maris. Le Théatre change & représente une cour avec un puits. Il s'obscurcit, & la scéne se passe pendant la nuit dans le reste de la piéce. Le Comte & le Docteur viennent chercher leurs Maîtresses pour les mener au bal ; Arlequin & Scapin qui sont aux aguets s'approchent, querellent leurs rivaux, & Scapin jette le Comte dans le puits ; il crie au secours, le Docteur demande de la lumiere, on vient à leurs clameurs, Arlequin & Scapin se sauvent, un valet paroît avec un flambeau & une corde dont il se sert pour aider le Comte à sortir du puits ; il est furieux de voir tous les spectateurs lui rire au nez, il met l'épée à la main, & tout le monde se sauve, ce qui termine le quatriéme acte.

Acte V.

Le cinquiéme acte ouvre par Coraline, Camille, Arlequin & Scapin. Arlequin reproche à Coraline son inconstance, elle lui répond qu'elle ne fait que l'imiter ; il se justifie, ils se promettent de s'époufer, & vont au bal enfemble. Scapin veut fe réconcilier avec Coraline, mais elle lui reproche la préférence qu'il a donnée à Camille, & ajoûte qu'il s'y prend trop tard, & que fa parole eft donnée au Docteur. Scapin fait fi bien qu'il obtient fa grace; Coraline lui promet de l'époufer, ils fuivent Camille & Arlequin. Pantalon & Mario paroiffent, & vont auffi au bal, le Docteur & le Comte fe joignent à eux. Le Théatre change & repréfente une falle de bal. Des danfeurs & danfeufes fe proménent. Arlequin & Scapin font affeoir Camille & Coraline, & tâchent d'écarter le Comte & le Docteur qui veulent leur faire la cour. Pantalon & Mario viennent s'affeoir auprès d'elles; leurs femmes furviennent, tirent le fiége de leurs époux, & les font tomber par terre. Le Comte & le Docteur rétabliffent la paix, en faifant entendre à ces Dames qu'ils font prêts d'époufer celles qu'elles prennent pour leurs rivales; Arlequin & Scapin s'y oppofent, Coraline & Camille fe déclarent pour eux, le Comte & le Docteur font obligés de renoncer à leurs prétentions, & la piéce finit par le bal.

SOLDAT, (le bon) Comédie en vers & en un acte de M. *Raymond Poiffon*, accommodée au Théatre par M. *Dancourt*, repréfentée à la fuite du *Chevalier à la mode*, le Mercredi 10 Octobre 1691. imp. Cette Comédie eft entiérement tirée d'une autre en trois actes, de M. *Poiffon*, intitulée *Les Foux divertiffans*. Voyez Foux (les) *divertiffans*, elle eft reftée au Théatre. *Hiftoire du Théatre François*, année 1691.

SOLDAT (le) MALGRÉ LUI, Comédie. Voyez l'article suivant.

SOLDAT (le) POLTRON, Comédie en un acte & en vers de huit syllabes, par un Auteur *Anonyme*, représentée au Théatre du Marais en 1668. in 12. la même année, Paris, Quinet, & aussi sous le titre du *Soldat malgré lui*, ou *l'Epreuve amoureuse*. *Histoire du Th. Fr.* année 1668.

SOLDATS, (les) Canevas Italien en deux actes, représenté le Samedi 27 Juillet 1743. il fut très mal reçu & n'eut que cette seule représentation. Il étoit précédé de *l'Epreuve*, petite Comédie de M. de *Marivaux*, & suivi du *Sylphe*, Comédie en un acte, représentée au mois de Février de la même année, (*) à laquelle on avoit ajoûté un divertissement de chants & de danses, exécuté par les Acteurs de la Troupe, & qui fut très-applaudi. Les paroles de ce divertissement étoient de M. *Favart*, la Musique de M. *Blaise*, & le Ballet de la composition de M. de *Hesse*. Voyez le *Mercure de Juillet* 1743. page 1628. Sans Extrait.

SOLEIL (le) VAINQUEUR DES NUAGES, Divertissement allégorique, sur le rétablissement de la santé du Roi, par M. *De Bordes*, Musique de M. de *Clairambault*, représenté par l'Académie Royale de Musique, le Dimanche 12 Octobre 1721, suivi de trois Entrées du Ballet des *Fêtes Vénitiennes*, (remise au Théatre le 10 Juillet précédent) sçavoir *Les Devins de la Place S. Marc*, *l'Amour Saltinbanque* &

(*) Voyez plus bas *Sylphe*. (*le*)

Le Bal. Le divertissement qui fait le sujet de cet article, se trouve imp. in-4°. Paris, Ribou, 1721. Voici ce que le Mercure de France rapporte à ce sujet.

« Le sujet de ce petit Poëme est tiré de la
» devise du Roi, qui est un Soleil naissant, avec
» ces mots, *Jubet sperare*, il fait espérer. Les
» sacrifices que les anciens peuples de Perse
» faisoient au Soleil, & les différens transports
» de joye & de tristesse qu'ils y faisoient éclater
» au lever de cet astre, selon qu'il leur paroissoit plus ou moins serain, peignent allégo-
» riquement les divers mouvemens de tristesse
» & de joye qui dans ces derniers jours ont agité
» les cœurs des François sur la maladie & la
» santé du Roi.

» Hérodote & Diogéne-Laerce qui ont décrit
» les sacrifices des Perses, ont été suivis litté-
» ralement. Les Perses, dit le premier, n'ont
» ni autels ni statues, ils montent sur les plus
» hautes montagnes, & sacrifient au Soleil.
» Celui qui sacrifie a sa thiare couronnée de
» myrthe ; il ne doit pas prier pour lui en parti-
» culier, son objet doit être le bien de toute la
» nation & du Roi. Le Mage chante la Théo-
» gonie, qu'ils appellent un chant mystérieux.
» Les Mages, ajoûte Diogene-Laerce, sont
» dévoués au culte divin & font les sacrifices.
» Ils sont vêtus de blanc, ayant une baguette à
» la main, & sur la tête une haute thiare, qui
» descend jusques sur les joues, &c.

» Les peuples de Perse forment les chœurs &
» les ballets des divertissemens ; le *Mage* & la
» *Grande-Prêtresse* sont les deux seuls interlo-

» cuteurs, repréſentés par la Dlle *Antier* & le
» Sieur *Le Mire*. Le Théatre repréſente les
» campagnes de Perſe, environnées de monta-
» gnes, qui ne paroiſſent d'abord éclairées que
» d'une foible clarté, qui s'augmente à meſure
» que le Soleil s'éléve ſur l'horiſon.

» Comme ce divertiſſement n'a pas eu beau-
» coup de ſuccès, nous n'en dirons rien davan-
» tage. D'ailleurs on peut voir la meilleure
» partie des vers dont il eſt compoſé, dans la
» Cantate intitulée *Le Soleil*, que nous avons
» donnée dans notre dernier Mercure. Il n'y a
» ici que le ſacrifice de plus ». *Mercure de
France*, Octobre 1721. pag. 124-126.

SOLI, (le Sieur du But de Chanville, qui porte auſſi le nom de) Acteur vivant, a débuté au Théatre Italien le Jeudi 29 Mai 1749. par le role de l'*Amoureux*, dans la *Surpriſe de la Haine*. Ce début a été heureux, la ſuite y a répondu, & cet Acteur a été reçu, mais à penſion, parce qu'il n'eſt pas Italien, mais né à Paris, & frere du Sieur Préville, qui depuis peu conſole les amateurs du Théatre François de la mort du Sieur Poiſſon.

SOLTANE, (la) Tragédie de Gabriel *Bounyn*, 1560. in-4°. Paris, Morel, 1561. *Hiſt. du Th. Fr.* année 1560.

SOLYMAN, (le grand & dernier) *ou la* MORT DE MUSTAPHA, Tragédie de M. *Mayret*, repréſentée en 1630. par la Troupe Royale, in-4°. Paris, Courbé, 1639. *Hiſtoire du Th. Franç.* année 1630.

SOLYMAN, (le) Tragi-Comédie de M. *d'Alibray*, repréſentée en 1637. imprimée la même année, in-4°. Paris, Quinet. *Histoire du Théatre Fr. année* 1637.

SOLYMAN, *ou l'ESCLAVE GÉNÉREUSE*, Tragédie de M. *Jacquelin*, représentée en 1652. imp. la même année, in-4°. Paris. *Hist. du Th. Fr. année* 1652.

SOLYMAN, Tragédie de M. l'Abbé *Abeille*, sous le nom du Sieur de *La Tuillerie*, représentée le Vendredi 11 Octobre 1680. in-12, Paris, Ribou, 1687, & dans le Recueil des Œuvres de La Tuillerie. *Histoire du Théatre François, année* 1680.

SOMMEIL (le) DE THALIE, Comédie Françoise de M. * * * * * représentée avec succès au Théatre Italien. La premiere représentation du Mercredi 17 Juin 1750. Elle fut donnée à la seconde représentation sous le titre du *Réveil de Thalie*. C'est une piéce épisodique en un acte & en vers libres, où l'on critique les ouvrages dramatiques du temps, & sur-tout les Comédies. Paris, du Chesne.

SOMNANBULE, (le) Comédie en un acte & en prose, d'un Auteur *Anonyme*, représentée le Mercredi 14 Janvier 1739. in-12. Prault fils. *Hist. du Th. Franç. année* 1739.

SOMNIFERE (le) DES MARIS. Voyez *Anti-Claperman* (l')

SONGE (le) AGRÉABLE, *ou le* RÊVE DE L'AMOUR, piéce en un acte d'un Auteur *Anonyme*, représentée au Théatre des Marionnettes, à la Foire S. Laurent 1735. non imp.

Merlin & Pierrot son valet s'entretiennent sur la difficulté de trouver une fille fidelle. Pour en être certain, dit Merlin, j'ai pris soin d'endormir depuis quelques années une jeune beauté à qui je destine mon cœur. Pierrot badine sur ce projet, & Merlin sort pour quelque affaire.

Pierrot en l'absence de son Maître donne audience à Lisette, qui demande le réveil de son Amant. Elle sort satisfaite. Un vieillard vient implorer la même grace en faveur d'une jeune fille, dont il veut faire sa femme. Mais comme Silvie, c'est le nom de la fille, préfére le sommeil à l'hymen du vieillard, Pierrot endort celui-ci, & réveille un jeune Amant, qui est plus au goût de Silvie.

Le Baron de Fustemberg Allemand, touché des attraits d'une jeune danseuse, endormie depuis plusieurs ans, par ses instances obtient son réveil. La danseuse éxécute une Entrée de Ballet pour remercier Merlin, & faire connoître que son jarret n'est point engourdi.

Il ne reste qu'Armide Maîtresse de Merlin. Cette belle est fâchée qu'on ait interrompu un rêve qui lui causoit un extrême contentement. L'Amour, ou plûtôt Polichinelle sous la figure de ce Dieu, l'appaise en l'assurant que Merlin lui fera goûter tous les plaisirs dont ce songe ne lui présentoit que l'ombre. Suit un divertissement.

Couplet du Vaudeville.

Fille que toûjours l'on contraint
Quand sa maman est endormie,
Va perdre avec beaucoup d'envie
Ce que sa mere a sû fort craint.
Et tin, tin, tin, turelure,
La maman ne sçait pas
Que c'est la nuit, hélas!
Qu'une fille a des aventures.

Extrait Manuscrit.

SONGE (le) DE PIERROT, Piéce en un acte d'un Auteur *Anonyme*, repréfentée au Théatre des Marionnettes, non imp.

Pierrot endormi par le pouvoir d'une Fée, fe trouve tranfporté aux Champs Elifées : là il converfe fpirituellement avec les ombres d'Alexandre, de Lucréce, de Didon, d'Anne & de Diogene. Voici le galant compliment qu'il fait à ce dernier.

PIERROT. (AIR, *On dit que vous aimez les fleurs.*)

 Nous donniez à mainte dondon
 Souvent des poulets tendres,
 Souvent des pou, fouvent des pou
 Souvent des poulets tendres,

Lorfque Pierrot n'a plus rien à dire, la Fée le réveille, & lui préfente une troupe de filles, entre lefquelles il choifit celle qui lui plaît le mieux. Suit un divertiffement dont on ajoûte un couplet. C'eft Lucréce qui parle.

 Tarquin me mit au défefpoir,
 Violant ma couche fidelle.
 Du jour je ne voulus plus voir
 La clarté, étant criminelle.
 Je me tuai, j'avois grand tort,
 Mon mari étoit un butord.

Extrait Manufcrit.

SONGE (le) VÉRIFIÉ, (*Il fogno averato.*) Canevas Italien en un acte, avec fpectacle & divertiffement de chants & de danfes, repréfenté pour la premiere fois le Mercredi 13 Octobre 1751. Ce fujet a été donné par Madame de la *Caillerie*, (*) & joué en cinq actes,

---

(*) Madame de la Caillerie, Auteur vivant, on n'a pû

sous le nom des *Songes vérifiés*, qui ne convient plus à cette piéce, réduite en un acte, telle qu'on la représente journellement. Nous en allons mettre l'extrait sous les yeux du lecteur.

ACTEURS.

PANTALON, *Grand-Prêtre.*
CORALINE. } *filles de Pantalon.*
CAMILLE.
ARLEQUIN.
SCAPIN. } *amis.*
SCARAMOUCHE.
L'AMOUR.
L'HYMENÉE.
PAYSANS.
DANSEURS.
UN MONSTRE, DES OISEAUX ET DES VOIX, *dans l'éloignement.*

La scéne est dans une Isle consacrée à l'Amour.

Le Théatre représente une campagne riante; un bois consacré à Diane dans le fond, avec une grotte sur le côté.

Pantalon sort de la grotte avec ses filles, à qui il montre le bois consacré à Diane, & leur apprend qu'il les a vouées à cette Déesse, étant prêt à faire naufrage avec elles & leur mere, dans leur plus tendre enfance. Qu'ayant abordé dans l'Isle où se passe la scéne, leur mere & le

---

faire usage à sa place naturelle de cette note que nous devons à M. *Bertinazzi* (*Carlin*) parce qu'elle ne nous est parvenue que depuis l'impression de la lettre C.

grand Sacrificateur de la contrée sont morts peu de temps après, & qu'il a été choisi pour succéder à ce dernier. Qu'ayant consulté l'Oracle sur le sort de ses filles, il lui a été ordonné de les garder soigneusement, s'il ne vouloit qu'elles tombassent au pouvoir des Pirates; que c'est la raison qui l'a obligé de les soustraire à tous les yeux, & qu'il ne les fait sortir pour la premiére fois de leur vie, que dans l'intention de les conduire le lendemain au Temple de Diane que ce bois leur cache. Coraline l'aînée des deux sœurs lui répond qu'elle a entendu dire que le Dieu qu'on adore dans l'Isle s'appelle l'Amour, qu'elle se sent de l'inclination à le servir, & de l'aversion pour le service de Diane. Camille en dit autant, leur pere se fâche, les fait rentrer, & leur défend de sortir sans son ordre, parce qu'elles seroient dévorées d'un monstre, si elles osoient lui désobéir. Coraline & Camille rentrent bien chagrines, & Pantalon rentre à son tour, après quelques réflexions qu'il fait seul sur l'indocilité de ses filles. La grotte disparoît. On voit Arlequin endormi, & Scapin qui l'éveille, en le tirant par le bras; Arlequin se leve fort en colere, & reproche à Scapin de l'avoir éveillé par envie, pour l'empêcher d'achever le plus joli rêve du monde. Scapin se moque de lui; Arlequin se fâche encore davantage, & enfin Scapin le prie de lui conter son songe. Arlequin lui dit qu'il a vû en rêve une fille charmante, qui étoit amoureuse de lui, qu'elle lui promettoit d'être sa femme, & qu'il avoit eu la malice de le réveiller, dans le temps qu'elle alloit lui enseigner le moyen de la posséder. Scapin convient que c'est dommage, mais qu'au bout du compte, ce n'est qu'un rêve qu'il regrette. Arlequin soutient que ce n'étoit pas un rêve, mais une apparition réelle, véritable, naturelle, & ajoûte que c'est à Scapin à trouver moyen de le rendormir, afin que son bonheur ne soit plus imparfait, s'il ne veut être assommé. Scapin, pour l'appaiser, lui propose d'aller consulter l'Oracle dans son antre sur ce qu'il appelle son apparition, & qu'ainsi il sera sûr de son fait. Arlequin y consent, & sort avec Scapin, en lui demandant excuse de son emportement. Pantalon entre, toûjours étonné de la résistance de ses filles, dont il ne peut imaginer la cause; on entend des cris qui paroissent venir de loin; Pantalon se tourne de ce côté, & voit accourir Scaramouche, & des paysans effrayés. Pantalon en demande la cause, & Scaramouche lui raconte qu'un monstre sorti de la mer vient de dévorer plusieurs Insulaires. Pantalon en conclut que la Divinité de l'Isle est irritée, & qu'il faut qu'il s'y soit commis quelque grand crime. Ils sortent tous pour aller consulter l'oracle sur le moyen de l'appaiser. Arlequin entre, suivi de Scapin, il tient en sa main une hache, qu'il dit avoir trouvée dans l'antre de l'Oracle. Scapin le félicite sur la réponse qu'il a reçue, mais Arlequin n'en est pas content, car on lui a promis la possession de la beauté qu'il a vûe en songe, s'il peut montrer du courage dans le premier péril où il se trouvera, & comme il ne s'en est senti de sa vie, il désespére, avec raison, de s'en trouver jamais davantage. Scapin lui conseille de faire comme les anciens Gladiateurs, & de s'habituer au courage en s'éxerçant contre lui. Quoiqu'Arlequin ne compte pas beaucoup sur cet expédient, il veut bien en essayer, & fait le geste d'attaquer Scapin à coups de flêches; Scapin paroit intimidé; l'audace d'Arlequin redouble, il s'élance sur Scapin, qui tout-à coup tire son couteau, & feint beaucoup de fureur, Arlequin jette sa hache, & se met à genoux, pour lui demander la vie; Scapin lui dit que ce qu'il en faisoit étoit pour l'accoutumer à trouver du courage au besoin, mais Arlequin répond qu'il a perdu le peu qu'il croyoit en avoir, quand il reculoit devant lui, que d'ailleurs il est fatigué du combat, & veut se reposer; Scapin y consent & sort, & Arlequin s'endort après divers lazzis de frayeur & de lassitude. Coraline & Camille paroissent, elles disent qu'elles sont sorties sans permission, mais qu'elles ont grand-peur du monstre, sans sçavoir comme il est fait; au reste elles paroissent être fort contentes de se trouver dans un endroit délicieux, orné de fleurs & de fruits, & prendre grand plaisir au chant des oiseaux qui se font entendre. Elles voyent Arlequin endormi en se retournant, & font un cri, ensuite elles s'enhardissent, & se proposent, s'il vient à s'éveiller, de lui donner des fruits à manger, & de tâcher de l'apprivoiser. Elles l'éxaminent, & s'apperçoivent qu'il est de la même espéce que leur pere; elles hésitent cependant encore; & n'en approchent que par degrés, elles lui portent des fruits à la bouche, lui touchent la main, témoignent que sa figure leur plaît, & qu'elles ne lui trouvent point l'air d'un monstre, recommencent à le toucher; Arlequin s'éveille, nouveau cri de leur part. Arlequin reconnoît Coraline pour celle qu'il a vû en songe; il s'écrie, en lui tendant les bras, *Ha! ma belle, ma chere Maîtresse, j'ai donc enfin le bonheur de te retrouver.* Coraline & Camille achévent de se rassurer, en s'entendant parler avec tant de douceur. Arlequin dit à Coraline qu'elle est destinée à être sa femme, elle ne comprend rien à ce discours, Arlequin l'explique, en ajoûtant qu'ils doivent passer leur vie ensemble, par ordre de l'Amour. Elle témoigne en être fort aise, mais Camille dit que sur ce pied là elle veut être aussi sa femme; Arlequin lui fait entendre qu'il ne lui est pas permis d'en avoir plus d'une, mais Camille répond que s'il ne s'agit que de passer la vie ensemble, Coraline & elles vivent toutes deux depuis longtemps avec leur pere, & qu'elles peuvent de même vivre avec lui. Ils se demandent mutuellement leur nom, & là-dessus on entend un bruit de chasse, & Scapin paroît avec d'autres Chasseurs. Il reste fort étonné de voir son ami entre deux belles filles, mais Arlequin lui fait signe d'aller doucement, & de prendre garde de l'éveiller comme l'autre-fois. Scapin a beaucoup de peine à lui persuader qu'il n'est pas endormi. Ensuite Arlequin dit à Camille que voilà un mari tout prêt pour elle; Scapin lui dit des douceurs qu'elle reçoit fort bien, ils conviennent de se marier, mais les deux belles témoignent qu'elles craignent le couroux de leur pere, parce qu'il les a consacrées à Diane; Arlequin s'attache à leur prouver qu'il a passé son pouvoir, parce que l'Amour est le Maître de toute l'Isle, & pendant qu'il s'échauffe sur ce sujet, on entend des cris, Coraline, Camille & Scapin se retournent, voient le monstre approcher, & se sauvent; Arlequin continue de parler, & s'appercevant enfin que personne ne l'écoute, il se retourne fort étonné, & voit le monstre auprès de lui; il tombe d'effroi, le monstre se jette sur lui pour le dévorer, la nécessité lui donne du cœur, il se défend avec sa hache, se roule avec le monstre, le tue enfin de plusieurs coups, & se reléve après bien des lazzis. Coraline & Camille reparoissent avec Scapin, à qui Arlequin fait de grands reproches de l'avoir abandonné, mais celui ci l'adoucit, en lui faisant des complimens sur son courage & sur sa victoire, dont il a été témoin, de l'arbre sur lequel il s'étoit refugié, & il se joint à Coraline & à Camille pour le remercier de leur avoir sauvé la vie. Pantalon survient suivi de Scaramouche, & voyant ses filles avec deux jeunes hommes, il les fait arrêter par des paysans qui l'accompagnent. Il dit ensuite que l'Oracle vient de répondre que le monstre seroit mis à mort au moment qu'une grande injustice se commettroit dans l'Isle, & que la séduction de ses filles est apparemment cette injustice; mais Arlequin soutient que l'Oracle a entendu celle qu'on lui devoit faire en le maltraitant, lui qui vient de sauver la vie aux filles du grand Sacrificateur. Celui-ci fait de nouvelles reprimandes à ses filles, & ordonne qu'on le suive à l'antre de l'Oracle où il doit sacrifier les coupables; ses filles lui demandent grace à genoux, il demeure inexorable, prend le chemin de l'antre, & tout le monde le suit, excepté Scaramouche, qui demeure, en disant qu'il y a rejoindre ses amis, & tâcher de leur sauver la vie, ensuite il sort aussi. Le Théatre change & représente l'antre de l'Oracle. On y voit Arlequin & Scapin, que le Grand Prêtre veut faire mettre à genoux, pendant que l'Assemblée commence la cérémonie par des chants, ils refusent d'obéir ; Scaramouche paroit & veut plaider la cause de ses amis, le Grand Prêtre ne veut pas qu'on l'écoute ; Scaramouche demande justice à la Divinité du lieu de ce procédé violent, on entend une douce harmonie, l'antre est subitement éclairé ; le Grand Prêtre impose silence à l'assemblée, le fond du Théatre se change en un globe de nuages d'où sort l'Amour (*) qui adresse les vers suivans à Pantalon, & aux amants qu'il vient secourir.

Aux quatre Amants.

Cessez tendres Amans de répandre des larmes,
L'Amour vient finir vos allarmes.

à Pantalon.

Et toi que je nommai mon Grand Prêtre en ces lieux
Sur le destin de tes filles charmantes
L'Oracle satisfit tes desirs curieux :
Eléve dans ces bois ces beautés ravissantes,
Aux prophanes regards crains de les exposer,
Garde-les avec soin, mais sans en disposer.
Telle fut sa réponse ; Hé ! par quelle injustice
A la Déesse des Forêts
Veux-tu consacrer leurs attraits ?
C'est à l'Amour qu'est dû ce sacrifice.
Le cœur en gémissant forme des vœux cruels,
Sous les tristes loix de Diane,
Et le plaisir conduit à mes autels.
Des volontés des Dieux le cœur seul est l'organe,
Coraline, Camille, aimez à votre tour.

(*) Mlle *Foulquier* (*Catinon*) a joué ce role d'original.

au Grand Prêtre.

De leurs sens révoltés respecte le murmure ;
Ha ! la voix de la nature
Est un arrêt de l'amour.
Descends hymen, achéve mon ouvrage,
Et, par un double mariage,
Unis ces Amans en ce jour.

Alors un autel sort de dessous terre, & en même temps l'hymen descend du ciel, & chante les paroles suivantes.

Que les plaisirs, sans mélange de peines,
Tendres Amans, comblent vos vœux,
Hâtez-vous de porter mes chaînes,
L'Amour en a formé les nœuds. (*)

L'hymen unit Coraline & Arlequin, Camille & Scapin; le globe de nuages s'ouvre, & laisse voir le fond du Théatre, & la piéce finit par un divertissement.

Extrait manuscrit.

SONGES, (les) Opéra Comique en un acte, de M. *Fuselier*, représenté le Samedi 30 Mars 1726. non imp.

La scéne se passe dans le Château d'un vieux nouvelliste, qui s'amuse à faire des contes à dormir debout, & où Morphée & sa Cour ont choisi leur demeure en quittant l'Opéra d'Atys, & l'Académie Royale de Musique. Arlequin y arrive, & trouve la Nuit confidente de Morphée, qui lui apprend que les Songes rendent leurs oracles dans l'antichambre du Dieu du Sommeil, où ils transportent les dormeurs de qui on veut pénétrer le dessein ou les

───────────────

(*) Ces vers & les précédents sont de M. Favart.

sentimens. Les Dormeurs qu'on améne ici, dit la Nuit, ne se réveillent jamais sans ma permission, mais en dormant, ils découvrent leurs véritables sentimens: ils marchent, gesticulent, ouvrent même les yeux, & enfin on les prendroit pour des hommes bien éveillés, s'ils mentoient. Arlequin curieux de voir cette cérémonie, reste avec la permission de la Nuit.

On voit paroître une jeune personne entretenue par un Notaire, qui soupe tous les soirs chez elle. Le diner se passe avec un Mousquetaire. Je crois, dit la Nuit, que c'est votre meilleur repas. Catin, c'est ainsi que se nomme cette jeune coquette, craint que sa conduite ne soit suspecte au Notaire, & veut consulter l'oracle de Morphée, pour sçavoir ce qu'il en pense. M. Obligeant Notaire amené par les Songes, chante en rêvant le couplet qui suit, sur l'air, *Dirai-je mon Confiteor.*

D'un Rival je sçais le bonheur,
Mais je garderai le silence,
Et pour rattraper votre cœur,
Je vais redoubler ma dépense.
Oui, ma Catin vous m'aimerez,
Ou bien vous me ruinerez.

LA NUIT.

» Qu'on reporte Monsieur Obligeant dans son étude. Allez
» Mademoiselle Catin, achevez l'inventaire de ce Bourgeois-
» là.

(AIR. *Ménuet de l'Impromptu de la Folie.*)

De votre Amant vous voyez la foiblesse,
Et quoiqu'il dorme, il n'en est pas moins fou;
Il connoîtra bientôt votre tendresse,
Vous l'aimerez jusques au dernier sou.

La Nuit fait venir ensuite un Auteur de Parodie. Il est en pet-en-l'air déchiré, un bonnet de nuit sans coëffe, des souliers en pantoufles, & assis sur une Cassette rompue. La chute du Ballet nouveau des *Stratagêmes de l'Amour*, ne lui ayant pas permis d'en faire la critique, il comptoit prendre sa revanche sur l'Opéra d'*Atys*, que l'Académie lui avoit substitué, & dont la Demoiselle Lambert remplissoit le role qui donne le nom à la piéce, mais ajoûte-t-il, qu'en aurois-je pû dire ?

(AIR. *Lon la.*)

N'a-t-on pas vû tout Paris
Charmé du fémelle Atys :
Air noble & mignon,
Geste simple & bon,
Son jeu fin l'on renomme,
Jamais Actrice n'a, dit-on,
Si bien contrefait l'homme,
Lon la,
Si bien contrefait l'homme.

Heureusement pour lui, un nouvel Œdipe, (c'est celui de M. *De la Motte*,) se présente à ses traits, c'est dit-il celui qui n'a pas jugé à propos de s'arracher les yeux, & que par cette raison le Public a qualifié d'Œdipe aveugle clairvoyant. Le Poëte en dormant dispose le plan de sa Parodie. Il fait le calcul de l'âge que peut avoir Jocaste, dans le temps où elle se livre à de tendres vivacités, & trouve qu'elle doit passer la cinquantaine. Ensuite il apostrophe Œdipe, qui dès le premier acte de la Tragédie annonce fiérement qu'il va s'immoler pour son peuple, & qui ne se souvient de cette fanfaronnade qu'à la fin du cinquiéme acte. Après avoir parlé du *Talisman* fabriqué pour soutenir Œdipe, le Poëte fait une observation sur l'inimitié mitigée des deux fils de ce Roi, qui suivant les anciens ne combattoient que pour se tuer l'un l'autre, & qui à Paris ne disputent que pour s'immoler eux-mêmes.

LA NUIT.
» A propos de ces deux freres jumeaux inutilement fémi-
» nisés, il faut louer la fécondité de l'Auteur.

(AIR. *Je ne suis né ni Roi ni Prince.*)

Loin de se copier lui-même,
Il montre une abondance extrême,
Œdipe prend peu garde aux frais ;
Quel art, qu'en culotte on y mette
Les deux bambins qui dans Inès,
Ne s'étoient montrés qu'en jaquette !

Le Poëte s'arrête au dessein de marier les quatre Œdipes, qui sont celui de M. Corneille, celui de Lyon, celui d'Outremer, & le présent avec les quatre Mariannes.

LA NUIT. (AIR. *Amis sans regretter Paris.*)

Unir tant d'ennuyeux ? Quel tic !
Le projet est atroce,
Je ne crois pas que le Public
Soit garçon de la nôce.

M. Séné Médecin, & M. Savonette Chirurgien, prenans le parti de leurs corps, viennent s'accabler d'injures.

LA NUIT.
» Messieurs argumentez à votre aise, expliquez-vous sans
» façon : il n'est pas nécessaire de vous endormir pour vous
» engager à vous dire mutuellement vos vérités.

Dans la scéne suivante un Procureur qui se croit fort aimé de sa femme, veut apprendre des Songes s'il ne se trompe pas. La Nuit lui conseille de demeurer sagement dans l'incertitude.

Je veux, dit le Procureur, un arrêt définitif. Croyez-moi, répond la Nuit, ne poursuivez point cette affaire là.... ce sont des procès que l'on gagne à embrouiller. Pour le satisfaire, elle fait venir la Procureuse, qui paroît assise dans un fauteuil devant sa toilette. Les premiers discours qu'elle tient semblent marquer bien de l'attachement & de la reconnoissance pour son mari.

LA PROCUREUSE *rêvant.*

(AIR. *Robin turelure.*)

Ah ! Dieux ! que de doux instans,
Mon cher Brunet me procure,
Que je regrette le tems.

LE PROCUREUR *sautant de joie.*

Turelure.

LA PROCUREUSE.

Qu'il donne à sa procédure.

LE PROCUREUR.

Robin ture lure lure.

LA NUIT *étonnée à part.*

» Ouais, seroit-il possible que ce magot-là fût aimé de sa
» femme, tandis que les époux les plus aimables ne peuvent
» souvent obtenir cet honneur-là.

LE PROCUREUR.

» Ah ! je vais rédiger par écrit toutes les gentillesses que
» ma chere petite femme vient de me dire.

LA PROCUREUSE.

(AIR. *Ah Philis je vous vois, je vous aime.*)

Cher Dossier, je vous vois, je vous aime,
Cher Dossier, je vous aimerai tant.

LA NUIT.

» Vous vous appellez apparemment Monsieur Dossier ?

LE PROCUREUR.

» Non vraiment, c'est le nom de mon Maître Clerc. En

» *regardant sa femme.* Euh ! la carogne....... je veux lui casser
» au moins quatre dents.

LA NUIT.

» Tout beau, on ne bat ici les gens qu'en songe.

Climéne jeune Demoiselle embarrassée au sujet d'un mariage dont on la menace, implore le secours de la Nuit pour apprendre de l'Amour, par le moyen des Songes, quelques stratagêmes. La Nuit fait paroître ce Dieu. Il est représenté par Pierrot, avec de grandes ailes & un grand carquois. Il est couché & endormi sur un lit de gason. Oh Dieux, s'écrie la Nuit, quel Cupidon, qu'il a l'air épais ! Ce Dieu propose les trois espéces de ruses qui forment les Entrées du Ballet des *Stratagêmes de l'Amour.* Climéne les trouve si absurdes, qu'elle n'en veut point faire usage.

LA NUIT.

» Je n'y puis plus tenir.

(Air. *Boire à son tour.*)

Beau Cupidon voilà
Des pauvretés extrêmes ;
Gardez pour l'Opéra
De pareils stratagêmes.
Que les Amours
Deviennent lourds !
Oh ! les beaux tire lire lire,
Oh ! les beaux tours loure loure,
Oh les beaux tours !

» Allez, c'est pour le coup qu'on peut chanter en cons-
» cience à la Comédie.

Parsambleu l'Amour est un fat,
L'Amour est un fat.

Arlequin se présente le dernier : la Nuit fait venir Marinette sa maîtresse qu'il croit infidelle.

Ecoute, dit la Nuit, tu vas sçavoir ce qu'elle a dans l'ame.

MARINETTE. (AIR. *Ne m'entendez-vous pas.*)

 Je n'aime qu'Arlequin,
 Et c'est pour m'en défendre,
 Que j'ai feint de me rendre
 Aux vœux de Mezzetin.
 Je n'aime qu'Arlequin.

Arlequin transporté de joye réveille Marinette, & ces deux Amans se jurent un amour éternel. La piéce finit par un divertissement & un Ballet des Songes agréables sous la forme de veuves & d'Orphelins, & de songes funestes sous celles de Procureurs, Huissiers, &c.

Couplets du Vaudeville.

 Dans un beau songe
Un Epoux peu content
Près d'un objet charmant
Saisit l'heureux moment,
O Dieux! qu'il est pressant?
Mais ce n'est qu'un mensonge.
Il s'éveille, il n'en est plus là,
Il trouve sa femme,
Dans son lit, la Dame,
Lui chante la gamme,
Agace sa flamme,
Mais l'Epoux va cahin caha,
Mais l'Epoux va cahin caha.

 ❁

 Vive une piéce
Dans qui l'Auteur nouveau,
Echauffant son cerveau,
Met du vif & du beau,
Sans parer d'oripeau
Un Héros de la Gréce.
Non Paris ne voit plus celà,
Dans la dramatique,
Rime prosaïque,
Bannit l'héroïque,
Et sans rien qui pique,
L'intrigue va cahin, caha,
L'intrigue va cahin caha.

Extrait Manuscrit.

Le Samedi 13 Avril 1726. jour de la clôture du Théatre de l'Opéra Comique, qui se fit sur celui du Palais Royal, le Sieur Hamoche quittant son habit de Pierrot, & paroissant en habit de ville, fit le compliment suivant au public. (Ce compliment est relatif à celui qui fut fait à la Comédie Françoise avant la premiére représentation de l'*Œdipe* de M. *De la Motte*.

« MESSIEURS,

» L'Auteur de la bagatelle que nous allons
» vous donner, enhardi par un exemple très-
» récent, m'a chargé d'un petit compliment
» tourné en apologie, au sujet de sa besogne
» comique. Ce n'est pas pour vous prévenir sur
» ce qu'il vous offre des matieres rebattües, il
» sçait que vous n'aimez pas trop les habits
» retournés : non, Messieurs, le badinage que
» nous osons vous présenter n'est pas du moins
» entiérement usé, puisqu'une partie roule sur
» un Opéra nouveau que vous avez extrême-
» ment ménagé ; ce n'est pas aussi pour vous
» préparer à un travestissement d'Actrices, les
» nôtres ne gagnent pas à jouer des roles mas-
» culins, & de plus elles sont charmées de rem-
» plir leurs fonctions de femmes. Vous voyez
» donc, Messieurs, ce que j'ai à vous dire, c'est
» que malheureusement pour nous, le Ballet
» qui nous a fourni une scéne a disparu si bruf-
» quement, que vous n'auriez pas eu le temps
» de faire sur lui les notes qui sont nécessaires
» pour l'intelligence de notre critique. On vous
» prie, par rapport à ceci de nous pardonner
» les obscurités que vous y pourrez trouver.

» Vous sçavez parfaitement, Messieurs, que le
» succès d'une critique est presque toujours
» égal à la réussite de l'ouvrage critiqué, &
» par conséquent qu'il est très-fâcheux d'avoir
» affaire à des Opéra qui ne sçauroient demeu-
» rer plus de trois jours en place : nous l'occu-
» pons aujourd'hui cette place dangereuse.

   Avertissement lyrique
  Qui tient mal ce qu'il promet,
    Het, het, het,
  Dit que le noble comique
  Seul dans ce lieu-ci s'admet,
    Het, het, het ;
  Nous n'oserions y prétendre,
  Messieurs, daignez nous entendre,
   Sans tirer votre sifflet.
  Gardez-vous bien de nous prendre
  Pour quelque nouveau Ballet.

Mercure de France, Avril 1726. p. 808. *& suivantes.*

SONGES (les) DES HOMMES ÉVEILLÉS, Comédie en cinq actes & en vers, de M. *Brosse*. représentée en 1646. imp. la même année, Paris, Sercy, in-4°. *Histoire du Th. Fr. année* 1646.

SOPHIE ET SIGISMOND, Opéra Comique en un acte, de Messieurs *Le Sage* & *d'Orneval*, (Musique des divertissemens de M. *Gilliers*,) représenté le Lundi 7 Juillet 1732. accompagné d'un Prologue intitulé *Les Désespérés*, & de la *Sauvagesse*, piéce en un acte, imp. tome IX. du Théatre de la Foire.

SOPHONISBA, Tragédie en cinq actes & en prose, avec des chœurs, de *Mellin de saint Gelais*, représentée en 1559. in-8°. Paris, Le Breton, 1560. *Histoire du Th. Fr. année* 1559.

        SOPHONISBE,

SOPHONISBE, Tragédie de *Claude Mermet*, représentée en 1583. imp. à Lyon in-8°. Odet, 1585. *Histoire du Théatre Franç.* année 1583.

SOPHONISBE, Tragédie d'*Antoine de Montchrestien*, représentée en 1596. & imp. la même année, retouchée & inférée dans le Recueil des Œuvres dramatiques de l'Auteur sous le titre de *La Carthaginoise*, ou *La Liberté*. *Hist. du Th. Franç.* année 1596.

SOPHONISBE, Tragédie de *Nicolas de Montreux*, représentée en 1601. imp. la même année, in-12. Rouen, du Petitval. *Hist. du Th. Fr.* année 1601.

SOPHONISBE, (la) Tragédie de M. *Mayret*, représentée en 1629. in-4°. 1655. Paris, Rocoler, & in-12. de Luynes & Quinet, 1663. *Histoire du Th. Fr.* année 1629.

SOPHONISBE, Tragédie de M. *Corneille*, représentée au Théatre de l'Hôtel de Bourgogne, vers le 18 Janvier 1663. in-12. Paris, de Luynes, 1664. *Hist. du Th. Fr.* année 1663.

SOPHONISBE, Tragédie de M. *Chancel de la Grange*, représentée le Mardi 10 Novembre 1716. non imp. *Hist. du Th. Fr.* année 1716.

SORT (le) D'ARLEQUIN, Pantomime représentée à la Foire S. Laurent par la Troupe étrangere, dans le mois de Juillet 1747.

SORT (le) DES ARMES, Tragédie, Voyez *Clorinde*, Tragédie de *Pierrard Poullet*.

SOSIES, (les) Comédie en cinq actes & en vers de M. *Rotrou*, représentée en 1636. in 4°. Paris, Sommaville, 1638. *Hist. du Th. Franç.* année 1636.

Tome V. K

SOT (le) TOUJOURS SOT, *ou* LE MARQUIS PAYSAN, Comédie en un acte & en prose, non imp. de M. l'Abbé *Brueys*, représentée le Vendredi 3 Juillet 1693. précédée de la Tragédie de *Cinna*. Voyez Belle (la) Mere, & l'article suivant. *Histoire du Théatre Fr.* année 1693.

SOT (le) TOUJOURS SOT, *ou* LA FORCE DU SANG, Comédie Françoise en prose & en trois actes, avec des divertissemens, par Messieurs *Brueys* & *Palaprat*, elle fut représentée pour la première fois au Théatre Italien, le Samedi 21 Avril 1725. (Paris, Prault pere.)

Ce fut la veuve de M. Palaprat qui donna cette piéce aux Comédiens Italiens, & par un cas fortuit assez singulier, M. l'Abbé de Brueys en envoya dans le même temps une copie à un de ses amis, pour la faire recevoir au Théatre François. Cet ami s'adressa au Sieur *Dancourt*, qui la retoucha, & la fit agréer à ses camarades, sous le titre de la *Belle-mere*. Ce mal entendu qui fut reconnu avant la représentation, fit naître des difficultés entre ceux qui représentoient les Auteurs, & les deux Théatres, de façon qu'il fut décidé que les deux Piéces seroient jouées concurremment aux Comédies Françoise & Italienne, que la premiere représentation seroit donnée le même jour par les deux Troupes, que les personnes qui avoient présenté cette piéce jouiroient de la part d'Auteur, & qu'elle demeureroit à celui des deux Théatres qui feroit la plus forte recette. L'avantage demeura dit-on aux Comédiens Italiens, qui n'eurent pas grand sujet de se féliciter de leur victoire, puisque la *Belle-mere* n'eut que deux représentations à la Comédie Françoise, & que la *Force du Sang* n'en eut que trois à la Comédie Italienne. Cependant les Comédiens Italiens en hasarderent une reprise au mois de Septembre 1728. mais l'ouvrage n'eut pas un meilleur sort, & n'a pas reparu depuis au Théatre. Il y a lieu de croire que cette piéce est la même que les mêmes Auteurs avoient donnée au Théatre François sous le titre du *Sot toujours sot*, ou du *Marquis Paysan*, au mois de Juillet 1693. & qu'ils n'avoient pas fait imprimer, apparemment dans l'intention de la corriger. Voyez sur cette derniere piéce l'*Hist. du Th. Franç.* tome XIII. pag. 285. année 1693.

Sot (le) vengé, Comédie de R. *Poisson.* Voyez *Lubin*, ou le *Sot vengé*.

SOUBRETTE, (la) Comédie Françoise au Théatre Italien, trois actes en prose, de M. de *Beauchamp*, la premiére représentation du Vendredi 14 Novembre 1721. non imp. Elle a eu du succès au Théatre. En voici un court Extrait, pris du *Mercure de Novembre* 1721. pag. 128.

« Silvia est fille unique du Docteur, qui veut
» la marier à Mario, Chimiste, fils de Pantalon,
» qu'elle n'aime point. Colombine sa suivante
» employe toutes sortes de ruses, secondée de
» Trivelin, valet de Lélio, qui est l'amant aimé,
» pour que sa maîtresse épouse ce dernier. Elle
» est toujours traversée par Arlequin, valet du
» Docteur. Pour derniere tentative, elle s'avise
» de se travestir, & de contrefaire Mario, que
» le pere de sa maîtresse n'a jamais vû. Elle se

» présente à lui, affecte quantité de discours
» capables de le dégoûter, & ajoûte qu'il ne
» prend sa fille que pour le bien qu'elle a, &
» dans l'espérance de se voir bientôt délivré de
» son pere & de son beau pere futur, pour pou-
» voir ensuite manger leurs biens plus à son
» aise, &c. Le faux Mario se retire, & le Doc-
» teur dit à sa fille qu'il est si outré de colere,
» & si indigné contre son futur gendre, que si
» Lélio se présentoit dans le moment, il le lui
» donneroit pour époux. En même temps Lélio
» qui s'étoit caché exprès, se jette à ses pieds,
» & le supplie de lui accorder Silvia. Colombine
» qui a repris les habits de Soubrette, secondée
» par Arlequin qu'elle a mis dans ses intérêts,
» fait de nouveaux efforts auprès du Docteur,
» qui se laisse fléchir. Après les paroles données
» on lui apprend toutes les ruses de Colombine
» pour faire réussir ce mariage. Silvia pour l'en
» récompenser la donne pour femme à Arle-
» quin, à qui elle s'étoit promise pour l'engager
» à servir sa maîtresse ». *Extrait imprimé.*

SOUFFLEUR, (le) *ou le* PALAIS DE LA FORTUNE, Opéra Comique en un acte, de M. *Carolet*, représenté le Dimanche 14 Septembre 1738. non imp.

Chrysophile entêté de la Chymie, & regrettant peu tout l'argent qu'il a consommé, parce qu'il est persuadé d'une prochaine réussite, veut rompre tout engagement avec Léandre, & portant ses desseins plus hauts, il destine Lucile sa fille unique au fils du Sophi de Perse. Ce n'est pas tout, ajoûte Chrysophile à Louison, suivante de Lucile.

CHRYSOPHILE.

« J'ai un Esprit familier à mon service qui m'apprend
» quantité de beaux secrets.

(AIR. *Du Prevôt des Marchands.*)

Je fis hier un Talisman
Qui. . . . . .

LOUISON.

Vous me parlez Alcoran.

CHRYSOPHILE.

J'ai cent secrets......

LOUISON.

Le plus utile
Est de faire (le pouvez-vous ?)
Qu'une fille sage & nubile
Puisse se passer d'un Epoux.

Louison n'apperçoit pas plutôt Lucile, qu'elle lui fait part du dessein de son pere

LOUISON. (AIR. *Quand le péril.*)

A moins que son creuset ne verse,
Pour gendre il aura le Sophi,
Oui, vous serez, & comptez-y,
Avant huit jours en Perse.

Pour prévenir ce malheur, elle lui conseille de se laisser enlever par son Amant. Lucile sort, dans le moment, Chrysophile plus fou que jamais, rentre & dit à Louison qu'il a résolu de mettre le feu à sa maison, par le conseil d'un Gnome, qui l'assure qu'il trouvera un trésor immense dans les fondemens. A peine est il parti, que la Soubrette rencontre Léandre, lui rend compte de l'état des choses, & l'exhorte à se servir de la voie de l'enlèvement.

LÉANDRE. (Air. *Quand le danger.*)
Vois à quel danger tu m'exposé,
Puis-je avoir de justes raisons.
LOUISON.
Son pere aux Petites maisons
Ratifiera la chose.

Léandre ayant peine à goûter ce moyen, veut consulter Lépine son valet. Ce dernier connoissant le foible de Chrysophile, se présente à lui sous la figure d'un Esprit familier, & conseille à ce Souffleur d'abandonner la recherche de la Pierre Philosophale, & de s'adresser sans façon au Palais de la Fortune. Ce conseil est accompagné d'exemples convainquans. Chrysophile persuadé, reçoit Léandre pour gendre, des mains de la Déesse qui promet de l'enrichir. Cette affaire conclue, Lépine se découvre, on lui accorde Louison en faveur de son stratagême, & chacun se retire content.

Extrait manuscrit.

SOUHAIT, (……… Du) Auteur Dramatique, a composé pour le Théâtre François :

RADEGONDE, DUCHESSE DE BOURGOGNE, Tragédie, 1596.

BEAUTÉ ET AMOUR, Pastorale, 1596. *Hist. du Th. Fr.* année 1596.

SOUHAITS, (les) Comédie en un acte & en vers, par Messieurs *Valois d'Orville* & *Du Bois*, représentée à la suite de la Tragédie de *Cinna*, le Lundi 30 Août 1745. in-12. Paris, Cailleau, 1750. *Hist. du Th. Franç.* année 1745.

SOUPÇONNEUX, (le) Canevas Italien

en trois actes, de M. *Riccoboni* le pere, premiére représentation du Mercredi 29 Janvier 1721. Cette Piéce eut beaucoup de succès, on y trouva le caractere du *Soupçonneux* bien traité & joué à ravir, par l'Auteur. En voici l'Extrait.

ACTEURS.

Lélio.
Silvia *sa sœur.*
Arlequin *son valet.*
Pantalon.
Flaminia *sa fille.*
Violette *sa servante.*
Le Docteur.
Mario *son fils.*
Plusieurs valets.

La scéne est à Naples.

Acte I.

Le Théatre représente la chambre de Lélio.

Lélio ouvre le premier acte; il est seul & paroît agité. Il tient deux lettres, l'une de Mario qui est à la campagne, l'autre de Flaminia sa prétendue. L'un lui écrit pour le presser de conclure son mariage avec Silvia, sœur de Lélio; l'autre lettre est pleine de tendresses, que Lélio traite de jargon de Roman, & qui ne peuvent calmer son inquiétude naturelle. Il cherche en lui-même le moyen de lire dans le cœur de sa Maîtresse, s'applaudit de l'avoir trouvé, témoigne qu'il attend impatiemment Mario, dont il espére d'être secouru dans cette occasion, &

appelle son valet Arlequin. Comme il n'y a pas longtemps qu'il est à son service, il l'interroge sur sa famille, sur sa conduite passée, & cela avec des marques de soupçon si évidentes, qu'Arlequin se fâche, se trouble, & son trouble accroît la défiance de Lélio. Il demande ensuite à Arlequin des nouvelles de ses amours avec Violette; Arlequin lui dit qu'il est très-heureux, & son Maître se moque de sa sorte tranquillité, mais Arlequin répond qu'il n'a garde de marquer aucun soupçon à Violette, d'autant que s'il n'étoit pas aimé, cela seroit inutile, & ne pourroit servir qu'à la faire changer de sentiment, s'il avoit le bonheur d'être bien dans son esprit; Lélio est un moment frappé de la réflexion de son valet, puis revenant à son caractere, il dit qu'il ne peut jouir d'un bonheur dont il ne connoit que la superficie, & qu'il veut absolument éprouver sa Maîtresse. On frappe à la porte; Arlequin annonce Mario qui arrive de la campagne; Lélio fait retirer son valet, après que Mario est entré, & propose à ce dernier de faire une déclaration d'amour à Flaminia, pour lui rendre compte de la maniere dont il sera reçu, d'autant qu'étant né sincere, il ne peut vivre tranquille qu'après s'être assuré de la sincérité de ceux à qui il a affaire. Mario s'excuse sur son amour pour Silvia, avec qui cette feinte pourroit le brouiller, mais Lélio répond qu'après l'épreuve qu'il exige, il épousera Flaminia, ou la quittera sans retour, & fera la paix de Mario avec sa sœur, en terminant leur mariage, au lieu qu'il ne donnera jamais son consentement s'il n'obtient la satisfaction qu'il desire, ou si

Mario ne lui garde le secret envers Silvia, comme envers tout le reste du monde. Mario consent à tout malgré lui, & Lélio sort, après lui avoir dit qu'il va répondre à Flaminia, & qu'il le chargera de sa lettre qu'il veut qu'elle reçoive avant midi; qu'il va lui mander qu'il est indisposé, afin d'avoir un prétexte d'être tout le jour sans la voir, & de donner le temps à Mario de faire sa déclaration. Arlequin entre, & prie Mario de lui chercher un Maître, le sien étant trop soupçonneux pour qu'on puisse vivre avec lui. Mario en convient, *à parte*, mais il exhorte Arlequin à ne pas quitter Lélio, qui d'ailleurs est bon Maître, & qui est content de lui. Arlequin lui dit ensuite que Silvia qui l'a vû en conversation avec son frere veut lui parler avant qu'il sorte; Mario répond que Lélio est à écrire dans son cabinet, qu'il seroit bon de profiter de ce moment, & qu'il attend les ordres de Silvia. Arlequin le quitte, & il demeure fort en peine de la commission dont Lélio vient de le charger. Silvia entre, & demande à son Amant s'il a obtenu le consentement de son frere, celui-ci répond que Lélio, près de qui il vient de faire de nouvelles instances, n'a pas encore fixé le jour de leur mariage, mais l'a seulement assuré de le terminer en même temps que le sien. Lélio arrive, les voit se parler, & en prend ombrage. Arlequin qui entre avec lui, lui dit qu'il croit que Mario apprend à sa sœur des nouvelles de la guerre. Lélio lui répond avec un souris forcé qu'il n'en croit rien; il tire Mario à quartier; celui-ci l'assure qu'il lui a gardé le secret. Lélio, sans être fort rassuré, lui donne la lettre qu'il vient d'écrire. Mario sort en saluant Silvia, & la priant tout bas de presser son frere sur leur mariage. Lélio qui les observe, dit à Arlequin que Mario vient de prier sa sœur de ne lui rien dire du sujet de leur entretien. Arlequin tombe dans son sens par complaisance; ensuite Lélio presse sa sœur de ne lui rien cacher de ce dont Mario lui parloit. Elle rougit, & lui obéit; Lélio de plus en plus inquiet, insiste, & la menace d'empêcher son mariage avec Mario, si elle n'est de bonne foi; Arlequin se joint à son Maître; Silvia qui n'a rien autre chose à dire, sort en pleurant, & le soupçon de Lélio n'en est pas plus dissipé, au contraire, il dit en se promenant : *A moi ! me jouer un pareil tour ! A nous*, dit Arlequin, en le contrefaisant ! *Je m'en doutois*, ajoûte Lélio. *Vraiment*, dit Arlequin, *nous sommes aussi fripons qu'eux, & il n'est pas aisé de nous en faire accroire*. Là-dessus on frappe à la porte; Pantalon & le Docteur sont introduits par Arlequin, ils disent à Lélio qu'ils aspirent au moment de s'unir plus étroitement avec lui, Pantalon en devenant son beau-pere, & le Docteur en devenant celui de sa sœur. Lélio les remercie, & sur ce qu'ils ajoûtent que leurs enfans lui ont obligation de son désintéressement, & que lui & sa sœur pourroient trouver des partis plus riches, Lélio fait comprendre que tous ces complimens lui sont suspects, & comme les deux vieillards le pressent de fixer le jour, il répond à bâtons rompus, demandant à son valet son chapeau, son épée, &c. & sort, les laissant fort interdits. Ils demandent à Arlequin la raison de cette froideur, mais il leur répond à son tour, en contrefaisant son maître, & en prenant sur la table son chapeau, sa ceinture, & le reste, puis il les quitte brusquement; ils courent après lui, & finissent le premier acte.

Acte II.

Le Théatre représente la rue où est la maison de Pantalon.

Mario arrive fort intrigué d'être obligé de faire une chose qui lui repugne, mais enfin il frappe à la porte de Pantalon; Flaminia vient lui parler; elle est suivie de Violette, que Mario la prie de renvoyer; ensuite, après lui avoir remis la lettre de Lélio, il commence à feindre de l'amour pour elle, & s'y prend très-mal adroitement. Enfin il dit, *à parte*, qu'il lui est impossible de feindre plus longtemps; il se jette aux pieds de Flaminia, & lui demande le secret sur ce qu'il va lui apprendre, elle le lui promet; il lui découvre la folie de son ami qu'il rejette sur sa délicatesse, & le prie de la lui pardonner, d'autant que Lélio est résolu de terminer son mariage & celui de sa sœur, du moment qu'il se sera satisfait. Flaminia l'écoute tranquillement; mais elle s'échauffe de façon en lui répondant, qu'il tremble pour son secret, & conjure Flaminia de ne le pas perdre; elle s'adoucit, & lui dit que ce n'est pas d'aujourd'hui qu'elle s'apperçoit que l'humeur de Lélio peut la rendre malheureuse, mais qu'elle y mettra ordre sans le compromettre, qu'il peut rendre compte de sa déclaration à son ami, lu dire qu'il a été mal reçu, & imaginer une réponse telle qu'il la jugera convenable. Mario la remercie, & sort pour aller trouver Lélio. Flaminia toute indignée, appelle Violette. Elle lui conte tout, pense au moyen de se venger, & la prie d'y penser de son côté ; Arlequin arrive pour voir Violette, & lui dit que Lélio a voulu lui inspirer des soupçons sur son compte ; Violette se met en une grande colere ; sa maîtresse lui dit à l'oreille qu'elle imagine un moyen de se venger ; elle ajoûte qu'elle va écrire à Mario, qu'elle veut lui parler cette nuit, & qu'elle ait soin de ménager Arlequin, pour tâcher d'être au fait des démarches de son maître. Violette, après avoir bien pesté contre Lélio, propose à Arlequin de venir la voir, quand il sera nuit, avec la précaution de se travestir, & lui dit qu'elle le cachera dans une chambre voisine de celle où sa maîtresse doit de son côté entretenir Mario, & que quand il sera parti, ils auront tout le temps de jaser ensemble. Arlequin trouve cet arrangement fort judicieux, mais il craint de ne pas obtenir de son maître la permission de sortir ; cependant il promet de faire de son mieux. Violette se promet *à parte*, un bon succès de toute cette intrigue, ne fut-ce que le plaisir de se venger de Lélio, en lui donnant de la jalousie. Arlequin voyant arriver son maître avec Mario, sort pour aller se travestir. Mario rend compte à Lélio de sa commission ; il lui parle des rigueurs qu'il a éprouvées de la part de Flaminia, & félicite son ami avec chaleur. Lélio tantôt le croit, & tantôt se méfie de son récit, mais il panche à se persuader que l'amour supposé de Mario n'a pas déplu à Flaminia, & le quitte, paroissant fort inquiet, & le laissant tout interdit. Violette arrive, & donne à Mario la lettre de sa Maîtresse, en le priant d'en faire confidence à Lélio. Elle l'assure que le service qu'il rendra à Flaminia ne lui sera aucunement nuisible; il promet d'obéir, & sort, & Violette rentre fort contente. Le Théatre change & représente la chambre de Lélio. On y voit Arlequin choisir entre divers travestissements, se déterminer à en prendre deux à la fois, pour être plus méconnoissable, & commencer à se deshabiller pour cet effet. Lélio le surprend dans cette occupation, & lui demande ce qu'il veut faire. Arlequin lui avoue que Violette lui a donné un rendez vous, & le prie tantôt en riant, tantôt en pleurant, de ne point troubler sa bonne fortune. Lélio le lui promet, mais il lui dit qu'il n'est pas encore nuit, & qu'il a du temps de reste pour se déguiser. Arlequin embrasse son maître, & fait divers lazzis d'allégresse. Entre un valet qui apporte une lettre de Mario à Lélio, par laquelle celui ci apprend que Flaminia veut avoir une conversation nocturne avec son ami, qui n'a pû venir lui-même l'en instruire, & qui ne veut rien faire sans son aveu. Lélio conclut de-là que c'est avec raison qu'il a pensé que l'amour de Mario ne déplairoit pas à sa maîtresse, & que par conséquent il n'est pas aimé autant qu'on veut le lui faire croire. Mais l'Acteur doit faire attention à marquer de l'inquiétude, & non de la jalousie, & c'est à faire sentir ces différentes nuances, qu'on prétend que le Sieur *Riccoboni*, Auteur de la piéce, qui s'étoit chargé de ce role, étoit inimitable. (*) Lélio prend la résolution d'écrire à Mario d'aller au rendez-vous, & de lui dire le lendemain ce qui s'y fera passé. Il appelle, demande à Arlequin ce qu'il faut pour écrire, & entr'autres choses de la lumiere. *Comment*, dit Arlequin tout joyeux, *il est donc nuit ? Non* répond Lélio, *mais j'ai besoin de lumiere*. Arlequin apporte tout ce qu'on lui demande. Son Maître écrit, cachette sa lettre, la donne au valet de Mario, & le congédie, ensuite il met dans sa poche la lettre de Mario, & dit qu'il vient d'imaginer un bon stratagême. Arlequin trouve que la nuit est plus longtemps à venir qu'à l'ordinaire. Lélio l'envisage d'un air froid, & lui reproche de ne lui avoir pas fait la confidence du moyen dont Violette se servira pour l'introduire. Arlequin lui répond qu'elle doit l'attendre sur la porte, & répete tout ce qu'on a vû dans la scéne précédente entre Violette & Arlequin. Il interrompt à tout moment son discours, en disant qu'il est nuit, & qu'il faut qu'il s'en aille ; Lélio l'arrête à chaque fois ; enfin Arlequin se retourne, fait la révérence, & dit : *Ha ! Madame la Nuit, soyez la bien venue ; je donne la bonne nuit à votre Seigneurie ;* là-dessus il veut partir. Lélio l'arrête encore ; & lui déclare que voulant lui-même sortir cette nuit, il faut qu'il demeure pour garder la maison ; il ne se

---

(*) L'avis donné à l'Acteur est de M. *Riccoboni* le pere, & la réflexion sur la maniere dont il le mettoit en pratique, de M. *De la Roque*, qui en ce temps-là composoit le Mercure de France. *Note manuscrite.*

laisse point fléchir aux prieres d'Arlequin, & lui dit même que pour s'assurer de son obéissance, il l'enfermera à la clef; mais que comme il est encore jour, il va avertir sa sœur qu'il ne faut pas l'attendre, & il se fait donner le manteau qu'Arlequin avoit préparé pour se déguiser. Il sort, & Arlequin désespéré profite de ce moment pour aller avertir Violette de ce contre-temps. Le Théatre change & représente une rue. On y voit Flaminia qui dit à Violette que Lélio, avec un si juste sujet de soupçon, ne manquera pas de les venir épier; Arlequin arrive; Flaminia se retire pour laisser Violette en liberté de l'interroger. Elle le reçoit avec beaucoup de caresses; il commence par se consoler & rire avec elle, puis il lui rend compte en pleurant de son infortune, & se sauve, voyant qu'il est nuit. Flaminia rejoint Violette, & lui dit qu'elle a tout entendu de derriere la porte, & qu'elle a imaginé un moyen de se venger des soupçons de Lélio. Elles voyent venir de la lumiere, & rentrent. Le Docteur & Pantalon paroissent; le dernier tient une lanterne, & dit à l'autre qu'il veut bien aller souper chez lui, mais qu'il faut qu'il avertisse à son logis. Il appelle Violette, & dit qu'on ne l'attende pas à souper, & il s'en va ensuite avec son ami. Lélio paroît enveloppé d'un manteau; il se cache dans un coin, voit entrer les deux vieillards chez le Docteur, s'approche de la maison de Pantalon, & appelle Violette, qui fait semblant de le prendre pour Arlequin; après bien des lazzis de part & d'autre; il lui recommande à voix basse de prendre garde que quelque lumiere ne les trahisse. Dans ce moment arrive Flaminia qui en tient une ; elle vient s'informer du succès de leur entreprise ; Violette court au devant d'elle, toute en colere, & la gronde de son impatience, & de l'imprudence qu'elle a de les venir éclairer si mal à propos. Flaminia se retire. Violette dit à Lélio qu'elle a ôté la lumiere de la chambre où elle le va conduire ; elle l'appelle toûjours Arlequin, le fait entrer par la porte qui est au milieu du Théatre, & l'enferme à la clef. Flaminia revient encore, une bougie à la main, appelle Violette, & la gronde d'être seule & sans lumiere dans cette chambre, pendant qu'elle doit être sur la porte à attendre Mario. Elle lui dit de se dépêcher, d'autant qu'elle a vû du balcon quelqu'un passer, & qu'elle croit que c'est lui. Pendant ce temps elles se font signe l'une à l'autre que Lélio est là enfermé, & qu'ainsi elles doivent parler bas. Violette va attendre Mario, & Flaminia restée seule, se félicite tout bas de sa prochaine vengeance. Mario arrive ; Flaminia le maltraite, & lui dit qu'elle ne l'a fait venir que pour lui défendre de la revoir jamais ; il sort fort confûs en apparence, & Flaminia, après son départ, continue de se protester à elle-même qu'elle n'aimera jamais que Lélio. Celui-ci l'entend, & tout transporté fait du bruit, & veut s'aller jetter aux pieds de Flaminia pour la remercier, mais elle fait semblant d'avoir peur, & de croire que c'est un voleur qu'elle entend, & elle crie au secours. Tous les domestiques de la maison accourent armés ; elle leur dit tout haut d'arrêter un voleur qui est enfermé dans la chambre voisine, & leur recommandé tout bas de bien obſerver ce qu'elle leur a ordonné, & de ſe contenter de lui faire peur. On ouvre la porte ; Lélio les renverſe en ſortant ; un valet tire un coup de piſtolet en l'air, & le prétendu voleur perd ſon chapeau & ſa perruque, & ſe ſauve.

Acte III.

Le Théatre repréſente la chambre de Lélio.

On y voit Arlequin endormi ſur une table, qui rêve & croit parler à Violette ; il s'agite & tombe à terre, ſe réveille, cherche Violette, & ne la trouvant pas, il s'apperçoit qu'il vient de rêver, & que c'eſt le jour qui l'a réveillé. Lélio entre ; Arlequin ne le reconnoît pas d'abord, & en a peur ; après bien des lazzis il le reconnoît, & lui demande ce qu'il a fait de ſon chapeau & de ſa perruque, & Lélio ſe prend de ſa perte à un coup de vent violent. On frappe en ce moment à la porte, & Arlequin introduit un domeſtique de Flaminia qui apporte une lettre par laquelle elle mande à Lélio qu'elle a un grand ſujet de chagrin, & que ſi ſon mariage n'eſt pas terminé ce jour même, elle entrera le lendemain dans un couvent pour n'en plus ſortir. Lélio ſe flattant que l'amour de Mario eſt le ſujet de ſon chagrin, dit au valet qu'il ira dans le moment porter lui-même la réponſe, & qu'en attendant il peut aſſurer Flaminia qu'il eſt prêt à lui obéïr. Il demande à ce valet des nouvelles de la ſanté de ſa maîtreſſe ; celui ci lui dit qu'elle ne ſe porte pas bien, & n'eſt pas remiſe de la frayeur qu'elle a eue la nuit, parce que l'on a surpris un voleur enfermé chez elle, qui a perdu son chapeau & sa perruque en se sauvant. *C'étoit donc*, dit Arlequin, *une nuit bien malheureuse pour les chapeaux & les perruques;* son maître le fait taire, & congédie le valet de Flaminia. Arlequin recommence à parler des chapeaux & des perruques; Lélio s'impatiente; là dessus on frappe, & le Docteur entre avec Pantalon; les deux vieillards font de nouvelles instances à Lélio pour fixer le jour de son mariage & de celui de Silvia, il répond qu'il est prêt à conclure, & qu'il va les suivre chez le Seigneur Pantalon avec sa sœur, où il compte qu'ils feront trouver le Notaire. Silvia entre, & lui dit qu'elle l'a vû en songe dans un grand embarras, & entouré de bêtes féroces qui n'avoient pas envie de le ménager; Lélio convient *à parte*, que ce rêve avoit quelque chose de vrai. Mario entre, salue Silvia, tire Lélio à quartier, & lui conte qu'il a été bien maltraité à son occasion. Lélio l'interrompt, & lui dit qu'il sçait tout, & qu'il lui devra le repos de ses jours. Mario & Silvia le pressent sur leur mariage, il leur dit ce qu'il vient d'arrêter avec Pantalon & le Docteur; ils lui sautent au col; *Et moi*, dit Arlequin, *pourrai-je épouser Violette? sans doute*, répond Lélio; Arlequin lui saute au col à son tour; les embrassades recommencent, & ils sortent ensemble. Le Théatre change, & représente la rue où est la maison de Pantalon. On y voit le Docteur, Pantalon & le Notaire qui se pressent d'arriver à la maison, afin que Lélio les y trouve, & n'ait pas lieu de concevoir aucun soupçon; mais

Lélio, Silvia & Mario les joignent, & ils entrent tous ensemble. Le Théatre change encore, & représente la chambre de Flaminia, où elle dit à Violette qu'elle est fort embarrassée pour imaginer le moyen de rompre avec Lélio, sans nuire à Mario. Violette lui donne la lettre de Mario à Lélio, que celui ci a perdue en se sauvant; Flaminia la lit avec beaucoup de joye, & dit qu'elle en tirera un bon parti. En effet, les peres & les amants arrivent. On signe les deux contrats. Flaminia s'en saisit, donne à Mario celui qui l'intéresse, reproche à Lélio ses soupçons & son procédé injurieux, qu'elle vient de reconnoître par la lettre qu'il a laissée tomber en se sauvant, & déchire le contrat qu'elle vient de signer. Pantalon approuve le procédé de sa fille, & se retire avec elle. Lélio demeure confus; Silvia le console & lui conseille de n'être plus si soupçonneux à l'avenir. Mais Lélio, tout en colere, se promet de l'être plus que jamais; *Car*, dit-il, *cette lettre cache quelque trahison dont je ne me suis pas assez défié, & dorénavant je veux me tenir en garde contre le chien & le chat de la maison, & je ne me fierai pas à ma chemise.* Il sort avec fureur. Mario & Silvia rentrent dans l'intention de travailler pour lui & de faire sa paix; Arlequin dit qu'il va voir si la sotise de son Maître n'aura pas porté malheur à son mariage, & la Comédie finit.

Extrait Manuscrit.

SOUPÇONS (les) SUR LES APPARENCES, Héroico Comédie en cinq actes & en vers, de M. *d'Ouville*, représentée en 1650.

in-4°. Paris, Quinet, 1651. *Histoire du Th. Franç. année* 1650.

SOUPE, (les quatre cuillerées de) Parade non imprimée.

Le Maître, las d'entendre Gille quereller dans la Cuisine, l'appelle : Dîtes-moi, Monsieur, lui dit ce valet, combien quatre cuillerées de soupe par jour font-elles par jour ?

LE MAITRE.

» Quelle sotte demande ! Eh ! parbleu, cela fait quatre
» cuillerées de soupe.

GILLE.

» Je me trompe : je veux dire par semaine. Dame cela est
» sérieux au moins.

LE MAITRE.

» Je ne conçois pas où ce drôle-là en veut venir : Eh!bien,
» cela fait justement 28 cuillerées de soupe.

GILLE.

» Vingt-huit cuillerées de soupe par semaine ! houlas !
» Eh ! de grace Monsieur, combien cela fait-il par mois ?

LE MAITRE.

» Oh ! cela ne se calcule pas si aisément. Attens que je
» compte à part moi : sur le pied de trente jours, cela fera
» environ 120 cuillerées de soupe par mois.

GILLE *effrayé & pleurant.*

» Houlas ! 120 cuillerées de soupe par mois ! Ah ! Mon-
» sieur, soûtenez-moi, je suis mort.

LE MAITRE.

» Je ne comprens rien à tout ceci.

GILLE.

» Patience ; pendant que vous êtes en train de calculer,
» pourriez-vous me dire Monsieur combien cela fait de cuil-
» lerées de soupe au bout de l'année ?

LE MAITRE.

» Oh ! celui-là n'est pas aussi aisé, il faut que je prenne

» un crayon ; 4 fois 365 jours, mon ami, cela fait 1460
» cuillerées de soupe au bout de l'an.

GILLE.

» Eh bien, Divertissant qu'il n'y a que huit jours qui est à
» votre service, quelque diligence que je fasse, & au risque
» de m'étouffer, avale tous les jours quatre cuillerées de
» soupe plus que moi. Je ne m'étonne plus si je deviens si
» maigre. (*il pleure.*)

Le Maître las d'écouter les impertinentes plaintes de ce valet, lui donne trois commissions : la premiere d'aller chez Mlle Ampouiffe sa Maîtresse ; la seconde de passer chez le Tailleur, & enfin chez le Barbier : comme ces trois personnes ont leur logement Place Maubert, le Maître voulant faire comprendre la situation, dit à Gille, écoute, de peur que tu t'embrouille, imagine toi que ma main gauche est la Place Maubert, Mlle Ampouiffe demeure au coin du côté des Carmes : mon Tailleur vers le milieu à gauche, & mon Barbier en entrant à droite. Gille regarde avec attention, & crache dans la main de son Maître, qui se fâche : Monsieur répond-il, on peut je crois, cracher dans une Place publique. Le Maître appelle Divertissant, qu'il veut charger de ses ordres. Ce dernier sçachant mieux servir, & flattant le Maître, s'est par ce moyen attiré l'aversion de Gille : ils prennent querelle, le Maître veut les séparer & reçoit tous les coups, mais voulant bien passer cette bagatelle, il tire son épée, & ordonne aux deux valets de cesser & de s'embrasser sur le champ. Ils obéissent : Divertissant pousse des cris horribles & frappe Gille : Monsieur, dit il au Maître, n'avez-vous pas remarqué que ce coquin en m'embrassant a voulu m'étouffer ? Cela est faux, Monsieur, s'écrie Gille. On leur fait donner la main pour marque de réconciliation. Divertissant se plaint encore sur l'air de supériorité que son compagnon affecte en présentant la main, & ensuite il l'accuse de tenter de lui casser les doigts, & le rosse; toutes ces fausses imputations sont accompagnées de coups de bâton. Gille convient cependant que c'est avec justice que Divertissant les lui donne, pour avoir manqué de lui dire, le Ciel t'assiste, lorsqu'il a éternué : dans le moment Divertissant feignant une envie d'éternuer, s'emporte contre Gille, qui par sa politesse hors de saison, l'empêche de le faire. Oh ! parbleu c'en est trop dit le Maître : j'imagine un moyen pour mettre ces coquins d'accord : Il sort, & revient avec deux épées.

DIVERTISSANT.

» Une épée, Monsieur !

GILLE.

» Une épée, Monsieur ! Je ne sçais me battre qu'à coups
» de poing.

Le Maître veut les obliger à se battre. Ils se reculent, portent des bottes en l'air, ensuite ils s'arrêtent, & s'essuyent le front.

DIVERTISSANT *présentant sa tabatiere à Gille.*

Monsieur prend-il du tabac ?

GILLE.

Oui, Monsieur.

Gille prend du tabac : ces deux valets se font beaucoup de politesses & de révérences. Gille éternue, Divertissant lui dit, le Ciel vous assiste, Monsieur.

LE MAITRE.

» Eh bien, Messieurs, cela finira-t-il ?

GILLE.

» Tout-à-l'heure, Monsieur. (*Il éternue encore.*)

DIVERTISSANT.

» Le ciel vous accorde une longue vie, Monsieur.

GILLE.

» Monsieur voilà qui me fait tomber les armes de la main:
» N'y auroit-il pas de la conscience à moi de tuer un homme
» qui vient de me souhaiter une longue vie.

LE MAITRE.

» Ah ! lâches que vous êtes, je vais vous brûler la cer-
» velle.

GILLE.

» Attendez un moment, Monsieur ; voyez la lâcheté de
» mon camarade, qui fait signe à Jacqueline de venir à son
» secours avec sa broche.

Pendant que le Maître tourne la tête, Gille lui donne un coup du plat de l'épée sur les doigts, & fait tomber le pistolet, alors feignant de se battre, ils mettent toûjours le Maître entre eux deux, le cullebutent & s'enfuyent.

LE MAITRE.

» Ah ! misérables ! Je suis estropié pour plus de quinze
» jours.

Gille revient sur la scéne, comme il est seul, il s'imagine être demeuré vainqueur : On n'en peut douter, dit-il, puisque le champ de bataille me reste. Dans le moment on voit Sans Quartier, rival de Divertissant, qui déclare qu'il donneroit de bon cœur une pistole à un galant homme qui voudroit se charger de donner cent coups de bâton à son ennemi. Gille charmé de trouver une occasion de gagner une pistole, &

de se venger, accepte la proposition : Sans Quartier en lui remettant un bâton, lui donne à compte une piéce de six liards, avec une petite bouteille pleine d'eau de vie, & se retire.

Divertissant arrive fort à propos ; il demande à Gille, qui a l'air embarrassé, ce qu'il veut faire avec ce bâton : celui-ci répond qu'il veut le rompre sur le dos d'un faquin, d'un homme de néant. Puisque cela est, replique Divertissant, vous pouvez sans danger offrir une demie pistole à ce faquin, pour souffrir cette bastonnade. Gille rêve, & enfin avoue à Divertissant que c'est lui qu'il s'est engagé de traiter ainsi. Divertissant feint de s'y prêter, embrasse Gille & tend le dos : mais au moment que Gille s'apprête à frapper : qu'allez vous faire, lui dit-il, vous oubliez le cérémonial sans lequel on pourroit vous déférer au Juge, & vous faire pendre en 24 heures !

GILLE.

» Oh diable ! cela ne vaut rien.

DIVERTISSANT

» Comment à votre âge, grand & gros comme pere &
» mere, vous ignorez ce cérémonial. Mais vous n'avez
» donc jamais donné des coups de bâton ?

GILLE.

» Non, mais j'en ai bien reçu.

DIVERTISSANT.

» Sans le cérémonial ?

GILLE.

» Oh ! je n'y regardois pas de si près, & il me semble
» qu'on n'y faisoit pas tant de cérémonies.

DIVERTISSANT *prenant le bâton.*

» Je vais vous l'apprendre : le voici. D'abord on porte la
» main au chapeau de cette maniere, on l'ôte de dessus la
» tête

» tête en trois-temps, une, deux & trois. On fait en avant
» une humble révérence, on avance trois pas, on fait faire
» la demi-pirouette à son homme, on le place ainsi, là,
» comme si on vouloit jouer à coupe-tête; on remet son
» chapeau, on recule deux pas en arriere, & l'on frappe
» ainsi fortement en comptant les coups, une, deux, trois,
» quatre, &c. *Il rosse Gille.*

GILLE.

» Voilà qui est plaisant; & l'on ne risque rien avec ce cé-
» rémonial, quand on tueroit son homme ?

DIVERTISSANT.

» Pas la moindre chose.

Divertissant répéte le cérémonial, le rosse & lui présente le bâton, Gille le remercie, veut le battre à son tour, & manque toûjours en quelque chose au cérémonial, que Divertissant recommence à sa priere, en le rossant plus fortement. Enfin il fait semblant de se mettre en colere, lui dit qu'il a la tête trop dure, qu'il n'a pas le temps de s'amuser davantage à lui donner cette leçon, & qu'il n'a qu'à la répéter avec Sans Quartier, qui n'y prendra peut-être pas garde de si près. Gille ramasse la batte, se désespére, & voyant arriver Sans Quartier, il lui dit qu'il est un fripon de l'avoir exposé à être pendu, faute de l'avoir instruit du cérémonial. Sans Quartier surpris, lui demande ce que cela veut dire; Gille fait une partie du cérémonial, & le rosse vivement. Sans Quartier crie, dit qu'il va faire sa plainte, & qu'il le fera pendre. Gille lui répond qu'il ne craint point cela, qu'il a observé le cérémonial prescrit pour les coups de bâton; le répéte, & assomme Sans Quartier, qu'il poursuit, & finit ainsi la parade. *Extrait Manuscrit.*

Tome V.   L

SOUPÉ (le) MAL APPRÊTÉ, Comédie en un acte & en vers, de M. *Hauteroche*, représentée sur le Théatre de l'Hôtel de Bourgogne vers le 12 ou le 15 de Juillet 1669. in-12. Paris, Guillain, 1670. & dans le Recueil des Œuvres de l'Auteur. Cette piéce est restée au Théatre. *Hist. du Th. Franç. année 1669.*

SPECTACLES, (les trois) Divertissement composé d'un Prologue, de *Polyxene*, Tragédie en un acte, de l'*Avare Amoureux*, Comédie en un acte & en vers, & de *Pan & Doris*, Pastorale lyrique en un acte, Musique de M. *Mouret*, par M. *Du Mas d'Ayguebere*, représenté le Mardi 6 Juillet 1729. imp. la même année, in 8°. Paris, Tabarie, & tome XII. du Recueil intitulé Théatre François, 12. volumes in-12. Paris, 1737. par la Compagnie des Libraires. *Histoire du Théatre François, année 1729.*

SPECTACLES (les) MALADES, Prologue de Messieurs *Le Sage* & *d'Orneval*, représenté au Théatre de l'Opéra Comique, le Lundi 29 Août 1729. suivi de la premiére représentation du *Corsaire de Salé*, piéce en un acte, & du Ballet intitulé *La Noce Angloise*. Ce Prologue est imprimé tome VII. du Théatre de la Foire.

STATIRA, Tragédie de M. *Pradon*, représentée au Théatre de l'Hôtel de Bourgogne, vers la fin de Décembre 1679, in-12. Paris, Ribou, 1680. & dans le Recueil des Œuvres de l'Auteur. *Histoire du Th. Fr. année 1679.*

STATUE (la) DE L'HONNEUR. Voyez *Adamire.*

STATUE (la) MERVEILLEUSE, Opéra Comique

en trois actes, de Messieurs *Le Sage* & *d'Orneval*, représenté par la Troupe de Francisque, à la Foire S. Laurent 1720. & imp. tome IV. du Théatre de la Foire. L'intrigue de cette piéce est amusante. En 1734. le Sieur *Pittenec*, fils du premier des deux Auteurs, la remit en un acte, & la donna sur le même Théatre de l'Opéra Comique, sous le titre du *Miroir véridique*. Voyez ce dernier titre.

STICOTI, (Ursule Astori, fille d'un Horloger de Venise, & femme du Sieur Fabio) arriva en France en 1716, avec la Troupe Italienne qu'avoit mandée Monsieur le Duc d'Orléans Régent; elle étoit la Cantatrice de la Troupe, & y garda le même emploi jusqu'à sa mort, arrivée le Mardi 5 Mai 1739. Elle avoit renoncé au Théatre avant que de mourir.

STICOTI, (Fabio) né à Venise, étoit de très-bonne famille; il devint amoureux d'Ursule Astori, & l'épousa; il la suivit en France, mais il ne commença à jouer la Comédie qu'après la mort de Pagheti, auquel il succéda dans l'emploi de *Pantalon*. Il débuta au Théatre Italien le Lundi 5 Janvier 1733. & fut bien reçu; c'étoit un grand homme bien fait, & d'une belle physionomie, le visage rond & plat. Il étoit d'une extrême gaieté au Théatre & dans la société : mort le Mardi 5 Décembre 1741. après avoir renoncé au Théatre. *Note de Monsieur Gueullette.* (*)

STICOTI, (Antonio) fils de *Fabio Sticoti*,

(*) C'est du même M. *Gueulette* que nous tenons tous les détails sur la famille & la personne de Fabio Sticoti, & d'Ursule Astori.

plus connu maintenant sous le nom de *Fabio* que portoit son pere, que sous celui de *Toni*, diminutif d'*Antonio*, qu'on lui donnoit dans sa jeunesse, Acteur vivant, & Auteur dramatique. Il débuta à l'âge de dix-huit ans au Théatre Italien, le Mercredi 11 Mai 1729. pour les roles d'*Amoureux*, par celui de la *Surprise de l'Amour*. Il eut du succès dans ce role, & plus encore dans la suite dans les *Débuts*, & dans les *Amusemens à la mode*. Il joüoit d'original le role du *Jeune homme*, dans la premiere piéce, & celui de *Rigolet* dans la seconde. (*) « A la » mort de son pere il joua les roles de *Pantalon* » à l'impromptu, dans les Piéces Italiennes, jus- » qu'à ce qu'il y eut un Acteur décidé pour ce » caractere. Il remplit à présent, (1754.) ceux » d'*Amoureux*, de *Valet*, de *Paysan* & de *Pier-* » *rot*, & ceux de *Pantalon* dans les piéces Fran- » çoises & étudiées ». *Note de Monsieur Gueullette*.

Il a donné au Théatre Italien, en société avec M. Panard.

ROLAND, Parodie en prose & vaudevilles, & en un acte de la Tragédie lyrique du même nom, 1744.

LES FÊTES SINCERES, Comédie en vers & en un acte, suivie d'un divertissement, 1744. Paris, de Lormel.

C'est par erreur qu'on l'a mise au rang des piéces non imprimées ; à son article & à l'article *Panard*.

───────────────────────────

(*) Trois ans après son début, à l'égard de cette derniere Piéce qui ne fut joüée qu'en 1732.

L'IMPROMPTU DES ACTEURS, Comédie en vers libres & en un acte, avec un divertissement, 1745.

LES ENNUIS DE THALIE, Comédie en vers libres & en un acte, suivie d'un divertissement, 1745.

Un compliment prononcé à la rentrée de Pâques 1745. par le Sieur *Bertinazzi*, (*Arlequin*) & la Demoiselle *Veronese* l'aînée. (*Coraline*.)

Outre cela, il a fait imprimer une Parodie de l'Opéra d'*Atys*, intitulée *Cibelle amoureuse* mais il ne l'a point fait représenter. (*) Paris, Prault, pere, 1738. Elle est toute de lui, aussi bien que beaucoup de scénes Françoises que nous voyons souvent applaudir au Théatre, sans qu'on en connoisse l'Auteur, & qu'il a insérées dans les Comédies Italiennes qui se représentent journellement. Le public lui doit aussi presque tous les programmes François des piéces du Théatre Italien qui ont été imprimés depuis, & y compris celui de *Coraline Esprit follet*, 21 Mai 1744.

STICOTI, (Michaelo) connu dans sa jeunesse sous le nom de *Kelli*, diminutif du nom de *Michaelo*, second fils de *Fabio Sticoti*, débuta à l'âge de dix-neuf ans au Théatre Italien, le Lundi 15 Juin 1739. pour le même emploi & par le même role que son aîné, c'est-à-dire, par celui de *l'Amoureux*, dans la *Surprise de l'Amour*. Il paroissoit avoir de l'intelligence &

(*) C'est aussi par erreur qu'on l'a mise au rang des Parodies du Théatre Italien, à la fin de l'article de la sixiéme reprise de l'Opéra d'*Atys*, pag. 331.

de l'ardeur pour sa profession. La nature l'avoit peu favorisé du côté de la figure & de la voix. Ce sont des obstacles qu'on ne lui a pas laissé le temps de surmonter à Paris; il n'a point été reçu, & joue actuellement la Comédie à *Stokolm*.

STICOTI, (Agathe) fille de *Fabio Sticoti*, actuellement retirée, & femme de Monsieur de **** a paru quelque temps au Théatre Italien, vers l'année 1741. & dans sa premiere jeunesse; mais comme elle n'y jouoit que de petits rôles d'enfans, ou autres pareils, à la portée de son âge, elle n'y a jamais eu d'emploi marqué, ni de début; elle a fait honneur au Théatre par sa conduite, & l'on espéroit qu'elle y feroit un jour honneur par son talent, dès qu'elle seroit parvenue à vaincre son excessive timidité. Nous ne croyons pas qu'on l'ait vue sur la scéne depuis l'année 1743.

STILICON, Tragédie de M. *Corneille de Lisle*, représentée sur le Théatre de l'Hôtel de Bourgogne, le 27 Janvier 1660. imp la même année, in-12. Paris, Courbé, & dans le Recueil des Œuvres dramatiques de l'Auteur. Cette Tragédie s'est conservée au Théatre. *Hist. du Th. Fr.* année 1660.

STRASBOURG, acte de la *France Galante*, Opéra Comique. Voyez *France (la) Galante*.

STRATAGÊMES (les) DE L'AMOUR, Ballet en trois actes, avec un Prologue, de M. *Roy*, Musique de M. *Destouches*, représenté par l'Académie Royale de Musique le Jeudi 28 Mars 1726. in 4°. Paris, Ribou, & tome XIV. du Recueil général des Opéra. *Extrait*,

Mercure de France, Avril 1726. pag. 798. & suivantes.

ACTEURS DU PROLOGUE.

La Prêtresse de la Gloire, Mlle Antier.
Le Prêtre de la Gloire. Le Sieur Chaffé.

BALLET. *Guerriers.*

Les Sieurs Laval & Maltaire C.
Les Sieurs Pierret, Savar, Tabari & Picard.

Habitans des rivages de la Seine.

Les Sieurs P. Dumoulin, Dangeville, Maltaire L. & Esek.
Mlle Menès.
Mlles Biner, La Martinière, De Lisle L. & Goblain.

I. ENTRÉE. SCAMANDRE.

Léandre.	Le Sieur Thévenard.
Palémon, Confident de Léandre.	Le Sieur Grener.
Callirhée.	Mlle Le Maure.
Doris, Confidente de Callirhée.	Mlle Minier.
Une Matelotte.	Mlle Souris L.

I. DIVERTISSEMENT.

Troyennes.   Mlle Prevost.
Mlles La Ferriere, Duval, Petit, Thibert, Le Maire & Verdun.

II. DIVERTISSEMENT.

Matelots & Matelottes. Le Sieur D. Dumoulin.
Les Sieurs F. Dumoulin, P. Dumoulin, Dangeville & Maltaire L.
Mlles Biner, De Lisle C. La Martinière & Goblain.

II. ENTRÉE. LES ABDERITES.

Irene.	Mlle Antier.
Iphis.	Le Sieur Muraire.
Timante, rival d'Iphis.	Le Sieur Tribou.
Un Héros furieux.	Le Sieur Chaffé.
Bergéres.	Mlles Minier & Souris L.

L iv

Abdérites en fureur.

Le Sieur Blondy & Mlle De Lisle L.
Le Sieur F. Dumoulin & Mlle Prevost.
Les Sieurs Maltaire C. Savar, Tabary,
Picard & Esek.

II. DIVERTISSEMENT.

Bergers & Bergéres.

Le Sieur Laval & Mlle De Lisle C.
Les Sieurs F. Dumoulin & Dangeville.
Mlles La Ferriere & Petit.
Les Sieurs Maltaire L. & Esek.
Mlles Binet & Goblain.
Les Sieurs Dumoulin L. & Pierret.
Mlles De Lisle C. & La Martiniere.

III. ENTRÉE. *LA FESTE DE PHILOTIS.*

Emile.   Le Sieur Thevenard.
Lycas, Esclave & Roi
  des Jeux.   Le Sieur Murayre.
Albine.   Mlle Antier.

Esclaves.
Le Sieur D. Dumoulin & Mlle Prevost.
Les Sieurs Dumoulin & Savar.
Mlles Petit & Thibert.
Les Sieurs Laval & Maltaire C.
Mlles De Lisle & Duval.
Les Sieurs P. Dumoulin & Dangeville.
Mlles Carbon & Binet.
Les Sieurs Pierret & Tabary.
Mlles Le Maire & Verdun.

STRATAGÊMES (les) DE L'AMOUR, Parodie en trois actes du Ballet de ce nom, par Messieurs *Fuselier* & *d'Orneval*, représentée au Jeu des Marionnettes de Bienfait, au mois d'Avril 1726. non imprimée.

Iᵣᵉ. ENTRÉE. *Le Fleuve Scamandre.*

Le Docteur prêt de se marier avec Colombine, paroît fâché contre la Coûtume, qui ordonne qu'avant leur hymen, les filles iront s'offrir au Fleuve.

LE DOCTEUR. (Air. *N'y a pas d'mal à ça.*)

Quoi donc au Scamandre
Ma belle dira,
De moi venez prendre
Ce qu'il vous plaira ?

LISETTE *suivante de Colombine.*

N'y a pas d'mal à ça.

(Air. *Vous qui vous moquez par vos ris.*)

Quittez vos jalouses vapeurs,
Pensez en homme sage,
Si de nos fruits & de nos fleurs
Les Dieux veulent l'hommage :
Ils n'en ont rien que les honneurs,
Nous en avons l'usage.

Le Docteur est obligé de se retirer : Colombine arrive, & paroît très consternée : Vous avez raison, lui dit Lisette, d'être triste la veille qu'on doit vous unir à un époux qui n'est point aimable.

LISETTE. (Air. *Cahin, caha.*)

Dans le ménage
Si de jeunes époux,
Aimans comme des foux,
Ardens comme matous,
Deviennent bientôt saouls,
Du tendre badinage,
Je crois bien qu'avec ce papa,
Dont la pâle mine,
La frêle poitrine,
Et la courbe échine
Menacent ruine,
L'amour ira cahin, caha ;
L'amour ira cahin, caha.

Colombine, quoiqu'avec répugnance, fait son offrande au Fleuve. Pierrot sous cette figure l'accepte, se fait connoître, &c.

II.ᵉ ENTRÉE. *Les Abdérites.*

Irene, Amante d'Iphis, prie l'Amour de lui inspirer quelque stratagême pour éviter d'épouser Timante qu'elle déteste.

IRENE. (AIR. *D'Hésione.*)

Amour, viens permets que je mente,
Et que je prenne le ton doux.
Je puis bien abuser Timante
Puisqu'il est presque mon époux.

Ce Timante est un Gascon fanfaron, qui vient faire à sa maîtresse une confidence de ses bonnes fortunes, à dessein d'en attirer une autre de sa part.

IRENE. (AIR. *Prenez bien garde à votre cotillon.*)

Croyez-vous qu'à mon tour, mignon,
Je m'ouvre avec vous sans façon ?

TIMANTE.

Vous le pouvez, mon cher trognon :
Je ne prendrai jamais garde à votre cotillon,
A votre cotillon.

On voit paroître la troupe des Abdérites furieux :

IRENE. (AIR. *Voici les Dragons.*)

Voici tous nos foux qui viennent
Et tôt sauvons-nous.
Les rats ici les ramenent,
Les rats ici les retiennent,
Et moi itou. (*bis.*)

Elle feint d'être atteinte du même accès de folie que les Abdérites, & contrefaisant le personnage de Cassandre, elle ordonne qu'on bâtonne Timante, qu'elle prend pour Ajax. Timante fuit, le dos chargé d'une grêle de coups,

Iphis témoin de l'accident de son rival, demeure interdit, mais sa tendre Irene ne le laisse pas longtemps dans l'incertitude, & ces deux Amans au comble de leur joye, badinent sur la finesse du stratagême.

IIIe ENTRÉE. *La Fête de Philotis.*

Emile, Seigneur Romain, est amoureux d'Albine, & cette derniere, pour éprouver la fidélité de son Amant, profite de la célébrité de la fête de Philotis, consacrée aux esclaves, & se déguise en servante.

ALBINE. (AIR. *Quand le péril est agréable.*)

 Pour mieux éprouver sa tendresse
  Il me verra sous les habits
  De la servante du logis.
   Je sentirai la graisse.

On peut dire qu'elle n'oublie rien pour dégoûter cet Amant.

ALBINE *à Emile*. (AIR. *Non je ne ferai pas.*)

 Pour un Romain fameux, qu'on a vû par la ville,
 Triompher sur un char, ma foi, Seigneur Emile,
 Quand vous suivez Bacchus, vous cherchez un bouchon,
 Quand vous suivez l'Amour, vous aimez le torchon.

Albine satisfaite de la persévérance d'Emile, se fait connoître; les deux amans contens l'un de l'autre se retirent dans un coin du Théatre, pour voir la fête des valets & des servantes de Rome.

UN VALET. (AIR. *Ramonez-cy.*)

 Or sus, enfans que l'on chante,
 Philotis cette servante,
 Qui défit tant de soldats,
 Célébrez-ci, célébrez-là, la la la;
 Cette gagneuse de combats.

Extrait Manuscrit.

STRATAGÊMES (les) DE L'AMOUR, Canevas Italien en trois actes, de M. *Riccoboni* le pere, premiere représentation du Jeudi 26 Novembre 1716. Une preuve de son mérite est le succès qu'elle eut dans la nouveauté, qui fut confirmé aux reprises. Voici ce que dit le Mercure d'Avril de l'année 1726. du sujet & de l'origine de cette piéce, dans laquelle le Sieur *Baletti* (*Mario*) se distinguoit, dans les roles de François, d'Allemand & d'Italien.

» Nous croyons à l'occasion du nouveau
» Ballet dont nous venons de donner l'Extrait,
» (*Les Stratagêmes de l'Amour*, Ballet lyri-
» que,) qu'il n'est pas hors de propos de dire
» que les Comédiens Italiens ont une Comédie
» Italienne en trois actes, sous le titre des *Stra-*
» *tagêmes de l'Amour*, qui est une excellente
» piéce jouée ici à l'Hôtel de Bourgogne en
» 1716. & qu'on revoit encore avec plaisir. Elle
» fut composée en Italie en 1658. sous le titre
» *del Pazzo, per forza*, par *Gioanni Andrea*
» *Moniglia*, par ordre du Cardinal de *Médicis*,
» qui la fit mettre en Musique par le Sieur *Jaco-*
» *mo Melani*. Elle fut représentée par l'ordre de
» ce Prince par les *Academici immobili*, sur leur
» Théatre de l'Académie *Di via Pergola*, avec
» une grande magnificence. Vingt-neuf ans
» après, le Grand Duc de Toscane voulut la
» faire représenter dans sa maison de campagne
» de *Pratolino*; mais comme ce Prince trouva
» la piéce trop longue & trop chargée de per-
» sonnages, & que cette longueur ne convenoit
» pas à la saison de l'été, temps auquel elle
» devoit être représentée, il ordonna à l'Auteur

» qui vivoit encore, de la racourcir, & il la fit
» mettre en Musique par *Giovanni Maria Pa-*
» *gliardi.* Elle fut jouée par ordre du Prince
» par les plus fameux Musiciens de son temps,
» avec toute la pompe & la magnificence possi-
» ble, soit pour les décorations, soit pour les
» habits, pour les danses, &c. Il y a un per-
» sonnage d'*Amoureux* dans cette piéce, qui
» après s'être servi de toutes sortes de ruses pour
» ne pas épouser la fille que son pere veut
» l'obliger de prendre pour femme, se résout
» enfin de feindre qu'il a perdu l'esprit, & se
» sert si bien de ce stratagême, par des raison-
» nemens outrés d'extravagance qu'il fait à son
» pere, que le bon homme touché de l'état où
» il voit son fils, lui permet enfin d'épouser
» celle qu'il voudra, persuadé que cette com-
» plaisance pourra faire revenir l'esprit & la
» raison à son fils, ce qui ne manque pas d'ar-
» river dès qu'il a épousé sa maîtresse. C'est cette
» scéne qui a donné lieu au titre de la piéce,
» *Il Pazzo, per forza.* Le role d'*Amant* est
» joué ici sur le Théatre Italien par le Sieur
» *Lélio,* d'une maniere fort vive, tout-à-fait sin-
» guliere, & avec toute l'intelligence conve-
» nable au sujet ». Voyez le *Mercure d'Avril*
1726. pag. 805.

C'est cette piéce que M. *Riccoboni* a accommodée à notre Théatre Italien, & dont Monsieur *Poisson* (*Raymond,*) paroît avoir tiré l'idée
de sa Comédie du *Fou raisonnable,* & même
quelque chose de celle des *Fous divertissans.*
Voyez l'*Hist. du Th. Franç. to. IX.* pag. 300.
année 1664. & tome *XII.* p. 210. année 1680.

STRATAGÊMES (les) DE L'AMOUR, Comédie Françoise en vers & en trois actes, au Théatre Italien, par M. *Du Perron de Castera*, en société avec M. de *Marivaux*. Le sujet en est pris d'une ancienne piéce Italienne intitulée: *La finta Pazza.* (*) Voyez *Folle (la) supposée*; la premiere représentation du Samedi 8 Août 1739. Paris, Moreau. Voyez le *Merc. d'Août* 1739. pag. 1849. Cette piéce qui n'eut pas grand succès, étoit précédée d'un prologue où le Sieur *Riccoboni*, (*Lélio fils*) demandoit au Public la permission de prendre le masque d'*Arlequin*.

STRATAGÊMES (les) DE L'AMOUR, Pantomime représentée par la Troupe des Sieurs *Colin & Restier fils*, Août 1746. Foire S. Laurent.

STRATONICE, Tragi-Comédie de M. *Quinault*, représentée sur le Théatre de l'Hôtel de Bourgogne, le Vendredi 2 Janvier 1660. imp. la même année, in-12. Paris, de Luynes, & dans le Recueil des ouvrages de M. Quinault. *Hist. du Th. Franç. année* 1660.

Ce sujet avoit déja été traité par *Gillet de la Tessonnerie*, qui en a composé un acte de son *Triomphe des cinq Passions*. Le Sieur *Brosse* une Tragi-Comédie sous le même titre : M. *Corneille de Lisle* l'a employé dans son *Antiochus*, & enfin M. *Danchet* le IVe acte de son Ballet lyrique intitulé *Les Muses*. On peut encore ajoûter M. *Cahusac*, qui a donné le même sujet dans son second acte du Ballet des *Fêtes de Polymnie*.

(*) Note manuscrite de M. De la Roque, ancien Auteur du Mercure de France.

STRATONICE, (la) *ou le* MALADE D'A-MOUR, Tragi Comédie de M. *Brosse*, représentée en 1644. in-4°. Paris, Sommaville, 1645. *Hist. du Th. Fr. année* 1644.

SUBLIGNY, (N.....) Avocat au Parlement de Paris, a composé pour le Théatre François :

LA FOLLE QUERELLE, *ou la* CRITIQUE D'ANDROMAQUE, Comédie en trois actes & en prose, 1668. *Histoire du Th. Fr. année* 1668.

SUCCESSION, (la) *ou* A LAVER LA TÊTE D'UN ÂNE, Parade, non imp.

Pendant que Gille est en apprentissage chez un Tailleur, on voit arriver un esclave, qui se servant d'un langage fort extraordinaire, fait entendre que son Maître vient de mourir à Constantinople, après lui avoir donné la liberté, & qu'il l'a chargé de porter à Paris son testament, par lequel il institue un neveu unique son légataire universel. J'apporte, dit-il, piou de cent mille écus, ma que la peste creve, que lou diable emporte stou Mossiou Gille Bambinois Cadet-l'aîné, que je cherche. Parle donc animal, répond Gille, sçais-tu bien que je te donnerai cent coups de pied dans le ventre, & que tu n'es qu'un fripon.

L'ESCLAVE.

" Mi un frippon ! & pourquoi Mossiou ?

GILLE.

" C'est que mon oncle a été pendu en maraude au siége
" d'Ostende.

L'ESCLAVE.

" Et no, Mossiou, He morto à Stanboul, à Constantinople.

GILLE.

à part.

" Je vais voir si ce drôle-là connoissoit mon oncle. (*haut.*)

» N'est-il pas vrai qu'il a eu moins de peine à mourir qu'un
» autre.

L'ESCLAVE.

» Le vero, Mossiou, comme le va borgne, il n'a eu qu'un
» œil à fermer.

GILLE.

» L'enfant dit vrai. Et n'a-t-il pas dit que son neveu étoit
» un gros garçon bien fait, homme d'esprit ?

L'ESCLAVE.

» Non, Mossiou, tout al contrario, ma ditto qu'il étoit
» mal fatto, una bestia, un ignorante, un buturdo.

GILLE.

» Oh mon oncle me connoissoit bien.

L'ESCLAVE.

» Tenez Mossiou, voilà lou paquet, lisez.

GILLE.

» Oh ! je sçais bien écrire, mais je ne sçais pas lire.

LE TAILLEUR lit.

» Mon Neveu,

» Avant que de mourir, j'ai fait remettre à M. Zigzag,
» Banquier à Paris, cent mille écus qu'il vous payera suivant
» les Lettres de change que vous trouverez dans ce paquet
» avec mon testament, dont M. Parlaventrebleu, mon an-
» cien voisin, est exécuteur testamentaire. Je le charge de
» vous marier de sa main, & de vous placer dans un poste
» honorable. Rendez-vous-en capable, & souvenez-vous de
» votre oncle, qui a changé le nom du petit Gillot qu'il
» portoit, en celui de Gille le Grand, premier du nom.

Gille dit à l'esclave de revenir dans huit jours, & qu'il le récompensera : en attendant il lui prend envie de devenir amoureux de Mlle Isabelle, fille de M. Parlaventrebleu, son Maître : le Tailleur se charge d'en faire la demande, & dit à Gille de passer dans son arriere-boutique, où il trouvera un habit qui lui convient.

Le Tailleur frappe à la porte du Maître de

Gille, ce dernier plaisante d'abord sur la demande qu'on fait au nom de Gille, mais connoissant que la proposition est bien fondée, il l'accepte avec le dernier empressement. Gille paroît avec un habit magnifique, fait à peu près pour sa taille ; le Maître lui trouve assez bonne mine, mais il souhaite qu'il prenne des Maîtres, pour se défaire de certaines façons de parler basses & indécentes. J'aimerois mieux que vous me baillissiez des laquais, répond Gille. Vous en aurez, réplique le Maître. Il l'emmene chez lui pour dresser avec un Notaire les articles du Contrat de mariage, c'est ce qui fait le sujet de la Parade suivante.

Le Contrat de mariage de Gille.

Le Notaire apporte le Contrat de mariage tout prêt à signer, il n'y a dit il qu'à remplir les noms & les sommes. Il en fait la lecture : Gille l'interrompt à chaque instant par des questions absurdes & ridicules : le Notaire répond toûjours que ces termes qu'il n'entend pas sont de son stile ; il lui demande son nom :

GILLE.

» Voilà qui est plaisant, on ne peut pas me marier sans
» que j'y sois présent, & sans y mettre mon nom ?

LE NOTAIRE.

» Je vous l'ai déja dit, Monsieur, cela est impossible......
» Votre nom ?

GILLE.

» Gille.

LE NOTAIRE.

» Gille tout court ?

GILLE.

» Non tout long.

LE NOTAIRE *écrivant.*

» Gille tout long. C'est apparemment votre nom de fa-
» mille.

GILLE.

» Moi, je n'ai point de famille.

Sur la question qu'on lui fait des noms de ses pere & mere, on reconnoît avec bien de la peine, que le premier s'appelloit Alexandre-Jule César-Marc-Antoine Gille Bambinois l'aîné, & sa mere Christophlette Croque-solle, parceque, dit-il, elle demeuroit dans la Halle, auprès du Pilori. Pour lui il veut toûjours être nommé Gille Bambinois Cadet l'aîné, & à l'égard de ses qualités, le Notaire lui donnant celle de Chevalier, c'est-à-dire, de Gentilhomme de race ancienne, oui, reprend-il, de race aussi ancienne que la Foire. Lorsqu'on lui demande s'il est majeur, attendez dit-il que je compte, j'ai été 13 ans en nourrice, & 12 à l'école. Eh bien, répond le Maître, vous êtes donc majeur? majeur, écrit le Notaire, procédant sous l'autorité de ses pere & mere. Bon, interrompt Gille, ils sont morts il y a plus de trente ans. Je n'y comprens plus rien, ajoûte le Notaire, mais écrivons toûjours. On remplit le nom de l'épouse future, qui s'appelle Simone Polycarpe Ovinifride Isabelle de Parlaventrebleu. Gille se fâche, & dit que le Notaire qui lui demande un état de ses biens est trop curieux.

LE NOTAIRE.

» Mais Monsieur il faut le mettre sur le Contrat.

LE MAITRE.

» Monsieur, mon gendre est riche de cent mille écus.

LE NOTAIRE.

» Cent mille écus ?

GILLE.

» Tout autant.

LE NOTAIRE.

» Et qu'eſt-ce que la future a devant elle ?

GILLE.

» Voilà parbleu une plaiſante demande.

LE NOTAIRE.

» Je vous demande Monſieur ce qu'elle apporte en ma-
» riage.

GILLE.

» Oh ! c'eſt une autre affaire, il faut le demander au beau-
» pere.

LE MAITRE.

» Je ne le ſçais pas abſolument.

LE NOTAIRE.

» Il faut donc laiſſer un blanc pour le remplir. Le pré-
» put eſt égal, il faut mettre dix mille francs..... Paſſons à
» préſent au douaire.

GILLE.

» Qu'eſt-ce que cette bête-là ?

Le Notaire veut en donner l'explication en latin, mais comme Gille n'entend pas cette langue, & que le Maître avoue l'avoir oubliée, le Notaire cherche à ſe faire comprendre par une périphraſe Françoiſe qui n'eſt guère plus intelligible : mettez quatre mille livres pour le douaire, dit le Maître, & ſur-tout n'oubliez pas la donation réciproque de tous les biens ; mets tout ce que tu voudras, ajoûte Gille. Le Notaire ſort en diſant qu'il va rédiger cet acte dans ſon cabinet. Gille dit au beau-pere qu'il faudra lui donner vingt-quatre ſols pour ſa peine.

Gille prend ensuite les leçons des différens Maîtres qu'on lui donne pour son éducation, & enfin se laisse filouter son porte-feuille, où sont toutes ses lettres de change ; le Maître apprenant ce malheur, ne veut plus donner sa fille à un imbécille qui est sans bien : Gille se fâche, se bat avec le Maître, & finit ainsi la Parade. Voyez celles qui sont intitulées *Taratapa Eous*, & la *Tarentule*. *Extrait Manuscrit.*

SUJETS (les) INDOCILES, c'est le titre de la IVe Entrée ou Leçon du Ballet intitulé: l'*Ecole des Amans*, de M. *Fuselier*, Musique de M. *Nieil*, représentée en 1745. Voyez *Ecole* (*l'*) *des Amans*.

SUITE (la) DES COMÉDIENS ESCLAVES, Prologue François au Théatre Italien. Ce Prologue est en prose, & c'est celui des trois piéces Françoises suivantes au même Théatre, chacune en prose & en un acte, avec un divertissement, sçavoir : l'*Amant à la mode*, *Arlequin Hulla*, & la *Revûe des Théatres*, toutes trois, aussi bien que le prologue, de Messieurs *Dominique*, *Riccoboni le fils*, & *Romagnesi*. La premiere représentation du Lundi premier Mars 1728. (Voyez *Amant* (*l'*) *à la mode*, *Arlequin Hulla*, & *Revûe* (*la*) *des Théatres*.) Le prologue n'est point imprimé, en voici l'Extrait. (*)

« Pour l'intelligence de ce Prologue, il faut
» se rappeller que dans la piéce ou le Prologue

───────────

(*) Ce qui est marqué par des guillemets au commencement du présent Extrait, est emprunté du Mercure de Mars 1728. *pag.* 590.

„ des *Comédiens Esclaves*, représenté le Same-
„ di 10 Août 1726. il est supposé que les Comé-
„ diens Italiens ayant été poussés par un orage
„ sur les côtes de Maroc, ils ont eu le malheur
„ de tomber dans l'esclavage, & que le Roi de
„ Maroc les retient dans sa Cour, pour leur
„ faire jouer la Comédie, &c.

Aly, Arlequin, Pantalon & le Docteur paroissent ; Aly dit à ces derniers qu'ils se préparent, & que le Roi veut qu'ils jouent dans le moment une piéce nouvelle, & rappelle au Docteur qu'il a promis au Sultan que lui & ses camarades ne l'en laisseroient pas manquer.

ARLEQUIN.

C'est vous, maudit Docteur, qui êtes cause de cela.

LE DOCTEUR.

J'ai crû qu'il vouloit des piéces Italiennes, & je comptois sur la facilité que nous avons de parler à l'impromptu.

PANTALON.

Cela est vrai, & si M. Aly en veut faire l'épreuve, nous allons, le Docteur & moi, lui faire une scéne Italienne qui durera jusqu'à demain.

ALY.

Je vous rends graee..... Il faut du François.

ARLEQUIN.

Il ne nous en reste plus, & les bons Auteurs sont aussi rares dans ce pays-ci que dans celui d'où nous venons.

ALY.

Composez-en vous-même.

ARLEQUIN.

Qu'est-ce à dire, M. Mustapha, est-ce que vous nous prenez pour des Poëtes ? Point d'injures, s'il vous plaît.

ALY.

La Favorite est Françoise. Il faut du François qui n'ait

point encore paru ; si vous ne vous dépêchez, il pourroit bien couper la tête à toute la troupe.

SCÉNE XI.

Le Sultan, la Favorite et les Précédents.

LE SULTAN.

Que l'on commence.

ARLEQUIN.

Qu'allons-nous faire ! Pantalon, déclame-lui les fureurs d'Oreste.

LE DOCTEUR.

Disons tout ce qui nous viendra dans la pensée.

PANTALON.

Cela sera pitoyable.

ARLEQUIN.

Tant mieux, il le prendra pour une piéce nouvelle.

LE SULTAN.

Comédiens, à quoi vous amusez-vous donc?

ARLEQUIN.

Tout-à-l'heure, Monseigneur. Mes amis suivez-moi, je vais vous tirer d'embarras, en mettant le feu au Sérail.

LE SULTAN.

Comment votre piéce est-elle intitulée ?

ARLEQUIN.

L'incendie de Troye.

Le Sultan s'apperçoit de l'embarras des Comédiens, & le redouble par ses menaces ; dans le moment on vient avertir le Sultan que ses Pirates ont pris un vaisseau sur lequel se trouve un homme qui ne veut point abandonner une cassette qui renferme un trésor. On fait paroître cet homme, qui se désespere de la prise de sa caffette; elle eſt ouverte, & elle renferme des papiers qui appartiennent au Poëte. On lit les titres: l'*Amant à la mode*, Comédie Françoiſe; *Arlequin Hulla*, piéce Turque.

ARLEQUIN.

Arlequin Hulla, cette piéce eſt dans le Théatre de la Foire.

LE POETE.

La mienne ne lui reſſemble nullement. On peut travailler ſur des ſujets connus. Voyez les Mariannes & les Œdipes.

ARLEQUIN.

Parbleu, voyez-les vous-même.

LE SULTAN.

Continuez.

LE BACHA.

La revûe des Théatres.

Le Sultan demande au Poëte ſi c'eſt le tréſor qu'il craint tant de perdre. Il en convient.

ARLEQUIN.

Avec de pareils tréſors les Comédiens meurent ſouvent de faim.

LE POETE.

Mes ouvrages peuvent les enrichir, & moi auſſi.

LE SULTAN *au Poëte*.

Tu n'as rien perdu. J'ai des Comédiens capables de faire valoir tes piéces. Pour peu qu'elles me divertiſſent, ta liberté en ſera la récompenſe. (*Aux Comédiens*.) Repréſentez-les tout-à-l'heure.

PANTALON.

Il faut du moins le temps de les étudier.

LE SULTAN *avec colere*.

Toujours des difficultés!

LE POETE.

J'ai une poudre de mémoire excellente; je vous en donnerai à chacun une bonne doſe.

ARLEQUIN.

Donnez-nous plutôt un bon Souffleur, c'est le meuble le plus nécessaire à la Comédie Italienne, &c.

Extrait Manuscrit.

SUIVANTE, (la) Comédie en cinq actes & en vers, de M. *Corneille*, représentée au Théatre de l'Hôtel de Bourgogne en 1634. in-4°, Paris, Courbé, 1637. & dans le Recueil des Œuvres de M. Corneille. *Histoire du Th. Franç.* année 1634.

SUIVANTE (la) DÉSINTÉRESSÉE, Comédie en un acte & en prose, d'un Auteur *Anonyme*, représentée le Samedi 14 Novembre 1739. non imprimée. *Hist. du Th. Franç.* année 1739.

SUIVANTE, (la Fausse) *ou le* FOURBE PUNI, Comédie Françoise au Théatre Italien, trois actes en prose, de M. de *Marivaux*, en société avec M. *Parfaict* l'aîné. Voyez *Fausse* (la) *Suivante*. (*)

SUIVANTES, (les deux) Opéra Comique en trois actes, avec trois divertissemens, Musique de M. *Gilliers*, par Messieurs *Panard* & *Pontau*, représenté le Jeudi 20 Juillet 1730. repris le Mercredi 27 Juin 1742. non imp.

Le sujet de cette piéce n'a rien de neuf, non plus que les personnages qui y sont introduits, cependant elle a eu du succès, & elle

─────────────

(*) Suivant une note de M. Gueulette, la première représentation est du Dimanche 23 Juillet, quoique la date qu'on a donnée dans le Dictionnaire soit du Samedi 8 du meme mois, & que cette date soit conforme à celle du *Mercure*, Juillet 1724. pag. 1589. De plus, la même note nous apprend que la piéce a été donnée dans sa nouveauté, sous le titre de *La Fausse Soubrette*, ou *Le Fourbe puni*.

l'a mérité par les agrémens des détails, & la gayeté des divertissemens.

Léandre jeune Cavalier, est depuis quatre jours devenu amoureux de Flavie, aimable Demoiselle qu'il a vû dans un Bal. Il a le bonheur de gagner la confiance de Lisette, & cette Soubrette tire adroitement le secret de sa Maîtresse, & apprend que cette derniere, destinée par sa mere à l'hymen de M. Orgon, homme riche & veuf, préféreroit celui du Cavalier qu'elle a vû derniérement au bal, & qui heureusement est ce même Léandre, pour qui Lisette s'intéresse. Cette découverte, jointe à la pureté des intentions de l'Amant, leve tous les scrupules de la conscientieuse Soubrette, qui promet de le servir efficacement. Pour cet effet, elle feint avoir reçu des lettres de son pays, & sous prétexte que sa présence y est absolument nécessaire, elle prie Lucinde, mere de Flavie, de lui permettre de la quitter.

LUCINDE.

« Je suis fâchée que tu me quitte la veille du mariage de
» ma fille, cela te vaudroit quelque chose.

LISETTE.

» Je ne vous quitterai point que vous n'ayez une femme de
» chambre......... Oui, j'en connois une que vous pouvez
» prendre en sureté, elle est de mon pays, c'est ma cousine
» à la mode de Bretagne.

Léandre qui a entendu toute la conversation, sort dès que Lucinde est sortie, & vient remercier Lisette.

LÉANDRE.

» Je crains de ne pas répondre à l'idée que tu as donné
» de mes talens.

(Air. *N'aurai-je jamais un Amant.*)

Comment veux-tu, de bonne foi,
Que je puisse, moi,
Connoître aussi bien que toi
Ce qui concerne ton emploi.
Frisure en maron,
Frisure en bichon,
Frisure en mouton,
Mantille & dentelle,
Fleurs, aigrettes & moulinets,
Cabochons, mitons, bilboquets,
En un mot toute la sequelle
Des colifichets,
Faits-
Pour orner vos attraits.

LISETTE.

» Je resterai pour vous apprendre.

LÉANDRE. (Air. *Adieu le reste.*)

Pour chercher ce qu'il faut
Je sors, belle Lisette,
Sous l'habit de Soubrette
Tu me verras bientôt.

LISETTE.

Allez, & soyez preste,
A mes avis conformez-vous,
Le Dieu dont vous sentez les coups
Fera le reste.

Flavie qui a entendu parler du départ de Lisette, en paroit un peu triste.

LISETTE. (Air.)

N'ayez point de douleur
Si Lisette vous quitte
Vos pleurs font trop d'honneur
A mon foible mérite.
Un autre me remplacera,
Qui bientôt vous consolera.

» Tranquillisez-vous, je vous mettrai en de bonnes mains.

La conversation est interrompue par l'arrivée du Vicomte, frere de Lucinde : c'est un gros réjoui qui ne songe qu'au plaisir. Léandre déguisé en Soubrette paroît ; Lucinde & Flavie sont très contentes de sa figure : Je suis caution de ma cousine, dit Lisette.

LUCINDE, (Air. *De Joconde.*)

Je ne vous recommande pas
D'avoir de la sagesse,
Sur-tout point d'Amant.

LÉANDRE.

Sur ce cas
Que votre crainte cesse.

LUCINDE.

Par-dessus tout je vous enjoins
De contenter Flavie.

LISETTE.

Mademoiselle par ses soin
Sera très-bien servie.

Ce premier acte est terminé par un divertissement de Paysans & Paysannes assemblés par l'ordre du joyeux Vicomte. On ne donne que deux couplets du Vaudeville qui est assez connu.

Quand de ses feux un jeune cœur
D'un ton flatteur
Vous assure,
Croyez-moi répondez toujours
A ses discours
Turelure,
Mettez-vous bien cela ;
La (*)
Jeunes fillettes,
Songez que tout Amant
Ment
Dans ses fleurettes.

___

(*) *Marquant le front avec le doigt.*

Maris, voulez-vous fuir l'affront
Qu'à votre front
On peut faire,
Au logis ne lésinez point,
C'est là le point
Nécessaire.
On est de vous content
Tant
Que rien ne chomme,
Qui ménage l'argent
Jean
Bientôt se nomme.

ACTE II.

Léandre sous le nom & les habits de Clarice, vient remplir ses fonctions auprès de Flavie. Elle veut aider cette Demoiselle à s'habiller. Lisette s'y oppose : Flavie termine cette petite contestation, en disant qu'elle restera comme elle est, & s'en va. Léandre fait quelques reproches à Lisette.

LISETTE. (AIR. *Du Bois de Boulogne.*)

Loin de murmurer contre moi
Vous devez me louer.

LÉANDRE.

Pourquoi ?

LISETTE.

Je ménage par cette adresse
Ma Maîtresse & votre foiblesse.

(AIR. *L'appétit vient en mangeant.*)

Des attraits d'une Climéne,
La vue échauffe un amant,
Il dérobe à l'inhumaine
Un baiser adroitement,
Le baiser pris avec peine
Le rend encor plus pressant,
L'appétit vient en mangeant.

Léandre l'assure de sa discrétion, & c'est

apparemment sur cette parole que Lisette le laisse seul avec Flavie qui reparoît. La feinte Soubrette n'a pas de peine à gagner la confiance de sa Maîtresse : Vous aimez, lui dit-elle, depuis quatre jours un Inconnu, & moi aussi :

FLAVIE. (AIR. *Non je ne ferai pas.*)
Quand tu parles, je crois entendre son langage ;
Et même en te voyant, je crois voir son image.

LÉANDRE.
L'objet qui m'a charmé par tout me suit aussi,
Et votre image en moi se confond avec lui.

La prétendue Clarice, charmée de cette conformité de destinée, promet de rompre le mariage d'Orgon, de faire paroître l'Inconnu : enfin elle en dit tant, qu'elle seroit découverte si Flavie avoit plus de pénétration & d'esprit, mais l'Auteur a jugé à propos de le lui ménager, pour suspendre le dénouement. Lucinde qui survient, ayant entendu quelques mots assez clairs, prend cependant aisément le change, & écoute l'histoire que Clarice compose d'un amant scélérat par qui elle a pensé être trompée. Lucinde, charmée de la sagesse de cette nouvelle Soubrette, lui confie entièrement le soin de Flavie, & la prie de tâcher de l'engager à souscrire à l'hymen de M. Orgon.

LÉANDRE. (AIR. *Ton himeur est Caterine.*)
Sur moi, pendant votre absence,
  Vous pouvez vous reposer :
Mes soins & ma vigilance
  Vous doivent tranquilliser.
Toûjours auprès de Flavie
  J'exercerai mon emploi,
Et je réponds sur la vie,
  Qu'elle ne verra que moi.

Le Vicomte trouvant Clarice seule, veut lui conter fleurettes.

LÉANDRE.

Tout beau, je vous prie.

(AIR. *Robin tais-toi.*)

Songez à ce que vous faites,
Chériffez un autre objet.
Le cœur d'un Vicomte est-il fait
Pour courtiser des Soubrettes ?

LE VICOMTE.

Clarice tais-toi,
J'en connois (*bis.*) bien d'autres,
Qui font comme moi.

Lucinde entre fort mal à propos pour le Vicomte, dont elle interrompt les galanteries. La feinte Clarice contente d'être délivrée de ses importunités, déclare qu'elle n'a d'attachement que pour Flavie. On félicite cette derniere sur ce bonheur : Ma niéce, dit le Vicomte, si votre prétendu vous manque, en voici un tout trouvé : Oui, répond Clarice, mais si par un coup de magie j'allois devenir garçon, y consentiriez-vous ? ajoûte t-il en s'adressant à Lucinde. Très-volontiers, replique cette derniere, qui croit qu'on badine. Elle sort & emméne le Vicomte; Léandre se trouvant seul avec Flavie, continue la plaisanterie, & Lisette venant & s'appercevant de leur bonne intelligence, découvre le myftere du travestissement de Léandre. Flavie surprise, témoigne d'abord de la colere : elle s'appaise promptement, & Léandre transporté de joie, se jette à ses pieds. Le Vicomte le surprend dans cette attitude, mais Léandre continuant toujours le personnage de Clarice, se tête d'affaire en difant que c'eft un role qu'il répéte pour divertir Mademoifelle. Le Vicomte approuve ce jeu, & demande à être de la partie. Lifette ne refte pas longtemps feule ; Agathine jeune fœur de Flavie, vient fe moquer du peu d'empreffement que fon aînée témoigne pour le mariage. Quoi, lui dit Lifette, une morveufe comme vous voudroit un mari ?

LISETTE. (Air. *Eh oui da.*)
Mais encor qu'en voulez-vous faire ?

AGATHINE.
Non cela n'eft point douteux,
Ce que l'on en fait d'ordinaire.

LISETTE.
C'eft donc pour bouder tous deux ?

AGATHINE.
Ah ! ouiche, ouiche !

LISETTE.
Un mari n'eft bon qu'à cela.

AGATHINE.
Comme elle triche,
Ouiche, ouiche,
Et ouida.

Le fecond divertiffement commence par un Dialogue en Vaudeville entre Héraclite & Démocrite.

HÉRACLITE.
Conduite par la finance,
Thémis en bien des climats,
Ne fe fert de fa balance
Que pour pefer les ducats.
En vain la veuve foupire,
On la laiffe murmurer.

Duo.

Héraclite. Pourrois-je ne pas pleurer ?
Démocrite. Pourrois-je ne pas rire ?

DÉMOCRITE.

De ces fous que peut-on croire
Qui d'un Avocat font choix
Pour mettre dans leur mémoire
Leur sottise en beau françois.
En plein barreau se font dire
Ce qu'on devroit ignorer.

Duo.

Démocrite. Pourrois-je ne pas rire ?
Héraclite. Pourrois-je ne pas pleurer ?

ACTE III.

Léandre vêtu en Cavalier reparoît au troisiéme acte, pour achever son stratagême.

LISETTE.

» Je sçais que sous l'habit de Cavalier vous voulez en présence de la mere faire connoître votre passion à la fille. A quoi cela aboutira-t-il ?

LÉANDRE.

» Je veux dans une espéce de jeu la demander en mariage, & faire tenir à la mere la promesse qu'elle m'a faite.

(AIR. *Du haut en bas.*)

En badinant
Je ferai tant près de la mere
En badinant,
Que j'aurai son consentement,
Sur un contrat que je fais faire,
Elle signera, je l'espere,
En badinant.

Léandre & Flavie profitent de l'avantage de leur prétendue feinte, pour se déclarer avec tendresse leurs secrets sentimens. Lucinde & le Vicomte charmés de les voir jouer si naturellement, & croyant que ceci n'est qu'un badinage, consentent à tout, & permettent à la fausse Clarice, qui a repris ses habits de garçon, d'emmener Flavie comme son épouse. Dans le moment on annonce M. Orgon : ce dernier a vû Flavie tête à tête avec un cavalier, & entre fort en colere pour rompre la promesse de mariage qu'il a contracté avec cette Demoiselle.

LUCINDE à *Orgon*.

» Il faut vous désabuser, sçachez Monsieur que l'Amant
» que vous avez crû voir avec ma fille, est ma femme de cham-
» bre, qui s'est déguisée en homme pour nous réjouir.

ORGON.

» Quel conte ?

LE VICOMTE.

» Cette friponne a le talent de faire si bien le galant,
» qu'on ne peut mieux le contrefaire.

Léandre revient avec Flavie, & c'est alors que le stratagême est découvert.

ORGON à *Lucinde*.

» Apprenez Madame, que vous êtes dans l'erreur, &
» que cette prétendue Soubrette est un cavalier que je con-
» nois bien.

Lucinde voyant qu'elle est trompée, s'emporte ; Doucement, lui dit Orgon, il y a remede à tout ; ce cavalier est mon fils, & je lui céde volontiers cette épouse qu'il aime & dont il est aimé. Cet heureux dénouement satisfait tout le monde ; Lisette qui a eu tant de part à l'intrigue, reçoit sa grace avec bien des complimens, & l'on ne songe plus qu'à se divertir.

Couplets du Vaudeville.

Je ne trouve rien de charmant
Comme les belles,
Je ne pourrois un seul moment
Vivre sans elles.

Mais sans jamais trop m'engager,
 Je les courtise.
Toûjours aimer, souvent changer,
 C'est ma devise.

Beau sexe, contre nous suspens
 Ton vain murmure,
Si nous trompons, tu nous le rends
 Avec usure.
Ton cœur plus que nous aguerri
 Bien mieux déguise.
A trompeur, trompeur & demi.
 C'est ta devise.

Extrait Manuscrit.

SULTAN (le) POLI PAR L'AMOUR, Voyez *Enfans* (*les*) *trouvés*.

SUPERSTITEUX, (le) Prologue en vers Alexandrins de la Critique, Comédie en un acte & en vers libres, par M. de *Boissy*. La premiere représentation de la piéce & du Prologue est du Samedi 9 Février 1732. L'une & l'autre eurent un grand succès. Paris, Prault pere.

Le titre de la piéce en annonce le sujet; on y fait une analyse badine des différens ouvrages dramatiques du même temps, & c'est la Critique personnifiée qui les passe en revue. A l'égard du Prologue, l'idée en est tout-à-fait neuve. C'est un Auteur naturellement superstitieux, & pour qui les songes & les présages sont des Oracles infaillibles. Les transes d'un Poëte aux approches de la premiére représentation de son ouvrage, & les allarmes d'un esprit livré à la superstition y sont dépeintes fort naïvement. Il donne un soufflet à son valet Arlequin qui a l'imprudence de siffler en l'abordant, non pour le punir de son manque de respect, mais parce qu'il craint que ce coup de sifflet ne porte malheur à sa piéce. Il a fait un songe qui l'inquiéte beaucoup, & dont il fait un récit tragique, qu'il termine par ce vers parodié du dernier du songe de Thieste, dans la Tragédie d'*Atrée* de M. de *Crébillon*.

Et mon songe finit par trois coups de sifflet, &c.

Voyez l'Extrait de la Piéce & du Prologue, *Mercure de Mars* 1732. pag. 525.

(*) SUPERSTITIEUX, (le) Comédie Françoise, en vers libres & en trois actes, au Théatre Italien, par M. *Romagnesi*, représentée pour la premiére fois le Samedi 5 Mars 1740. non imp.

Damon, fils de Chrisante, (c'est le Superstitieux,) a contracté un mariage secret avec une belle personne appellée Julie. Chrisante, vieillard crédule jusqu'à l'imbécillité, mais aussi opiniâtre que crédule, ayant découvert le mystere, non seulement ne veut point approuver ce mariage, mais prétend le faire déclarer nul. Damon, pour parer un malheur qui lui paroit inévitable, si son pere ne change point de sentiment, se reconcilie avec Frontin, valet de Chrisante, & avec Lisette sa Gouvernante, avec qui il n'avoit pas trop bien vécu jusques-là,

___

(*) Cette piéce avoit été composée en prose par M. *Ferrin*, M. *Romagnesi* à qui il l'avoit donnée, la mit en vers, il fit des changemens & la fit représenter. Elle fut suspendue après la premiere représentation, par une maladie du Sieur de *Hesse*, & reprise le 7 Mai 1740. *Note du Sieur Laffichard*. Le Sieur *Ferrin* ne nous est connu que par cette note.

& les engage à tourner l'esprit du vieillard en sa faveur. Comme ils sçavent que la superstition domine Chrisante, quoiqu'il veuille faire l'esprit fort; c'est par ce moyen qu'ils peuvent servir Damon. Frontin lui annonce que pendant son sommeil des chiens ont heurlé trois fois de suite épouvantablement, présage certain, ajoûte-t'il de quelque malheur, d'autant plus qu'une choüette a joint ses cris à ceux des chiens. Préparé qu'il est par ce récit, Lisette & Frontin lui font accroire qu'il est changé & malade, & continuant par divers stratagêmes, qui sont tous fondés sur sa foiblesse, à lui accabler l'esprit au point de le faire consentir au mariage de son fils. Voilà en gros l'idée de cette piéce qui est froide & décousue, ce qui ne peut être autrement, puisque c'est une suite de différentes ruses qui se succédent sans avoir de liaison ensemble. Mais comme elle est assez bien écrite, & pleine de détails plaisans, quoiqu'outrés, nous en allons copier quelques endroits qui deviennent en quelque sorte intéressants, d'autant que la piéce n'étant point destinée à l'impression, il y a apparence qu'on ne les verra jamais autre part.

Valentin, valet de Damon, vient au commencement du second acte déguisé en Avocat, pour effrayer le bonhomme qui en a envoyé chercher un, pour le charger de poursuivre la cassation du mariage de son fils.

ACTE II.
SCÉNE III.

CHRISANTE, VALENTIN *en Avocat.*

VALENTIN. *Il se laisse tomber en entrant.*

Ha ! morbleu !

CHRISANTE.

Qu'est-ce donc ? ha ! tous mes sens palpitent.

VALENTIN.

Le diable emporte, ou brule la maison,
Tous ceux qui l'ont bâtie, & tous ceux qui l'habitent.

CHRISANTE.

Quelle figure de démon !
Monsieur on n'entre point chez les gens de la sorte,
Et l'on doit se faire annoncer.

VALENTIN.

Me faire annoncer ! que m'importe ?
De quoi prétendez-vous qu'on s'aille embarrasser.

CHRISANTE.

Mais qui demandez-vous !

VALENTIN.

C'est moi que l'on demande,
On m'est venu chercher de votre part.

CHRISANTE.

Quoi seriez-vous Avocat, par hasard ?

VALENTIN.

Par hasard ? la bétise est grande,
La science jamais fut-elle un cas fortuit ?
Je suis Avocat par étude,
Par principe, par habitude,
Par licence, par grade, & tout ce qui s'ensuit.

CHRISANTE.

Ha ! je vous attendois avec impatience.

VALENTIN.

Voyez un peu, je le crois bien.

CHRISANTE.

N'êtes-vous point bleſſé, Monſieur?

VALENTIN.

Je n'en ſçais rien.

CHRISANTE.

Mais il faut voir.

VALENTIN.

La choſe eſt de peu d'importance.

CHRISANTE à part.

Ma! quel air ſombre, & quel triſte maintien!

VALENTIN.

Je ne ſçais ſi cette viſite
Sera fatale, ou pour vous, ou pour moi,
Et quelle en doit être la ſuite.

CHRISANTE.

He! pourquoi donc, Monſieur!

VALENTIN.

Pourquoi?
Du logis juſqu'ici, de diſgrace en diſgrace,
J'ai meſuré tout le chemin,
J'ai cru n'en voir jamais la fin,
Et j'ai ſuivi le malheur à la trace.
En ſortant de notre maiſon,
Je me chagrine, & marche triſte & morne,
Comme prévoyant mon guignon.
A peine de la rue ai-je tourné la borne,
Qu'un gros bœuf échappé me donne un coup de corne,
Et me fait par les airs voler ſur un balcon.

CHRISANTE.

Quel accident!

VALENTIN.

Je me ſecoue,
Après que je ſuis relevé.

CHRISANTE.

Et la corne, Monſieur, ne vous a pas crevé?

VALENTIN.

Je descens dans la rue, & l'astre qui me joue,
Près de moi fait verser un tombereau de boue
Qui m'écrase sur le pavé.

CHRISANTE à part.

O ciel ! cet homme est réprouvé.
Deux accidens pareils dans la même journée !

VALENTIN.

On me lave, on me séche, & me voila parti,
Mais la fortune à me nuire obstinée
Qui n'en veut pas avoir le démenti
Fait tomber à mes pieds un pan de cheminée.

CHRISANTE.

Ha !

VALENTIN.

Je poursuis, tranquillement ;
J'arrive enfin à votre porte,
Je veux entrer, lorsqu'au même moment
Elle se ferme rudement,
Et me casse le nez. Frappons, dis-je, n'importe ;
Le sort se lassera d'être récalcitrant.
En montant l'escalier, ma robe se déchire,
Je mets le pied dedans, & je tombe en entrant.
Allons, Monsieur, que voulez-vous me dire ?

CHRISANTE à part.

Il devroit être en poudre. A peine l'on comprend
Comment cet homme-là respire.
Mais dois-je me servir de cet infortuné ?
Sur notre sort les malheureux influent,
Et par eux-mêmes contribuent,
A décocher le trait qui nous est destiné.

VALENTIN à part.

Il est pensif & consterné.

CHRISANTE à part.

Mais, que dis-je ? c'est moi qui peut-être rejette
Sur lui tout le fardeau de mon astre malin.
(*) Mon portrait; les chiens ; la chouette....

VALENTIN.

Vous semblez ressentir le plus âpre chagrin !

(*) *Son portrait est tombé à ses pieds.*

CHRISANTE.

Je vais vous en dire la cause.
Il s'interrompt, en examinant Valentin.
Mais de qui portez-vous le deuil ?

VALENTIN.

D'un pere que je me propose
De suivre bientôt au cercueil.
Hier il trépassa d'une certaine dose.....
J'en ai la larme au cœur tout comme à l'œil.

CHRISANTE.

Son pere !

VALENTIN.

On sçait fort bien qu'il faut qu'un pere meure,
Et sur-tout étant aussi vieux ;
Mais la philosophie en vain fait de son mieux,
Pour empêcher que l'on ne pleure.

CHRISANTE.

Hé ! quel âge avoit-il ?

VALENTIN.

Mais...... le vôtre à peu près.

CHRISANTE *à part.*

On diroit que pour moi la chose est faite exprès.
haut.
Monsieur, il s'agit d'une affaire
Qui sans doute me tient au cœur, & fortement.

VALENTIN *sanglottant.*

Haï ! ouf !

CHRISANTE.

Qu'avez-vous donc ?

VALENTIN.

Je pleure un peu mon pere ;
J'aurai fini dans un moment.

CHRISANTE.

Mon fils a fait un mariage,
Depuis deux ou trois mois, sans m'en avoir parlé.

VALENTIN.

C'est agir en homme fort sage ;
Tout secret confié peut être révélé.

CHRISANTE.
Oui ; mais mon fils n'est pas en âge.
VALENTIN.
Quel âge a-t-il ?
CHRISANTE.
Il est encor mineur ;
Vingt ans, au plus.
VALENTIN.
Parbleu ! vous vous moquez, je pense.
Quoi ? ne sçavez-vous pas que l'Amour est majeur
Dès qu'il touche à l'adolescence ?
CHRISANTE *à part.*
Je l'étranglerois de bon cœur.
haut.
Monsieur, ne raillons point ; cela m'émeut la bile ;
Je prétends rompre cet hymen.
VALENTIN.
Faisons-en ici l'examen.
La fille qu'il a prise étoit-elle nubile ?
CHRISANTE.
Quelle plaisante question !
Oui.
VALENTIN.
D'honnête condition ?
CHRISANTE.
On le dit.
VALENTIN.
Et tous deux, d'un accord unanime,
Ont concouru sans doute à la possession ?
CHRISANTE.
Que trop.
VALENTIN.
Et les témoins ont fait leur fonction ?
CHRISANTE.
Oui, Monsieur.
VALENTIN.
Attendez ; de ce nœud légitime
A-t-on expédié la célébration ?

Je le crois.

CHRISANTE.

VALENTIN.

Voila bien le meilleur mariage
Qui se soit fait depuis longtemps.

CHRISANTE.

Je le crois bien ; mais je prétends
Qu'il soit cassé, sans tarder davantage.

VALENTIN.

Vous voulez le casser !

CHRISANTE.

Vraiment, c'est pour cela,
Que j'ai besoin de votre ministere.
Travaillez donc au plûtôt......

VALENTIN.

Alte-là.
Songez-vous bien à la douleur amere
Qui va saisir ces malheureux époux ?
En conscience, pouvez-vous
Concevoir le dessein barbare
D'arracher de leur nid deux tendres tourtereaux
Qui chaque instant, par des transports nouveaux,
Se prouvent l'amour le plus rare ?
Vous allez perdre votre fils,
Et deshonorer cette fille,
Pour qui, désormais, sa famille
N'aura que haine & que mépris.
Fi ! c'est une action infame ;
J'en ai le cœur navré, transi ;
Pensez bien ce que c'est que l'honneur d'une femme
Dans un temps comme celui-ci.

CHRISANTE.

Monsieur, il me paroît étrange,
En vous demandant votre avis,
Contre cette fille & mon fils,
De voir que la pitié de leur parti vous range !

VALENTIN.

L'humanité, l'intérêt de l'état
Sont les deux causes les plus justes,
Les plus nobles, les plus augustes
Que puisse de ses jours défendre un Avocat.

CHRISANTE.

Vous vous mocquez, parbleu! l'Etat a bien affaire......

VALENTIN.

Oui, l'Etat. Etes-vous calculateur aisé?

CHRISANTE.

Comme un autre. Pourquoi?

VALENTIN.

C'est qu'il est nécessaire
De vous montrer combien l'état sera lésé.
Prenons que votre fils, dans le cours de sa vie,
Ne puisse avoir d'une femme jolie,
Au pis aller, que vingt enfans.
Ces vingt enfans qui tiendront de leur pere,
Pour peu que le ciel soit prospere
D'hui tout au plus en soixante ans,
En feront chacun vingt, cela fait quatre cents.
Des générations ce n'est que la seconde;
Ces quatre cents dont la tige est féconde,
En vingt-cinq ans au plus, usant des mêmes droits,
Doivent en produire huit mille.

CHRISANTE.

Vous vous alambiquez dans un compte inutile.

VALENTIN.

Or, vous voyez, en comptant par vos doigts,
Que rompre cet hymen est pure félonie.
Par ce calcul il est conclu
Qu'avant le siécle révolu,
Vous égorgez de quoi faire une colonie.

CHRISANTE.

Pour parer ce malheur, je sçais un sûr moyen,
Je marierai mon fils. Un parti se présente;
Une fille aimable, charmante,
Ayant sur-tout beaucoup de bien,
Et l'Etat dans cent ans pourra n'y perdre rien.

VALENTIN.

Vous ne sçavez ce que vous dites;
Votre fils n'aimant point trahira vos projets,
Et l'hymen n'a d'heureuses suites,
Qu'autant qu'un chaste amour prépare les sujets.

CHRISANTE.

Certes, dans l'état où vous êtes,
Après les accidents qui vous sont arrivés,
Je ne sçais comment vous pouvez
Vous amuser a de telles sornettes.
Je vous ai déja dit qu'il étoit question
De rompre un nœud qui me chagrine,
Voulez-vous y travailler ?

VALENTIN.

Non ;
Que plutôt tout l'enfer me berce & me lutine.

CHRISANTE.

Hé bien, Monsieur, n'en parlons plus ;
Si vous me refusez le vôtre,
Je prendrai le secours d'un autre.

VALENTIN.

D'un autre ? abus.

CHRISANTE.

Comment, abus ?

VALENTIN.

Vos soins, pour en trouver, deviendront superflus.

CHRISANTE.

Je ne trouverai point d'Avocat ?

VALENTIN.

Non, vous dis-je.

CHRISANTE.

Mais vraiment, c'est un vrai prodige.
N'en point trouver pour de l'argent !

VALENTIN.

Non, ni de Procureur, & pas même un Sergent.

CHRISANTE *à part*.

Cet homme est frappé de vertige.

VALENTIN.

Je vois votre étonnement ;
Mais tout Avocat se garde
De risquer l'événement ;
Il n'en est point qui hasarde
De mourir subitement.

CHRISANTE.

Subitement ! c'est bien une autre histoire !

VALENTIN.

Depuis cet accident affreux,
En cinq cens trente-six, de funeste mémoire,
Vous auriez de la peine à croire
Combien les Avocats sont devenus peureux,
Quand il s'agit d'arrêt contradictoire
Qui dissolve de pareils nœuds.

CHRISANTE.

Quel accident, & que voulez-vous dire ?
En cinq cens trente-six ?

VALENTIN.

Je vais vous en instruire,
En cinq cens trente-six, (je dois m'en souvenir,
Car j'ai souvent repassé cette époque,
Et suis prêt à la soutenir,
Contre quiconque en doute la révoque,)
Une cause semblable à celle d'à présent
Fut appellée à l'audience.
De part & d'autre on plaide à toute outrance ;
L'Avocat demandeur fait le mauvais plaisant,
Raille la fille & veut la rendre méprisable ;
Le défendeur pour mouvoir la pitié,
Récite d'un ton lamentable
Un beau discours étudié ;
L'arrêt enfin se prononce & foudroye
Le mariage clandestin ;
Tous les parens font éclater leur joie,
Mais de nos deux époux la rage se déploie,
Contre l'iniquité de l'injuste scrutin.
La veuve alors comme animée,
Par un esprit de divination,
Prédit en Sibille Cumée,
De ses Juges en bloc l'extermination.

Au bout du mois les Rapporteurs périrent ;
Les Conseillers de fort près les suivirent ;
Avocats, Gens du Roi, Greffiers, toute la Cour
Descendit en trois mois au ténébreux séjour,
Hormis les Procureurs dont l'ame est plus tenace ;
La mort sur eux ne put faire main basse,
Précisément qu'au bout de l'an & jour.

CHRISANTE.

Je n'entendis jamais parler de cette affaire.

VALENTIN.

Je le crois, car on l'assoupit,
Et c'est une anecdote inconnue au vulgaire
Dont nous faisons rarement le récit.

CHRISANTE.

Toute la Cour mourut !

VALENTIN.

Ha ! j'oubliois encore,
Tous les parens du parti demandeur,
En cette année on vit éclore
La peste exprès en leur faveur.
Jugez si c'est avec des raisons bien solvables,
Que je me refuse à vos vœux.

CHRISANTE.

On a plaidé depuis mille causes semblables
Qui n'ont point entraîné ces accidens fâcheux.

VALENTIN.

Pour un homme d'esprit la replique est peu forte ;
Voyons-nous le destin toujours,
Dans ses effets & dans son cours,
Se conduire de même sorte.
Tantôt il fait tonner ses coups avec éclat ;
Tantôt il cache sa vengeance,
Mais de quelque façon qu'agisse sa puissance,
Elle punit, & c'est le résultat.
Ce n'est plus sur la Cour que tombe sa colere,
Lorsqu'on veut dénouer un lien conjugal ;
Il ne s'en prend qu'à la source du mal ;
C'est un pauvre Avocat, c'est un malheureux pere,
Qui seront accablés d'un châtiment fatal.

Ce n'est plus le cours d'une année
Qui renferme ce châtiment,
Vous mourez dans une journée,
Et quelquefois dans un moment.

CHRISANTE.

Pour moi, je brave la menace,
Je veux plaider, le dessein en est pris.

VALENTIN.

Vous la bravez ! ha ! quelle audace !
Vous payrez cher un tel mépris.

CHRISANTE.

Je ne redoute point toutes ces minuties ;
La superstition n'a sur moi nul pouvoir.

VALENTIN.

Juste ciel, punissez ces ames endurcies,
Que ne peuvent fléchir ni crainte, ni devoir.

CHRISANTE.

Mais ce n'est point ainsi, Monsieur, qu'on apostrophe...

VALENTIN.

Vous voulez plaider, dites-vous ?

CHRISANTE.

Assurément.

VALENTIN.

Plaidez, plaidez, rien n'est si doux.
Tout esprit fort brave la catastrophe.

CHRISANTE *à part.*

J'enrage.

VALENTIN.

Et voit la mort en Philosophe.

CHRISANTE *à part.*

Je frémis à la fois de crainte & de courroux.

VALENTIN.

Adieu, Monsieur, demain à pareille heure ;
Puissai-je vous revoir frais, gaillard & dispos ;
J'en doute.

CHRISANTE.

Comment donc ? est-il dit que je meure ?

VALENTIN.

Ho ! je ne tiens jamais de tels propos ;
Vous pourrez seulement goûter en plein repos ,
Le plaisir d'occuper la derniere demeure.

A la fin du même acte , Julie travestie en Bohémienne vient dire la bonne avanture au bon homme. Elle a d'autant plus beau jeu, qu'elle est instruite par Frontin , & Lisette qui le font eux-mêmes , & par la confiance de Chrisante , & sur-tout parce qu'il a l'habitude de rêver tout haut , & de dire ses affaires en dormant, sans s'en douter.

SCÈNE IX.

CHRISANTE, JULIE, FRONTIN, LISETTE.

LISETTE à *Chrisante.*

Où voulez-vous aller ?

CHRISANTE.

Je ne sçais , laisse-moi.

LISETTE.

Que la raison agisse.
Deux heures de sommeil.

CHRISANTE.

Le lit est un supplice
Qui rappelle à l'esprit ce qui le peut troubler.
Qu'on me donne un fauteuil.

LISETTE.

Monsieur !

CHRISANTE.

Qu'on m'obéisse.
à part.
Je me souviens que l'on m'a dit
Que je dois mourir dans mon lit.

FRONTIN

FRONTIN faisant semblant de disputer avec Julie derriere le Théatre.

Laissez-nous, s'il vous plaît ; vous prenez trop de peine ;
Nous n'avons pas besoin de votre art mensonger.

CHRISANTE.

Qu'est-ce donc ?

FRONTIN.

C'est, Monsieur, une Bohémienne
Qui depuis un quart-d'heure ici veut m'engager
A vous prier qu'elle vous entretienne.

CHRISANTE.

Que veut-elle de moi ?

FRONTIN.

Sans doute, votre argent.

JULIE à *Frontin*.

Tu mériterois, double-traître,
Que pour punir ce propos outrageant,
Je te dise aujourd'hui ce qu'un jour tu dois être.

CHRISANTE.
à *Julie*.

Elle est plaisante. Approche.

LISETTE.

Hé ! Monsieur, à quoi bon ?
Que voulez-vous qu'elle vous dise.

JULIE.

Vous craignez ma science, & sur-tout ma franchise.

LISETTE.

Je les mets toutes deux au pis.

JULIE, *après qu'elle a paru avoir examiné Lisette avec attention.*

Elle a raison ;
Son zéle est pur, & rien ne le déguise.

LISETTE.

Ha ! ha ! vous faites le plongeon,
Et me flattez pour avoir mon suffrage.

JULIE.

Je prétends l'arracher, & non le demander.
Ma belle, à quand le mariage ?

LISETTE *feignant de lui parler bas.*

Taisez-vous donc.

JULIE.

Frontin tranche du personnage ;
Mais nous avons tout lieu d'appréhender
Qu'il ne soit qu'un sot en ménage.

FRONTIN.

Le diable emporte le préfage.

JULIE.

Non, non, je ris : Lifette est fage,
Et puis à mes difcours voudrois-tu te fier ?

FRONTIN.

Oui ; je ne fçai que trop que fans être forcier,
On peut deviner jufte en affaire pareille.

CHRISANTE *à Lifette.*

Dit-elle vrai ? vas-tu te marier ?

LISETTE.

Monfieur, je ne puis le nier :
Mais vous avez jafé. Quelques mots à l'oreille....

CHRISANTE.

Moi ? je n'en fçavois rien.

LISETTE.

C'eft donc une merveille.

JULIE *à Chrifante.*

L'état où je vous vois m'intéreffe pour vous ;
J'ai deviné vos maux, les foins qui vous agitent,
Et pour moi l'emploi le plus doux
Eft de me rendre utile aux gens qui le méritent,
Monfieur.

CHRISANTE.

Qui vous a dit que je me portois mal ?

JULIE.

Qui me l'a dit ? je l'ai lû dans un livre,
Qui du deftin eft le miroir fatal ;
Dans les Aftres, Monfieur, que mes yeux fçavent fuivre.

FRONTIN.

Oui, oui, fa tête fuit la lune dans fon cours.

CHRISANTE.

Madame, croyez-moi, cette belle science
Ne peut en imposer qu'à des esprits très-courts ;
Elle a pour fondement de frivoles discours,
Quelquefois le hasard ou la vaine apparence.

JULIE.

Vous allez la sentir par votre expérience.
Monsieur, le mal vous presse, & vous devez céder
A la nécessité de cette conjoncture ;
    Ne perdez point le temps à m'éluder,
Profitez-en ; il est fort cher, je vous l'assure.

CHRISANTE à *Frontin*.

Va, pour la contenter, chercher mon Médecin.

JULIE.

    Non, non, Monsieur, ce n'est pas mon dessein ;
Pour guérir votre mal il faut sçavoir sa cause ;
C'est l'esprit qui chez vous a dérangé le corps,
Il faut de ce premier rajuster les ressorts :
C'est ce qu'en peu de temps mon esprit se propose,
Et tous deux rentreront dans leurs parfaits accords.

LISETTE.

Voilà ce qui s'appelle endormir avec pompe.
    Des Médecins vous empruntez votre art.

FRONTIN.

Quel galimatias ! il faut qu'elle vous trompe,
    A votre mal l'esprit n'a point de part.

CHRISANTE.

Eh non ; mais cependant.......

FRONTIN *riant*.

            Sa science profonde
    Va bientôt paroître à vos yeux ;
Qu'elle devine...... là..... sans sortir de ces lieux
L'an, le mois & le jour que vous vintes au monde.

CHRISANTE.

C'est en demander trop.

FRONTIN.

Parbleu, vous vous moquez,
Si de son art elle est bien assurée,
Tous les événemens marqués
Doivent la trouver préparée.

JULIE.

Regardez-moi. Sa vûe est égarée;
N'importe. Votre main ?...... Elle brûle.

CHRISANTE.

Hélas ! oui.

JULIE.

En l'an six cent soixante & seize
Le quatre Février........

CHRISANTE.

Le trait est inoui !

JULIE.

A huit heures du soir, comme un gros réjoui.....

FRONTIN.

Dit-elle vrai, ne vous déplaise ?

CHRISANTE.

Tu m'en vois stupéfait.

LISETTE.

J'admire, en vérité
L'étonnement & la crédulité
Que vous faites ici paroître.

CHRISANTE.

Ce qu'elle dit est vrai ; c'est un fait attesté.

LISETTE.

C'est pour cela vraiment qu'elle a pû le connoître,

CHRISANTE.

La note est dedans mon tiroir
Et personne jamais........

FRONTIN.

Nous l'avons pourtant vûe,
Un jour que vous passiez vos fastes en revûe.

LISETTE.

Par bien d'autres que nous elle a pû le sçavoir.
Eprouvons-la sur quelqu'autre matiere.
Dites-nous un peu sa maniere
Dont Monsieur pense & se conduit.

JULIE.

La question est singuliere.

LISETTE.

Bon, vous lisez dans la plus sombre nuit.

JULIE.

Ah, ah! vous badinez! soyez donc satisfaite;
Monsieur verra bientôt si je fais ressembler.

CHRISANTE.

Retirez-vous Frontin, & vous aussi Lisette.
à part.
Cette femme me fait trembler
Et je crains devant eux sa lumiere indiscrette.

FRONTIN.

Ne vous laissez point éblouir,
Car ces sortes de gens.....

CHRISANTE.

Ne te mets point en peine
A ses dépens je veux me réjouir.

FRONTIN.

Ce sera fort bien fait. (*à part.*) Ah la plaisante scéne!

LISETTE *à part.*

De tout son embarras j'aurois voulu jouir.

SCÉNE X.

JULIE, CHRISANTE.

JULIE.

Vous avez fort bien fait, & malgré leurs souplesses,
Ce ne sont pas toujours nos gens,
Qui pour nos petites foiblesses
Se montrent les plus indulgens.

CHRISANTE.

Quoi! vous croyez?......

JULIE.

Laissons-là les finesses ;
Ce n'est point à nos yeux qu'on peut voiler son cœur.
La superstition tout entier vous domine :
Vous la cachez par point d'honneur ;
Mais dans le fond c'est son pouvoir vainqueur
Qui vous guide & vous détermine.

CHRISANTE.

Oui, vous avez raison ; je l'avoue à regret,
Mais du moins, je vous en supplie,
Promettez-moi, si c'est une folie,
D'en garder par-tout le secret.

JULIE.

Vraiment il faut que je le garde
A d'autres malades qu'à vous ;
Pour peu que dans Paris je fusse babillarde,
On verroit la discorde habiter parmi nous
Combien d'amans, combien d'époux,
Sous la trompeuse sauvegarde
Des caresses & des yeux doux,
Connoîtroient qu'en amour le crédule hasarde
Mille fois plus que le jaloux.
Que de faux dévots, de faux braves,
De gens de fausse probité
Seroient dans de rudes entraves
Si je faisois parler la vérité !
Combien de prudes révérées,
Perdroient le droit d'abuser les esprits,
Et verroient changer en mépris
L'estime où les m troient de vaines simagrées !
Que d'Agnès, qu'en cachette on mitonne, on poursuit
En les croyant timides ou novices,
Et qu'on poursuivroit à grand bruit
Si de leurs mœurs je donnois les indices.

CHRISANTE à part.

Quelle femme !

JULIE.

Les faits les plus mistérieux
Des siécles reculés sont présens à mes yeux ;

Il n'est rien de caché que ma science ignore ;
Des secrets du passé je puis m'entretenir ;
Et prématurément mon art sçait faire éclore,
 Ceux que le destin tient encore
 Envelopés dans le sombre avenir.
 Mais il s'agit du précipice
 Où vous êtes prêt à tomber.
 A votre sort, à sa noire malice
 Je puis encor vous dérober,
 Et vous allez y succomber,
Pour peu que votre esprit m'oppose de caprice.

CHRISANTE.

Et quel malheur me prépare le fort ?

JULIE.

Il me défend d'oser vous en instruire :
Consultez votre cœur, il peut seul vous le dire.

CHRISANTE à part.

Je suis perdu : c'est sans doute la mort.
(à Julie.) Mais vous y sçavez un reméde
Dites-vous ?

JULIE.

Sans cela viendrois-je vous chercher ?
Aux malheureux on doit du moins cacher
Les maux auxquels on ne peut donner d'aide,
 C'est le mariage d'un fils
 Qui vous agite & vous courousse ;
 Un triste entêtement vous pousse
 A séparer deux cœurs si saintement unis.
Ah ! prenez une voye & plus juste & plus douce :
Pardonnez-leurs, tous vos maux sont finis.

CHRISANTE.

Oui, je vois à peu près d'où me vient l'ambassade ;
 Vous vous en acquittez fort bien ;
Mais un fripon de fils en vain se persuade,
 Que sur son pere il puisse obtenir rien.

JULIE.

Vous mettez le pied dans l'abîme
Où je voulois vous empêcher d'entrer.
Je vous ai convaincu que dans mon art sublime
 J'étois incapable d'errer :
Songez-y.

CHRISANTE.

Pour m'avoir du jour de ma naissance
Instruit, je ne sçai pas comment,
Puis-je croire sottement
Ce qu'en faveur d'un fils votre bouche m'avance ?
Il me faudroit plus d'une expérience
Pour me convaincre clairement
D'une trop absurde science.

JULIE.

Je vous devine encore en ce moment :
Vous faites voir une fausse assurance,
Qu'au fond du cœur votre crainte dément.

CHRISANTE *bas.*

Elle sait tout ce que je pense,
Et me suit, malgré mes détours.
(*haut.*) Ah ! quand j'en croirois vos discours,
Du sort, quelle seroit la rage
De vouloir attacher le malheur de mes jours
A la cassation de ce nœud qui m'outrage.

JULIE.

Vous convient-il mortel audacieux,
D'oser vous faire rendre compte,
De ce que le destin arrête dans les cieux ?
D'où vous vient l'orgueil qui vous dompte?
Mais bien plus, si je veux rappeller le passé
Il vous punit avec justice,
Et par le même trait dont vous avez blessé,
Un pere, dont jadis vous fites le supplice.
Vous avez beau me regarder :
Souvenez-vous de la pauvre Isabelle ;
De vos moyens pour la persuader,
A suivre un Amant infidéle.
Quand votre pere, à vos desirs rebéle,
Refusa de vous l'accorder.
Quel respect eutes-vous pour sa toute-puissance ?
Vous ravites l'objet dont vous étiez épris,
Après avoir séduit son innocence.
Mais de son tendre amour, hélas ! quel fut le prix ?
Six mois après, le plus lache mépris
Fit éclater votre inconstance,
Elle en mourut.

CHRISANTE *à part.*

Je suis tout confondu.

JULIE.

De votre fils, au moins, l'ardeur est généreuse,
Il rend à ses sermens tout ce qui leur est dû,
Et ne les trahit point par sa fuite honteuse.
  Laissez agir sa probité,
  Ou redoutez l'âpre colere
  Du ciel vengeur, dont l'équité
Veut laver par le fils la cruauté du pere.

CHRISANTE.

Ah ! ne m'accablez point d'un affreux souvenir ;
C'est assez du remords qui me mine & me ronge
  Le jour, la nuit, souvent en songe
Mon esprit est forcé de s'en entretenir.
Je ne le céle point, votre sçavoir m'étonne,
  Car depuis plus de cinquante ans,
La chose est arrivée, & même dans ce temps
Mon cœur ne l'a jamais confiée à personne.

JULIE.

  Ce sont des signes éclatans
  Que le ciel par ma voix vous donne,
Ne négligez donc point des avis importans ;
  Et qu'à ma foi votre ame s'abandonne.

CHRISANTE.

Mes périls ne sçauroient affoiblir mon couroux.

JULIE *lui baisant la main.*

N'écoutez que le sang, & cédez à ses armes.

CHRISANTE.

Eh ! que veux-tu ma fille ?

JULIE.

  Ah ! que ce nom m'est doux !
  Que pour mon cœur il a de charmes !
Je veux le recevoir tombant à vos genoux.

CHRISANTE.

Que veut dire cela ? je vois couler vos larmes.

JULIE.

  Reconnoissez à ces tendres transports
Celle......

CHRISANTE.

Eh bien, achevez.

N v

JULIE.
Grand Dieu qu'allois-je faire !
Où m'emportoit une ardeur téméraire ?
Mais pour la réprimer je fais de vains efforts ;
Je crains qu'elle ne me trahisse.
Adieu, Monsieur.

CHRISANTE.
Non, demeurez.
Dites-moi pourquoi vous pleurez ?
Se peut-il qu'à ce point mon sort vous attendrisse !

JULIE.
Oui du péril que vous courez,
Mon astre veut que je gémisse.

CHRISANTE.
Je suis donc en danger ?

JULIE.
Il n'est que trop certain,
Je dirai plus, il est prochain.

CHRISANTE.
Ah ! je n'y puis résister davantage,
Quelle injustice ! il faut périr,
Ou confirmer ce fatal mariage.
Eh bien donc, j'aime autant mourir.

JULIE.
Ah ! prenez un conseil plus sage.

CHRISANTE.
Lisette ?

SCÉNE XI.
JULIE, CHRISANTE, LISETTE.

LISETTE.
Quoi, Monsieur ?

CHRISANTE.
Viens, je suis accablé
Raméne-moi ; cette Devineresse
Dans mon esprit déja troublé
A mis le comble à la tristesse, &c.

Nous allons finir le présent extrait par une dispute singuliere entre un Médecin & le même Valentin, qu'on a déja vû contrefaire l'Avocat, & qui est venu déguisé en Chirurgien, porter le dernier coup à Chrisante. On a déja dit qu'entr'autres tours qu'on lui joue, on lui a fait accroire qu'il étoit malade, & le but du faux Chirurgien est de lui persuader que sa colere contre son fils & Julie, dérange les ressorts de son tempérament, au point de le faire mourir avant la fin du jour, s'il ne se hâte de pardonner aux deux époux. Damon ne peut consentir qu'on expose son pere à un péril que la peur de la mort peut rendre effectif, quelque avantage qu'il en puisse attendre, & voyant Lisette & Frontin se mocquer de sa frayeur & de ses scrupules, & poursuivre malgré lui leur entreprise, il veut désabuser son pere, qui refuse de l'écouter, se met en colere sur ce qu'il lui soutient qu'il n'est pas malade, croit que ce qu'il en dit est pour l'empêcher de prendre des précautions contre le progrès du mal, afin que la mort l'en débarrasse plus vîte, & le chasse. Damon, poussé à bout, avertit M. Hidropoplex, le Médecin ordinaire de son pere, de l'entêtement ridicule où on l'entretient, entêtement que M. Hidropoplex traite sans ménagement de démence. Il court chez le malade prétendu, le met en fureur, en lui soutenant que sa seule maladie est un dérangement de cerveau, & sur ce que le Médecin parle du bon naturel de Damon, & de la vraie douleur qu'il montre de l'état où est son pere, Chrisante les croit d'accord ensemble. Lisette emmene presque de force Hidropoplex, pour essayer de lui persuader en particulier qu'il faut flatter la manie de son Maître qu'il va mettre au désespoir, s'il continue de l'obstiner. A peine il est sorti, que Valentin paroît, sans sçavoir qu'il y ait un Médecin dans la maison. Il étoit attendu avec impatience par le vieillard, à qui on l'avoit annoncé comme un homme miraculeux ; au milieu de leur entretien, Monsieur Hidropoplex qui n'a pû goûter les raisons de Lisette, réparoît en dépit d'elle. Elle est très-fâchée de laisser Valentin dans la nasse ; sa vue chagrine aussi beaucoup M. Chrisante, qui croyoit en être défait, & plus encore le nouveau Chirurgien ; il se rassure cependant, & se résout à payer d'effronterie. Cette scéne touche au dénouement, & le produit, par l'idée qu'elle donne à Chrisante du sçavoir de M. *Trombus*, (c'est le nom que Valentin juge à propos de s'y donner,) & la confiance qu'il prend en lui : & ce qui précipite ce dénouement, est que Trombus sur ce que Chrisante hésite, veut l'abandonner, disant qu'il craint qu'il n'aille mourir en sa présence, & que cela ne nuise à sa réputation.

SCÉNE IX.

CHRISANTE, HIDROPOPLEX, VALENTIN *en Chirurgien.*

. . . .

VALENTIN *en montrant Hidropoplex à Chrisante.*
Quel est-cet homme-là ?

CHRISANTE.

Monsieur Hidropoplex, Mon Médecin.

VALENTIN à part.

Je demeure perplex !
Ha ! ventrebleu ! que faire en cette rude crainte ?
M'a-t-on trahi ? mais non ; c'est un coup du hasard,
Soutenons l'abordage, & cachons notre crainte.

HIDROPOPLEX à *Chrisante*, en lui montrant Valentin.

Quel est cet homme noir qui raisonne à l'écart ?

CHRISANTE.

C'est un Chirurgien habile,
Qui malgré vos discours & votre trahison,
Me trouve mal ; sans me croire imbécile,
Et va, par un secours utile,
Travailler à ma guérison.

HIDROPOPLEX.

Il est bien insolent d'oser ici paroître,
Sans qu'un Médecin l'ait mandé.

VALENTIN.

Vous me parlez d'un ton bien décidé ;
Attendez, pour trancher du maître,
Que notre procès soit vuidé,
Et qu'il vous donne droit de l'être.

HIDROPOPLEX.

Il vous sied bien, champion de bibus
Que nous avons soumis au plus mince exercice,
De pousser à la fois l'insolence & l'abus,
(*) Jusqu'à prétendre entrer en lice, ...
. . . .
Comment vous nomme-t-on ?

VALENTIN.

Je m'appelle *Trombus*.

HIDROPOPLEX.

Ha ! voilà des armes parlantes !
Vous montrez par ce nom heureux,
Combien il seroit dangereux
De se fier à vos mains ignorantes.

(*) Il y a ici un vers sauté dans le manuscrit.

VALENTIN.

Les vôtres sont impertinentes,
Et font bien plus de mal par leurs mauvais écrits,
Que je n'en fais avec mes bistouris.

HIDROPOPLEX.

Prophane, respectez la Faculté Salutre.

VALENTIN.

Dites plutôt la Faculté lugubre.

HIDROPOPLEX.

Sçavez-vous raisonner ?

VALENTIN.

Non ; mais je sçais guérir.

CHRISANTE.

C'est le point principal.

HIDROPOPLEX.

Vous ! guérir ! quelle idée !
Et comment pouvez-vous parvenir à ce point ?
Sur quoi la guérison sera-t-elle fondée,
Lorsque vous ne raisonnez point.
Ne faut-il pas d'abord asseoir les conjectures,
Faire un sage examen du mal qu'on doit traiter,
Et par des conséquences sures,
Trouver la source, y remonter.
C'est, en suivant un si sage systême,
Qu'on voit par les effets la cause du mal même,
Et les tempéraments qu'on y doit apporter.
Or, il faut donc qu'une profonde étude
Vous mette en droit de pouvoir raisonner ;
Sans quoi, tous les secours que vous pouvez donner
Ne seront appuyés que sur l'incertitude.
Vous n'avez point appris à raisonner, *ergo*,
Vous ne pouvez guérir.

VALENTIN.

Nego.
Je vais vous prouver, sans réplique,
Que votre théorie, avec tout son fracas,
Ne sçauroit valoir ma pratique.
Arrachez-vous à la loi du trépas
Tous ceux que vous traitez de façon méthodique ?
En conscience...... la..... voyez ; n'en meurt-il pas ?

HIDROPOPLEX.

Oui, vraiment, & beaucoup.

VALENTIN.

Ainsi, vos conjectures,
Et tout le *galbanum* que vous sçavez donner
Me font tirer des conséquences sures,
Que vous n'avez appris qu'à fort mal raisonner.

CHRISANTE.

L'argument est en forme ; on ne peut y répondre.

VALENTIN.

Ce n'est pas la premiere fois,
Que j'ai sçu rabattre & confondre....

HIDROPOPLEX.

Et peut-on de la Parque anéantir les droits ?
Il est vrai que, malgré nos lumieres sublimes,
Elle enléve à nos soins grand nombre de victimes ;
Mais, aussi faut-il convenir
Que tous ceux qu'elle prend n'en pouvoient revenir.

VALENTIN.

Vous n'en deviez donc point entreprendre la cure,
Et puisque vous avez de sublimes clartez,
Vous devez bien sçavoir si ceux que vous traitez
Seront dupes de l'aventure.

HIDROPOPLEX.

Souvent, aussi, condamnons-nous
Les sujets qui nous appartiennent,
Et les abandonnons.

VALENTIN.

Alors, ils en reviennent.
Il le faut avouer ; les hommes sont bien fous
De fonder quelque espoir sur un art si frivole.

HIDROPOPLEX.

Mais quoi ! ne faut-il pas mourir ?

VALENTIN.

Ne vous mêlez donc pas de vouloir les guérir.

HIDROPOPLEX.

On essaie, du moins, & cela les console.

VALENTIN.

Ha ! c'eſt montrer le fin de la profeſſion ;
Vous les jouez à pair ou non.

CHRISANTE à *Valentin.*

D'être traité par vous, je meurs d'impatience.
En montrant le Médecin.
Renvoyons-le.

VALENTIN.

Ho ! non, je veux auparavant
Que vous voyez juſqu'où va ſa ſcience ;
Ou bien plutôt l'abus de ſon art décevant.
Monſieur le raiſonneur, tout gonflé de fumée,
Quel eſt le mal dont Monſieur eſt atteint ?

HIDROPOPLEX.

Me convient-il de deſcendre, Pigmée ,
Juſqu'au néant, où vous êtes aſtreint ?
N'importe, débrouillons s'il peut m'être poſſible ;
L'épais brouillard qui vous cache le jour.

VALENTIN.

Bon ! nous allons voir clair tout comme dans un four.

HIDROPOPLEX.

Etabliſſons d'abord un principe plauſible.
Vous conviendrez bien, entre nous,
Que pour peu qu'en ce monde on chemine, on contemple ,
On rencontre ſouvent des foux.

VALENTIN.

Vraiment, vous en donnez le principe & l'exemple.

HIDROPOPLEX.

Qu'on les connoit à des ſignes marqués
Que nous nommons diagnoſtiques ;
Que ces ſignes ſont expliqués
Par des raiſonnemens en forme, & didactiques.

VALENTIN.

Paſſons.

HIDROPOPLEX.

Je ſoutiens donc, & je le ſoutiendrai ,
Contre quiconque entreprenne l'attaque,
Qu'il eſt fou.

CHRISANTE *en colere.*
Je suis fou!

HIDROPOPLEX.
Même hipocondriaque.

VALENTIN.
Monsieur Hidropoplex, & moi, je vous dirai
Que vous n'êtes qu'un maniaque.
Cet homme a l'esprit sain, & de par moi Trombus,
Il n'est qu'hipotéqué d'un *Colera-morbus.*

CHRISANTE *à Valentin.*
Ha! venez que je vous embrasse,
Je vous devrai l'honneur, la vie & la santé.

HIDROPOPLEX *à Chrisante.*
Votre aveugle crédulité
Soutient son ignorante audace!
Cet affront, pour jamais d'auprès de vous me chasse,
Périssez donc; votre imbécillité
N'attend plus que le coup de grace, &c.

Extrait Manuscrit.

SUPPOSÉ (le Mari) Canevas Italien en trois actes, dont voici le titre en cette langue: *Suposto Marito di quatro spose*; en François: *Mario cru mari de quatre femmes*; il a été mis au Théatre Italien sous le titre du *Mari supposé*, par M. *Gandini*, & représenté le Mercredi 18 Mai 1746. Nous avons déja employé cet article à sa place naturelle, dans la lettre *M*, mais il faut bien que nous nous soyons trompés sur la date, puisque celle que nous venons de donner ici, d'après une note de M. *Gandini* lui-même, ne se rapporte pas à celle que nous avons donnée précédemment; voyez *Mari (le) supposé*. Une autre erreur dans laquelle nous sommes tombés au sujet du même Canevas, c'est de l'avoir mis au rang des piéces sans extrait, quoiqu'il en existe un programme imprimé. Voyez au sujet des raisons qui ont occasionné cette erreur, & de celles qui nous autorisent à la réparer ici. *Scapin (les nouveaux défis de Coraline, d'Arlequin & de)*

Voici l'Extrait du Programme.

ACTEURS.

PANTALON, *pere de Mario.*
MARIO, *Amant de Flaminia.*
FLAMINIA *sœur de Lélio.*
LÉLIO.
OCTAVE.
LUCINDE, *sœur d'Octave.*
LE DOCTEUR, *Juge.*
SCAPIN, *valet de Pantalon.*
ARLEQUIN, *valet de Mario.*
CORALINE, *servante de Pantalon.*
UN GEOLIER.
DES ARCHERS.

La scène est à Bologne.

EXPOSITION.

Pantalon rappelle à Bologne son fils Mario, qui achéve son droit à Florence, dans le dessein de lui faire épouser Lucinde, & envoye Scapin en cette derniere ville, pour assassiner Flaminia, parce qu'il sçait que son fils en est éperdument amoureux. Scapin se laisse attendrir à la vue de Flaminia, lui déclare le mauvais dessein de Pantalon, & lui conseille de se cacher. Cependant Mario n'osant désobéïr à son pere, part de Florence, après avoir fait mille protestations de fidélité à sa Maîtresse, & sans sçavoir le danger où elle est exposée. Il se trouve incommodé en chemin, & arrive chez son pere quatre jours plus tard qu'il n'y est attendu, de façon qu'Arlequin son valet, qu'il a donné à sa Maîtresse, & qu'il a laissé auprès d'elle, arrive à Bologne un jour avant lui, chargé d'une lettre de la part de Flaminia, de la mort de laquelle il publie la nouvelle, selon l'ordre qu'elle lui en a donné.

ACTE I.

Le Théatre représente une rue où est la maison de Pantalon.

Scapin arrive de Florence, & apprend à Pantalon la mort de Flaminia. Pantalon sçachant que son fils lui a obéi, paroit fâché que c'en soit déja fait, donne une bourse à Scapin pour l'engager au secret, & l'envoye se reposer, après lui avoir confié qu'il attend de France Lucinde, qui est l'épouse qu'il destine à son fils.

Arlequin en courier, cherche Mario, & fait entendre qu'il est chargé d'un grand secret touchant Flaminia. Pantalon l'apperçoit, & essaie de le faire parler. D'abord Arlequin se coupe, puis se rappellant l'importance de ce qui lui est confié, il se sauve au milieu d'un discours qui excite la curiosité du Vieillard. Le Docteur arrive, & dit à Pantalon que son neveu vient d'être blessé, & qu'étant le Juge du lieu, il va donner ordre aux recherches nécessaires; il sort.

Lucinde entre avec son frere Octave & Lélio, avec qui ils ont fait connoissance en chemin; il est frere de Flaminia, & est devenu amoureux de Lucinde. Octave & Lucinde s'informent de la demeure de Pantalon à Pantalon lui même, qui se fait connoître après quelques complimens, & appelle sa servante Coraline. Elle arrive, & s'empresse beaucoup auprès des nouveaux venus; Octave s'en retourne, alléguant une maladie de son pere; Coraline presse Lélio de rester chez Pantalon; celui-ci la gronde de sa familiarité, & l'emméne avec Lucinde, après s'être honnêtement défait de Lélio, qui demeuré seul, fait entendre qu'il devroit se presser d'arriver à Florence, que son pere lui a mandé que Flaminia sa sœur avoit disparu, mais que son amour pour Lucinde le retient à Bologne; il sort.

Mario arrive de Florence, & paroît résolu de n'en épouser jamais d'autre que Flaminia; il rencontre Arlequin qui le cherche par-tout, & à qui il demande des nouvelles de sa Maîtresse. Arlequin lui dit qu'elle est morte, lui rapporte des circonstances de sa mort, & lui rend la lettre de Flaminia, par laquelle elle lui mande qu'elle meurt fidelle. Mario s'écrie que cette lettre est un poison qui le tue, & tombe évanoui. Le Docteur avec des archers arrive, & cherche le meurtrier de son neveu; il reconnoit Mario, & le croit mort. Il en demande la cause à Arlequin, qui répond que c'est une lettre empoisonnée qu'il vient de lui donner qui l'a tué. Là-dessus il est arrêté & conduit en prison. Pantalon & Scapin arrivent, & se réjouissent de l'arrivée de la prétendue ; mais le Docteur leur apprend la mort de Mario, & que son assassin est arrêté & va être jugé ; Pantalon se désespere ; Scapin sort pour bruler la lettre qu'il croit empoisonnée, & pour aller à la prison voir s'il reconnoîtra le coupable. Pantalon, Lucinde & Coraline s'approchent tristement de Mario, qui donne quelques signes de vie par des soupirs. Il revient à lui ; la joie se répand parmi les témoins de sa résurrection, qui le voyent avec beaucoup d'étonnement courir chez le Juge, dès qu'il apprend que son valet est arrêté, & qu'on a brulé la lettre de Flaminia. Le Théatre change & représente la chambre du Tribunal. Mario arrive au moment qu'on vient de condamner Arlequin à mort, sur ses aveux ; il fait révoquer la sentence ; les Archers veulent être payés, & Arlequin les paye à coups de bâton ; tous les Acteurs quittent la scéne, & le premier acte finit.

Acte II.

Le Théatre représente ce qu'il représentoit au commencement de la piéce.

Scapin entre par une des coulisses, & Flaminia par une autre ; ils se reconnoissent ; elle lui demande des nouvelles de Mario. Scapin hésite, & enfin lui conte avec des marques de douleur le prétendu malheur de son Amant ; Flaminia désespérée entre chez Pantalon, où Scapin la suit, pour tâcher de l'empêcher de se faire connoître. Arlequin entre en courant, & se sauvant des Archers qui l'ont poursuivi pour être payés autrement qu'ils ne l'ont été. Comme il est prêt d'entrer chez Pantalon, Coraline en sort. Ils font une scéne d'amour. Pantalon survient avec Lucinde & son fils, auquel il fait quelques reproches sur ses amours de Florence. Mario & Lucinde se font de froides civilités ; Flaminia paroit au milieu d'eux comme une furieuse, & demande ce qu'on a fait du corps de son cher Amant. Elle voit Mario, le reconnoît & en est reconnue ; tous deux jettent un grand cri, & demeurent immobiles. Scapin fait passer Flaminia pour sa cousine, & dit qu'elle s'appelle Brunette, & qu'il l'a fait venir pour la mettre au service de Lucinde. Il donne à la surprise des deux Amans le prétexte le plus vraisemblable qu'il peut, & parvient à calmer les soupçons du vieillard; Arlequin arrive, & manque encore de tout gâter; Scapin, après l'avoir chassé deux fois, l'emporte sur ses épaules, pendant que Pantalon va montrer à Lucinde son appartement. Mario fait de nouvelles protestations de fidélité à Flaminia, qui lui apprend qu'elle doit la vie à Scapin. Scapin rentre avec Coraline qu'il a surprise avec Arlequin, & à laquelle il fait des reproches ; Pantalon rentre aussi avec Lucinde, & veut obliger Mario de lui donner la main ; Flaminia prend parti contre son Amant, & Pantalon ordonne à son fils d'obéir à Brunette à laquelle il remet son autorité (*) Mario promet de s'y soumettre avec joie, pourvu

───────────

(*) Il y a une scéne à peu près pareille dans une Comédie Françoise, au même Théatre. Voyez *Amour* (l') *Précepteur*.

qu'elle ne lui ordonne pas d'oublier sa Maîtresse de Florence. Arlequin vient annoncer l'étranger qui est venu avec Lucinde, à laquelle il voudroit parler; Pantalon rentre avec elle, pour l'aller attendre dans son appartement, & charge la fausse Brunette de l'aller recevoir. Lélio en entrant reconnoît sa sœur, & veut la gronder; elle l'appaise, en lui apprenant qu'elle est mariée, & le frere & la sœur s'embrassent. Mario qui les a observés sans entendre ce qu'ils ont dit, en est jaloux, & fait mettre l'épée à la main à Lélio; Arlequin essaye de les séparer avec sa batte, & puis se sauve en criant miséricorde. Flaminia dit à Mario qu'il se bat contre son frere; Scapin crie à Lélio qu'il se bat contre le mari de sa sœur. Pantalon accourt au bruit, suivi d'Arlequin, qui jette des terrines sur tout le monde, & finit le second acte.

ACTE III.

Flaminia ouvre le troisiéme acte avec Mario, à qui elle conseille d'obéir à son pere; ensuite elle l'embrasse, & prend congé de lui; Mario surpris, sort & emméne Arlequin. Lélio entre, rassure sa sœur sur les malheurs qu'elle craint pour Mario & pour elle, s'il s'obstine à résister à son pere, & lui promet d'obliger Pantalon à consentir à leur mariage. Flaminia sort; le Docteur arrive, & Lélio le reconnoit pour un ami de son pere. Il lui porte des plaintes contre le pere & le fils, & le prie de les faire arrêter; le Docteur sort pour en donner l'ordre, & Lélio le suit. Flaminia rentre, & témoigne la joie qu'elle a de pouvoir espérer que son mariage avec Mario ne trouvera plus d'obstacle; Coraline qui l'observe, & qui ne la connoît que pour Brunette s'étonne de sa témérité; elle sort pour en aller avertir Pantalon, qu'elle cherche inutilement, parce que dans cet intervalle il a été arrêté avec Mario. Elle rentre avec Lucinde qu'elle a trouvée au lieu de Pantalon, & à qui elle rend compte des prétentions de Brunette; Lucinde s'emporte contre Flaminia; dans ce moment Arlequin entre pour lui remettre une lettre de son Maître; il essaie de le faire sans que Lucinde s'en apperçoive, & y réussit après plusieurs *lazzis*. (*) Scapin entre, & vient avertir que Pantalon & Mario ont été arrêtés, & tout le monde sort pour les aller voir en prison; le Théatre change & représente la chambre du Tribunal; tous les Acteurs y sont rassemblés; le Docteur se prépare à interroger Pantalon, qui avoue de lui-même qu'il a fait assassiner Flaminia. Le Docteur répond que ce n'est pas d'un meurtre dont il est question, mais qu'il prétend que Mario épouse la sœur de Lélio suivant sa promesse; il déclare aussi à Mario qu'il sera puni comme séducteur s'il ne tient sa parole; Lélio déclare de son côté que l'accusé est celui qui a promis d'épouser sa sœur; Arlequin s'y oppose, & prétend que Mario est engagé avec sa Maîtresse;

(*) Dans le programme, c'est à Lucinde que la lettre est adressée, & c'est Flaminia qui est la dupe des *lazzis* d'Arlequin; mais il faut que ce soit une faute, à moins que cela ne soit fondé sur quelque événement de la piéce, dont on n'a pas jugé à propos de rendre compte dans ce même Programme.

Lucinde se plaint à son tour de ce que malgré les intentions de Pantalon qui veut les unir, Mario se promet à tout le monde, & même à Brunette ; Scapin soutient les droits d'une fille de qualité de Florence, qui est dit-il la premiere en date ; le Juge est prêt à condamner Mario comme un suborneur banal ; mais Scapin explique l'énigme, & l'on reconnoît que la sœur de Lélio, la Maîtresse d'Arlequin, la fille de qualité de Florence & Brunette ne font qu'une même personne, & que c'est avec la seule Flaminia que Mario est engagé. Pantalon est forcé de consentir à ce mariage ; Lélio épouse Lucinde, Arlequin Coraline, & la Comédie finit. *Extrait du Programme imprimé.*

SUPPOSÉE, (la feinte) Comédie Françoise au Théatre Italien, un acte en prose, de M. *Chicanneau de Neuvillée*, (*) représentée pour la premiére fois le Vendredi 12 Juin 1750. (Paris, Cailleau.)

SURÉNA GÉNÉRAL DES PARTHES, Tragédie de M. *Corneille*, représentée le 12 Décembre 1674. sur le Théatre de l'Hôtel de Bourgogne, in-12. De Luynes, 1675. & dans le Recueil des Œuvres dramatiques de M. Corneille. *Hist. du Théatre François, année* 1674.

SURPRISE (la) DE L'AMOUR, Comédie Françoise au Théatre Italien, trois actes en prose, de M. de *Marivaux*, représentée pour

---

(*) Chicanneau de Neuvillée (N....) Auteur vivant, ancien Garde du Corps du Roi. On n'a pu mettre son article à sa place naturelle, l'impression de ce Dictionnaire, que divers obstacles ont retardée, dans la suite, étant déja fort avancée quand la *Feinte supposée* a paru.

Tome V. O

la premiere fois le Dimanche 3 (*) Mai 1722. Cette piéce qui eut un succès marqué, surtout aux reprises, mit le sceau à la réputation que s'étoit déja acquise Mlle *Silvia*, & fit désespérer que personne pût jamais l'égaler pour la vérité & la naïveté dans tous les rôles qu'elle auroit à représenter. La *Surprise de l'Amour* étoit précédée d'un divertissement qui fut supprimé dans la suite. Paris, Briasson. Voyez l'*Extrait*, Mercure de Mai 1722. I. volume, page 146. Voyez encore un Extrait plus détaillé, *Mercure d'Août* 1723. page 312.

SURPRISE (la) DE L'AMOUR, Comédie en trois actes & en prose, de M. de *Marivaux*, représentée au Théatre François le Mercredi 31 Décembre 1727. suivie de la Comédie des *Vacances*, in-12. Paris, Prault 1728. & dans le Recueil des Œuvres dramatiques de l'Auteur. Cette piéce est restée au Théatre. *Hist. du Th. Franç.* année 1728.

SURPRISE (la) DE LA HAINE, Comédie Françoise au Théatre Italien, trois actes en vers de M. de *Boissy*, avec un divertissement, représentée pour la premiére fois le Mercredi 10 Février 1734. Cette piéce eut un très grand succès. Voyez l'*Extrait*, *Mercure de Mars* 1734. pag. 560. Voyez aussi le *Mercure de Février* de la même année, pag. 367. Paris, Prault pere.

SURPRISE (la) DES AMANS, Comédie : c'est sous ce titre que M. *Laffichard* a fait imprimer

---

(*) Cette date est prise du Mercure, premier volume de Mai 1722.

cette année 1753. chez la veuve Cailleau, sa piéce intitulée *La Rencontre imprévûe*, voyez ce dernier titre.

SURREY, (le Duc de) Piéce héroïque en cinq actes & en vers, de M. *Boiffy*, représentée au Théatre François le Mercredi 18 Mai 1746. suivie du *Mari retrouvé*. Voyez *Neuilly (le Comte de)* Comédie du même Auteur, qui est la même que celle-ci, à la réserve du titre & des noms des Acteurs. *Histoire du Théatre François*, année 1746.

SYLPHE, (le) Comédie Françoise représentée au Théatre Italien avec le plus grand succès, un acte en prose de M. de *Sainfoix*, la premiére représentation en fut donnée le Mardi 5 Février 1743. Paris, Prault fils. Voyez l'*Extrait au Mercure de Mars de la même année*, pag. 537. Voyez aussi le *Mercure de Mai*, pag. 1018. & l'article *Soldats*. (les)

SYLPHE (le) SUPPOSÉ, Opéra Comique en un acte, par Messieurs *Panard* & *Fagan*, représenté le Vendredi 29 Septembre 1730. non imprimé.

Cléante, Amant d'Isabelle, ne sçauroit obtenir sa main, qu'en feignant d'être épris des charmes d'Uranie, tante de sa Maîtresse. Uranie est assez coquette pour écouter les galanteries, mais son entêtement ridicule, qui va jusqu'à la folie, fait la difficulté de lui plaire.

ISABELLE à *Cléante*.

« Il est vrai qu'une lecture mal entendue, a fait sur ma
» tante un prodigieux effet.

(AIR. *Par nature.*)

Et le Sylphe & Gulliver,
Lui font voir un monde en l'air,
Bergerac & Gabalis
Et toute la sequelle
Des chimériques écrits,
Ont brouillé sa cervelle.

PIERROT *valet de Cléante.*

Sa folie ne se peut exprimer & devient insupportable.

(AIR. *Ton himeur est Cathéraine.*)

Elle a fixé sa demeure
Dans un donjon tout ouvert,
Pour y sentir à toute heure
Les influences de l'air.
De Sylphes peints, les images
Ornent ce comique Hôtel.
Son plafonds est en nuages,
Son alcove un arc-en-ciel.

CLÉANTE.

Il faut absolument travailler à la guérir de ces erreurs.

C'est cependant en vain qu'il essaye de faire parler l'Amour le plus tendre : Je sçais, lui dit Uranie, la passion que vous avez pour moi, mais n'attendez pas que j'aime un composé d'atomes grossiers. De si bas attachemens ne peuvent me convenir. Isabelle, Cléante & Pierrot, s'appercevans que leurs efforts sont inutiles, sortent pour imaginer quelque stratagême.

URANIE *seule.* (AIR. *Toute la terre est à moi,*)

Si par quelque métamorphose,
Je pouvois vivre dans les airs,
D'un coup d'œil voir tout l'Univers,
O Dieux ! pour moi l'aimable chose !
Ah ! quel plaisir ! je croi
Déja voir toute la terre,
Voir toute la terre sous moi.

Dans le moment on vient annoncer une

Sylphide, qui entre accompagnée de deux Nymphes.

LA SYLPHIDE.

(AIR. *Tu croyois en aimant Colette.*)

En moi voyez ce nouvel être,
Ce tendre Esprit aërien,
Que l'on voit tous les jours paroître
Sur le Théatre Italien.

Mais belle Sylphide, lui dit Uranie, que faites-vous de ces deux compagnes qui ne paroissent pas bien assurées sur leurs jambes ?

LA SYLPHIDE.

» Je les aide à marcher. Au surplus.

(AIR, *De tous les Capucins.*)

Entre nous quelque dissemblance,
Donne à mes deux sœurs la licence
De ne venir que pas à pas,
La chose est peu de conséquence :
Le public ne les attend pas
Avec beaucoup d'impatience.

URANIE.

» Ne puis-je sçavoir leurs noms ?

LA PREMIERE NYMPHE.

» Je suis l'*Isle du Divorce*.

LA DEUXIÉME NYMPHE.

» Je suis la *Foire des Poëtes*.

URANIE. (AIR. *J'espérois que ma flamme.*)

En vérité, ma mie,
Vous me paroissez-là
En très-mauvaise compagnie.

LA SYLPHIDE.

On a ses raisons pour cela.

(Air. *Ton humeur indifférente.*)

Près d'une laide compagne
Toujours une beauté gagne,
Si ces Dames que l'on voit
N'ont rien qui rappelle,
Sachez que c'est un tour adroit
Pour me rendre plus belle.

La Sylphide répond à quelques objections que lui fait Uranie, & prend vîte congé d'elle.

LA FOIRE DES POETES & L'ISLE DU DIVORCE.

(Air. *Allons gai.*)

De notre camarade
Ne nous éloignons pas.

URANIE *à part.*

La plaisante accolade.

LA SYLPHIDE.

Donnez-moi vos deux bras
Allons gay, &c.

A peine la Sylphide a quitté la scéne, que Pierrot & Isabelle viennent raconter l'accident de Cléante.

URANIE *interdite.*

» Que dites-vous ?

ISABELLE.

» Cléante n'est plus.

PIERROT.

» Non, Madame, désespéré de vos rigueurs, il a imploré
» toutes les puissances de l'air pour obtenir une métamor-
» phose qui pût vous être agréable. Il est devenu Sylphe.

URANIE.

» Est-il possible ?

PIERROT.

» Ah ! de quoi s'est-il avisé de vous aimer ?

(AIR. *Le long de la.*)

Le nom charmant d'Uranie
Par lui répété souvent,
Attire un certain génie
Qui d'un nuage l'entend,
　Vite il descend
　Obligeamment,
　Comble son envie,
Et le Sylphise à l'instant.

URANIE.

» Consolez-vous, il ne sçauroit avoir un sort plus glo-
» rieux.

PIERROT.

» A regarder la chose d'un certain côté.

(AIR. *Oh vraiment.*)

Je ne vois rien dans cela
Qui doive paroître étrange.
Et de cette façon-là,
Souvent Cupidon se venge.
Oh vraiment nous en voyons bien
　Que l'amour comme lui change,
Oh vraiment nous en voyons bien
　Que l'amour réduit à rien.

ISABELLE. (AIR. *Si la belle.*)

Depuis l'instant de l'aventure
On le cherche, on ne le voit pas,
Une voix seulement murmure,
Et semble se plaindre tout bas.

On entend Cléante qui soupire, Isabelle &
Pierrot se retirent pour ne pas empêcher son
tendre entretien avec Uranie, mais le Marquis
de Vertillac vient l'interrompre assez brusquement, pour demander Isabelle en mariage;
Cléante caché s'oppose à ses prétentions, &
Uranie n'ose pas contredire le sentiment des
Esprits de l'air : le Gascon sort en jurant. Cléante
profite de son absence pour proposer un mariage purement spirituel à Uranie. Le seul

O iv

nom d'hymen épouvante cette derniere, mais elle se rend au bruit d'une Musique vive, qu'elle prend pour la voix des Sylphes offensés. Pierrot déguisé en Notaire aërien lui fait signer sans y faire attention le contrat de mariage de Cléante & d'Isabelle. Elle reconnoit bientôt son erreur, & promet de se venger du tour qu'on lui a joué.

VERTILLAC.

» Consolons-nous ensemble, Madame. Venez dans mon
» domaine, par la sandis, vous serez à la portée des astres.
» Le donjon de Vertillac touche à l'Olympe, & tous mes
» châteaux sont en l'air.

Extrait manuscrit.

Cette piéce fut reprise à la Foire S. Germain 1743. M. Panard y joignit un Prologue intitulé: *La Musique du Carnaval*, ou *Les Bouffons*, (Voyez cet article ci-dessus à son rang,) & fit quelques changemens à l'ouvrage. En supprimant les traits critiques de la scéne de la Sylphide, qui tomboient sur quelques piéces nouvelles alors, (en 1730.) au Théatre Italien, & qui n'auroient plus eu le même sel à la reprise, il y substitua une description des régions aëriennes que la Sylphide fait à Uranie. Cette peinture qui contient une satyre générale, produit un tel effet sur l'esprit de la folle tante, qu'elle prie la Sylphide de lui accorder sa protection pour jouir du même bonheur.

À la derniere scéne, Uranie se voyant trompée, éclate en injures & en menaces. Vertillac promet d'en tirer une vengeance des plus complette.

VERTILLAC.

» On m'a parlé d'un certain Cléante.

(Air. *Les filles de Montpellier.*)

Montrez-moi ce faquin-là,
Dans le courroux qui m'enflamme,
Je l'immole sous cela.

CLÉANTE.

Le voici.

VERTILLAC *mettant la main à son épée.*

Sortez ma lame,
Haye, haye, haye,
Haye, haye, Madame,
Madame, haye, haye, haye.

ISABELLE.

» Nous allons voir un Gascon.

VERTILLAC *se débattant.*

» Cap de bious, ce trait est noir : ce n'est pas, diou me
» damne, le procédé d'un homme de cœur. Attens, laisse
» moi, maudit lutin, que l'enfer te confonde.

URANIE.

» Contre qui vous fâchez-vous là.

VERTILLAC.

» Contre un esprit, un diable, un enragé, qui tient
» ma valeur en écharpe.

(Air. *Ne m'entendez-vous pas.*)

Ne l'entendez-vous pas,
C'est un Sylphe, sans doute,
Qui des airs prit la route
Pour m'arrêter le bras !

URANIE.

Non, je ne l'entens pas.

Heureusement Tourbillon, Courier du Roi des Sylphes fait cesser cette dispute, en annonçant le Prince. On entend un prélude doux & gracieux.

TOURBILLON.

» Cette symphonie vous annonce l'arrivée de mon Maître

URANIE. (AIR. *Ton humeur est Catherine.*)

Ah ! que je me félicite ;
Dieux ! quel bonheur est le mien
De recevoir la visite
Du Monarque Aërien !

LE ROI.

Madame, pour vous la rendre,
Sans vous causer d'embarras,
J'ai près d'ici sçû descendre,
Mon nuage est à deux pas.

Pour mettre tout d'accord, ce Monarque ordonne à Frontin, valet de Cléante, qui s'est déguisé en Notaire aërien, de faire la lecture du contrat, par lequel, sans blesser les loix, ce Cavalier peut être en même temps l'époux de la tante & de la niéce.

FRONTIN *lit.*

» Par-devant, &c. lesquels sont convenus que la tante
» aura l'esprit de son époux, & la niéce le corps.

Que Cléante à la niéce donne
Ce qui compose sa personne,
Pour vivre avec ce jeune objet,
Ainsi que l'hymen le permet.

» Se réservant ledit époux d'avoir pour la tante des sen-
» timens purement spirituels, du respect, de l'estime, de la
» reconnoissance, liaison d'esprit, commerce de lettres,
» communication d'idées, de systêmes, & autres témoi-
» gnages de bienveillance.

Les Sylphes, les Zéphirs, les Tourbillons viennent célébrer cet heureux hymen par une fête.

Couplet du Vaudeville.

Que le mariage est trompeur !
Deux jours avant le sien, ma sœur
   S'en faisoit un fantôme.
Dès le jour qu'elle s'engagea,
Ce grand fantôme délogea,
   Ce ne fut qu'un atôme.

Lorsque nous allons voir un Grand,
Nous ne l'abordons qu'en tremblant,
   De loin c'est un fantôme,
Sous le masque de la grandeur,
Quelquefois il est par le cœur,
   Plus petit qu'un atôme.

L'Auteur d'un morceau qu'on attend
Sur ses argots s'élève tant
   Qu'il paroit un fantôme.
Le jour que sa piéce paroît,
La crainte le rabaisse ; il est
   Plus petit qu'un atôme.

Extrait Manuscrit.

SYLPHES, (les) *ou* L'AMOUR LÉGER ; c'est le titre de la quatriéme Entrée du Ballet intitulé *Les Génies*, de M. *Fleury*, Musique de Mlle *Duval*, représenté en 1736. Voyez *Génies*. (*les*)

SYLPHIDE, (la) Cómédie Françoise au Théatre Italien, un acte en prose, de Messieurs *Dominique* & *Romagnesi*, premiere représentation du Lundi 11 Septembre 1730. Paris, Briasson. Cette piéce étoit précédée dans la nouveauté de la *Foire des Poëtes* & de l'*Isle du Divorce*. Voyez *Foire* (la) *des Poëtes*, & *Isle* (l') *du Divorce*.

T.
TA

TABARIN, nom d'un Acteur qui jouoit sur les treteaux sur le Pontneuf, des espéces de farces ou parades: il étoit associé de Mondor, célébre Opérateur. Voyez l'*Histoire du Th. Franç.* année 1619.

Nous joignons ici le titre des ouvrages imp. & rassemblés sous ce nom.

Recueil général des Œuvres & fantaisies de *Tabarin*, divisé en deux parties : contenant ses rencontres, questions & demandes facétieuses, avec leurs réponses : revu & augmenté de nouveau, à Paris, chez Antoine de Sommaville, 1623. in-12. I^e Partie, pp. 120. IIe Partie, pp. 144.

Rencontres & fantaisies du Baron de Gratelard, idem, p. 71.

Epître dédicatoire de Tabarin à son Maître.

Approbation au nom des Comédiens de l'Hôtel de Bourgogne, signée, *G. Garguille* & *Gros Guillaume*.

Table de la premiere Partie.

QUESTION I. Qui sont les meilleurs Médecins, & comme on congnoist les maladies.

II. Lequel des deux est le meilleur d'avoir la vue aussi courte que le nez, ou le nez aussi long que la vue.

III. Chercher ce qu'on ne veut pas trouver.

IV. Si la raison & la vérité peuvent compatir ensemble.

V. Pourquoi les chiens s'entresaluans se flairent au derriere l'un de l'autre ?

VI. En quoi les vieillards surpassent les jeunes.

VII. Qui doit plustost visiter le malade, ou le Médecin, ou sa mule.

VIII. Pourquoi les chiens lévent la jambe en pissant.

IX. Qui sont ceux qui se moquent des Médecins & Apotiquaires.

X. Pourquoi les femmes sont faciles à surprendre.

XII. Qui sont les meilleurs Logiciens.

XIII. Qui est le premier inventeur des notes & Musique.

XIV. Pour raser la barbe & mouiller en même temps.

XV. Pour faire passer une troupe d'oysons sur un pont sans le gaster.

XVI. Quel est le premier créé de l'homme ou de la barbe.

XVII. En quelle partie du corps la peau est la plus dure.

XXII. Qui sont ceux qui sont les plus courtois.

XXIII. Si le serviteur est aussi grand Seigneur que le Maître.

XXIV. Qui sont les plus obstinés du monde.

XXV. Quel est le meilleur Peintre du monde.

XXVI. En quoi consiste la noblesse.

XXVII. Qui sont ceux qui ne se servent point de gands en hyver.

XXVIII. Combien il y a de sortes de natures.

XXX. Qui on doit prendre pour les meilleurs Palfreniers.

XXXIV. En quel métier il est meilleur d'estre serviteur que Maistre.

XXXV. Qu'est-ce qu'un aveugle retourné.

XXXVII. Lequel est le meilleur d'estre cheval ou Asne.

XXXVIII. En quoi consiste l'essence d'un soulier.

XXXIX. Pour faire cinquante paires de souliers en une demie heure.

XLI. Qui sont les plus dévots.

XLII. Pour dire trois vérités d'un mot.

XLIII. Quel est le meilleur Jardinier de Paris.

XLV. Qu'elles sont les qualités d'un parfait Musicien.

XLVI. Lequel de l'Asne ou de l'homme a le plus de jugement.

XLVII. Quelle est la chose la plus hardie.

XLVIII. Quelle est la force des médicamens Tabariniques.

XLIX. Quel est le plus noble, le Cuisinier ou l'Homme de chambre.

L. De six oiseaux en tuant trois, combien il en demeure.

LII. Quel est le plus libéral, d'un homme ou d'une femme.

LIII. A qui doit être l'enfant, à la mere ou au pere.

LIV. Quel est le meilleur Chirurgien de Paris.

LV. Pourquoi on fend les marons les mettant cuire.

LVII. Pour écrire un sot en deux lettres.

LIX. Quel est l'animal le moins glorieux.

LX. Quelle est la chose la moins pesante du monde.

Table de la deuxiéme Partie, contenant plusieurs Questions, Préambules, Prologues, & farces, le tout non encore vu, ni imprimé.

I. Qui sont ceux qui font la pire fortune entre les hommes.

III. Quel est le plus grand voleur du monde.

IV. Pourquoi on mouille les œufs quand on les met cuire.

V. Qui sont ceux qui s'accordent mal en musique.

VI. Quels Avocats il fait bon consulter pour un procès.

X. A qui la barbe vient premier que la peau.

XII. Qui sont les meilleurs tripotiers de la France.

XIII. Pour faire un diable d'artifice ce qu'il faudroit pratiquer.

XIV. Qui sont ceux qui trafiquent le plus en ce monde.

XV. S'il y avoit une araignée dans un corps, comme la faudroit-il tirer dehors.

XVI. Pourquoi les femmes portent des masques.

XVII. En quel temps on commença à froncer les chemises.

XVIII. Par quel moyen on se peut exempter de payer aux Hostelleries.

XIX. Qui sont ceux qui surpassent les diables en meschanceté.

XX. Quel est le plus avantageux de l'homme sain ou malade.

XXI. Quelle est la pierre la plus précieuse du monde.

XXII. Qui est-ce qui a de meilleures intelligences au débit de la marchandise, de l'homme ou de la femme.

Ier Préambule en forme de Dialogue entre Tabarin & son Maître. *Le Testament de Tabarin.*

IIe Préambule. Procès gagné sans dépens.

IIIe Préambule. Subtilité de Tabarin.

De l'étymologie & ancienneté du nom de Tabarin.

De l'antiquité du chapeau de Tabarin, des tenans, aboutissans & despendances.

Les rencontres, fantaisies & coq-à-l'asne facétieux du Baron de Gratelard, tenant sa classe ordinaire au bout du Pont-neuf: ses gaillardises admirables, ses conceptions inouies, & ses farces joviales.

On ne donne point ici les titres des fantaisies composées sous le nom de Gratelard, parce que la plufpart sont tirées de celles de Tabarin! on y peut cependant remarquer la farce des *Bossus* qui termine l'ouvrage, & qui est singuliere. Elle est d'ailleurs assez connue.

TABLEAU (le) DU MARIAGE, Opéra

Comique en un acte, de Messieurs *Le Sage* & *Fuselier*, représenté au Jeu de Belair, tenu par la Dame de Baune, sous le nom de Baxter & de Saurin, au mois de Février 1716. précédé du *Temple de l'Ennui*, Prologue, & suivi de l'*Ecole des Amans*, piéce en un acte. Le *Tableau du mariage* a eu assez de succès, repris à la Foire S. Laurent 1721. par la troupe de Lalauze, imp. tome II. du Théatre de la Foire.

TABLEAU, (le) Feu d'artifice éxécuté au Théatre Italien, le Dimanche 12 Mai 1748.

TABLEAUX, (les) Comédie Françoise au Théatre Italien, en vers libres & en un acte, avec un divertissement, par M. *Panard*, représentée pour la premiere fois le Lundi 18 Septembre 1747. La Dlle *Veronese cadette* (*Camille*) s'y distingua comme danseuse & comme Actrice. Voyez le *Mercure de Septembre 1747*. pag. 120. Voyez aussi l'article *Sodi*, (*Pierre*) nous ne croyons pas devoir oublier de placer ici un madrigal que M. *Panard* fit à cette occasion, & qui est extrêmement joli; ce madrigal indique l'âge qu'avoit alors la Dlle *Camille*, d'une maniere très-flateuse pour elle, & en même temps très-véridique.

Objet de nos désirs, dans l'âge le plus tendre,
Camille, ne peut-on vous voir, ou vous entendre,
Sans éprouver les maux que l'Amour fait souffrir ?
   Trop jeune à la fois, & trop belle,
En nous charmant, sitôt que vous êtes cruelle !
Attendez, pour blesser, que vous puissiez guérir.

(Paris, de Lormel.)

TAILLE, (Jean de la) né à Bondaroy, village près de Pétiviers, dans le Diocèse d'Orléans, en 1536. mort vers l'an 1607. ou 1608. a composé pour la scéne Françoise :

LES CORRIVAUX, Comédie en cinq actes & en prose, 1562.

SAÜL LE FURIEUX, Tragédie, 1568.

LA FAMINE, *ou* LES GABAONITES, Tragédie, 1571.

LE NÉGROMANT, Comédie en cinq actes & en prose, 1573. *Histoire du Th. Fr. année 1562.*

TAILLE, (Jacques de la) frere du précédent, né en 1542. mort en 1562. a composé

DAIRE, Tragédie, 1562.

ALÉXANDRE, Tragédie, 1562. *Histoire du Th. Fr. année 1562.*

TAILLEBRAS, Comédie. Voyez *Brave* (*le*) ou *Taillebras*.

TALENS (les) A LA MODE, Comédie Françoise au Théatre Italien, trois actes en vers libres, de M. de *Boissy*. Cette piéce étoit suivie d'un divertissement intitulé *Les Muses rivales*. La premiére représentation du Jeudi 17 Septembre 1739. Voyez le *Mercure de Septembre* 1739. *second vol. pag.* 2245. Voyez aussi pour l'extrait de la piéce & du Ballet, le *Mercure d'Octobre de la même année*, page 2455. Cette piéce eut le plus grand succès. Paris, Prault pere.

TALENS (les) COMIQUES, Parodie du Ballet des *Fêtes d'Hébé*, ou les *Talens lyriques*, par M. *Panard*, 1739. Voyez *Essai* (*l'*) *des Talens*.

TALENS (les) COMIQUES, Parodie Pantomime du Ballet des *Talens liriques*, représentée pour la premiere fois à la Foire S. Laurent, le Jeudi 10 Août 1747. par la Troupe Pantomime sur le Théatre de l'Opéra Comique. Cette Parodie dont nous allons donner l'Extrait, est de M. *Valois d'Orville.* Nous y joindrons les principaux airs de l'Orchestre, pour donner ici une idée de l'usage que font les Acteurs Pantomimes de leur simphonie, pour suppléer en quelque sorte à l'usage de la parole qu'on leur interdit.

ACTEURS.

Premiere Entrée.

Arlequin, *Amant de Colombine.*
Colombine, *Amante d'Arlequin.*
Pierrot, *rival d'Arlequin,*
Thamas, *riche étranger.*
Un Savoyard *montrant la lanterne magique.*
Un Porteur d'eau.
Une Marchande de Ptisanne.
Troupe de Savoyards et de Marmottes.

Deuxiéme Entrée.

Iphise.
Arlequin *Arquebusier, Amant d'Iphise.*
Troupe de Villageoises et d'Arquebusiers.

Troisiéme Entrée.

Mercure, *en Maître à danser.*

EGLÉ, *Bergere.*
PIERROT *Villageois, amoureux d'Eglé.*
PALEMON *Berger, amoureux d'Eglé.*
UN SAUVAGE.
TERPSICORE.
TROUPE DE BERGERS ET DE BERGERES.

PREMIERE ENTRÉE.

LA POËSIE.

Le Théatre représente un Jardin & un berceau dans le fond, sous lequel est le fauteuil de Colombine.

SCÉNE PREMIÉRE.

COLOMBINE *seule.*　　ORCHESTRE.

(*a*) Colombine assise dans un fauteuil, un livre à la main, paroît rêveuse. On la voit feuilleter différens volumes, se frotter le front, puis se lever avec un transport de joie, (*b*) se rasseoir, (*c*) & faire toutes les actions d'un Auteur, dans l'enthousiasme.

(*a*) *Ritournelle.*

(*b*) Air. *Dame! m'y voilà,* &c.
(*c*) *Tacet.*

SCÉNE II.

COLOMBINE, PIERROT.　　ORCHESTRE.

En arrivant, Pierrot exprime l'ardeur qu'il

sent pour Colombine, (*a*) mais elle reçoit avec dédain cette tendre déclaration, (*b*) Pierrot cherche à se justifier, & à mériter ses bonnes graces; (*c*) elle lui donne lieu d'espérer s'il veut lui procurer la présence de Thamas dont il est le favori (*d*) dans le dessein d'obtenir de lui le pardon d'Arlequin, que l'on soupçonne d'avoir fait des vers satyriques contre Thamas, dont elle craint qu'il ne soit récompensé par la bastonnade. Plein d'un favorable espoir, Pierrot y consent, & sort.

ORCHESTRE.

(*a*) Air. *J'aime une jolie Jardiniere*, &c.
(*b*) Air. *Ha! qu'il est beau l'oiseau*, &c.
(*c*) Air. *Vous rêvez*, &c.

(*d*) Air. *Le troc pour trac.*

SCÉNE III.

COLOMBINE, ARLEQUIN.

ORCHESTRE.

Arlequin les yeux baignés de larmes, un mouchoir à la main, une valise sur ses épaules, (*a*) vient prendre congé de Colombine. Elle se formalise d'un si prompt

(*a*) Air. *Des Pélerins de S. Jacques.*

départ. (*a*) Arlequin lui représente qu'il est plus prudent de prendre la fuite, que de risquer d'expirer sous le bâton ; (*b*) après des protestations mutuelles d'un amour tendre & sincere, on entend un bruit de chasse.(*c*)Colombine fait cacher Arlequin sur le sommet d'un arbre. (*d*)

ORCHESTRE.
(*a*) Air. *Partez pour le Potosi*, &c.

(*b*) Air. *Des trembleurs.*

(*c*) Air.

(*d*) Air. *J'entens déja le bruit des armes*, &c.

SCÉNE IV.

THAMAS, COLOMBINE, ARLEQUIN *caché.*

ORCHESTRE.

Colombine (*a*) ayant pourvu à une récréation capable de plaire à Thamas, pour en obtenir le pardon d'Arlequin, la lui propose ; Thamas l'accepte.

(*a*) Air. *Serviteur à M. Vivien*, &c.

Le Théatre change & représente la chambre de Pantalon.

SCÉNE V.

THAMAS, COLOMBINE, ARLEQUIN *caché*, UN PORTEUR D'EAU, UNE MARCHANDE DE PTIsanne, un Savoyard montrant la lanterne magique, Troupe de Savoyards et de Marmottes.

Le Porteur d'eau & la Marchande de Ptisanne se font l'amour en dansant grotesquement. (*a*) Les Marmottes & les Savoyards forment un Ballet, (*b*) & font voir ensuite à Thamas différents phénoménes, par les reflets de leur lanterne magique. (*c*) Thamas est si satisfait de ce spectacle, qu'il témoigne à Colombine toute la joie qu'il en ressent. Elle exprime, *à parte*, qu'elle va profiter de l'occasion, (*d*) & fait paroître Arlequin devant lui, (*e*) en demandant sa grace; (*f*) en faveur du plaisir qu'il vient de goûter. Thamas l'accorde de bonne grace, (*g*) il les engage même à s'unir ensemble ; ils y consentent l'un & l'autre, & la fête continue. (*h*)

Orchestre.

(*a*) Air. *Pour l'Entrée du Porteur d'eau & de la Marchande de Ptisanne.*
(*b*) Air. *Pour le Ballet des Savoyards & des Marmottes.*
(*c*) Air. *Pour la lanterne magique.*

(*d*) Air. *J'endors le petit*, &c.
(*e*) Air. *Un Abbé dans un coin*, &c.
(*f*) Air. *Accordez-nous votre suffrage*, &c.
(*g*) Air. *Fort volontiers, très-volontiers*, &c.
(*h*) *Tambourin, Rigaudons*, &c.

SECONDE ENTRÉE.
LA MUSIQUE.

Le Théatre représente un lieu disposé pour tirer le prix de l'arquebuse.

SCÉNE PREMIÉRE.

IPHISE, TROUPE D'ARQUEBUSIERS *endormis.*   ORCHESTRE.

(*a*) Iphise gémit de voir ces hommes, autrefois si courageux, s'abandonner au sommeil, & languir dans une molle oisiveté.

(*a*) *Ritournelle.*

SCÉNE II.

IPHISE, ARLEQUIN, ET LES ACTEURS PRÉCÉDENTS.   ORCHESTRE.

A l'aspect d'Arlequin, l'allégresse s'empare du cœur d'Iphise; elle l'engage à réveiller la valeur de tant de mortels languissans. (*a*)

Arlequin dont le but est de lui plaire, lui fait entendre qu'il va avoir affaire à des gens bien endormis (*b*) mais qu'il ne désespére de rien.

(*a*) Air. *Et gai, gai, gai, mon Officier,* &c.

(*b*) Air. *Dodo, l'enfant,* &c.

Iphise

Iphise paroît disposée à le seconder, en cas de besoin, (*a*) mais Arlequin veut en avoir tout l'honneur, & s'applaudit de l'expédient qu'il vient d'imaginer, (*b*) pour les tirer de leur assoupissement, leur rendre tout leur courage, & les animer à concourir au prix de l'arquebuse.

ORCHESTRE.

(*a*) Air en duo. *Je sommeille*, &c.

(*b*) Air. *Je suis la fleur des garçons du village*, &c.

Trompettes & timballes.

SCÉNE III.

IPHISE, ARLEQUIN, UN JOUEUR DE TAMBOURIN, ET LES ACTEURS PRÉCÉDENTS.

Arlequin fait venir un Joueur de Tambourin qui éxécute un concerto aux oreilles de ces hommes assoupis. (*a*) Les Arquebusiers sont si étourdis de ce vacarme, qu'ils s'éveillent, & par leurs pas & leurs attitudes, ils font connoître leur force & leur courage.

ORCHESTRE.

(*a*) *Concerto.*

Tome V. P

SCÉNE IV.

IPHISE, ARLEQUIN ; TROUPE DE VILLAGEOISES ET D'ARQUEBUSIERS.

ORCHESTRE.

Les Villageoises viennent en danſant, (*a*) préſenter aux Arquebuſiers des arcs & des flèches. Ils tirent tous au noir, (*b*) mais Arlequin remporte le prix. Les Villageoiſes préſentent une couronne à Iphiſe, (*c*) dont elle ceint la tête d'Arlequin. Ils ſe donnent mutuellement la main, s'embraſſent, & un divertiſſement général célébre leur alliance. (*d*)

(*a*) *Sarabande.*

(*b*) *Trompettes.*

(*c*) *Rigaudons.*

(*d*) Air. *Pour le Ballet.*

TROISIÉME ENTRÉE.
LA DANSE.

Le Théatre repréſente un hameau, & dans l'enfoncement des rochers & des monts eſcarpés.

SCÉNE PREMIÉRE.

MERCURE *ſeul.*   ORCHESTRE.

(*a*) Mercure paroît   (*a*) *Ritournelle.*

tenant sous son bras une toillette de Maître à danser; il examine ses propres attributs, & fait connoître que ce n'est pas avec cet attirail qu'il espere triompher du cœur de la Bergere qu'il aime; ensuite il se déguise en Maître à danser. (*a*)

(*a*) Air. *Toujours va qui danse*, &c.

SCÉNE II.

MERCURE, PIERROT.   ORCHESTRE.

Pierrot, sans appercevoir Mercure, entre d'un air satisfait; (*a*) il s'applaudit du bonheur qu'il se propose d'obtenir, & fait entendre qu'il ne croit pas que la main de la bergere Eglé puisse lui échapper. Mercure s'approche, & ne lui cache pas qu'il prétend lui disputer cette conquête. (*b*) Les deux Rivaux se promettent l'avantage; (*c*) Pierrot tranche d'abord du fanfaron, mais peu à peu il s'éloigne, & à la fin s'évade.

(*a*) Air. *Les sept saults.*

(*b*) Air. *Où allez-vous, M. l'Abbé*, &c.

(*c*) Air en duo. *Jean danse mieux que Pierre, Pierre danse mieux que Jean*, &c.

P ij

SCÈNE III.

MERCURE, EGLÉ, PALEMON. ORCHESTRE.

Eglé vient en dansant sur l'air que Palemon joue avec un Mirliton, (*a*) elle paroît embarrassée en voyant Mercure, & fait signe à Palemon de se contraindre devant lui. (*b*) Mercure se moque de Palemon, qui croyant avoir mérité d'être favorisé, demande à Eglé la guirlande de fleurs qu'elle tient en ses mains, pour arrhes de la préférence qu'elle lui accorde sur les autres Bergers. Elle le refuse. (*c*) Mercure continue de le railler ; le dépit s'empare de lui ; il brise son mirliton, & sort furieux, & plein de honte & de dépit. (*d*) Mercure essaie de profiter de son départ, (*e*) mais il ne reste pas longtemps seul avec Eglé.

(*a*) Air. *Le Mirliton.*

(*b*) *Ha ! Colin, tais toi*, &c.

(*c*) Air. *Je ne sçaurois*, &c.

(*d*) Air. *Il y a trente ans*, &c.
(*e*) *Viens dans ma cellule*, &c.

SCÉNE IV.

EGLÉ, MERCURE, TROUPE DE BERGERS ET DE BERGERES.

ORCHESTRE.

Les Bergers viennent par leurs pas légers & galants, tâcher d'obtenir la guirlande promise par Eglé à celui qui par le talent de la danse pourra parvenir à lui plaire.

Marche pour les Bergers & les Bergéres.

SCÉNE V.

EGLÉ, MERCURE, UN SAUVAGE, ET LES ACTEURS PRÉCÉDENTS.

ORCHESTRE.

Ce Sauvage, singulier Saltinbanque, danse un menuet avec un animal Afriquain, (*a*) & demande la guirlande qu'il pense lui être due, mais il n'obtient que des railleries de Mercure, & de honteux refus d'Eglé, qui s'éloigne de lui à mesure qu'il s'avance vers elle. (*b*) Il sort.

(*a*) *Menuet.*

(*b*) *Air pour le pas de deux d'Eglé & du Sauvage.*

SCÉNE VI. ET DERNIÉRE.

EGLÉ, MERCURE, TERP-SICORE, TROUPE DE BERGERS ET DE BERGERES.

ORCHESTRE.

Mercure demande à Eglé, de la façon la plus tendre, le prix qu'elle réserve à l'heureux mortel qui aura le bonheur de lui plaire. (*a*) Eglé regarde tous les Bergers, & marque beaucoup d'incertitude. (*b*) Dans le moment que Mercure perd tout espoir, Eglé lui présente la guirlande, (*c*) Mercure va prendre son caducée, se fait connoître, & baisant la main d'Eglé, lui rend grace de son bonheur qu'elle paroit partager. (*d*) Terpsicore entre en dansant, (*e*) & les Bergers & les Bergéres, animés par sa présence, célébrent une si belle union, & terminent la fête par un ballet général. (*f*)

(*a*) Air. *Pour toi seule je respire*, &c.

(*b*) Air. *Comment faire?*

(*c*) Air. *Je vous la donne*, &c.

(*d*) Air en duo. *Je t'aimerai tant*, &c.

(*e*) Air pour Terpsicore.

(*f*) Airs pour le Ballet.

Extrait Manuscrit.

TALENS (les) DÉPLACÉS, Comédie Françoise, au Théatre Italien, un acte en vers, de M. *Guyot de Merville*; elle a été représentée pour la premiere fois le Jeudi 20 Août 1744. Mademoiselle *Astrodi*, alors dans son enfance, y jouoit un role fait exprès pour elle; il étoit coupé par différens airs, entre autres par un *duo* qu'elle chantoit avec le sieur *Rochard*, & qu'elle accompagnoit du violoncelle, après avoir exécuté une piéce sur le même instrument; elle fut fort applaudie, & l'ouvrage qui fait le sujet de cet article eut aussi beaucoup de succès.

TALENS (les) LYRIQUES, Ballet, Musique de M. *Rameau*, 1739. Voyez *Fêtes (les) d'Hébé*, ou les *Talens lyriques*.

TALISMAN, (le) Comédie en un acte & en prose, de M. de *La Motte*, représentée à la suite du *Misantrope*, le Mercredi 27 Mars 1726. imp. dans la nouvelle édition des Œuvres de M. de *La Motte*. *Hist. du Théatre Fr.* année 1726.

TAMERLAN, (le grand) *ou* LA MORT DE BAJAZET, Tragédie de M. *Magnon*, représentée en 1647. in 4°. Paris, Quinet & Sommaville, 1648. *Histoire du Th. Franç.* année 1647.

TAMERLAN, *ou la* MORT DE BAJAZET, Tragédie de M. *Pradon*, représentée sur le Théatre de l'Hôtel de Bourgogne en 1675. in-12. Paris, Ribou, 1676. & dans le Recueil des Œuvres de l'Auteur. *Hist. du Th. Franç.* année 1675.

Le même sujet a encore été traité à la scéne

Françoise sous le titre de *Bajazet premier*, 1739. par M. *Pacaroni*.

« TAMPONET, Acteur forain, joua d'ori-
» ginal le role de *Tremblotin*, dans la piéce
» que M. *Fuselier* fit paroître au jeu de Ber-
» trand à la Foire S. Germain 1701. & qui
» avoit pour titre, *Les Amours de Tremblotin*
» *& de Marinette*. Le naïf des tons de l'Ac-
» teur, l'air effrayé de son visage, tout expri-
» moit en lui, & procura un grand succès à la
» piéce. Tamponet étoit à ce qu'il disoit Maître
» à danser, mais cette profession ne lui don-
» nant pas de quoi subsister, il prit le parti
» d'entrer chez Bertrand, à raison de vingt
» sols par jour, & de la soupe, tous les jours
» qu'il jouoit. Tamponet resta jusqu'en 1708.
» avec Bertrand, mais s'étant rendu négligent,
» Bertrand le congédia. Tamponet bien loin
» de songer à rentrer dans une autre troupe,
» s'écarta extrêmement des personnes qui pou-
» voient le connoître. Il avoit de fortes rai-
» sons pour cela, car s'étant ajusté succincte-
» ment, mais proprement, il décora son habit
» d'une façon de croix de saint Louis, qu'il
» cachoit bien soigneusement avec son chapeau,
» & dans cet équipage il alloit dans les prome-
» nades publiques, & lorsqu'il appercevoit des
» gens qui ne lui paroissoient point suspects, il
» alloit s'asseoir auprès d'eux, & d'un ton timi-
» de, & cependant affectueux, il recomman-
» doit à leurs bontés un Chevalier de saint
» Louis qui n'étoit pas payé de sa pension. Ce
» discours laconique étoit accompagné d'un
» geste pareil, qui consistoit à élever un peu

» son chapeau, pour faire appercevoir la croix » qu'il portoit, & qu'il recouvroit aussi-tôt, en » homme qui se livre malgré lui, sur sa bonne » opinion pour ceux à qui il parle. Ce joli » role qui lui rapportoit beaucoup, fit assez de » bruit pour parvenir jusqu'à M. d'Argenson, » qui ordonna de lui en rendre compte. On » suivit l'Officier de nouvelle création, & en » peu de jours il fut démasqué. Le Magistrat » jugea à propos de lui payer une pareille » gentillesse par trois années de Bicêtre, au bout » duquel temps Tamponet eut la liberté, qu'il » n'employa que pour reprendre le même ma- » nege. La récidive le fit passer aux Isles, où je » crois qu'il est mort ». *Mémoires sur les Spectacles de la Foire par un Acteur Forain, tome I. pag. 26-29.* Paris, Briasson, 1743.

TANCRÈDE, Tragédie lyrique en cinq actes, avec un Prologue de M. *Danchet*, Musique de M. *Campra*, représentée par l'Académie Royale de Musique, le Mardi 7 Novembre 1702. in-4°. Paris, Ballard, & tome VIII. du Recueil général des Opéra. *Extrait, Mercure de France, Avril* 1729. *pag.* 757-776.

ACTEURS DU PROLOGUE.

Un Sage Enchanteur.   Le Sieur Cochereau.
La Paix.   Mlle Clément L.
Suivantes de la Paix.   Mlles Clément C. & Loignon.

BALLET.

Suivantes de la Paix.   Mlle Subligny.
Mlles Dangeville, Victoire, La Ferriere, Guillet, Rose, Le Brun, & la petite Prevost.

Plaisirs & Jeux.

Les Sieurs Blondy, Dumoulin L. Dangeville, L'Evesque, & le petit Dupré.

P v

ACTEURS DE LA TRAGÉDIE

Tancréde.	Le Sieur Thévenard.
Clorinde, Amante de Tancréde.	Mlle Maupin.
Herminie, fille du Roi d'Antioche.	Mlle Desmatins.
Argant, Roi de Circassie.	Le Sieur Hardouin.
Ismenor, Magicien.	Le Sieur Dun.
Une Guerriere.	Mlle Dupeyré.
Deux autres Guerrieres.	Mlles Lallemand & Loignon.
Un Guerrier.	Le Sieur Cochereau.
Un Silvain.	Le Sieur Boutelou.
Deux Dryades.	Mlles Loignon & Bataille.
Une Nymphe.	Mlle Dupeyré.
La Vengeance.	Le Sieur Desvoyes.

ACTEURS DU BALLET.

ACTE I. Magiciens.   Le Sieur F. Dumoulin.
Les Sieurs Bouteville, Fauveau, Dangeville L.
La Salle, Dumoulin L. Dangeville C.
& l'Evesque.

ACTE II. Sarrazins.   Le Sieur Balon.
Les Sieurs Bouteville, Germain,
Dumoulin L. & C.
Sarrazines de la suite de Clorinde.
Mlle Subligny.
Mlles Victoire, Dangeville, Rose & Desmatins.

ACTE III.   Plaisirs.
Les Sieurs Du Mirail, Germain, Bouteville
& Dumoulin C.
Nymphes.
Mlles Dangeville, Victoire, Rose & Desmatins.

ACTE IV. Suite de la Haine.   Le Sieur Blondy.
Les Sieurs Germain, Dumoulin L. Levesque,
Dangeville L. Fauveau, La Selle,
Dangeville C. & Dumay.

ACTE V. Peuples de la Palestine. Le Sieur Balon.
Les Sieurs Du Mirail, Bouteville, Germain,
Dumoulin L. Blondy, Fauveau
& Dangeville L.
Mlles Victoire, Rose, Desmatins, Guillet
& La Ferriere.

IIᵉ REPRISE de la Tragédie lyrique de Tan-

crede, avec des changemens, le Jeudi 20 Octobre 1707. 2ᵉ édition in-4º. Ballard.

ACTEURS DU PROLOGUE

Un Sage, Enchanteur.	Le Sieur Cochereau.
La Paix.	Mlle Aubert.
Suivante de la Paix.	Mlle Boisé.

BALLET.

Suivantes de la Paix. Mlle Guyot.
Mlles Rose, Tissard, Prevost, Le Fevre
& Chaillou.
Plaisirs & Jeux.
Les Sieurs Dumoulin L. Ferrand, Blondy,
Marcel L. & Javillier.

ACTEURS DE LA TRAGÉDIE.

Tancrède.	Le Sieur Thevenard.
Clorinde.	Mlle Armand, ou Mlle Journet.
Herminie.	Mlle Desmatins.
Argant.	Le Sieur Hardouin.
Ismenor.	Le Sieur Dun.
Guerriere	Mlle Aubert.
Un Guerrier.	Le Sieur Cochereau.
Un Silvain.	Le Sieur Boutelou.
Une Nymphe.	Mlle Aubert.
La Vengeance.	Le Sieur Mantienne.

ACTEURS DU BALLET.

ACTE I. *Magiciens de la suite d'Ismenor.*
Le Sieur Dumoulin C.
Les Sieurs Ferrand, Blondy, Dupré,
D. Dumoulin, Marcel & Javillier.

ACTE II. *Mores & Amazones.* Le Sieur Balon.
Les Sieurs Germain, Dumoulin L. D. Dumoulin, Dupré, Pecour & Dangeville C.
Sarrazines de la suite de Clorinde.
Mlles Prevost, Guyot, Rose, Tissard
& Dufresne.

ACTE III. *Plaisirs.*
Les Sieurs Germain, Dumoulin L.
P. & F. Dumoulin.

Nymphes Mlle Prevost.
Mlles Guyot, Le Fevre, Tissard & Rose.

ACTE IV. *Suite de la Haine.*   Le Sieur Blondy.
Les Sieurs Germain, Dumoulin L. Ferrand,
P. Dumoulin, Dangeville, F. Dumoulin,
Pecourt & D. Dumoulin.
ACTE V. *Peuples de la Palestine.* Le Sieur Dangeville L.
Les Sieurs P. Dumoulin, D. Dumoulin,
Dupré, La Vigne & Javillier
Mlles Prevoft, Guyot, Rofe & Chaillou.

IIIᵉ REPRISE de *Tancrede*, le Mardi 8 Juin 1717. 3ᵉ édition in 4°. Paris, Ribou, avec de nouvelles corrections.

ACTEURS DU PROLOGUE.

L'Enchanteur.   Le Sieur Cochereau.
La Paix.   Mlle Joubert.

BALLET.

Suite de la Paix.   Mlle Guyot.
Le Sieur Pecourt & Mlle La Ferriere.
Mlles Ifecq, Dupré, Le Maire, Duval,
Rameau & Defefchalliers.

Génies.

Les Sieurs Dumoulin L. Pierret, P. Dumoulin,
Dangeville, Guyot & Maltaire.

ACTEURS DE LA TRAGEDIE.

Tancréde.   Le Sieur Thévenard.
Clorinde.   Mlle Antier.
Herminie.   Mlle Pouffin.
Argant.   Le Sieur Hardouin.
Ifmenor.   Le Sieur Dun *pere.*
Une Guerriere.   Mlle Pafquier.
Deux autres Guerrieres. Mlles Pafquier & Limbourg.
Un Guerrier.   Le Sieur Bufeau.
Un Silvain.   Le Sieur Murayre.
La Vengeance.   Le Sieur Mantienne.
Un Guerrier dans le cinquiéme acte.   Le Sieur Cochereau.

ACTEURS DU BALLET.

ACTE I. *Magiciens.*   Le Sieur F. Dumoulin.
Les Sieurs Blondy, Marcel, Germain,
Dumoulin L. Dangeville, Pecourt,
Guyot & Maltaire.

ACTE II. *Sarrazins.*
Les Sieurs Germain, Dumoulin L.
Ferrand & Pierret.
Amazones.
Mlles Ifecq, Dupré, Le Maire & Duval.
Mlles Prevoſt & Guyot.
Mores & Moreſſes.
Les Sieurs Pecourt, Maltaire & Guyot.
Mlles La Ferriere, Haran & Brunel.

ACTE III. *Nymphes & Bergéres.* Mlle Prevoſt.
Le Sieur Marcel & Mlle Menès.
Les Sieurs P. Dumoulin, Dangeville,
Javillier & Rameau.
Mlles Haran, Brunel, Mangot & Duval.

ACTE IV. *Démons.* Le Sieur Blondy.
Les Sieurs F. Dumoulin, D. Dumoulin,
Marcel, Pierret, Dangeville, Pecourt,
Guyot & Maltaire.

ACTE V. *Peuples de la Paleſtine.* Le Sieur D. Dumoulin.
Les Sieurs Germain, Ferrand, P. Dumoulin,
Dangeville, Javillier & Pierret.
Mlles Menès, Ifecq, Dupré, Le Maire,
Rameau & Le Roy.

IVe REPRISE de la Tragédie de *Tancréde*, le Jeudi 30 Mars 1729. 4e édition in-4°. Ballard. Les Auteurs y firent encore quelques changemens.

ACTEURS DU PROLOGUE.

Un Sage, Enchanteur.   Le Sieur Tribou.
La Paix.   Mlle Eremans.

BALLET.

Génies, ſuite de l'Enchanteur.
Les Sieurs Savar, Tabary, Javillier, Dumay,
Bontems & Dangeville.
Suivantes de la Paix.   Mlle Sallé.
Mlles Petit, Thibert, Le Maire, Verdun,
Du Rocher & Duyal.

ACTEURS DE LA TRAGÉDIE.

Tancréde.   Le Sieur Thevenard.
Clorinde.   Mlle Antier.
Herminie.   Mlle Péliſſier.
Argant.   Le Sieur Chaſſé.

Ismenor.	Le Sieur Dun.
Une Guerriere.	Mlle Eremans.
Autre Guerriere.	Mlle Minier.
Un Guerrier.	Le Sieur Dumast.
Un Silvain.	Le Sieur Tribou.
Une Nymphe.	Mlle Eremans.
La Vengeance.	Le Sieur Cuvillier.
Un Guerrier au cinquiéme acte.	Le Sieur Dumast.

ACTEURS DU BALLET.

ACTE I. *Magiciens & Magiciennes.*
Le Sieur Blondy.
Les Sieurs Laval & Maltaire C.
Les Sieurs P. Dumoulin, Dangeville,
Javillier & Dumay.
Mlles Camargo & Sallé.
Mlles Petit, Thibert, Binet & Du Rocher.

ACTE II. *Sarazins.*
Les Sieurs Savar, Dumoulin L. Javillier 3.
& Dumay.
Amazones.
Mlles Le Maire, Duval, La Martiniere
& Boisselet.
Mores & Moresses.
Les Sieurs P. Dumoulin, Dangeville
& F. Dumoulin.
Mlle Camargo.
Mlles Thibert, Petit & Du Rocher.

ACTE III. *Plaisirs & Nymphes.* Mlle Prevost.
Le Sieur D. Dumoulin & Mlle Camargo.
Les Sieurs Bontems, Dangeville,
Maltaire L. & Hamoche.
Mlles Thibert, Du Rocher, Binet
& La Martiniere.

ACTE IV. *Suite de la Haine.* Le Sieur Maltaire C.
Les Sieurs Savar, Tabary, Camargo, Dumay,
Dangeville, Maltaire L. Javillier & Hamoche.

ACTE V. *Peuples de la Palestine.* Le Sieur D. Dumoulin.
Les Sieurs Bontems, Javillier, Dangeville,
Savar, Tabary & P. Dumoulin.
Mlle De Lisle.
Mlles Duval, Petit, Du Rocher, Thibert,
La Martiniere & Boisselet.

Le Samedi 26 Mars 1729. & le lendemain
Dimanche 27. l'Académie Royale de Musique

ajoûta à la fin de la Tragédie de *Tancréde*, une piéce de symphonie du Sieur *Rebel* le pere, intitulée *La Fantaisie*, sur laquelle les Sieurs *Blondy & Laval*, & la Dlle *Camargo* danserent un pas de trois avec succès.

Le Lundi 2 Mai suivant, jour de l'ouverture des Théatres, celui de l'Académie Royale de Musique reprit l'Opéra de *Tancréde*, encore terminé par le pas de trois dont on vient de parler, & qui fut alors dansé par les Sieurs *Blondy* & *D. Dumoulin*, avec Mlle *Camargo*. Ce fameux pas de trois, ou plutôt ce petit Ballet, dont l'éxécution fut regardée par les connoisseurs du temps comme le triomphe de la danse en général, figure un Maître jaloux, & deux Ecoliers. Après un prélude grave, suit une chaconne, un air de trompettes, une loure, un passe-pied en rondeau, un tambourin, &c. Ce sujet a reparu sur le même Théatre en 1752. sous le titre du *Maître de Musique*, interméde Italien en deux actes & en Musique.

Ve REPRISE de la Tragédie lyrique de *Tancrede*, le Jeudi 23 Octobre 1738. 5e édition in-4o Ballard.

ACTEURS DU PROLOGUE.

Le Sage, Enchanteur. Le Sieur Berard.
La Paix. Mlle Fel.

BALLET.

Génies de la suite de l'Enchanteur.
Le Sieur Maltaire *l'Anglois.*
Les Sieurs Dumay, Dupré, Tessier & Hamoche.
Suivantes de la Paix.
Mlle Le Breton.
Mlles Fremicourt, Courcelle, Le Duc,
Dallemand C. & Thierry.

ACTEURS DE LA TRAGÉDIE.

Tancrede.	Le Sieur Chaffé.
Clorinde.	Mlle Antier.
Herminie.	Mlle Pélissier.
Argant.	Le Sieur Le Page.
Ismenor.	Le Sieur Dun.
Une Guerriere.	Mlle Fel.
Un Guerrier au 2. & au 5. acte.	Le Sieur Berard.
Une Nymphe.	Mlle Fel.
Un Silvain.	Le Sieur Berard.
La Vengeance.	Le Sieur Cuvillier.

ACTEURS DU BALLET.

ACTE I. *Magiciens & Magiciennes.*
Le Sieur Dupré.
Les Sieurs Dangeville, Tessier, P. Dumoulin & Maltaire L.
Mlles Le Breton & Dalmand L.
Mlles Fremicourt, Le Duc, Thierry & Courcelle.

ACTE II. *Guerriers.*
Les Sieurs Savar, Javillier 3. & La Croix.
Amazones.
Mlles Petit, Du Rocher & S. Germain.
Mores & Moresses.
Les Sieurs Dumay, Dupré & Marignon.
Le Sieur Maltaire Langlois & Mlle Mariette.
Mlles Fremicourt, Dalmand C. & Le Duc.

ACTE III. *Plaisirs & Nymphes.*
Le Sieur D. Dumoulin & Mlle Sallé.
Les Sieurs F. Dumoulin, P. Dumoulin, Hamoche, Marignon & Maltaire L.
Mlles Le Duc, Thierry, Dalmand C. Courcelle & Fremicourt.

ACTE IV. *Suite de la Haine.*
Le Sieur Maltaire C.
Les Sieurs Savar, Javillier 3. La Croix, Dumay, Dupré, Hamoche, Marignon & Tessier.

ACTE V. *Peuples de la Palestine.*
Les Sieurs Tessier, F. Dumoulin, P. Dumoulin, La Croix & Javillier 3.
Mlle Dalmand L.
Mlles Petit, Du Rocher, S. Germain, Le Duc, Fremicourt & Thierry.

VIe REPRISE de l'Opéra de *Tancrede*, le Dimanche 22 Février 1750. 6e édition in-4°. Paris, De Lormel.

ACTEURS DU PROLOGUE.

Un Sage, Enchanteur.	Le Sieur La Tour.
La Paix.	Mlle Romainville.

BALLET.

Suivantes de la Paix. Mlle Carville.
Mlle Puvignée *fille*.
Mlles Defiré, Bellenot, Sauvage, Grenier, Parquet & Deschamps.
Génies de la suite de l'Enchanteur.
Le Sieur Teffier.
Les Sieurs Le Lievre, Laurent, Cayez & Bourgeois.

ACTEURS DE LA TRAGÉDIE.

Tancrede.	Le Sieur Chaffé.
Clorinde.	Mlle Chevalier.
Herminie.	Mlle Fel.
Argant.	Le Sieur Le Page.
Ismenor.	Le Sieur Perfon.
Une Guerriere & une Dryade.	Mlle Coupée.
Autre Guerriere & Dryade.	Mlle Jacquet.
Un Guerrier au 2. acte.	Le Sieur La Tour.
Silvain & Guerrier au 5. acte.	Le Sieur Poirier.
La Vengeance.	Le Sieur Selle.

ACTEURS DU BALLET.

ACTE I. *Magiciens & Magiciennes.*
Le Sieur De Viffé.
Les Sieurs Dupré, Saunier, Laval & Feuillade.
Mlles Lyonnois & Labatte.
Mlles S. Germain, Courcelle, Thierry & Beaufort.

ACTE II. *Guerriers.*
Les Sieurs Lyonnois & Veftris.
Les Sieurs Dupré, Saunier & Laval.
Amazones.
Mlles Defiré, Bellenot & Thierry.

	T A

                Mores & Moreſſes.
                Le Sieur Dupré.
           Le Sieur Lany & Mlle Lany.
       Les Sieurs Le Lievre, Laurent & Aubry.
      Mlles S. Germain, Courcelle & Beaufort.
Acte III.   *Plaiſirs & Nymphes.*
      Le Sieur D. Dumoulin & Mlle Dallemand.
               Mlle Camargo.
    Les Sieurs Hamoche, Cayez, Bourgeois,
            Feuillade & Le Lievre.
     Mlles Thierry, Briſeval, Sauvage,
        Victoire & Puvignée *mere.*
Acte IV.   *Suite de la Vengeance.*
            Le Sieur Lyonnois.
   Les Sieurs Dupré, Saunier, Laval, Laurent,
    Le Lievre, Aubry, Feuillade & Hamoche.
Acte V.   *Peuples de la Paleſtine.*
             Le Sieur Veſtris.
    Les Sieurs Cayez, Bourgeois, Hamoche,
      Le Lievre, Laurent & Aubry.
  Mlles Thierry, Grenier, Sauvage, Briſeval,
       Victoire & Puvignée *mere.*

Voyez *Arlequin Tancréde,* Parodie de cet Opéra au Théatre Italien, & la *Mépriſe de l'Amour,* ou *Pierrot Tancréde,* Opéra Comique.

TARATAPA EOUS, Parade non imp. Cette Parade forme la ſuite de celle qui a pour titre: *La Succeſſion,* & le *Contrat de mariage de Gille.* Ce dernier eſt remis entre les mains de différens Maîtres, qui entreprennent ſon éducation. Le premier eſt un Maître de Grammaire. Les réponſes que fait Gille aux queſtions du Maître ſont ſi ridicules, que celui ci perſuadé que ſon écolier plaiſante, lui demande ce qu'il veut apprendre: Ma foi je n'en ſçais rien, répond Gille, mais je voudrois bien ſçavoir lire. Comment vous ne ſçavez pas lire, replique le Maître: non Monſieur, continue Gille, & je

ne m'en soucie guere : je voudrois seulement
sçavoir des histoires pour les conter à ma Maîtresse. Le Maître demande s'il faut lui enseigner
l'histoire des Egyptiens, des Assyriens, &c. Il
lui nomme toutes les Nations, & Gille répond
toujours non : laquelle voulez-vous donc, dit
enfin le Maître? Celle de ces femmes galantes,
répond Gille, là vous m'entendez bien ? Le
Maître commence par quelques traits de l'Histoire Romaine, de la vie de Messaline, épouse
de l'Empereur Claude, de Néron, de l'Impératrice Agrippine sa mere, & de Poppée sa
Maîtresse.

GILLE.

« Ah voilà de belles histoires, Mlle Claude qui avoit
» épousé Néron, dont ils eurent une Poupée, qu'ils marierent à un Marchand de Salines, dont la fille s'appella
» Agrippine. Vous voyez bien que j'ai de la mémoire ?

LE MAITRE DE GRAMMAIRE.

à part.

» Oh ! quelle bête ! quel butord ! Oui mon ami, vous me
» paroissez avoir beaucoup de disposition pour apprendre
» l'histoire. Je reviendrai dans peu vous donner une seconde
» leçon. (*à part.*) On m'assure que je serai bien payé, que
» m'importe.

Le Maître à danser succéde à celui de Grammaire, & donne une leçon avec un pareil succès : le Maître d'armes qui vient ensuite, ne
réussit pas mieux. Enfin l'on voit paroître le
Maître de civilité, qui abordant très-poliment
le nouvel écolier, l'appelle M. le Marquis de
la Gilotiniere, & promet de l'enseigner en se
jouant.

GILLE.

» Voilà ce qu'il me faut.

LE MAITRE DE CIVILITÉ.

» Par exemple, vous n'êtes pas bien sûr vos jambes.
» Voici à peu près comme il faut se poser pour avoir un cer-
» tain air. Voyez..... Ceci est pour la bonne grace,..... à
» l'égard de la politesse, elle consiste dans des discours
» prévenans : par exemple, regardez comme je vous abor-
» de..... Eh, bon jour, mon cher Marquis.... il y a un siécle
» que je ne t'ai vû, oui un siécle.... Que cherchez-vous
» donc ?

GILLE.

» Je cherche ce Marquis à qui vous parlez, & je ne vois
» personne.... (*à part.*) Ma foi cet homme-là est fou.

LE MAITRE DE CIVILITÉ.

» Mais c'est à vous à qui je porte la parole.

GILLE.

» Moi, Monsieur, je ne suis pas Marquis.... Ah ! oui,
» vraiment, je le suis, Marquis de la Gilotiniere, je l'avois
» déja oublié.

LE MAITRE DE CIVILITÉ.

» Quand vous ne le seriez pas, il faut vous imaginer que
» vous l'êtes...... Eh bien, que me répondez-vous ?

GILLE.

» Cela est bien aisé. Passez votre chemin, mon ami, je
» ne vous connois pas.

LE MAITRE DE CIVILITÉ.

» Comment ?

GILLE.

» Dame ! je ne vous ai jamais vû.

LE MAITRE DE CIVILITÉ.

» Ceci est une fiction, & ce n'est point ainsi qu'il faut me
» répondre. Voici ce qu'il faut me dire.... Eh c'est toi, mon
» cher Chevalier, que j'ai de plaisir de te voir ; il y a quinze
» jours que tu as disparu de la Cour. Ah ! petit fripon, tu
» viens de quelque bonne fortune ?

GILLE.

Quoi ! il faudra que je dise tout cela ?

LE MAITRE DE CIVILITÉ.

„ A peu près.. .. Mais dites-moi, je vous prie, qu'est-ce
„ que fait votre chapeau sur votre tête ?

GILLE.

„ Voilà une plaifante demande : eh parguenne il la couvre.

Fort bien, répond le Maître, mais cela est malhonnête. Il veut lui enseigner en quelles occasions il doit ôter son chapeau, & quand il peut le remettre sur sa tête, & pour le lui faire comprendre, écoutez dit-il ces deux mots, *Taratapa*, & *Eous* : lorsque je prononcerai le premier, ne manquez pas de lever votre chapeau, & remettez-le dès que je dirai *Eous*. Cette petite leçon expliquée, le Maître veut voir si son écolier l'a comprise. Gille se trompe presque toujours, & le Maître lui donne des coups de batte sur les doigts.

LE MAITRE.

„ Fort bien. Quand vous n'auriez appris aujourd'hui qu'à
„ mettre & ôter votre chapeau, c'est beaucoup, à demain
„ Monsieur, à la pareille heure.

GILLE.

„ Oh ! je n'y serai plus attrapé : Je vous remercie.

LE MAITRE.

„ Il ne se peut rien de mieux..... & je suis votre très-
„ humble serviteur. *Eous*. (*Le Maître revient avec sa batte.*)

GILLE.

„ Oh ! parguenne j'ai pensé l'oublier. *Taratapa*, *Eous*,
„ cela est comique.

A peine le Maître de civilité est-il sorti, que celui de la Danse & celui de Grammaire reviennent pour donner une seconde leçon. Gille répéte les phrases qu'on lui vient d'enseigner, & s'écrie, *eous*, *eous*, plaît-il Monsieur, répond le Maître à danser. Quel est ce langage, ajoûte celui de Grammaire. Gille les rosse, ils metient alors leurs chapeaux sur leurs têtes.

GILLE.

» Vous sçavez à présent la civilité aussi bien que moi. *Taratapa*, ôtez votre chapeau, *Eous*, mettez votre cha-
» peau. Cela n'est pas difficile à apprendre.

LE MAITRE A DANSER en sortant.

» La peste soit de l'imbécille.

LE MAITRE DE GRAMMAIRE en sortant.

» Aux petites maisons, mon ami.

La scéne qui termine cette Parade est celle d'un Amant désespéré d'une infidélité de sa Maîtresse : il parle seul, & en gesticulant il ôte & remet son chapeau si à propos, que Gille qui le guette pour lui communiquer ses leçons de politesse, a toujours sa batte en l'air, sans trouver occasion de le frapper. Ma foi, s'écrie-t il, voilà le plus civil de tous les hommes. A ces mots l'Amant apperçoit Gille, le prend pour son Rival, & veut l'obliger à mettre l'épée à la main.

L'AMANT.

» Ah ! coquin, tu feins de ne pas connoître Marinette,
» tu as une épée au côté, & tu n'ose la tirer. Eh bien je
» veux te faire expirer sous le bâton. (*Il rosse Gille.*)

GILLE.

» Au secours, au secours, à moi, au Guet, à la Livrée »

Extrait Manuscrit.

TARENTULE, (la) Comédie en prose & en un acte, de M. *Martel*, représentée à la suite de la Tragédie d'*Alzire*, le Mardi 2 Novembre 1745. imp. *Histoire du Th. Fr. année 1745.*

TARENTULE, (la) Parade non imprimée. Cette Parade fait la conclusion de celles qui portent le titre des *Braves d'Ostende*, des *Métiers*, de la *Succession*, des *Maîtres pour l'éducation*, de *Taratapa Eous*, de l'*Amant désespéré* & du *Traiteur*.

Prens-tout & Laisse-rien filous, ayant appris que Gille vient d'hériter d'un oncle, qui lui laisse cent mille écus en lettres de change, que cet imbécille garde dans une des poches de son juste au corps, prennent la résolution de les lui escamoter. Ils se parlent à l'oreille, conviennent de la maniere dont ils vont jouer leurs stratagêmes, & se mettent à danser aussi-tôt qu'ils apperçoivent Gille. Pardienne, s'écrie ce dernier, voilà de drôles de corps, ils sont fous je pense. Hélas, répond Laisse-rien, mon frere est fort sage, j'aimerois mieux qu'il fut fol, on le guériroit plus aisément, mais je crains bien qu'il n'en réchappe pas. Gille est fort étonné d'une maladie si terrible, & qui cependant ne respire que la gaieté. Laisse-rien lui dit que ce frere prétendu a été piqué par une Tarentule. Il explique ensuite l'effet prodigieux du venin de cette espéce d'araignée, & interrompant tout à coup son récit, Ah! Monsieur, ajoûte-t-il, je me meurs de frayeur: Qu'avez-vous donc, répond Gille, je crois, continue le filou, la voir sur votre chapeau, vous êtes un homme mort si elle vous pique à la tête, attendez, ne remuez pas, je vais la tuer : (*Il donne un coup de batte sur la tête de Gille.*) Doucement donc, dit celui-ci, l'avez-vous tuée : Non Monsieur, répond Laisse-rien, je l'ai manquée. La peste soit du mal-adroit, s'écrie Gille, en jettant son chapeau par terre. La voilà sur votre perruque. Gille jette sa perruque, mais parce que la Tarentule a dit-on passé sur son dos, Laisse-rien lui donne de sa batte, & comme Gille fait alors un mouvement, le filou feignant avoir manqué son coup, en donne un second. A présent, dit Gille, elle doit être écrasée, car vous avez frappé diablement fort.

LAISSE-RIEN.

» Je n'ai pas été plus heureux cette fois que l'autre, mais
» Monsieur, la Tarentule se coule entre l'habit & la veste,
» vite, vite, deshabillez-vous, il n'y a pas un instant à
» perdre.

GILLE *interdit.*

» Aidez-moi, mon ami, je ne sçaurois aller plus vite :
» Voilà qui est fait.

LAISSE-RIEN.

» Ah ! Monsieur, elle passe dans votre chemise, vous
» voilà piqué : vous êtes déja tout changé.

GILLE.

» Est-il possible ? je n'ai pas senti la piquure.

LAISSE-RIEN.

» Le visage vous enfle pourtant, vous voilà tout bouffi,
» vos yeux deviennent hagards, votre bouche est toute de
» travers. (*Il frappe un rude coup.*) Ah ! voilà la Tarentule
» tuée.

GILLE.

» Où est-elle ?

PRENS-TOUT.

» Elle est écrasée, mais nous n'en mourrons pas moins
» l'un & l'autre.

Gille

Gille se met à pleurer. Il ne s'agit pas de pleurer, mais au contraire il faut rire, sauter & danser, disent les deux filous : c'est-là le seul reméde contre la piquure de la Tarentule.

GILLE.

» La frayeur m'ôte les jambes : n'importe, dansons donc
» puisqu'il le faut jusqu'à extinction de chaleur naturelle.

Les filous le prennent par la main, chantent, le font chanter & danser, emportent les habits de Gille, & se sauvent. Pendant ce temps-là Gille danse toûjours. Le Maître arrive, & voyant Gille, à qui en faveur de ses grands biens il vient d'accorder sa fille, il le croit insensé : Gille le prend par la main, chante, & veut le faire danser; il ramasse la batte, lui en applique quelques coups sur les épaules, & répéte le même lazzi des deux filous. Le Maître fâché qu'on lui ôte son habit, demande à Gille où sont ses lettres de change : il répond qu'elles étoient dans une des poches de son juste-au-corps : Au récit de Gille, le Maître n'a pas beaucoup de peine à reconnoître le tour qu'on lui a joué.

GILLE.

» Ma foi je commence à croire que vous pourriez bien
» avoir raison. Il faut courir après ces deux fripons-là.

LE MAITRE.

» Vraiment oui, ils sont bien loin s'ils courent toûjours.

GILLE.

» Oh! je les atttaperai bien tôt ou tard, quand j'aurai
» épousé Mlle Isabelle.

LE MAITRE.

» N'espére pas cela, mon ami : ma fille ne sera jamais
» la femme d'un sot comme toi. Tu n'es qu'une bête, & tu
» le seras toûjours. Je ne te prenois pour mon gendre que

Tome V.

» par rapport à ton bien, tu as été assez imbécille pour te
» le laisser enlever......

GILLE.

» Comment mordienne, je n'aurai pas ta fille, vieux pe-
» nard ?

LE MAITRE.

» Insolent, je t'assommerai de coups de bâton.

GILLE.

» Toi ?

LE MAITRE.

» Oui, moi.

GILLE.

» Ah ! nous allons voir.

Ils se battent, & finissent ainsi la Parade.
Extrait Manuscrit.

TARQUIN, Tragédie de M. *Pradon*, représentée le Vendredi 9 Janvier 1682. non imprimée. *Histoire du Th. Fr. année 1682.*

TARSIS ET ZÉLIE, Tragédie lyrique en cinq actes, avec un Prologue, de M. *De la Serre*, Musique de Messieurs *Rebel & Francœur*, représentée par l'Académie Royale de Musique, le Mardi 19 Octobre 1728. in-4°. Paris, Ballard, & tome XIV. du Recueil général des Opéra. *Extrait, Mercure de France, Novembre 1728. p. 2467-2482.*

ACTEURS DU PROLOGUE.

Le Chef des Génies mal-
faisans.   Le Sieur Dun.
Le Chef des Génies bien-
faisans.   Mlle Eremans.

BALLET.

Mauvais Génies.   Le Sieur Maltaire C.
Les Sieurs Dangeville, Javillier, Savar,
Dumay, Hamoche & Maltaire L.

| Jeux & Plaisirs. | Le Sieur D. Dumoulin. |

Les Sieurs P. & F. Dumoulin, Dumoulin L.
& Tabary.
Mlle Sallé.
Mlles Thibert, Du Rocher, Verdun
& Le Maire.

ACTEURS DE LA TRAGÉDIE.

Alpide, proclamé Roi.	Le Sieur Chassé.
Zélis, Princesse Thessalienne.	Mlle Antier.
Arélise, Princesse du sang des anciens Rois de Thessalie.	Mlle Pélissier.
Tarsis, du sang de Penée.	Le Sieur Tribou.
Le Fleuve Penée.	Le Sieur Dun.
Cléone, Daphnide.	Mlle Petitpas.
Artemis, ou la Sibille Delphique.	Mlle Eremaus.
Une Thessalienne.	Mlle Eremans.
Une habitante des rivages.	Mlle Minier.
Une Bergére.	La même.

ACTEURS DU BALLET.

ACTE I. *Thessaliens & Thessaliennes.*
Le Sieur Laval.
Les Sieurs Savar, Tabary, Dumay, Javillier
& Hamoche.
Mlle De Lisle.
Mlles La Martiniere, Binet, Boisselet,
Petit & Duval.

ACTE II. *Habitans des rives du Penée.*
Le Sieur Blondy.
Les Sieurs Laval & Maltaire C.
Les Sieurs F. & P. Dumoulin, Dangeville
& Maltaire L.
Mlle Camargo.
Mlles Du Rocher, Thibert, La Martiniere
& Binet.

ACTE III. *Suite de la Sybille Delphique.*
Mlle Prevost.
Mlles Camargo, Sallé & De Lisle.
Mlles Thibert, Du Rocher, Binet, Le Maire,
La Martiniere & Verdun.

ACTE IV. *Bergers & Bergéres héroïques.*
Le Sieur F. Dumoulin.

Q ij

Le Sieur D. Dumoulin & Mlle Prevost.
Les Sieurs Pierret, Tabary, Bontems
& Javillier.
Mlles Du Rocher, Thibert, Boisselet
& La Martiniere.

Les Auteurs ayant jugé à propos, pour se conformer au goût des Spectateurs, de refondre le cinquiéme acte & d'en faire un nouveau, l'Académie Royale de Musique le représenta avec ces changemens, le Jeudi 11 Novembre suivant, & continua tous les Jeudis jusqu'au 18 Janvier 1729. Cet Opéra n'a pas reparu depuis.

TARTUFFE, *ou l'*IMPOSTEUR, Comédie en cinq actes & en vers, de M. *Moliere*, représentée sur le Théatre du Palais Royal, le 5 Août 1667. (& défendue le lendemain) & depuis sans interruption, le Mardi 5 Février 1669. in-12. Paris, Barbin, 1673. & dans le Recueil des Œuvres de l'Auteur. Cette piéce est demeurée au Théatre. *Hist. du Th. Franç. année* 1669.

TARTUFFE, (la Critique du) Comédie en un acte & en vers d'un Auteur *Anonyme*, 1669. imp. la même année, in-12. Paris, Quinet. *Histoire du Théatre François, année* 1669.

TÉGLIS, Tragédie de M. *Morand*, représentée le Lundi 19 Septembre 1735. suivie de la *Comtesse d'Escarbagnas*, imp. la même année, in-8°. Paris, Ribou, & dans le Théatre de M. Morand. *Histoire du Th. Franç. année* 1735.

TEIL, (N....... du) Auteur Dramatique, a composé pour la scéne Françoise.

* L'INJUSTICE PUNIE, Tragédie, 1641. *Hist. du Th. Franç. année* 1641.

TEL MAÎTRE, TEL VALET, TELLE VIE, TELLE FIN, Pantomime nouvelle représentée au Spectacle Pantomime, sur le Théatre de l'Opéra Comique, le Lundi 13 Mars 1747. précédée de la *Servante de sa fille*. *Affiches, de Boudet*.

TÉLÉGONE, Tragédie en cinq actes, avec un Prologue, de M. l'Abbé *Pellegrin*, Musique de M. *De la Coste*, représentée par l'Académie Royale de Musique, le Mardi 6 Novembre 1725. in-4°. Paris, Ribou, & tome XIII. du Recueil général des Opéra. *Extrait, Mercure de France, Novembre 1726. p. 2691 & suivantes.*

ACTEURS DU PROLOGUE.

Amalthée.	Mlle Eremans.
Vénus.	Mlle La Garde.
L'Amour.	Mlle Dun.

BALLET.

Suite de Vénus. Mlle De Lisle L.
Le Sieur Myon & Mlle Menès.
Mlles La Martiniere & De Lisle C.
Suite de l'Amour.
Les Sieurs Dumoulin L. Tabary,
La Motte & Savar.
Mlles La Ferriere, Duval, Rey & Thibert.

ACTEURS DE LA TRAGÉDIE.

Ulysse.	Le Sieur Du Bourg.
Circé.	Mlle Antier.
Télégone, *fils d'Ulysse & de Circé*.	Le Sieur Thevenard.
Elifmene, *Princesse de Corcyre*.	Mlle Le Maure.
Télémaque, *fils d'Ulysse & de Pénélope*.	Le Sieur Murayre.
Mélite, *Confidente de Circé*.	Mlle Souris L.
Neptune.	Le Sieur Le Mire.

Q iij

Deux Matelottes.	Mlles Minier & Antier C.
Un Plaisir.	Mlle Souris L.
Le Grand-Prêtre de Minerve.	Le Sieur Tribou.
Une Bergére.	Mlle Minier.

ACTEURS DU BALLET.

ACTE I. *Matelots, Matelottes.* Le Sieur D. Dumoulin.
Les Sieurs F. & P. Dumoulin, Maltaire L. & C.
Mlle Prevoſt.
Mlles La Ferriere, Thibert, De Lisle C.
& Binet.

ACTE II. *Démons transformés en plaisirs.*
Mlle Prevoſt.
Le Sieur Laval & Mlle Petit.
Les Sieurs Dumoulin L. Myon, P. Dumoulin
& Dangeville.
Mlles De Lisle L. Duval, Rey & Le Maire.

ACTE III. *Prêtres & Prêtresses de Diane.*
Mlle Menés.
Les Sieurs Laval, Maltaire C. Maltaire L.
& La Motte.
Mlles Duval, La Ferriere, Petit & Thibert.

ACTE IV. *Les Furies.*
Les Sieurs P. Dumoulin, Laval & Dangeville.
Démons. Le Sieur Maltaire C.
Les Sieurs Pierret, La Motte, Savar,
Tabary, Picard & Esek.

ACTE V. *Habitans d'Ithaque.* Le Sieur Blondy.
Les Sieurs Pierret, Tabary, Javillier & Savar.
Mlles Rey, Le Maire, Verdun & Thibert.
Bergers & Bergéres. Le Sieur D. Dumoulin.
Mlle Prevoſt.
Les Sieurs Dangeville, P. Dumoulin,
Maltaire L. & La Motte.
Mlles La Ferriere, Petit, Binet & De Lisle C.

Cet Opéra n'a jamais paru au Théatre depuis ſa nouveauté.

TÉLÉMAQUE, Tragédie, (Fragmens des modernes) en cinq actes avec un Prologue, diſpoſée par les ſoins de Meſſieurs *Danchet* & *Campra*, & repréſentée par l'Académie Royale de Musique, le Mardi 11 Novembre 1704. in-4°. Paris, Ballard, & tome VIII. du Recueil général des Opéra.

ACTEURS DU PROLOGUE.

La Félicité.   Mlle Maupin.
Le Printems.   Le Sieur Cochereau.

BALLET.

Suite de la Félicité.
Mlles Prevost, Le Fevre, Baſſecour
& Le Comte.
Bergers.
Les Sieurs Germain, Bouteville, Dumoulin L.
& Levesque.

Une Bergere.   Mlle Dangeville.
Un Paſtre.   Le Sieur Dumoulin C.

Les Fragmens dont ce Prologue est composé sont tirés de l'Opéra d'*Enée & Lavinie*, de M. de *Fontenelle*, Musique de M. *Collaſſe*, & du Prologue d'*Arethuse* de M. *Danchet*.

ACTEURS DE LA TRAGÉDIE.

Calypſo.   Mlle Desmatins.
Eucharis.   Mlle Armand.
Thétis.   Mlle Maupin.
Une Nymphe de Calypſo.   La même.
Minerve.   Mlle Dupeyré.
Vénus.   Mlle Bataille.
Télémaque.   Le Sieur Pouſſin.
Neptune.   Le Sieur Dun.
Un Plaiſir.   Le Sieur Boutelou.
Songes de la ſuite de Mi-   Les Srs { Chopelet,
nerve.   { Hardouin,
                                         { Desvoyes.
Une Bergere.   Mlle Bataille.

Cette Tragédie est composée de Fragmens tirés de l'Opéra d'*Aſtrée*, de M. de *La Fontaine*, Musique de M. *Collaſſe*; d'*Enée & Lavinie*, de *Canente*, Tragédie de M. *De la Motte*, Musique de M. *Collaſſe*, d'*Arethuſe*, de

M. *Danchet*, Musique de M. *Campra*, de *Médée*, de M. *Corneille de Lisle*, Musique de M. *Charpentier*, du *Carnaval de Venise*, Ballet de M. *Regnard*, Musique de M. *Campra*, d'*Ariadne*, Tragédie de M. *S. Jean*, Musique de M. *Desmarests*, de *Circé*, de Madame de *Saintonge*, Musique du même, des *Fêtes Galantes*, Ballet de M. *Duché*, Musique du même, & d'*Ulysse*, Tragédie de M. *Guichard*, Musique de M. *Rebel*.

ACTEURS DU BALLET.

ACTE I. Suite de *Vénus*.   Mlle Subligny.
         Mlles Le Fevre & Morancour.
   Plaisirs. Les Sieurs Germain & Dumoulin L.
   Jeux. Les Sieurs Bouteville & Dangeville L.
   Amours. Pierret, La Porte, Gillet & Solé.

ACTE II.   *Fête Marine*.
      Le Sieur Balon & Mlle Subligny.
      Le Sieur Dumoulin C.
   Les Sieurs Blondy, Ferrand, Levesque
         & Dangeville L.
   Mlles Le Fevre, Prevost, Bassecour
         & Le Comte.
         Gondoliers.
   Les Sieurs Dangeville C. Marcel & Javillier.

ACTE III. *Démons*.   Le Sieur Blondy.
   Les Sieurs Ferrand, Dumoulin L. Marcel,
   Dangeville L. Dangeville C. & Javillier.

ACTE IV.   *Songes agréables*.
   Les Sieurs Bouteville, Dumoulin C. & Levesque.
   Mlles Dangeville, Morancourt & Bassecour.

ACTE V. *Bergers & Bergéres*.   Le Sieur Balon.
   Les Sieurs Bouteville, Germain, Dumoulin L.
         & Dangeville.
   Mlles Dangeville, Prevost, Morancour
         & Le Comte.

Cet Opéra n'a jamais été repris.

TÉLÉMAQUE, Tragédie lyrique en cinq actes, avec un Prologue, de M. l'Abbé *Pellegrin*, Musique de M. *Destouches*, représentée par l'Académie Royale de Musique, le Jeudi 29 Novembre 1714. in-4°. Paris, Ribou, & tome XI. du Recueil général des Opéra. *Extrait, Mercure de France, Avril* 1730. p. 779 *& suivantes.*

ACTEURS DU PROLOGUE.

Minerve.	Mlle Antier.
Apollon.	Le Sieur Le Miret.
L'Amour.	Mlle Minier.
Un Art.	Le Sieur Bourgeois.

BALLET.

Les Muses.   Mlle Guyot,
Mlles Menès, La Ferriere, Isecq, Haran, Le Maire, Mangot, Duval & Dupré.
Les Arts.
Les Sieurs Germain, Dumoulin L. P. Dumoulin, Dangeville L. Gaudrau, Javillier & Pierret.

ACTEURS DE LA TRAGÉDIE.

Calypso.	Mlle Journet.
Adraste.	Le Sieur Thévenard.
Télémaque.	Le Sieur Cochereau.
Eucharis.	Mlle Heuzé.
Arcas, Confident d'Adraste.	Le Sieur Buseau.
Idas, Confident de Télémaque.	Le Sieur La Rosiere.
Cléone, Confidente d'Eucharis.	Mlle Pasquier.
Minerve.	Mlle Antier.
Le Grand-Prêtre de Neptune.	Le Sieur Mantienne.
La Grande Prêtresse de Vénus.	Mlle Antier.
Une Prêtresse de Neptune.	Mlle Bourgoin.
Un Démon transformé en plaisir.	Le Sieur Bourgeois.
Démon transformé en Nymphe.	Mlle Bourgoin.

ACTEURS DU BALLET.

ACTE I.   *Démons.*
Le Sieur Blondy.

Q v

Les Sieurs Germain, Dumoulin. L. Ferrand, Marcel, F. Dumoulin, P. Dumoulin, D. Dumoulin & Dangeville L.

ACTE II. *Prêtres & Prêtresses.* Le Sieur D. Dumoulin, Les Sieurs Blondy, Marcel, Germain, Gaudrau, Javillier, Guyot & Dupré. Mlles Le Maire, Dupré, La Ferriere, Haran, Mangot & Duval.

ACTE III. *Démons transformés.*

Mlles Menès, Isecq, La Ferriere, Haran, Le Maire & Le Roy. Les Sieurs Germain, Dumoulin L. Marcel, Gaudrau, P. Dumoulin & Dangeville L.

ACTE IV. *Bergers & Bergéres.*

Mlles Prevost & Guyot.
Le Sieur F. Dumoulin.
Les Sieurs D. Dumoulin, Gaudrau, P. Dumoulin, Dangeville L. Dupré & Maltaire.
Mlles Menès, Isecq, La Ferriere, Dupré, Chasteauvieux & Brunel.

ACTE V. *Grecs.* Le Sieur Dangeville L. Les Sieurs Ferrand, Marcel, Gaudrau, Javillier, Pierret, Guyot, Maltaire & Dupré.

Cet Opéra annoncé pour le 15 Novembre 1714. suivant l'édition des paroles in-4°. & pour le 22 du même mois, comme il est marqué dans l'édition de la Musique, ne fut cependant représenté que le 29. à cause de l'indisposition de Mlle *Heusé*, qui jouoit le role d'*Eucharis*.

IIe REPRISE de la Tragédie lyrique de *Télémaque*, le Jeudi 23 Février 1730. 2e édition in-4°. Paris, Ballard.

ACTEURS DU PROLOGUE.

Minerve.	Mlle Eremans.
Apollon.	Le Sieur Dun.
L'Amour.	Mlle Petitpas.
Un Art.	Le Sieur Dumast.

BALLET.

Les Muses.   Mlle Mariette.
Mlles Thibert, Du Rocher, Ferret, Binet,
La Martiniere, Duval, Petit & Boisselet.

ACTEURS DE LA TRAGÉDIE.

Calypso.   Mlle Antier.
Adraste.   Le Sieur Chassé.
Télémaque.   Le Sieur Tribou.
Eucharis.   Mlle Pélissier.
Arcas.   Le Sieur Dumast.
Idas.   Le Sieur Dun.
Cléone.   Mlle Minier.
Minerve.   Mlle Eremans.
Le Grand-Prêtre de Neptune.   Le Sieur Cuvillier.
La Grande Prêtresse de l'Amour.   Mlle Eremans.
Une Prêtresse de Neptune. Mlle Petitpas.
Démon transformé en Plaisir.   Le Sieur Dumast.
Démon transformé en Nymphe.   Mlle Minier.
Une Matelotte.   Mlle Petitpas.

ACTEURS DU BALLET.

ACTE I. *Démons.*   Le Sieur Maltaire C.
Les Sieurs Savar, Tabary, Dumay, Javillier,
Dumay & Matignon.
Magiciennes.
Mlles Petit, Duval, Du Rocher & Thibert.
ACTE II. *Prêtres & Prêtresses.*   Le Sieur D. Dumoulin.
Les Sieurs Laval & Maltaire C.
Les Sieurs Dangeville, P. Dumoulin,
Javillier, Dumay & Matignon.
Mlle Sallé.
Mlles Mariette, Du Rocher, Thibert,
Petit & La Martiniere.
ACTE III. *Démons transformés en Nymphes & en Plaisirs.*
Mlle Prevost.
Mlles Ferret, Binet, La Martiniere,
Thibert & Du Rocher.
Le Sieur Blondy.
Les Sieurs Savar, Dumoulin L. F. Dumoulin,
P. Dumoulin & Matignon.

ACTE IV. *Bergers & Bergéres.* Mlles Prevost & Salté
Le Sieur Laval.
Les Sieurs Maltaire L. Dangeville, Dumay,
P. Dumoulin, Javillier & Makaire C.
Mlles Mariette, Du Rocher, Thibert,
La Martiniere, Binet & Ferret.
ACTE V. *Matelots & Matelottes.* Mlle Camargo.
Les Sieurs Dangeville, Maltaire C. Bontems,
Matignon & P. Dumoulin.
Mlles Thibert, Binet, Du Rocher,
Ferret & La Martiniere.

TÉLÉMAQUE, Parodie de la Tragédie lyrique de ce nom, en un acte, par M. *Le Sage*, représentée au Jeu de Belair, à l'ouverture de la Foire S Germain 1715. précédée d'*Arlequin & Mezzetin heureux pour un moment*. Cette Parodie eut un succès prodigieux, qui continua à la Foire S. Laurent suivante: on l'a reprise à la Foire S, Germain 1725. & le Samedi 4 Mars 1730. Elle est imp. tome I. du Théatre de la Foire. Sans prétendre rien ôter au mérite de l'Auteur, on peut dire que cette Parodie, quoiqu'assez bien faite, est cependant inférieure à beaucoup d'autres qui ont paru depuis, & n'ont pas été autant applaudies: mais il faut ajoûter que ce genre de piéce étoit alors dans sa nouveauté, & que le jeu des Acteurs contribua beaucoup à la réussite de celle-ci. Dolet qui joüoit le principal rôle, sembloit être fait exprès pour ce personnage naïf & niais, qu'il remplissoit au mieux, & que tout Paris ne se lassoit point d'admirer. Il le représenta encore à la reprise de 1730.

TÉLEPHE, Tragédie lyrique en cinq actes, avec un Prologue, de M. *Danchet*, Musique de M. *Campra*, représentée par l'Académie

Royale de Musique, le Mardi 28 Novembre 1713. in-4°. Paris, Ribou, & tome XI. du Recueil général des Opéra.

L'APOTHÉOSE D'HERCULE. PROLOGUE.

  Jupiter.   Le Sieur Hardouin.
  Junon.   Mlle Poussin.
  Apollon.   Le Sieur Pélissier.

     BALLET.

  Suite de Neptune.   Le Sieur Marcel.
    Les Sieurs Germain, Dumoulin L.
      & Dangeville.
  Suite de Pluton.   Le Sieur Blondy.
    Les Sieurs Javillier, Pierret & Duval.
     Suite de Vénus, Graces.
    Mlles Haran, Isecq & La Ferriere.
  Suite d'Apollon.   Le Sieur F. Dumoulin.
    Les Sieurs D. Dumoulin, Dangeville L.
      & Guyot.

  ACTEURS DE LA TRAGÉDIE.

  Téléphe.   Le Sieur Thevenard.
  Ismenie, fille de Teuthras
    Roi de Mysie, Amante
    de Téléphe.   Mlle Journet.
  Euryte, Tyran de Mysie. Le Sieur Hardouin.
  Arsinoé, sœur d'Euryte. Mlle Pestel.
  Arsame, Prince Mysien,
    Amant d'Arsinoé.   Le Sieur Cochereau.
  Hercule.   Le Sieur Le Mire.
  Un Berger.   Le Sieur Pélissier.
  Une Bergére.   Mlle Aubert.
  La Py honissé.   Mlle Antier.
  Un Vieillard.   Le Sieur Mantienne.
  Deux jeunes Mysiennes. Mlles Limbourg &
          Pasquier.
  Sacrificateurs d'Hercule. Les Sieurs Dun, Man-
         tienne & Chopelet.
  Une suivante de la Gloire. Mlle Antier.

   ACTEURS DU BALLET.

ACTE I.   Bergers & Bergéres.   Mlles Prevost & Guyot.
   Les Sieurs P. Dumoulin, Dangeville L. Duval,
    Guyot, Rameau & Dangeville C.

Un Pastre.   Le Sieur F. Dumoulin.
  Mlles Haran, Isecq, Mangot, Corbiere,
    Rameau & Dimanche L.
ACTE II. *Prêtresses d'Apollon.* Mlle Guyot.
  Mlles Le Maire, Le Roy, Mangot, Duval,
    Rameau & Dimanche L.
ACTE III. *Peuples.*   Le Sieur Blondy.
  Les Sieurs Germain, Dumoulin L. Ferrand,
    Gaudrau & Marcel.
  Mlles Le Maire, Le Roy, Rameau, Mangot
    & Dimanche L.
  Vieillards.   Les Sieurs Rameau &
                            Duval.
  Vieilles.   Mlles Dimanche &
                            Corbiere.
  Deux jeunes Mysiens. Les Sieurs F. & P. Du-
                            moulin.
  Deux jeunes filles. Mlles Isecq & Haran.
ACTE IV.   *Sacrificateurs.*
  Les Sieurs Germain, Dumoulin L. Blondy,
    Marcel, P. Dumoulin, Dangeville L.
    Guyot & Duflo.
  Prêtresses.   Mlle Guyot.
  Mlles Le Maire, Le Roy, Isecq, Haran,
    Duval & Rameau.
ACTE V. *Mysiens, Mysiennes.* Le Sieur D. Dumoulin.
  Les Sieurs F. Dumoulin, P. Dumoulin
    & Dangeville L.
  Mlles Isecq, Haran & La Ferriere.
                Guerriers.
  Les Sieurs Javillier, Gaudrau & Pierret.
                Amazones.
  Mlles Le Maire, Rameau & Dimanche C.

Cet Opéra n'a point été repris.

TÉLÉPHONTE, Tragédie de M. de *La Chapelle*, représentée le Samedi 26 Décembre 1682. in-12. Paris, Ribou, 1683. & dans le Recueil intitulé *Théatre François*, in-12. 12 vol. 1737. par la Compagnie des Libraires. *Histoire du Théatre Franç.* année 1682.

TELLIER, (N..... le) Auteur Forain, né à Château-Thierry en Champagne, mort en cette même ville, vers l'an 1732. a composé :

LE FESTIN DE PIERRE, Opéra Comique en trois actes, 1713.

LES PÉLERINES DE CYTHERE, trois actes, 1713.

ARLEQUIN SULTANE FAVORITE, trois actes, 1714.

LA DESCENTE DE MEZZETIN AUX ENFERS, un acte, 1715.

TEMPÉ, (les Courses de) Pastorale en un acte & en vers libres, de M. *Piron*, avec un divertissement, Musique de M. *Rameau*, représentée le Lundi 30 Août 1734. précédée de l'*Amant mystérieux*, Comédie en trois actes du même Auteur, in-8°. Paris, Duchesne. *Hist. du Théatre Fr.* année 1734.

TEMPÉ, (les Amours de) Ballet héroïque en 4 Entrées, sans Prologue, par M. ...... Musique de M. *d'Auvergne*, représenté par l'Académie Royale de Musique, le Jeudi 9 Novembre 1752. in-4°. Paris, de Lormel.

ACTEURS.

I. ENTRÉE. *Le Bal*, ou *l'Amour discret.*

Silvandre.   Le Sieur Chassé.
Doris.   Mlle Fel.

BALLET.

Masques de différens caractères.

Polonois.   Le Sieur Le Lievre & Mlle Labatte.
Un Turc.   Le Sieur Tessier.
Espagnols. Le Sieur Gallini & Mlle Chevrier.
Grecs.   Le Sieur Bourgeois & Mlle Victoire.
Indiens.   Le Sieur Cayez & Mlle Parquet.
Turcs.   Le Sieur Gobert & Mlle Courar.
Mores.   Le Sieur Desplaces L. & Mlle Ponchon.
   Egyptiens, Egyptiennes.   Mlle Ray.
         Les Sieurs Beat & Galini.
                Mlle Carville.

Les Sieurs Feuillade, Hiacinthe & Desplaces C.
Mlles S. Germain, Sauvage, Desiré,
Deschamps, Coupé & Marquise.

II. ENTRE'E. *La Fête de l'Hymen*, ou *l'Amour timide*.

Bacchus.   Le Sieur Jélyote.
Philemon, *Berger*.   Le Sieur Gelin.
Temire, *Bergére*.   Mlle Fel.
Le Grand-Prêtre de
l'Hymen.   Le Sieur Poirier.

BALLET.

Bergers & Bergéres.   Mlle Puvignée.
Les Sieurs Hamoche, Cayez, Le Lievre
& Bourgeois.
Mlles Dazenoncourt, Ponchon,
Deschamps & Couvar.
Pastres & Pastourelles.
Les Sieurs Lany & Galini.
Jeunes *Pastres*.   Le Sieur Beat & Mlle Ray.
Vieux *Pastres*.   Le Sieur Hiacinthe &
Mlle Victoire.
Les Sieurs Desplaces C. & Gobert.
Mlles Chevrier & Marquise.

III. ENTRE'E. *L'Enchantement favorable* ou *l'Amour généreux*.

Elémire, *Fée des bords
du Penée.*   Mlle Chevalier.
Aëlié, *Fée de la suite
d'Elémire.*   Mlle Dubois.
Thersandre, *jeune Thessalien.*   Le Sieur Chassé.
Telanor, *Génie du Feu.*   Le Sieur Person.

BALLET.

Ombres d'Amans légers.   Le Sieur Dupré.
Le Sieur Vestris & Mlle Vestris.
Mlle Lany.
Les Sieurs Dupré, Feuillade, Gobert,
Hiacinthe & Desplaces L. & C.
Mlles Thierry, Desiré, Ponchon, Coupé,
Marquise & Chevrier.

IV. ENTRE'E. *Les Vendanges* ou *l'Amour enjoué*.

Bacchus.   Le Sieur Jelyote.
Hégémone, *Prêtresse de
l'Amour.*   Mlle Fel.
Silène.   Le Sieur Cuvilliers.

BALLET.
Faunes & Bacchantes.
Les Sieurs Lyonnois & Vestris.
Mlle Lyonnois.
Les Sieurs Dupré, Feuillade, Gobert,
Delplaces L. & C.
Mlles Desiré, Sauvage, Ponchon,
Coupé & Chevrier.
Silene   Le Sieur Lany.
Pastres & Pastourelles.
Mlles Lany, Puvigné, Vestris & Ray.
Les Sieurs Le Lievre, Bourgeois,
Beat & Galini.
Mlles Dazenoncourt, Victoire, Deschamps
& Marquise.

TEMPLE (le) D'APOLLON, Feu d'Artifice éxécuté au Théatre Italien, le Dimanche 24 Avril 1746.

TEMPLE (le) DE GNIDE, Piéce en un acte avec un Prologue, de M. *Fuselier.* Voyez *Amusemens (les) de l'Automne.*

TEMPLE (le) DE GNIDE, Pastorale en un acte, de M. *Bellis*, Musique de M. . . . . représentée par l'Académie Royale de Musique, le Mardi 31 Octobre 1741. à la suite de la Tragédie d'*Alcyone*, dont on avoit supprimé le Prologue, in 4°. Paris, Ballard. *Extrait, Mercure de France, Novembre* 1741. p. 2465-2468.

ACTEURS.
Hylas.   Le Sieur Albert.
Thémire.   Mlle Fel.
Vénus.   Mlle Chevalier.

BALLET.
Bergéres.
Mlles S. Huray, Courcelle, Maupin & Dary.
Graces.
Mlles Fremicourt, Le Breton & Le Duc.
Peuples.
Les Sieurs Dangeville, Hamoche, Couque
& Levoir.

Mlle *Cochois* éxécuta à la fin les caracteres de la Danse.

Cette Pastorale a été reprise le Mardi 30 Janvier 1742. suivie de l'Acte de la *Fête de Diane*, & de la premiere représentation des *Amours de Ragonde*, 2ᵉ édition in-4°. Paris, Ballard.

TEMPLE (le) DE LA GLOIRE, Fête en trois actes, avec un Prologue, de M. de *Voltaire*, Musique de M. *Rameau*, donnée à Versailles le Samedi 27 Novembre 1745. in-4°. Paris, Ballard, & représentée à Paris sur le Théatre de l'Académie Royale de Musique le Mardi 7 Décembre suivant, in-4°. Paris, Ballard. *Extrait*, *Mercure de France*, *Décembre* 2. vol.

ACTEURS DU PROLOGUE.

L'Envie.	Le Sieur Le Page.
Apollon.	Le Sieur Jelyote.

BALLET.

Démons.
Les Sieurs F. Dumoulin, P. Dumoulin, Feuillade, Cayez, Maltaire C. Dangeville, Hamoche & Levoir.

Héros.
Le Sieur Monservin,
Les Sieurs Ghérardi, Dumay, Dupré, Matignon, Devisse & Pelletier.

Muses.
Mlle Lyonnois.
Mlles Carville, Rabon, Erny, Rosalie, Petit & Beaufort.

ACTE I.

Lydie.	Mlle Chevalier.
Arsine, Confidente de Lydie.	Mlle Bourbonnois.
Une Bergere.	Mlle Coupée.
Belus.	Le Sieur Chassé.

BALLET.

Bergers & Bergères.

Le Sieur D. Dumoulin & Mlle Le Breton.
Le Sieur Maltaire 3.
Les Sieurs P. Dumoulin, Levoir, Hamoche,
Matignon, Dumay & Dupré.
Mlles S. Germain, Courcelle, Thierry,
Erny, Lyonnois C. & Beaufort.

ACTE II.

Bacchus.	Le Sieur Poirier.
Erigone.	Mlle Fel.
Une Suivante.	Mlle Bourbonnois.
Le Grand-Prêtre de la Gloire.	Le Sieur Le Page.

BALLET.

Bacchantes.   Mlle Camargo.
Mlles Petit, Rabon, Lyonnois L. Erny,
Beaufort, Rosalie, Courcelle & S. Germain.
Egipans.
Les Sieurs Matignon, Maltaire C. Dangeville,
F. Dumoulin, Levoir & Hamoche.
Satyres.   Le Sieur Pitro.
Les Sieurs Monservin, Gherardi, Dumay,
Dupré, Feuillade & Devisse.

ACTE III.

Plautine.	Mlle Chevalier.
Junie.	Mlle Jacquet.
Trajan.	Le Sieur Jelyote.
Rois vaincus.	Les Sieurs Poirier, La Tour, Gallard, Albert, Person, & Le Febvre.
La Gloire.	Mlle Fel.

BALLET.

Prêtres de Mars.
Les Sieurs Dumay, Dupré, Dumoulin
& Devisse.
Prêtresses de Vénus.   Mlle Carville.
Mlles Petit, Beaufort, Thierry & Du Chasteau.

II. DIVERTISSEMENT.

Romains & Romaines.   Le Sieur Dupré.

Les Sieurs Levoir, Hamoche, Caillez, Pelletier, Feuillade & Hamoche.
Mlle Camargo.
Mlles Thierry, Petit, Rabon, Rosalie, De Vaux & Du Chasteau.

Cet Opéra a été remis le Mardi 19 Avril 1746. à l'ouverture du Théatre, 2e édition in-4°. Paris, Ballard, & même distribution des rôles & du Ballet.

TEMPLE (le) DE LA PAIX, Ballet en six Entrées, de M. *Quinault*, Musique de M. *Lully*, dansé à Fontainebleau devant Sa Majesté, au mois d'Octobre 1685. & ensuite à Paris, au Théatre de l'Académie Royale de Musique, in-4°. Paris, Ballard, & tome III. du Recueil général des Opéra.

BALLETS DE LA REPRÉSENTATION DONNÉE A LA COUR.

I. ENTRÉE. *Nymphes.*
Madame la Princesse de Conti & Mlle de Pienne.
Bergéres.
Mlles La Fontaine & Desmatins.
Bergers.
M. le Comte de Brione.
Les Sieurs Pecourt, Lestang & Favier.

II. ENTRÉE. *Nymphes.*
Madame la Duchesse de Bourbon.
Mlle de Blois, Mlle d'Armagnac.
Bergéres
Mlle d'Usez, Madame de LeWestein, Mlle d'Estrées, la Dlle Breard.
Bergers.
M. le Prince d'Enrichemont, M. le Chevalier de Sully, M. le Comte de Guiche, M. le Chevalier de Soyecourt.
Trois jeunes Bergers.
M. le Chevalier de Chasteauneuf: les petits Lallemand & Magny.

III. ENTRÉE. *Filles Basques.*

Madame la Duchesse de Bourbon.
Les Dlles Laurent & Le Peintre.
Deux petits Basques.
M. le Marquis de Chasteauneuf
& le petit Magny.
Six grands Basques.
M. le Comte de Brione. Les Sieurs Pecourt,
Lestang, Favre, Du Mirail & Magny.

IV. ENTRE'E. *Filles de Bretagne.*

Madame la Princesse de Conti.
Mlle de Pienne, Mlle Roland.
Les Dlles La Fontaine & Breard.
Bretons   M. le Comte de Brione.
Les Sieurs Pecourt, Lestang, Favier L.
& Du Mirail.

V. ENTRE'E. *Sauvages Amériquains.*

M. le Marquis de Moy.
Le Sieur Beauchamp.
Les Sieurs Pecourt, Du Mirail, Joubert,
Magny, Favre, le petit L'allemand
& le petit Magny.

VI. ENTRÉE. *Afriquaines.*

Madame la Duchesse de Bourbon.
Madame la Princesse de Conty.
Mlle de Blois & Mlle d'Armagnac.
Mlle Roland & les Dlles La Fontaine & Breard.
Afriquains.   M. le Comte de Brione.
Les Sieurs Pecourt, Lestang & Favier.

Cet Opéra n'a jamais été repris.

TEMPLE (le) DE LA VÉRITÉ, Comédie en prose & en deux actes, avec un divertissement, & précédée d'un Prologue aussi en prose, par M. *Romagnesi*, représentée pour la première fois le Mardi 25 Juin 1726. Voyez l'*Extrait, Mercure de Juin* 1726. 2° *volume*, pag. 1445. Paris, Briasson.

TEMPLE (le) DE L'ENNUY, Prologue de Messieurs *Le Sage* & *Fuselier*, représenté au

Jeu de Belair à la Foire S. Germain 1716. suivi du *Tableau du Mariage*, & de l'*Ecole des Amans*. Ces trois piéces qui eurent assez de succès, sont imprimées tome II. du Théatre de la Foire.

TEMPLE (le) DE MÉMOIRE, Opéra Comique en un acte, de Messieurs *Le Sage*, *Fuselier* & d'*Orneval*, représenté le Samedi 21 Juillet 1725. à la suite de la *Rage d'Amour*, piéce en un acte, & d'un Prologue intitulé l'*Enchanteur Mirliton*. Ces trois piéces sont aussi imprimées tome VI. du Théatre de la Foire.

TEMPLE (le) DE MÉMOIRE. Voyez *Nôces (les) de la Folie*.

TEMPLE (le) D'ÉPHÈSE, Piéce en un acte, avec un Prologue de M. *Fuselier*. Voyez *Amusemens (les) de l'Automne*.

TEMPLE (le) DU DESTIN, Opéra Comique en un acte, de M. *Le Sage*, avec un divertissement, Musique de M. *Gilliers*, représenté le Jeudi 25 Juillet 1715. suivi d'*Arlequin Colombine*, & *Colombine Arlequin*, & des *Eaux de Merlin*, au Jeu de Belair.

Ces piéces sont imprimées tome I. du Théatre de la Foire.

TEMPLE (le) DU GOÛT, Comédie Françoise au Théatre Italien, en vers libres & en un acte, avec un divertissement, par Messieurs *Romagnesi* & *Nivault*, (*) La premiére représentation de cette piéce a été donnée le 11 Juillet

─────────────────
(*) Monsieur *Nivault* est mort depuis plus de dix ou douze ans ; on n'en a point fait d'article dans ce Dictionnaire, parce que nous ne croyons pas qu'à l'exception de cette piéce, où M. *Romagnesi* a la meilleure part, il ait travaillé à aucun ouvrage Dramatique.

1733. Paris, Briasson. Voyez l'*Extrait*, *Merc. de Juillet*, 1733. p. 1630. & un second *Extrait*, *Mercure d'Août de la même année*, p. 1831. Voyez aussi la description de la décoration faite exprès pour cette Comédie, *Mercure d'Octobre* 1733. pag. 2250.

TEMPLE (le) DU SOMMEIL, Opéra Comique en un acte, de Messieurs *Panard* & *Fagan*, représenté le Jeudi 20 Sept. 1731. non imp.

Damon au désespoir qu'on lui ait défendu la maison d'Agathe sa Maîtresse, va chercher quelque consolation au Temple du Sommeil. Il est accompagné de Mezzetin son valet : le bruit qu'ils font réveille le Confident du Dieu qu'on révére dans ce Temple : Paix là, leur dit-il, apprenez que quoique je sois un petit Dieu de nouvelle Fabrique, je peux vous rendre service. Je suis, ajoûte-t-il, *Sursaut*, j'ai seul la permission d'éveiller le Dieu du Sommeil, & je suis toûjours dans son antichambre. Damon le prie de lui être favorable. Dans le moment le Dieu se réveille, mais comme il se sent extrêmement assoupi, il ordonne à Sursaut de tenir l'audience. Cet usage est assez ordinaire au Théatre de l'Opéra Comique, où les Divinités ne répondent ordinairement que par l'organe d'un Substitut. Sursaut remplissant sa fonction, conseille à Damon & à son valet d'aller faire un tour dans la forêt de pavots & de mandragores: il distribue ensuite ses ordres aux songes heureux & malheureux, & après leur départ, il donne audience à Dorimene, jeune femme qui ayant un extrême desir d'aller au Bal, prie le Dieu du Sommeil d'endormir son mari. Surfaut le promet, & ajoûte dans un *à parte*, qu'il va faire tout le contraire. Ce procédé est de mauvais exemple, à moins que les Auteurs n'ayent voulu faire entendre que les Dieux ont tort de se fier à des Ministres infidéles, & de ne pas agir eux-mêmes. Paroissent ensuite une Plaideuse, qui voudroit assoupir son Juge, & un Jaloux. Sursaut conseille à la premiére de s'adresser à Plutus, & à l'autre de dormir tranquillement.

Rime-platte, faiseur de Comédies, Tragédies, Tragi-Comédies, Ballets, Ambigus & autres ouvrages dans le genre Dramatique, vient se plaindre qu'une Divinité aussi bienfaisante que le Sommeil, prenne plaisir à se déclarer contre lui.

SURSAUT.

« Comment donc ?

RIME-PLATTE. (AIR. *Attendez-moi sous l'Orme.*)

> Dès que dans un spectacle
> Mon ouvrage paroît,
> Seroit-il un miracle,
> Votre Dieu toûjours prêt,
> Se glissant dans la salle,
> Courant de rangs en rangs,
> Contre mes vers cabale,
> Et fait dormir les gens.

SURSAUT.

» Mais il est certaines piéces qui ont pour lui une vertu » attractive, & où il ne peut se dispenser de se trouver.

(AIR. *De tous les Capucins du monde.*)

> Seroit-ce de vous qu'on publie
> Que fatigué d'une insomnie
> Un Seigneur, qui s'étoit servi
> De tout l'art de la Pharmacie,
> S'étoit à la fin endormi
> En lisant votre Comédie.

Rime-platte

Rime-platte ne sçauroit comprendre par quelle raison ses ouvrages ne peuvent réussir. Ils sont pourtant très-corrects : Soyez moins exact, répond Sursaut.

SURSAUT (AIR. *Puisqu'un style noble.*

Sans craindre les mauvais succès,
Faites les plus hardis essais ;
Osez tout entreprendre ;
Il vaut mieux entendre les sifflets,
Que de ne rien entendre.

RIME-PLATTE.

» Le reméde est bon.

Un Yvrogne succéde au Poëte Dramatique: c'est Grégoire que Bacchus améne tous les jours rendre régulièrement hommage au Dieu du Sommeil. Sa femme ne peut souffrir qu'il goute longtemps cette tranquillité.

ALIZON.

» Comment infâme

(AIR.)

Tandis qu'au franc pinot
Tu remplis ton jabot,
Qu'à tire larigot
Tu sçais humer le piot,
Et que dans ce tripot
Tu dors comme un sabot,
En attendant, je croque le marmot,
Et tu veux qu'on ne dise mot.
Grand libertin,
Vient sac à vin,
Manant, faquin,
Double coquin,
Notre frusquin
S'en va grand train :
Le verre en main
Dès le matin,
Tu bois, tu mange tout mon bien,
Et tu veux qu'on ne dise rien.

» Au lieu de songer à tes enfans !

Tome V.   R

GRÉGOIRE.

» Mes enfans ! à propos de çà, ne me fais point jaser ;
» chacun a ses foiblesses ; tu m'entens bien ?

ALIZON.

» Que veux-tu dire yvrogne ! mort de ma vie, je t'arra-
» cherai ta maudite langue.

GRÉGOIRE.

Il te sied bien ma foi de te mettre en colere,
Après que je t'ai vûe un jour sur la fougere
Batifoler avec Lucas.

ALIZON.

Avec Lucas ! Quelle chimere !
Chien de menteur, c'étoit, c'étoit avec Thomas.

GRÉGOIRE.

» Avec Thomas, Eh bien soit...... Le Temple du Som-
» meil est ordinairement le lieu où les Epoux finissent leurs
» débats : Touche-là.

ALIZON.

» Allons donc.

Plus de guerre, faisons la paix,
Qu'elle dure à jamais,
Va va, je te passe le vin.

GRÉGOIRE.

Moi je te passe le voisin. *bis*.

Agathe, Amante de Damon, vient se présenter pour avoir l'explication d'un songe :
Sursaut la satisfait, appellant Damon & Mezzetin : nos Amans se jurent une tendresse &
une fidélité éternelle : Agathe bâille en ache-
vant ses sermens, & s'endort. Damon très-sur-
pris, est lui-même dans le moment obligé de
céder au sommeil : c'est un tour que le Dieu
qui veut les favoriser leur joüe, pour prévenir
l'arrivée d'Orgon ; ce bon pere à qui le soin de
garder sa fille, ôte le repos, la trouve ici endormie auprès de son Amant. Il faut, lui dit

Surfaut, que vous confentiez à fon mariage. Hé bien, Seigneur, répond Orgon, je la donne puifque je ne fçaurois faire autrement. A ces mots l'obligeant Surfaut réveille Damon & Agathe.

DAMON. (AIR. *Changement pique l'appétit.*)

Quel bonheur pour moi chere Agathe !

AGATHE.

Ah ! que cette union me flatte.

ORGON.

Vous éprouvez en ce moment
Que le bien vous vient en dormant.

LE DIEU DU SOMMEIL.

» Que l'on célebre la fête, & qu'il soit dit que mes bien-
» faits ne font pas toûjours imaginaires.

Couplets du Vaudeville.

J'ai crû voir Tircis l'autre jour
Après l'aveu de ma tendreffe
Reffentir encor plus d'amour
Qu'avant qu'il connut ma foibleffe :
Ture lure lure , & lon lan là ,
  C'eft un rêve que cela.

On m'a dit que dans ce canton ,
Le négoce a changé de face ,
Et que les billets d'un Gafcon
Gagnoient dix pour cent fur la place :
Ture lure , &c.

On dit que le *Je ne fçai quoi*, (*)
Qui de plaire par tout fe pique ,
A plus amufé chez le Roi
Que la jeune Troupe comique :
Ture lure , &c.

Extrait Manufcrit.

───────────────

(*) Comédie repréfentée au Théatre Italien en 1731.

TERODAC, (N..... Cadoret, connu sous le nom de) né à *Verfailles*, a fait deux débuts au Théatre Italien ; il jouoit les roles d'*Arlequin* dans les piéces Françoises, & se donnoit pour *Allemand*. (*) Il a débuté le Mardi 3 Septembre 1737. par le rôle d'*Arlequin*, dans la Comédie intitulée *Arlequin apprentif Philosophe*, & le Dimanche 3 Juillet 1740. aussi par le rôle d'*Arlequin*, dans la Comédie intitulée l'*Embarras des richesses*, renvoyé. Voyez le *Merc. de France*, Septembre 1737. *pag.* 2070. & *Juillet* 1740. *pag.* 1638.

TERRASSE, (la) Feu d'Artifice éxécuté sur le Théatre Italien, le Dimanche 25 Août 1748.

TERRE, (la) c'est le titre de la quatriéme Entrée du Ballet des *Elémens*, de M. *Roy*, Musique de Messieurs *Destouches & Lalande*, 1725. sous lequel les Auteurs ont traité le sujet de *Vertumne & Pomone*. Voyez *Elémens*. (les)

TERRES (les). AUSTRALES, Comédie Françoise au Théatre Italien, par Messieurs *Le Grand & Dominique*, un acte en prose, avec un divertissement. Elle a eté représentée pour la premiére fois le Mardi 23 Septembre 1721. non imprimée. Cette piéce fut mal reçue. En voici un très-court Extrait, qui comprend à peu près tout ce qu'elle a de passable.

Arlequin & Trivelin font naufrage dans les Terres Australes, & y sont reçus par les habitans.

(*) *Terodac* est l'anagramme de son vrai nom. *Note de M. Gueullette*.

SCÉNE VIII.
ARLEQUIN, TRIVÉLIN.

. . . .

ARLEQUIN.

Ha! le bon pays! l'agréable séjour! les charmantes coutumes!

TRIVELIN.

Tu es donc bien content?

ARLEQUIN.

Autant qu'on peut l'être. On fait ici bonne chere sans rien payer.

TRIVELIN.

Cela est merveilleux.

ARLEQUIN.

Point de Créanciers; point de Fiacres; point de Carosses; point de parvenu qui vous éclabousse; point d'Opéra Comique; point de Régiment de la Calotte. Ha! le bon pays!

TRIVELIN.

Pour moi je n'en veux plus sortir.

ARLEQUIN.

Ici l'on ne critique personne; *ergo*, point de Poëte; tout le monde a de la conscience; *ergo*, point de Procureur.

TRIVELIN.

Ta conséquence est juste, &c.

Extrait Manuscrit.

Le Vaudeville est imprimé *au premier vol. du nouveau Théatre Italien*, page 183. Paris, Briasson.

TESTAMENT (le) DE GILLE, Parade non imprimée.

Le Maître de Gille, prêt à partir pour Corbeil, appelle ce valet, à qui il veut donner différentes commissions; Gille se fait attendre.

& arrive enfin, ayant les doigts de la main droite enveloppés de cornets de papier, & criant de toutes ses forces.

LE MAITRE.
« Et comment, que t'est-il arrivé ?

GILLE.
» Je voulois tremper une croute au pot ; Jacqueline, cette
» chienne de Jacqueline m'a poussé le coude, & m'a fait
» enfoncer la main dans la marmite.

Voilà, dit le Maître, ce que te coûte ta gourmandise. Au secours, ajoûte-t-il, mon garçon est estropié. Taillebras Chirurgien, & Visautrou Apotiquaire, arrivent ; ce dernier veut d'abord donner un clystere au malade, & Taillebras insiste sur une saignée. Finissez je vous prie vos contestations, leur dit le Maître, & secourez ce pauvre diable qui se meurt. Cela va être fait dans le moment, répond le Chirurgien. Qu'allez vous donc faire, s'écrie le Maître, en le voyant prendre une scie : lui couper le bras, réplique Taillebras, l'emporter chez moi, puisque la chose presse, & je panserai la main à loisir. Comme le mal paroit augmenter, Gille en homme sensé, veut faire *un petit bout de Testament par devant main de Notaire*. Oh cela est très-aisé, dit Taillebras, car je suis Tabellion fort à votre service. Gille le remercie, & le prie d'écrire ce qu'il lui plaira. C'est à vous à dicter vos volontés, répond le Notaire ; Eh bien, puisque cela est, réplique Gille, pour la bonne amitié que je porte à mon Maître, je lui laisse cette maison. Comment, reprend celui ci, mais vraiment cette maison m'appartient. C'est pour cela que je vous la laisse, continue Gille; je laisse, ajoûte t il, au Notaire ou Tabellion, une belle paire de cornes: Je suis garçon, dit Taillebras, & je renonce dès à présent au legs. Gille dicte encore quelques articles, mais comme on s'apperçoit qu'il badine, Taillebras quittant son emploi de Notaire, veut reprendre celui de Chirurgien. Attendez un moment, s'écrie Gille, je me souviens d'avoir fait un vœu dont je n'ai pû encore m'acquitter. Ma pauvre femme Gillette n'a jamais voulu m'acquitter de ce vœu, & si cela lui étoit bien facile. Eh bien, répond Visautrou l'Apotiquaire, à son refus je m'en charge, & j'en jure par mes canons, ma seringue & mon mortier.

GILLE.

» Eh bien donc, Monsieur, dans un très-grand péril,
» puisque j'étois prêt d'être pendu pour avoir été en marau‑
» de, j'ai fait vœu si j'en revenois......

VISAUTROU.

» De quoi as-tu fait vœu.

GILLE.

» J'ai fait vœu d'être cocu.

VISAUTROU.

» Que le diable t'emporte, animal, exécute ton vœu toi‑
» même...... Or ça finissons, voyons cette main malade.

Dans le moment arrive une Sage femme du voisinage qui assure qu'elle a entendu les cris d'une personne prête à accoucher; elle ajoûte qu'elle s'y connoît, & que Gille est une fille déguisée, qui a été débauchée par le Maître; elle veut visiter la prétendue fille: on la chasse, & on examine la main du malade: le Chirurgien commence par le pouce, & visite ensuite les autres doigts, qui se trouvent sains, & sans aucune apparence de mal. Cela est-il bien vrai, leur dit Gille : Oui, répond le Chirurgien: Voyez, ajoûte ce valet, ce que fait la force de l'imagination. Taillebras & l'Apotiquaire voyent bien alors qu'on se moque d'eux, mais ils veulent être payés de leurs peines, & demandent quinze francs, Gille offre une piéce de dix-huit deniers, ils se fâchent : Gille les rosse & les chasse.

Extrait manuscrit.

TESTAMENT (le) DE LA FOIRE, Opéra Comique en un acte, représenté le Mercredi 7 Avril 1734. avec le *Miroir véridique*, & le Prologue qui a pour titre l'*Audience de Thalie* : La piéce qui fait le sujet de cet article, n'est autre chose que celle des *Funérailles de la Foire*, retouchée par le Sieur *Pittenec*, & donnée au public sous un nouveau titre. Voyez *Funérailles (les) de la Foire*.

TÊTE (la) NOIRE, piéce en un acte & en prose, de Messieurs *Le Sage*, *Fuselier* & *d'Orneval*, représentée le Jeudi 31 Juillet 1721. précédée de la *Boëte de Pandore*, & du Prologue intitulé *La fausse Foire*. Ces piéces parurent au Théatre de Francisque, & furent fort applaudies. Elles sont imprimées tome IV. du Théatre de la Foire.

THALIE, (les Fêtes de) Ballet en trois actes avec un Prologue, de M. *De la Font*, Musique de M. *Mouret*, représenté par l'Académie Royale de Musique, le Dimanche 19 Août 1714. in-4°. Paris, Ribou, & tome XI. du Recueil général des Opéra.

ACTEURS DU PROLOGU

Melpomène.	Mlle Antier.
Thalie.	Mlle Poussin.
Apollon.	Le Sieur Hardouin.

BALLET.

Suivantes de Melpomene.
Les Sieurs Javillier, Duval, Pierret, Rameau, Guyot & Dangeville C.

Suivantes de Thalie. Mlle Guyot.
Les Sieurs Germain ; Dumoulin L.
P. Dumoulin & Dangeville L.
Mlles Menès, Iscq, La Ferriere & Haran.

ACTE I. *La Fille.*

Acaste.	Le Sieur Thévenard.
Cléon.	Le Sieur Dun.
Bélise.	Le Sieur Mantienne.
Léonore.	Mlle Poussin.
Un Algérien.	Le Sieur Le Mire.
Une Marseilloise.	Mlle Minier.

BALLET. *Fête Marine.*

Chef de la fête. Le Sieur D. Dumoulin.

Esclaves Algériens.
Les Sieurs Germain, Dumoulin L. Blondy, Marcel, Gaudrau & Javillier.

Matelots Marseillois.
Le Sieur F. Dumoulin & Mlle Guyot.
Les Sieurs P. Dumoulin, Dangeville L.
Guyot & Duval.
Mlles Haran, La Ferriere, Mangot & Duval.

ACTE II. *La Femme.*

Léandre.	Le Sieur Cochereau.
Fabrice.	Le Sieur Dun.
Isabelle.	Mlle Heusé.
Iphise.	Mlle Antier.
Une Bergére.	Mlle Minier.

BALLET. *Noce de Village.*

Le pere & la mere du Marié.	Le Sieur Ferrand & Mlle Le Maire.
Le pere & la mere de la Mariée.	Le Sieur Marcel & Mlle La Ferriere.
Le Marié & la Mariée.	Le Sieur D. Dumoulin & Mlle Prevost.

Payfans, Payfannes.
Les Sieurs Germain, Gaudrau & Javillier
Mlles Mangot, Rameau & Corbiere.

ACTE III. *La Veuve.*

Califte, femme de Dorante.	Mlle Journet.
Dorife, fuivante de Califte.	Mlle Pouffin.
Dorante.	Le Sieur Thévenard.
Zerbin, valet de Dorante.	Le Sieur Mantienne.

BALLET. *Le Bal.*

Troupe de Masques.
Le Sieur Marcel & Mlle Menés.
Le Sieur Blondy & Mlle Ifecq.
Le Sieur Ferrand & Mlle Le Maire.
Le Sieur Dangeville L. & Mlle Haran.
Le Sieur Javillier & Mlle Dimanche.
Le Sieur Pierret & Mlle Le Roy.
Le Sieur Gaudrau & Mlle Rameau.

Arlequin, Arlequine.	Le Sieur F. Dumoulin & Mlle La Ferriere.
Une Pagode.	Le Sieur P. Dumoulin.

LA CRITIQUE DES FÊTES DE THALIE, acte ajoûté au Ballet précédent, mêmes Auteurs des paroles & de la Musique, in-4°. Paris, Ribou, & dans le Recueil général des Opéra, à la suite des *Fêtes de Thalie.*

ACTEURS.

Thalie.	Mlle Pouffin.
Polymnie.	Mlle Peftel.
Terpficore.	Mlle Ifecq.
Momus.	Le Sieur Mantienne.

BALLET.

Le Sieur Blondy.
Suite de Momus.
Le Sieur Dangeville & Mlle Duval.

IIe REPRISE du Ballet des *Fêtes de Thalie,* le Jeudi 25 Juin 1722. 2e édition in-4°. Ribou.

ACTEURS DU PROLOGUE.

Melpoméne.	Mlle Antier.
Thalie.	Mlle Eremans.
Apollon.	Le Sieur Chaſſé.

BALLET.

Suite de Thalie.
Les Sieurs Dumoulin L. Mion & Laval.
Le Sieur P. Dumoulin & Maltaire.
Mlle Menès.
Mlles La Ferriere, Duval & De Liſle.
Mlles Le Maire & Corail.

ACTE I. La Fille.

Acaſte.	Le Sieur Thévenard.
Cléon.	Le Sieur Du Bourg.
Léonore.	Mlle Miniet.
Béliſe.	Le Sieur Mantienne.
Une Marſeilloiſe.	Mlle Liſarde.
Une Captive.	Mlle Conſtance.

BALLET. Fête de Village.

Le Marié & la Mariée.	Le Sieur F. Dumoulin & Mlle Prevoſt.
Le pere & la mere du Marié.	Le Sieur Dumoulin L. & Mlle La Ferriere.
Le pere & la mere de la Mariée.	Le Sieur Pierret & Mlle Duval.
Le frere du Marié.	Le petit Javillier.
La ſœur de la Mariée.	Mlle Le Petit.

Bergers, Bergéres.
Les Sieurs Maltairé & Duval.
Mlles Thibert & Roland.
Paſtres & Paſtourelles.
Les Sieur Javillier & Mion.
Mlles Le Maire & Thierry.

ACTE II. La Veuve.

Iſabelle.	Mlle Tulou.
Cloris.	Mlle Antier.
Léandre.	Le Sieur Tribou.
Chriſogon.	Le Sieur Dun.
Une Bergére.	Mlle Liſarde.

BALLET.

Eſclaves.	Les Sieurs Blondy & Dupré.

R vj

Matelots & Matelottes.   Le Sieur D. Dumoulin.
Le Sieur Dumoulin & Mlle Prevost.
Les Sieurs Dangeville, Laval, Maltaire
& Duval.
Mlles Dupré, La Ferriere, De Lisle & Corail.

ACTE III. *La Femme.*

Califte.	Mlle Antier.
Dorine.	Mlle Tulou.
Dorante.	Le Sieur Thévenard.
Zerbin.	Le Sieur Mantienne.

BALLET. *Le Bal.*

Troupe de Masques.
Le Sieur Marcel & Mlle Menès.
Le Sieur Dumoulin L. & Mlle Thierry.
Le Sieur Mion & Mlle De Lisle.
Le Sieur Laval & Mlle Corail.
Le Sieur Dangeville & Mlle Roland.
Le Sieur Javillier & Mlle Thibert.
Le Sieur Pierret & Mlle Le Maire.

Arlequin & Arlequine.   Le Sieur F. Dumoulin
& Mlle La Ferriere.
Polichinelle.   Le Sieur P. Dumoulin.

La Critique des Fêtes de Thalie.

Polymnie.	Mlle Lizarde.
Thalie	Mlle Eremans.
Terpsicore.	Mlle Duval.
Momus.	Le Sieur Mantienne.

BALLET.

Le Sieur Blondy.
Suite de Momus.
Le Sieur Dangeville & Mlle Duval.

Le Jeudi 17 Septembre 1722. l'Académie Royale de Musique supprima la *Critique des Fêtes de Thalie*, & remplaça cet acte par la premiére représentation de celui de la PROVENÇALE, parole de M. de *La Font*, Musique de M. *Mouret*, in 4°. Paris, Ribou. *Extrait*, *Mercure de France*, Septembre 1722. p. 175 & suivantes.

ACTEURS.

Crisante, Tuteur de Florine.	Le Sieur Mantienne.
Florine, jeune Provençale.	Mlle Julie.
Nérine, surveillante de Florine.	Mlle Minier.
Léandre, Amant de Florine.	Le Sieur Tribou.
Un Matelot.	Le Sieur Murayre.

BALLET.

Matelots & Matelottes.
Les Sieurs Marcel & Dupré.
Les Sieurs Laval & Javillier.
Les Sieurs Mion, Dangeville, Pierret & Duval.
Mlles La Ferriere, De Lastre, Le Maire, Duval, Thibert & Thierry.

Le Jeudi 22 Février 1725. l'Académie Royale de Musique donna à la place de l'Entrée *Espagnole*, du Ballet de l'*Europe Galante*, qu'elle jouoit alors, l'acte de la *Provençale*. Le Sieur Murayre y chanta un air Italien nouveau, qui fut fort applaudi.

Le Mardi 2 Avril 1726. & le Samedi 6 du même mois, l'Académie donna un divertissement composé de plusieurs fragmens d'Opéra, & qui étoit intitulé le *Ballet des Ballets*; il étoit terminé par l'acte de la *Provençale*. Voyez *Ballet (le) des Ballets*.

Dans un autre Divertissement que l'on nomma le *Ballet sans titre*, représenté le Mardi 28 Mai 1726. in-4°. Paris, Ribou. *La Fille*, première Entrée du Ballet des *Fêtes de Thalie*, fut donnée pour premier acte. Voyez *Ballet (le) sans titre*.

IIIe REPRISE des *Fêtes de Thalie*, le Jeudi 2 Juin 1735. 3e édition in-4°. Paris, Ballard.

ACTEURS DU PROLOGUE.

Melpomene.	Mlle Julie.
Thalie.	Mlle Petitpas.
Apollon.	Le Sieur Guignier.

BALLET.

Suite de Thalie. Mlle Le Breton.
Les Sieurs Matignon, Savar, Javillier C.
　　Dumay & Dupré.
　Mlles Fremicourt, Du Rocher, Carville,
　　　Petit & Rabon.

I. ENTRÉE. *La Fille.*

Acaste.	Le Sieur Chaffé.
Cléon.	Le Sieur Person.
Bélise.	Le Sieur Cuvillier.
Léonore.	Mlle Fel.
Une Marseilloise.	Mlle Petitpas.
Un Captif.	Le Sieur Albert.

BALLET. *Captifs.*

Les Sieurs Dupré & Javillier L.
Les Sieurs Bontems, Maltaire C. & Matignon.
Matelots, Matelottes. Le Sieur D. Dumoulin.
Les Sieurs Dangeville, Maltaire L. Hamoche.
Mlles Thibert, Centuray, Binet, S. Germain,
　　Le Breton & Fremicourt.

II. ENTRÉE. *La Veuve.*

Isabelle.	Mlle Pélissier.
Doris.	Mlle Antier.
Léandre.	Le Sieur Jélyotte.
Chrisogon.	Le Sieur Dun.
Une Bergére.	Mlle Fel.

BALLET. *Fête de Village.*

Le Marié & la Mariée.	Le Sieur D. Dumoulin & Mlle Mariette.
Le pere & la mere du Marié.	Le Sieur Savar & Mlle Du Rocher.
Le Pere & la mere de la Mariée.	Le Sieur Dumay & Mlle Thibert.
Le frere du Marié.	Le Sieur Maltaire L.
La sœur de la Mariée.	Mlle Le Breton.

Bergers & Bergéres.
Les Sieurs Hamoche & Dangeville.
　Mlles Centurai & Courcelle.

Paſtres & Paſtourelles.
Les Sieurs Matignon & Bontems.
Mlles S. Germain & Fremicourt.

III. ENTRÉE. *La Femme.*

Caliſte.	Mlle Antier.
Dorine.	Mlle Petitpas.
Dorante.	Le Sieur Chaſſé.
Zerbin.	Le Sieur Cuvillier.

BALLET. *Le Bal.*

Troupe de Maſques.
Le Sieur Dupré & Mlle Mariette.

Polonois.	Les Sieurs Javillier C. & Dupré.
	Mlles Rabon & Courcelle.
Vénitiens.	Le Sieur Savar & Mlle Du Rocher.
Eſpagnols.	Le Sieur Dumay & Mlle Thibert.
Turcs.	Les Sieurs Matignon & Hamoche.
	Mlles S. Germain & Centuray.
Paſtres.	Le Sieur Maltaire L. & Mlle Le Breton.
Arlequin, Arlequine.	Le Sieur F. Dumoulin & Mlle Fremicourt.
Polichinel.	Le Sieur P. Dumoulin.

La *Critique des Fêtes de Thalie*, repréſentée par l'Académie Royale de Muſique, à la ſuite du Ballet précédent, le Mardi 26 Juillet 1733. in-4°. Paris, Ballard.

Polymnie.	Mlle Monville.
Thalie.	Mlle Petitpas.
Terpſicore.	Mlle Mariette.
Momus.	Le Sieur Cuvillier.

BALLET.

Suivans de Momus.
Le Sieur Maltaire L. & Mlle Le Breton.

Le Jeudi 1 Décembre 1735. l'Académie Royale de Muſique ajoûta au Ballet des *Fêtes de Thalie*, (qu'elle deſtina pour les Jeudis) l'acte de la *Provençale*, in-4°. Paris, Ballard, 2ᵉ édition.

ACTEURS.

Florine.	Mlle Bourbonnois L.
Nérine.	Mlle Eremans.
Crisante.	Le Sieur Cuvillier.
Léandre.	Le Sieur Jélyotte.
Un Matelot.	Le même.

BALLET.

Provençaux & Provençales. Mlle Sallé.
Le Sieur Maltaire & Mlle Mariette.
Les Sieurs Bontems, Marignon, Dumay,
Dupré, Savar & Dangeville.
Mlles Petit, Thibert, Fremicourt,
Courcelle, Centuray & Binet.

IVe REPRISE du Ballet des *Fêtes de Thalie*, le Mardi 29 Juin 1745. 4e édit. in-4°. Ballard.

ACTEURS DU PROLOGUE.

Melpomene.	Mlle Chevalier.
Thalie.	Mlle Fel.
Apollon.	Le Sieur Le Page.

BALLET.

Suite de Thalie. Mlle Le Breton.
Les Sieurs Hamoche, Levoir, F. Dumoulin,
Cayez & Deville.
Mlles Courcelle, S. Germain, Erny,
Thierry & Puvignée.

I. ENTRE'E. *La Fille.*

Acaste.	Le Sieur Chassé.
Cléon.	Le Sieur Person.
Bélise.	Le Sieur Cuvillier.
Léonore.	Mlle Bourbonnois.
Une Marseilloise.	Mlle Jacquet.
Un Captif.	Le Sieur Albert.

BALLET.

Captifs. Le Sieur Pitro.
Les Sieurs Monservin & Ghérardi.
Les Sieurs Dumay, Dupré, Levoir,
Feuillade & Deville.
Matelots, Matelottes. Mlle Dallemand.
Les Sieurs Maltaire C. Dangeville,
Cayez & P. Dumoulin.
Mlles Beaufort, Rosalie, Puvignée & Thierry.

II. Entrée. *La Veuve.*

Isabelle.	Mlle Romainville.
Doris.	Mlle Fel.
Léandre.	Le Sieur Jélyotte.
Chrisogon.	Le Sieur Le Page.
Une Bergére.	Mlle Jacquet.

BALLET. *Fête de Village.*

Le Marié & la Mariée.	Le Sieur D. Dumoulin & Mlle Camargo.
Le Pere & la mere du Marié.	Le Sieur Dupré & Mlle Rabon.
Le pere & la mere de la Mariée.	Le Sieur Dumay & Mlle Erny.
Le frere du Marié.	Le Sieur Duval.
La sœur de la Mariée.	Mlle Puvignée.

Bergers & Bergéres.
Les Sieurs Matignon & Hamoche.
Mlles Courcelle & S. Germain.
Pastres & Pastourelles.
Les Sieurs Feuillade & Devisse.
Mlles Thierry & Beaufort.

III. Entrée. *La Femme.*

Caliste.	Mlle Chevalier.
Dorine.	Mlle Bourbonnois.
Dorante.	Le Sieur Chassé.
Zerbin.	Le Sieur Cuvillier.
Un Masque.	Le Sieur Poirier.

BALLET. *Le Bal.*

Troupe de Masques.	Le Sieur Dupré.
	Le Sieur Pitro & Mlle Le Breton.
	Le Sieur Monservin & Mlle Carville.
	Le Sieur Matignon & Mlle Lyonnois.
	Le Sieur Dupré & Mlle Rabon.
	Le Sieur Malraire 3. & Mlle Erny.
Arlequin, Arlequine.	Le Sieur Feuillade & Mlle Thibert.
Mezzetin, Mezzetine.	Le Sieur Cayez & Mlle Rosalie.
Polichinel.	Le Sieur Devisse.
Colombine.	Mlle Puvignée.
Arlequin, Arlequine.	Le Sieur F. Dumoulin & Mlle Courcelle.
Polichinel.	Le Sieur Levoir.

L'acte de la *Provençale* remis au Théatre pour la troisiéme fois à la suite de la premiére représentation de *Zélindor, Roi des Sylphes,* Divertissement en un acte, avec un Prologue, le Mardi 10 Août 1745. 3ᵉ édition in-4°. Ballard.

ACTEURS.

Florine.	Mlle Metz.
Nérine.	Mlle Bourbonnois.
Crisante.	Le Sieur Le Page.
Léandre.	Le Sieur Poirier.
Une Matelotte.	Mlle Jacquet.
Un Provençal.	Le Sieur La Tour.

BALLET.

Provençaux & Provençales. Mlle Camargo. Le Sieur Maltaire & Mlle Dallemand. Les Sieurs Maltaire C. F. Dumoulin, Cayez, Levoir, La Feuillade & Hamoche. Mlles Courcelle, S Germain, Puvignée, Thierry, Erny & Beaufort.

THÉAGÉNE ET CHARICLÉE, (les chastes & loyales Amours de) en huit Journées, ou Poëmes consécutifs, chacun en cinq actes & en vers par *Alexandre Hardy*, représentés au Théatre de l'Hôtel de Bourgogne en 1601. in-8°. Paris, Quesnel, 1613. *Hist. du Th. Fr.* année 1601.

THÉAGÉNE ET CHARICLÉE, Tragi-Comédie. Voyez *Ethiopique.* (l')

THÉAGÉNE, Tragédie de M. *Gilbert*, non imprimée, & représentée au Théatre de l'Hôtel de Bourgogne, le Vendredi 14 Juillet 1662. suivie du *Baron de la Crasse. Histoire du Th. Franç.* année 1662.

THÉAGÉNE ET CHARICLÉE, Tragédie lyrique en cinq actes, avec un Prologue, par

M. *Duché*, Musique de M. *Desmarets*, représentée par l'Académie Royale de Musique, au mois de Février 1695. in-4°. Paris, Ballard, & tome V. du Recueil général des Opéra. Cet Opéra n'a jamais reparu au Théâtre.

THÉATRES, (la revue des) Comédie Françoise au Théatre Italien, par M. *Chevrier*. (*) C'est une piéce épisodique en un acte & en vers Alexandrins, contre l'ordinaire de ces sortes de Piéces ; elle étoit suivie d'un divertissement, & a été représentée le Samedi 22 Décembre 1753. Il y a déja une piéce de ce nom au même Théatre ; on y fait la critique des Spectacles du temps où elle a paru, & celle-ci n'épargne pas davantage ceux du nôtre. (**) Voyez *Revue* (*1*) *des Théatres*. La *Revue des Théatres* de M. *Chevrier* a été retirée par l'Auteur après la premiere représentation. Voyez l'*Extrait*, *Mercure de Février* 1754. *pag.* 192. Paris, Duchesne.

THÉBAÏDE, (la) *ou* LES FRERES ENNEMIS, Tragédie de M. *Racine*, représentée sur le Théatre du Palais Royal, le Vendredi

―――――――――――――――――――――

(*) François-Antoine Chevrier, né à *Nanci*, est fils d'un Sécretaire du Roi, & nous avons vû une lettre signée de lui, où il prend la qualité d'*Historiographe de la maison de Lorraine*. Outre plusieurs ouvrages de Littérature qui n'ont aucun rapport à ce Dictionnaire, il a donné au Théatre Italien la Comédie qui fait le sujet de cet article, & le *Retour du Goût*, cette derniére piéce le Mardi 26 Février 1754.

(**) Cet article n'a pû être employé à sa place naturelle, après celui de la premiére *Revue des Théatres*, par la même raison qui nous a empêché de faire un article du *Retour du Goût*, & de placer à la lettre *C*, l'article *Chevrier*. Nous avons déja rendu compte de cette raison en plusieurs occasions, & nous nous dispenserons doresnavant de la répéter. Voyez entre autres l'article *Sodi* (*Pierre*) *page* 182. *note* (**).

20 Juin 1664. imprimée la même année, in-12. Paris, Jolly. Si l'on ne peut pas dire que cette piéce soit demeurée au Théatre, au moins doit-on ajoûter qu'elle y est restée très long-temps, & qu'elle a été reprise en 1721. *Hist. du Th. Fr. année* 1664.

THÉLAMIRE, Tragédie de M......... représentée le Lundi 6 Juillet 1739. suivie du *Cocu imaginaire.* Cette piéce est imprimée in 8°. Paris, Prault fils. *Histoire du Th. Fr. année* 1739.

THÉMISTOCLE, Tragédie de M. *Du Ryer*, représentée au Théatre du Marais vers le mois de Novembre 1647. in 4°. Paris, Sommaville, 1648. in-8°. Lyon, La Riviere, 1654. & tome III. du Recueil intitulé Théatre François, en 12 vol. in-12. Paris, 1737. par la Compagnie des Libraires. *Hist. du Th. Franç. année* 1647.

» THÉOBALDE, (J. Théobaldo di Gatti)
» Musicien, né à Florence, mort à Paris (au
» mois d'Août) 1727. dans un âge très-avancé,
» inhumé à S. Eustache.

» La place de symphoniste, pour la basse de
» violon, qu'il a occupée pendant cinquante ans
» dans l'orchestre de l'Opéra de Paris, doit le
» naturaliser Musicien François, quand même
» il n'auroit pas obtenu du Roi des Lettres de
» naturalité.

» Théobalde fut si charmé de quelques mor-
» ceaux de symphonie des premiers Opéra de
» Lully, qui étoient venus jusqu'à Florence,
» qu'il voulut absolument en connoître l'Au-
» teur, & qu'il partit pour Paris, où étant

„ arrivé, il courut chez Lully son compatriote,
„ & lui marqua le sujet de son voyage, & l'em-
„ pressement qu'il avoit de le voir. Lully lui en
„ sçut très-bon gré, & le reçut avec beaucoup
„ d'amitié. Il le plaça dans l'Orchestre de l'O-
„ péra, ayant connu sa capacité pour l'éxécu-
„ tion de la Musique sur la basse de violon.

(On peut conjecturer que le Sieur Théobalde vint à Paris vers la fin de l'année 1675. car nous trouvons qu'il jouoit à l'Académie Royale de Musique à la première représentation de l'Opéra d'*Atys*, qui fut donnée à S. Germain en Laye, le Vendredi 10 Janvier 1676.)

„ Outre la maniere sçavante dont Théobalde
„ jouoit de la basse du violon, il étoit aussi bon
„ compositeur de Musique...... & il en a donné
„ des marques par deux Opéra qui ont été joués
„ sur notre Théatre ; le premier, *Coronis*,
„ Pastorale, paroles de M. *Baugé*, représentée
„ en 1691. & le second qui a pour titre *Scylla*,
„ Tragédie, paroles de M. *Duché*, représentée
„ en 1701..... La Musique de ce dernier ouvra-
„ ge a plû si fort aux personnes du premier goût,
„ & les plus en état d'en juger, qu'on a crû
„ pouvoir le mettre en comparaison avec quel-
„ ques Opéra de Lully, dont il se faisoit hon-
„ neur d'être disciple.

„ Il a composé aussi un livre d'airs Italiens,
„ imp. à Paris, in 4º. Ballard, 1696. „
Parnasse François de M. Titon du Tillet, p. 621.

THÉOCRINE, Tragi-Comédie de M. *Du Ryer*. Voyez *Argenis & Poliarque, premiére Journée*.

THÉOCRIS, Pastorale en cinq actes & en

vers, de *Pierre Trotterel*, *Sieur d'Aves*, représentée en 1610. imp. la même année, in 12. Rouen, du Petitval. *Hist. du Théatre Franç.* année 1610.

THÉODAT, Tragédie de M. *Corneille de Lisle*, représentée au Théatre de l'Hôtel de Bourgogne, le Mardi 22 Novembre 1672. in-12. Paris, 1673. & dans le Recueil des Œuvres dramatiques de l'Auteur. *Histoire du Th. Fr.* année 1672.

THÉODORE, Vierge & Martyre, Tragédie Chrétienne de M. *Corneille*, représentée au Théatre de l'Hôtel de Bourgogne en 1645. in-4°. Rouen, & se vend à Paris, Quinet, 1646. & dans le Recueil des Œuvres de M. Corneille. *Hist. du Th. Fr.* année 1646.

THÉODORE REINE DE HONGRIE, Tragi-Comédie de M. l'Abbé de *Boisrobert*, représentée en 1657. in-12. Paris, Lamy, 1658. *Hist. du Th. François*, année 1657.

THÉONOÉ, Tragédie lyrique en cinq actes, avec un Prologue, de M. l'Abbé *Pellegrin*, sous le nom de M. de *La Roque*, Musique de M. *Salomon*, représentée par l'Académie Royale de Musique, le Mardi 3 Décembre 1715. in 4°. Paris, Ribou, & tome XI. du Recueil général des Opéra.

ACTEURS DU PROLOGUE.

La France.	Mlle Antier.
Clio.	Mlle Poussin.
La Victoire.	Mlle Poussin.
Un Poitevin.	Le Sieur Murayre.

BALLET.

Suivant de la France.	Le Sieur Marcel.

Habitans d'Auvergne.
Les Sieurs Dangeville & Pecourt.
Mlles Brunel & Chasteauvieux.
De Provence. Les Sieurs Germain & DumoulinL.
Mlles Menès & Isecq.
De Poitou. Les Sieurs Javillier & Pierret.
Mlles Le Maire & Dupré.
De Béarn. Les Sieurs F. Dumoulin & P. Dumoulin.
Mlles La Ferriere & Haran.
De Bretagne. Les Sieurs Guyot & Maltaire.
Mlles Le Roy & Deseschalliers.

ACTEURS DE LA TRAGÉDIE.

Thestor, sous le nom d'Amphiare.	Le Sieur Thévenard.
Icare, Roi de Carie.	Le Sieur Hardouin.
Leucippe, sous le nom d'Alcidamas.	Le Sieur Cochereau.
Théonoé, sous le nom d'Axiamire.	Mlle Journet.
Elismene, fille d'Icare.	Mlle Heusé.
Idas, Gouverneur de Leucippe.	Le Sieur Dun.
Doris, Confidente de Théonoé.	Mlle Poussin.
Neptune.	Le Sieur Dun.
Un Dorien.	Le Sieur Plessis.
Une Carienne, autre Carienne, & une Prêtresse d'Apollon.	Mlle Antier.
Une Carienne.	Mlle Poussin.
Une Lycienne.	Mlle Pasquier.
Un Guerrier.	Le Sieur Murayre.
Une Matelotte.	Mlle Minier.

ACTEURS DU BALLET.

ACTE I. *Cariens & Cariennes.* Mlle Guyot.
Le Sieur Marcel & Mlle Menès.
Les Sieurs Germain, Gaudrau, Pierret & Sacq.
Mlles Isecq, Le Maire, Le Roy & Rameau.

ACTE II. *Sacrificateurs & Prêtresses d'Apollon.*
Mlle Prevost.
Mlles Menès, Isecq, La Ferriere, Dupré, Haran & Le Maire.
Les Sieurs Blondy, Marcel, Ferrand, Gaudrau, Germain & Pierret.

ACTE III. *Fête Marine.*
Matelots & Mateloues. Le Sieur F. Dumoulin.
Les Sieurs P. Dumoulin, Dangeville, Guyot, Maltaire, Javillier, Pierret, Duval & Rameau.
Mlles Mangot, Duval, Chasteauvieux & Brunel.
Le Sieur Gaudrau & Mlle La Ferriere.

ACTE IV. *Guerriers.*
Le Chef des Guerriers. Le Sieur P. Dumoulin.
Les Sieurs Germain, Dumoulin L. Javillier & Pierret.
Enseigne. Le Sieur Blondy.
Les Sieurs Marcel, Gaudrau, Dangeville, Pécourt, Guyot & Maltaire.

ACTE V. *Cariens, Cariennes, Lyciens, Lyciennes.*
Le Sieur Blondy.
Les Sieurs Marcel, Gaudrau, Germain, Dumoulin L. Sacq & Pierret.
Mlle Menès.
Mlles Isecq, La Ferriere, Haran, Le Maire, Rameau & Le Roy.

Cet Opéra n'a jamais été remis au Théatre.

THÉOPHILE VIAUD, Poëte Dramatique, né à Bousseres Sainte Radegonde, Bourgade de Guienne dans l'Agénois, en 1590. mort à Paris le 25 Septembre 1626. âgé de trente-six ans, a composé pour la scéne Françoise :

PYRAME ET THISBÉ, Tragédie, 1617.

On lui attribue,

PASIPHAÉ, Tragédie non représentée, imprimée, 1627. *Histoire du Th. Franç. année* 1617.

THÉSÉE, *ou le* PRINCE RECONNU, Tragi-Comédie en prose & en cinq actes, de M. *Puget de la Serre*, représentée en 1644. in-4°. Paris, Sommaville, Courbé, Quinet & Sercy, 1644. *Hist. du Th. Fr. année* 1644.

THÉSÉE, Tragédie de M. de *La Fosse*, représentée le Mardi 5 Janvier 1700. imp. la même année, in-12. Paris, Ribou, & dans le Recueil
des

des Œuvres de l'Auteur. Cette Tragédie a reparu au Théatre. *Histoire du Th. Franç.* année 1700.

THÉSÉE, Tragédie lyrique en cinq actes, avec un Prologue, de M. *Quinault*, Musique de M. *Lully*, représentée par l'Académie Royale de Musique, à S. Germain en Laye, devant le Roi le Vendredi 11 Janvier 1675. & ensuite à Paris au mois d'Avril, in-4°. Paris, & tome I. du Recueil général des Opéra, *Extrait*, *Mercure de France*, Décembre 1729. 2ᵉ volume, p. 3099-3112.

ACTEURS DU PROLOGUE.

Deux Graces.	Mlles Bony & Pieſche.
Deux Amours.	Les Sieurs Marotte & Lanneau.
Bacchus.	Le Sieur La Grille.
Vénus.	Mlle Beaucreux.
Cérès.	Mlle La Borde.
Mars.	Le Sieur Godonesche.
Bellonne.	Le Sieur Dauphin.

BALLET.

Suivans de Cérès.
Les Sieurs Noblet, Barazé, Lestang & Blondy.
Suivantes de Cérès.
Les Sieurs Bonnard, Boutteville, Arnal & de Berne.
Suivans de Bacchus. Le Sieur Dolivet pere.
Les Sieurs Chicanneau, Le Chantre & Pesant.
Suivantes de Bacchus.
Les Sieurs Mayeu, Bernier, Charlot & Dolivet *fils*.

ACTEURS DE LA TRAGÉDIE.

Æglé.	Mlle Aubry.
Cléone, Confidente d'Æglé.	Mlle Brigogne.
Arcas, Confident d'Eglé.	Le Sieur Motel.
La Grande Prêtresse de Minerve.	Mlle Verdier.
Egée.	Le Sieur Gaye.

Médée.	Mlle Saint Christophe.
Dorine, Confidente de Médée.	Mlle Beaucreux.
Théfle.	Le Sieur Clediere.
Minerve.	Mlle Des Fronteaux.
Vieillards.	Les Sieurs Tholet & Miracle.
La Rage.	Le Sieur Jollain.
Le Defefpoir.	Le Sieur Le Febvre.
Bergéres.	Mlles Desfronteaux, Bony, Verdier & Piefche.
Habitant de l'Ifle enchantée.	Le Sieur La Grille.

ACTEURS DU BALLET.

ACTE I. *Sacrificateurs.* Le Sieur Beauchamps.
Les Sieurs Defmatins, Favre, Pefant, Favier C.
Blondy, Joubert & Foignart C.
Prêtreffes danfantes.
Les Sieurs Magny, Favier L. Noblet, Germain,
Pecourt & Bouteville.

ACTE II. *Grecs.*
Les Sieurs Mayeu, Barazé, Dolivet *fils*
& Charlot.
Grecques.
Les Sieurs Joubert, Arnal, Leftang
& Boutteville.
Vieillards.
Les Sieurs Dolivet & Le Chantre.
Vieilles.
Les Sieurs Bonnard & Magny.

ACTE III. *Lutins.* Le Sieur Beauchamps.
Les Sieurs Favier L. Favier C. Leftang, Favre,
Magny, Joubert, Foignart, Chicanneau,
Defairs, De Benne & Pecourt.
Un fantome. Le Sieur Alard.

ACTE IV. *Habitans de l'Ifle enchantée.*
Les Sieurs Magny, Pecourt, Foignart,
Leftang, La Pierre & Favier L.
Habitantes de l'Ifle enchantée.
Les Sieurs Noblet, Chicanneau, Favier C.
Royer, Boutteville & Germain.

ACTE V. *Un Grand Seigneur de la Cour d'Egée.*
Le Sieur Beauchamps.
Courtifans.
Les Sieurs Favier L. Leftang, Favre & Magny.

Esclaves.
Les Sieurs Pecourt, Germain, Foignarr, Desairs, Pesant L. Le Chantre, Coudu, Favre, Favier C. Barazé, Vagnard & Le Doux.

IIe Reprise de la Tragédie lyrique de *Thésée*, à S. Germain en Laye, devant Sa Majesté, le Mardi 16 Février 1677. 2e édition in-4°. Paris, Ballard.

Acteurs du Prologue.

Deux Graces.	Mlles Bony & Piesche.
Deux Amours.	Les Sieurs Paisible & Lanneau.
Bacchus.	Le Sieur La Grille.
Vénus.	Mlle Beaucreux.
Cérès.	Mlle Sainte Colombe.
Mars.	Le Sieur Godonesche.
Bellonne.	Le Sieur Dauphin.

Ballet.

Suivans de Cérès
Les Sieurs Noblet, Favier, Pecourt & Barazé.
Suivantes de Cérès.
Les Sieurs Joubert & Desairs.
Suivans de Bacchus.
Les Sieurs Le Chantre, Pesant, Favre, & Charlot.
Suivantes de Bacchus.
Les Sieurs Arnal & Lestang.

Acteurs de la Tragédie.

Æglé.	Mlle Aubry.
Cléone.	Mlle Brigogne.
Arcas.	Le Sieur Morel.
La Grande-Prêtresse de Minerve.	Mlle Verdier.
Egée.	Le Sieur Gaye.
Médée.	Mlle Saint Christophe.
Dorine.	Mlle Beaucreux.
Thésée.	Le Sieur Clediere.
Minerve.	Mlle Desfronteaux.
Vieillards.	Les Sieurs Miracle & Buffequin.
La Rage.	Le Sieur Jollain.

Le Désespoir.   Le Sieur Huart.
Habitans de l'Isle En-   Les Sieurs Paisible &
chantée.   Lanneau.

ACTEURS DU BALLET.

ACTE I. *Sacrificateurs.*   Le Sieur Beauchamps.
Les Sieurs Le Chantre, Favre, Pesant,
Favier C. Mayeu, Joubert, Foignart
& Charlot.
Prêtresses.
Les Sieurs Magny, Barazé, Noblet, Arnal,
Lestang C. & Boutteville.

ACTE II. *Grecs.*
Les Sieurs Mayeu, Favier C. Barazé & Charlot.
Grecques.
Les Sieurs Joubert, Noblet, Arnal
& Boutteville.
Vieillards.
Les Sieurs Le Chantre & Foignart.
Vieilles.
Les Sieurs Magny & Favre.

ACTE III. *Lutins.*
Les Sieurs Favier L. Germain, Boutteville,
Favre, Magny, Foignart, Pecourt & Desairs.
Un Fantôme.   Le Sieur Alard.

ACTE IV. *Habitans de l'Isle enchantée.*
Les Sieurs Pecourt, Favre, Foignart,
Favier L. Germain & Boutteville.
Habitantes de l'Isle enchantée.
Les Sieurs Noblet, Desairs, Favier C. Arnal,
Joubert & Lestang C.

ACTE V. *Un Grand Seigneur de la Cour d'Egée.*
Le Sieur Beauchamps.
Courtisans.
Les Sieurs Pecourt, Favre, Magny
& Germain.
Esclaves.
Les Sieurs Favre, Magny, Arnal, Charlot,
Pesant, Barazé, Le Chantre & Lestang C.

IIIe REPRISE de *Théfée*, par l'Académie Royale de Musique, le Dimanche 29 Octobre 1679.

IVe REPRISE de la Tragédie de *Théfée*, au

mois d'Octobre 1688. 3e édition in-4°. Paris, Ballard.

ACTEURS.

Æglé.	Mlle Moreau.
Cléone.	
Arcas.	Le Sieur Dun.
Egée.	Le Sieur Beaumavielle.
Médée.	Mlle Rochois.
Dorine.	Mlle Barbereau.
Théfée.	Le Sieur Du Mesny.
Deux Vieillards.	Les Srs Desvoyes &...
Minerve.	

Ve REPRISE de l'Opéra de *Théfée*, au mois de Novembre 1698. 4e édition in-4°. Paris, Ballard.

ACTEURS.

Æglé.	Mlle Moreau.
Cléone.	Mlle Clément.
Arcas.	Le Sieur Dun.
Egée.	Le Sieur Hardouin.
Médée.	Mlle Desmatins.
Dorine.	Mlle Guyar.
Théfée.	Le Sieur Du Mesny.
Deux Vieillards.	Les Sieurs Desvoyes & Labbé.
Minerve.	Mlle Maupin.
Un Combattant.	Le Sieur Desvoyes.

VIe REPRISE de *Théfée*, le Jeudi 17 Novembre 1707. 5e édition in-4° Ballard.

ACTEURS DU PROLOGUE.

Jeux & Plaisirs.	Les Sieurs Mantienne, Bertrand, Chopelet.
Vénus.	Mlle Journet.
Mars.	Le Sieur Dun.
Cérès.	Mlle Aubert.
Bacchus.	Le Sieur Beaufort.

BALLET.

Suite de Cérès.
Les Sieurs D. Dumoulin, Dupré, Pecourt & Dangeville C.
Mlles Prevost, Guyot, Le Fevre & Dufresne.

S iij

Suite de Bacchus.
Les Sieurs Marcel, La Vigne, P. Dumoulin
& Dangeville L.
Mlles Rose, Chaillou, Mangot & Carré.

ACTEURS DE LA TRAGÉDIE.

Æglé.	Mlle Journet.
Cléone.	Mlle Aubert.
Arcas.	Le Sieur Thevenard.
La Grande Prêtresse de Minerve.	Mlle Desjardins.
Egée.	Le Sieur Hardouin.
Médée.	Mlle Desmatins.
Dorine.	Mlle Heusé.
Thésée.	Le Sieur Cochereau.
Vieillards.	Les Sieurs Boutelou & Desvoyes.
Bergéres.	Mlles Cochereau & Chevalier.
Un Berger.	Le Sieur Chopelet.
Minerve.	Mlle Desjardins.

ACTEURS DU BALLET.

Acte I. *Prêtresses.*   Mlle Guyot.
Mlles Prevost, Le Fevre, Rose, Chaillou,
Dufresne & Mangot.
Combattans.
Les Sieurs Germain, Dumoulin L. Blondy,
Ferrand, P. Dumoulin, Dangeville L.
Marcel L, & Javillier.

Acte II. *Grecs.*   Le Sieur Dangeville.
Les Sieurs Blondy, Ferrand, Marcel L.
& Javillier.
Grecques.
Mlles Rose, Tissard, Le Fevre & Dufresne.
Vieillards & Vieilles.
Les Sieurs F. & P. Dumoulin,
Mlles Prevost & Guyot.

Acte III. *Lutins.*   Le Sieur Blondy.
Les Sieurs Germain, Dumoulin L. Ferrand,
Marcel L. Dangeville L. François,
Du Breuil & Pietre.

Acte IV. *Bergers & Bergéres.*
Le Sieur Balon & Mlle Prevost.
Les Sieurs F. Dumoulin, Pecourt
& P. Dumoulin.
Mlles Guyot, Mangot & Carré.

Habitans de l'Isle enchantée.
Les Sieurs Dumoulin L. Germain, Dupré
& D. Dumoulin.
Mlles Tissard, Chaillou, Le Fevre & Dufresne

ACTE V. *Athéniens.* Le Sieur Balon.
Les Sieurs Germain, Dumoulin L. Blondy,
Marcel L. F. Dumoulin & P. Dumoulin.
Divinités qui accompagnent Minerve.
Mlles Prevost, Guyot, Rose, Tissard,
Mangot & Carré.

VII.e REPRISE de la Tragédie de *Thésée*, le Jeudi 5 Décembre 1720. 6.e édition in-4°. Paris, Ribou.

ACTEURS DU PROLOGUE.

Bacchus.	Le Sieur Jacier.
Vénus.	Mlle Lambert.
Cérès.	Mlle Constance.
Mars.	Le Sieur Le Mire.
Plaisirs.	Les Sieurs Dun *fils*, Grenet & Mantienne.

BALLET.

Moissonneurs & Moissonneuses.
Les Sieurs Dangeville, P. Dumoulin & Laval.
Mlles La Ferriere, Corail & Labatte.
Faunes & Bacchantes.
Les Sieurs Dumoulin L. Pierret, Dezais
& Javillier.
Mlles Le Maire, Le Roy & De Lisle.

ACTEURS DE LA TRAGÉDIE.

Eglé.	Mlle Tulou.
Cléone.	Mlle Lambert.
Arcas.	Le Sieur Dun.
La Grande Prêtresse de Minerve.	Mlle Tettelette.
Egée.	Le Sieur Thévenard.
Médée.	Mlle Antier.
Dorine.	Mlle Minier.
Thésée.	Le Sieur Murayre.
Un Combattant.	Le Sieur Mantienne.
Deux Vieillards.	Les Sieurs Mantienne & Dautrep.

Deux Bergères.   Mlles Tettelette & Person.
Un Berger.   Le Sieur Jacier.
Minerve.   Mlle Charlard.

ACTEURS DU BALLET.

ACTE I. *Prêtresses de Minerve.* Mlle Guyot.
Mlles Menès, Dupré, Duval, Corail, Le Maire & De Lisle.
Sacrificateurs. Les Sieurs Marcel L. & Dupré.
Les Sieurs Dupré, Dumoulin L. Pierret, Dezais, Marcel L. Maltaire C. & Javillier.

ACTE II. *Peuples d'Athènes.* Le Sieur Blondy.
Les Sieurs Marcel L. Dumoulin L. Pierret & Dezais.
Mlles Dupré, Duval, Le Maire & Le Roy L.
Vieux & Vieilles.
Le Sieur F. Dumoulin & Mlle La Ferriere.
Le Sieur P. Dumoulin & Mlle Labatte.

ACTE III. *Habitans des Enfers, Lutins.*
Les Sieurs Dupré & Blondy.
Les Sieurs F. Dumoulin, P. Dumoulin, Dangeville, Laval, Dezais, Maltaire C. Guyot & Maltaire L.

ACTE IV. *Bergers & Bergères.*
Le Sieur D. Dumoulin & Mlle Prevost.
I. Quadrille.
Les Sieurs P. Dumoulin & Laval, Mlles La Ferriere & Labatte.
II. Quadrille.
Mlles Dangeville & Guyot.
Mlles Dupré & Duval.
III. Quadrille.
Les Sieurs Pierret & Dezais.
Mlles De Lisle & Corail.

ACTE V. *Peuples d'Athènes.* Le Sieur D. Dumoulin.
Les Sieurs Pierret, Maltaire C. Maltaire L. Dangeville & Guyot.
Mlles Labatte, Corail, Duval, De Lisle & Mangot.

VIIIe REPRISE de la Tragédie de *Thésée*, le Mardi 29 Novembre 1729. 7e édition in-4°. Paris, Ballard.

ACTEURS DU PROLOGUE.

Jeux & Plaisirs.	Les Sieurs Dumast, Cuvillier & Fontenay.
Vénus.	Mlle Minier.
Mars.	Le Sieur Chassé.
Cérès.	Mlle Julie.
Bacchus.	Le Sieur Dautrep.

BALLET.

Suite de Cérès, Moissonneurs & Moissonneuses.
Mlle Mariette.
Les Sieurs Dangeville, Maltaire L. & P. Dumoulin.
Mlles La Martiniere, Ferrer & Binet.
Suite de Bacchus, Faunes & Bacchantes.
Les Sieurs Javillier, Bontems, Matignon & Dumay.
Mlles Thibert, Boisselet, Duval & Du Rocher.

ACTEURS DE LA TRAGEDIE.

Æglé.	Mlle Pélissier.
Cléone.	Mlle Petitpas.
Arcas.	Le Sieur Dun.
La Grande Prêtresse de Minerve.	Mlle Julie.
Egée.	Le Sieur Thévenard.
Médée.	Mlle Antier.
Dorine.	Mlle Minier.
Thésée.	Le Sieur Tribou.
Vieillards.	Les Sieurs Dumast & Cuvillier.
Bergères.	Mlles Souris & Petitpas.
Un Berger.	Le Sieur Dumast.
Minerve.	Mlle Julie.

ACTEURS DU BALLET.

ACTE I. Prêtresses de Minerve. Mlle Sallé.
Mlles Duval, Thibert, Du Rocher, Boisselet, La Martiniere & Petit.
Combattans.
Les Sieurs Dumoulin L. Savar, Javillier, Dumay, Dangeville & P. Dumoulin.

ACTE II. Grecs & Grecques. Le Sieur Laval.
Les Sieurs Dumoulin L. Savar, Javillier & Dumay.
Mlles Duval, Du Rocher, Petit & Thibert.

Vieux & Vieilles.
Le Sieur F. Dumoulin & Mlle Prevoſt.
Le Sieur P. Dumoulin & Mlle Sallé.
Le Sieur Dangeville & Mlle Mariette.

Acte III. *Lutins.* Le Sieur Maltaire C.
Les Sieurs Bontems, Matignon, P. Dumoulin,
Dangeville, Javillier, Dumay,
Maltaire C. & Hamoche.

Acte IV. *Bergers & Bergères.*
Le Sieur D. Dumoulin & Mlle Prevoſt.
Mlle Camargo.
Les Sieurs F. Dumoulin, Bontems, Hamoche,
Matignon & Dangeville.
Mlles Thibert, Du Rocher, La Martiniere,
Binet & Ferrer.

Acte V. *Athéniens & Athéniennes.* Le Sieur D. Dumoulin.
Les Sieurs Dumay, Savar, Javillier,
Hamoche & Matignon.
Mlles Duval, Petit, La Martiniere,
Du Rocher & Ferret.

Théſée fut continué le Vendredi 17 Mars 1730. terminé par les *Caracteres de la Danſe*, éxécuté par la Dlle *Camargo*. Le Mercredi 22. l'Académie donna la même piéce, ſuivie du Divertiſſement de *Pourceaugnac*, & du *Pas de trois*, danſé par les Sieurs *Blondy* & *D. Dumoulin*, & Mlle *Camargo*. Le Mardi 16 Mai, même divertiſſement : le..... Juin, continuation de l'Opéra de *Théſée*, & le Jeudi 9 Octobre, Mlle *Le Maure* chanta le role d'*Æglé* à cette derniere fois.

IXe Reprise de *Théſée*, le Jeudi 10 Décembre 1744. 8e édition in-4°. Paris, Ballard.

Acteurs du Prologue.

Jeux & Plaiſirs.	Les Sieurs La Tour, Cuvillier & Le Page.
Vénus.	Mlle Romainville.
Mars.	Le Sieur Chaſſé.
Cérès.	Mlle Coupée.
Bacchus.	Le Sieur Berard.

TH

BALLET.

Suite de Cérès, Moissonneurs & Moissonneuses.
Les Sieurs Dangeville, P. Dumoulin & Levoir.
Mlles S. Germain, Courcelle & Thierry.
Faunes & Bacchantes.
Le Sieur Maltaire l'Anglois.
Mlle Carville.
Les Sieurs Cayez, Devisse, Feuillade
& Delpech.
Mlles Beaufort, Puvignée, Dary & Thierry.

ACTEURS DE LA TRAGÉDIE.

Æglé.	Mlle Fel.
Cléone.	Mlle Coupée.
Arcas.	Le Sieur Le Page.
La Grande Prêtresse de Minerve.	Mlle Metz.
Egée.	Le Sieur Chassé.
Médée.	Mlle Chevalier.
Dorine.	Mlle Jacquet.
Thésée.	Le Sieur Jelyotte.
Vieillards.	Les Sieurs La Tour & Cuvillier.
Bergeres.	Mlles Romainville & Metz.
Un Berger.	Le Sieur La Tour.
Minerve.	Mlle Jacquet.

ACTEURS DU BALLET.

ACTE I. *Prêtresses de Minerve.* Mlle Le Breton.
Mlles Rabon, Carville, Petit, Rosalie,
Courcelle & Saint Germain.
Combattans.
Les Sieurs P. Dumoulin, Feuillade, Gherardi,
Monservin, Cayez & Device.

ACTE II. *Grecs & Grecques.* Le Sieur Dupré.
Les Sieurs Delpech, Matignon, Hamoche,
Levoir, Devisse & Feuillade.
Mlles Rabon, Carville, Petit, Rozalie,
Beaufort & Thierry.
Vieux & Vieilles.
Le Sieur F. Dumoulin & Mlle Camargo.
Les Sieurs Dumay & Dupré.
Mlles Saint Germain & Courcelle.

ACTE III. *Lutins & Démons.* Le Sieur Gherardi.
Les Sieurs Dumay, Dupré, Levoir, Hamoche,
Feuillade, Devisse, Matignon & Delpech.

S. vj

ACTE IV. *Bergers & Bergeres.* Mlle Camargo.
Le Sieur D. Dumoulin & Mlle Le Breton,
Les Sieurs Hamoche, Levoir, Cayez,
F. Dumoulin & Device.
Mlles Saint Germain, Courcelle, Fremicourt,
Dary & Puvignée.
ACTE V. *Peuples d'Athènes.* Le Sieur D. Dumoulin,
Mlle Dalmand.
Le Sieur Monfervin & Mlle Carville.
Les Sieurs Dumay, Dupré, Maltaire C. & Pitro,
Mlles Rabon, Rozalie, Beaufort & Petit.

THÉSÉE, Parodie en un acte, en Vaudevilles, sans prose, de Messieurs *Favart, Parmentier* & *L......* représentée le Mercredi 17 Février 1745. au Théatre de l'Opéra Comique, imp. la même année, Paris, Prault fils, & Delormel. Comme cette piéce est entre les mains de tout le monde, on ne remarquera qu'un seul couplet critique, pris de la scéne de *Théſée* & d'*Æglé.* Le premier pour raſſurer ſon Amante, lui dit ſur l'air (*De tous les Capuſins du monde.*)

Du Roi je crains peu la colere :
Apprens enfin qu'il est mon pere.

ÆGLÉ.

Quoi ?

THÉSÉE.

Oui, sans qu'il en sçache rien,
Je suis ce fils qu'il idolâtre.

ÆGLÉ.

Pourquoi le taire ?

THÉSÉE.

Il le faut bien ;
Je ménage un coup de Théatre.

THÉSÉE, *ou la* DÉFAITE DES AMAZONES, Piéce en trois actes, avec trois Intermédes, composés des *Amours de Tremblottin & de Marinette*, par M. *Fuselier*, représentée au Jeu des Marionnettes de *Bertrand*, à la Foire S. Laurent 1701. imprimée la même année in-8°. Cette Piéce n'a d'autre avantage que celui d'être le premier ouvrage dramatique d'un Auteur assez connu sur tous les différens Théatres de Paris.

THESSALIENNES, (les) ou ARLEQUIN AU SABAT, Comédie Françoise au Théatre Italien; trois actes en prose, avec spectacle & trois divertissemens, par Messieurs *Prevost & Cazanauve*; (*) elle a été représentée pour la premiere fois le Lundi 24 Juillet 1752. Il y a eu à la Foire une piéce sous le nom d'*Arlequin au Sabat*, aussi en trois actes, avec trois divertissements; elle étoit de M. *Romagnesi*, & n'a jamais été imprimée. Voyez *Arlequin au Sabat*. Il se peut que les Auteurs des *Thessaliennes* en ayent eu communication, & en ayent fait usage, du moins est-il sûr qu'ils se sont servi

───────────────

(*) Plusieurs Acteurs de la Comédie Italienne qui ont bien voulu nous communiquer différents faits concernant ce Théatre, nous ont assuré que M. *Cazanauve* n'avoit d'autre part à cet ouvrage que de l'avoir présenté à leur assemblée, pour rendre service à M. *Prevost* son ami, & que lui-même n'en faisoit pas mystere. D'autres nous ont dit qu'ils y avoient travaillé en société; quoi qu'il en soit, M. *Cazanauve* est Italien, fils d'un Comédien Italien qui n'a jamais paru sur le Théatre de Paris; il jouit d'une fortune honnête, qui lui donne les moyens de contenter son goût pour la littérature & les voyages; nous le croyons retourné en Italie; à l'égard de M. *Prevost* il nous est totalement inconnu; on nous a seulement appris que c'est un homme d'esprit & de mérite, ce que la lecture de l'extrait détaillé de sa piéce que nous allons donner, ne peut manquer de faire présumer. *Nous devons la meilleure partie de cette note à M. Balletti (Mario.)*.

d'une idée que l'Auteur de la *Magie de l'Amour* a fait réussir au Théatre, longtemps avant qu'il fut question de ce nouvel ouvrage. Il est vrai qu'ils ont enchéri en quelque façon sur celui de M. *Autreau*, & sur le Roman des *Veillées de Thessalie*, dont il est tiré, en faisant paroître deux Amans, qui trompés par un fourbe, s'imaginent chacun de leur côté avoir été enforcelés l'un par l'autre. D'ailleurs, la principale action de la *Magie de l'Amour*, n'est ici qu'épisodique : on reconnoitra aussi dans l'Extrait que nous allons donner des *Thessaliennes*, le fond de la principale scéne des *Amans ignorants*, autre Comédie de M. *Autreau*; ajoûtez à ces ressemblances un mélange de tragique déplacé, c'est-à-dire, de ce tragique à la mode, qui fait prendre presque toutes les Tragédies modernes pour des Tragédies de Collége; de ces coups de Théatre qu'on accuseroit à tort de ne faire aucun effet, puisqu'ils finissent ordinairement par faire rire, & qu'on ne peut disconvenir que la Comédie Italienne n'ait quelque droit de les revendiquer; de tout ce *remu-ménage*, si nous osons nous servir de ce terme, que les traductions du fameux *Metastaze* ont mis en crédit, que la stérilité de nos Poëtes tragiques prend pour de l'action & de la chaleur, & qu'elle copie à la lettre, parce qu'on ne copie que les fautes des grands hommes; enfin de ces poignards levés sur les principaux personnages, de ces ressources singulieres dont les maîtres de l'art usent si sobrement, & dont nos jeunes Auteurs abusent avec tant de maladresse & de prodigalité ; joignez - y encore l'ennui d'un Dialogue allongé, dont nous ferions scrupule de mettre plus de huit ou neuf lignes sous les yeux du lecteur, & l'on ne s'étonnera pas du peu de succès qu'eurent les représentations de cette piéce, qui n'a point été imprimée. Quoiqu'écrite en François d'un bout à l'autre, on doit l'envisager comme un vrai Canevas Italien, où l'on trouve de l'imagination, des scénes de bon comique, & des jeux de Théatre heureux & nouveaux ; il y a apparence qu'elle auroit réussi si elle eut été jouée à l'*impromptu*, & dans la langue qui est propre à ce genre. La vivacité du Dialogue Italien & du jeu des Acteurs qui auroient été plus à leur aise dans leur langue naturelle, auroit remplacé avantageusement la prose languissante qui en fait le principal défaut. Voici l'Extrait que nous en venons de promettre.

Le Théatre représente un Paysage orné d'arbres, avec un hameau dans le fond.

Dorinde ouvre le premier acte avec Corinne son amie; ce sont deux Magiciennes, Sorcieres même, car le mot de Magicien & de Magicienne est pris ici dans sa plus odieuse signification, quoique Dorinde ni Corinne ne soient odieuses dans la piéce; l'une est une jeune & jolie Bergere que trop de curiosité a fait donner au Diable dès sa plus tendre jeunesse, mais qui n'en aime pas moins la vertu, sur tout quand le vertueux est un Berger bien fait; l'autre ne paroît que pour rendre service à son amie. Dorinde est fort inquiéte du parti que prendra

Lindor son Amant, quand il sçaura qu'elle va au Sabat, ce qu'elle ne peut lui cacher, d'autant qu'il la presse extrêmement pour avoir la permission de la demander en mariage, & qu'elle est engagée par un serment affreux, aussi bien que toutes les Bergeres Magiciennes, à n'épouser qu'un Berger initié dans les mysteres de la Magie. La circonstance est d'autant plus pressante, que la coutume de la Thessalie, (c'est le pays où se passe la scéne) ne permet aux Bergeres d'épouser l'Amant qu'elles préferent, qu'à un jour marqué qui ne revient qu'une fois l'année, & que cette grande fête doit se célébrer le lendemain ; elle n'ose attendre de la complaisance de son Amant qu'il se fasse Magicien pour l'amour d'elle, & la vertu de Lindor l'allarme, après avoir fait sa passion ; car elle a beau se rassurer, sur ce qu'elle n'exerce que la Magie blanche, & ne se sert de son pouvoir que pour faire du bien, elle n'en a pas moins peur que son Amant ne prenne mal la chose. Corinne essaye de la tranquilliser, & lui promet un bon effet d'un stratagême dont elle vient de se servir, pour tâcher d'engager Lindor dans leur parti, des prodiges qu'elle a opérés à ses yeux, sans se montrer à lui, & d'un billet qu'elle a laissé tomber à ses pieds, du nuage dont elle s'étoit enveloppée. Sa tristesse même en le lisant, lui paroît de bon augure, puisqu'elle est une preuve de son attachement pour Dorinde. Lindor paroît, & Corinne conseille à Dorinde de se cacher sous des arbres voisins, pour observer son Amant qui vient au rendez vous qu'elle lui a donné, & pour tâcher de pénétrer dans sa pensée. Dorinde suit cet avis, & Corinne se retire. Lindor se croyant seul, exprime avec force toute son horreur pour la Magie & pour la Magicienne qui prétend le séduire, aussi bien que la crainte qu'il a que celle qu'il prend pour la rivale de Dorinde ne la rende responsable du mépris qu'il fait de cet art détestable, & de celles qui l'exercent. Tout ce qu'il en dit est bien loin de rassurer Dorinde ; elle s'avance, lui fait des reproches de venir si tard au rendez-vous qu'elle lui a donné, reçoit ses excuses, lui permet de la demander en mariage à son pere, & ensuite lui fait un nouveau reproche de sa mélancolie, après l'aveu qu'il vient d'obtenir, & du secret qu'il lui fait de ce qui l'occasionne. Il ne peut résister à ses instances, lui montre la lettre fatale qui l'inquiéte, & lui rend compte des prodiges qui l'ont accompagnée, qui l'ont dit-il moins effrayé, que les menaces qu'elle contient contre sa chere Dorinde ; cette lettre est conçue en ces termes :

 Un Etre revêtu d'un pouvoir souverain,
 Te veut du bien, Lindor ; partage sa puissance ;
 Ou bien, crains que Dorinde, objet de sa vengeance,
 Ne paye de son sang ton injuste dédain.

 Il croit toûjours que son malheur vient de ce que la Magicienne est amoureuse de lui, quoique le billet ne le dise pas expressément, & ne lui parle que de partager le pouvoir qu'on lui offre. On verra dans la suite que cette remarque n'est pas inutile. Cette opinion est un nouveau motif qu'il emploie, pour engager Dorinde à presser leur mariage, afin que l'amour de la Magicienne meure avec son espérance.

Dorinde lui fait voir une crainte fort tendre qu'il ne se résolve à la sacrifier; Lindor qui ne sçait pas que c'est à la haine de son Amant pour la sorcellerie, qu'elle craint d'être sacrifiée, lui perce le cœur en croyant la rassurer, par de nouveaux témoignages de cette haine, & sur ce qu'elle paroît craindre qu'il n'en soit lui-même la victime, il croit la tranquilliser, en lui promettant la protection des Dieux, qu'il va dit-il implorer pour elle & pour lui, par le ministere du vertueux Alcandre, Ministre de Diane, qu'il veut aussi employer auprès du pere de sa Maîtresse; Dorinde lui dit de venir au plutôt l'informer du succès de ses soins, & le laisse sortir. Elle demeure seule, & paroit au désespoir des sentimens que Lindor vient de faire éclater, & très-effrayée par le souvenir du serment affreux qui la lie. Elle espere cependant qu'il ne résistera point à la crainte de la voir expirer à ses yeux, & sort pour aller chercher Corinne, qu'elle veut prier de la seconder dans de nouvelles tentatives. Arlequin entre habillé en soldat, il a l'épée nue à la main, dont il frappe l'air autour de lui, avec plusieurs démonstrations de crainte. Il s'est sauvé d'auprès de Lindor, au service duquel il est depuis quelques jours, en le voyant aux prises avec les lutins, & se promet de le quitter bientôt, pour peu que sa Maîtresse infernale continue à lui vouloir du bien, & à le lui déclarer d'une maniere si terrible; il craint cependant que son nouveau Maître n'ait conçu une idée peu avantageuse de son courage, & comme il se propose à l'aller rejoindre, pour rétablir sa réputation, il voit arriver Scapin en habit de Berger ; il le reconnoit pour un de ses anciens amis, & court se jetter à son col ; Scapin qui ne le remet pas sous le harnois militaire, le reçoit froidement, & se fâche presque des embrassemens incommodes d'un étranger, qui paroit avoir pris à tâche de l'étouffer, mais aussi-tôt qu'Arlequin s'est nommé, il lui rend ses embrassemens au double, & avec enthousiasme. Ils se rappellent avec plaisir les avantures de leur jeunesse, & Scapin fait souvenir son ami d'une occasion où Arlequin eut bien de l'obligation à son pauvre frere ; *Il est vrai*, dit celui ci, *qu'il fut pendu pour nous deux*, & comme il veut aussi faire souvenir Scapin de quelque heureuse avanture de la même espéce, ce dernier l'interrompt, & lui demande ce qu'il vient faire en Thessalie, & s'il est dans le service ; Arlequin lui conte qu'il sert avec honneur depuis cinq ans, mais qu'il a jugé à propos de se retirer ; qu'on l'a beaucoup regretté, & qu'il s'est rendu si fameux, que beaucoup d'Officiers de l'armée gardent avec soin son portrait, ce qui l'oblige à voyager *incognito*, parce que sa modestie auroit trop à souffrir des honneurs qu'on lui rendroit s'il étoit reconnu. Scapin comprend qu'il a déserté, & lui fait part de ce qu'il en pense, mais Arlequin soutient que sa retraite ne peut s'appeller désertion, & n'a été occasionnée que parce qu'étant naturellement ennemi des cérémonies, on lui en a fait essuyer une assez incommode, par un excès de considération pour son mérite ; Scapin conclut de son galimatias qu'on l'a fait passer par les verges.

SCAPIN.

C'est-à-dire, mon cher Arlequin, que tu fus bien étrillé.

ARLEQUIN.

Il y avoit des gens qui appelloient cela ainsi.

SCAPIN.

Etois-tu bien avancé dans le service?

ARLEQUIN.

Comment, diable! j'étois Capitaine; je ne me souviens déja plus du nom de ma Compagnie. Attends,...... cela finissoit en *ards*.

SCAPIN.

Capitaine de Houzards?

ARLEQUIN.

Mieux que cela...... J'étois Capitaine de fuyards.

SCAPIN.

Capitaine de fuyards! peste! tu remplissois un poste honorable!

ARLEQUIN.

Et avec distinction; j'étois toujours à la tête de ma compagnie, & il y a eu des actions où emporté par ma valeur, je me suis vû à la tête de toute l'Armée.

Arlequin continue en demandant à son tour à Scapin ce qu'il fait en Thessalie, & Scapin répond qu'il s'y est établi, & y a pris l'habit & le métier de Berger, parce que c'est un bon pays qui n'est habité que par des Bergers qui sont les meilleures gens du monde, & où l'on n'est occupé qu'à boire, manger & faire l'amour, qu'il a appris à jouer du flageolet, que les Bergeres du hameau se plaisent déja à danser au son de son instrument, & qu'il conseille à Arlequin de s'y rendre habile comme lui; celui-ci y consent, à condition qu'il trouvera bientôt une Bergere pour l'encourager à apprendre; Scapin l'assure qu'il n'aura que la peine de choisir, que les Bergeres vont bientôt se rendre au lieu où ils sont, où l'on doit répéter des danses & des chants en l'honneur de Diane, à l'occasion de la fête qui doit se célébrer le lendemain, & qu'il n'a qu'à attendre un moment pour les voir toutes rassemblées. Arlequin déclare qu'il renonce dès ce moment à la gloire, & qu'il ne prétend plus quitter Lindor, qu'il ne connoit pas, mais qu'il sert par amitié depuis deux ou trois jours. Scapin lui apprend que Lindor est un des plus riches Bergers du pays, & qu'il est prêt d'épouser Dorinde. Arlequin lui demande avec effroi si Dorinde n'est point Magicienne; Scapin le rassure, en lui disant que Lindor l'abandonneroit bientôt s'il la croyoit telle, & lui demande à son tour de qui il sçait déja qu'il y a des Magiciens en Thessalie. Arlequin lui conte ce qui vient d'arriver à Lindor en sa présence, & trouve que son Maître a raison de ne point vouloir d'une Magicienne, & que c'est bien assez d'épouser une diablesse, sans épouser le diable & toute sa famille. Scapin lui propose de lui faire voir sa Maîtresse, l'autre y consent, & se presse de sortir avec lui, de crainte que son Maître qu'il voit arriver avec Alcandre, qu'Arlequin appelle *Scamandre*, ne le retarde par quelque commission. Alcandre assure Lindor de la protection des Dieux, & lui promet ses bons offices auprès du pere de Dorinde, mais il lui fait jurer de détester à jamais la Magie, dut-il ne pouvoir sauver les jours de sa Maîtresse, qu'en acceptant le pouvoir qu'on veut lui faire partager. Lindor le jure en frémissant, &

Alcandre content de son respect pour les Dieux, l'emméne aux pieds des autels de Diane, afin de lui faire ratifier son serment. Un peu avant la fin de cette scéne, on voit arriver Arlequin & Scapin qui n'ont pu trouver Coraline, (c'est le nom de la Maîtresse de Scapin) Arlequin appercevant encore son Maître avec Alcandre, au même endroit où il l'a laissé, se cache & fait cacher Scapin, & s'en félicite dès que ces deux importuns sont sortis, craignant toujours que son Maître ne l'eut empêché par quelque commission de satisfaire sa curiosité, *car*, dit-il, *il semble que ces gens-là devinent toujours ce qui peut faire de la peine à leurs valets.* Il se plaint aussi de la peine inutile qu'ils se sont donnée pour trouver Coraline, & vû ce qu'il vient d'apprendre des sorciers du pays, il craint que le diable ne l'ait emportée. Elle arrive; c'est une jeune Bergere ingénue, qui commence par gronder Scapin de l'avoir laissée seule depuis une heure, pendant que toutes les autres Bergeres ont leurs Amants auprès d'elle; elle lui déclare qu'elle en étoit toute décontenancée, & que si cela lui arrive encore, elle le quittera, & qu'il en sera fâché. Scapin s'excuse sur la rencontre de son ami Arlequin, avec qui il l'a cherchée inutilement, & qu'il présente à sa Maîtresse; elle fait un cri de surprise de voir un si joli homme; d'un autre côté, Arlequin ému paroit prêt à s'évanouir, Coraline presse Scapin avec vivacité d'aller chercher de l'eau au ruisseau le plus prochain; Scapin qui sçait qu'il n'y en a qu'assez loin de l'endroit où ils sont, n'y va qu'avec beaucoup de répugnance, & en voyant Coraline se fâcher. Arlequin se trouve soulagé dès que Scapin est parti, mais Coraline se plaint d'avoir gagné son mal. Ils cherchent ensemble à juger de la nature de cette maladie singuliere, sur les différens symptomes qu'ils éprouvent, & dont ils se rendent compte mutuellement; Arlequin paroit soupçonner que c'est de l'amour qu'ils ont l'un pour l'autre, fondé sur ce que Scapin lui a dit qu'on ne fait en Thessalie que *boire, manger & faire l'amour*, & qu'actuellement ils ne boivent ni ne mangent; mais Coraline n'en croit rien, parce qu'elle n'a jamais senti rien de pareil auprès de Scapin qu'elle aime beaucoup, à ce qu'il lui a dit, & qu'elle est prête d'épouser. Le mal d'Arlequin lui reprend à cette nouvelle, & il prétend qu'il en mourra si elle ne l'épouse lui-même. Coraline lui conseille de s'arranger avec Scapin, qui est son ami, & qui ne lui refusera pas ce petit soulagement; car après avoir cherché inutilement la source du mal, ils se bornent à tâcher d'y trouver du reméde, & comme Arlequin fait consentir Coraline à essayer en attendant, de quelques autres recettes qu'il imagine, par exemple, de se laisser baiser la main, Scapin arrive tout essouflé, & apportant de l'eau dans son chapeau; Arlequin lui reproche d'être revenu trop tôt, parce que son absence étoit bonne à son mal, & Coraline lui apprend qu'elle vient de gagner la même maladie; Arlequin demande à Scapin, en lui faisant un détail de ce que son mal lui fait sentir, si ce n'est pas là ce qu'on appelle de l'amour; Coraline convient qu'elle est précisément dans le même état ; Scapin la traite de coquette d'infidelle, de perfide ; *Ha ! mon cher Arlequin, s'écrie Coraline, je commence à croir que nous sommes malades d'amour, car il me dit les mêmes injures que les autres Bergers disent à mes compagnes, quand elles les abandonnent pour d'autres.* Scapin sort fort en colere, en menaçant son Rival & sa Maîtresse ; Arlequin trouve qu'il a l'esprit fort mal fait, & Coraline l'assure qu'elle ne s'embarrasse guère de sa mauvaise humeur, pourvû que son nouvel Amant consente à ne la pas quitter ; il le lui promet, & de plus d'apprendre à jouer du flageolet pour l'amour d'elle, & leur tendre entretien n'est interrompu que par les Bergeres du hameau, qui viennent selon ce que Scapin l'avoit annoncé à Arlequin, s'exercer pour la fête du lendemain ; un Berger chante les vers suivants.

<blockquote>
Ce n'est point sous de riches toicts,
Que le Dieu des plaisirs, le tendre amour habite ;
S'il s'y fait sentir quelquefois,
Ce n'est qu'en Souverain que la fortune irrite ;
Il préfére aux grandeurs l'innocence des bois ;
Par la main des plaisirs, nous recevons ses loix ;
Nos cœurs sans cesse le bénissent.
Douce félicité, vous fuyez loin des Rois ;
Pour un de nos plaisirs, ils donneroient cent fois,
Tous les honneurs dont ils jouissent.
</blockquote>

On danse, & le premier acte finit.

Scapin ouvre le second, & se plaint de l'inconstance de Coraline ; ensuite il prend la résolution de faire accroire à sa Maîtresse qu'Arlequin est un Sorcier qui l'a ensorcelée, & à Arlequin que Coraline est Magicienne, & lui a joué

joué un tour de son métier. Il se promet de leur simplicité qu'ils se fuiront longtemps avant que d'en venir aux éclaircissements, & qu'il aura le temps de profiter de ce mal-entendu pour épouser Coraline. Elle arrive, & lui demande ce qu'est devenu Arlequin. *Comment*, lui dit Scapin, *c'est déja toi qui le cherche! ho! je suis sûre*, répond Coraline, *qu'il me cherche de son côté*. Scapin lui fait des reproches qui sont mal reçus, & lui débite ensuite le conte qu'il a imaginé. Coraline est fort épouvantée, en apprenant qu'Arlequin étant à l'armée, avoit toujours à sa suite cinq ou six filles qu'il laissoit bruler à petit feu, & qu'il lui a fait confidence du sort qu'il a jetté sur elle; il lui fait ensuite raconter les différens états où elle s'est trouvée depuis qu'elle a vû Arlequin, & achéve de la persuader de son malheur, d'autant plus qu'elle convient n'avoir jamais rien senti de pareil pour Scapin, qui à chaque témoignage de son indifférence pour lui, & de sa tendresse pour son rival, la plaint tout haut, & se plaint tout bas lui-même de n'avoir pas le courage de l'étrangler. Enfin il lui conseille, pour se guérir, de fuir avec soin le sorcier, de ne se pas même accorder la satisfaction de lui dire des injures, & de se marier au plûtôt, parce que le charme en se communiquant à son mari, s'affoiblira d'autant, &, sur ce que Coraline paroît douter que personne veuille s'exposer à ce danger; il dit qu'il l'aime assez pour en courir les risques, ajoutant que ce mal n'est pas si dangereux pour les hommes, & que quelques mois de mariage ne manquent guère de les en guérir. Coraline le

Tome V. T

remercie, & sort en lui promettant de se renfermer chez elle pour éviter Arlequin. Scapin s'applaudit du succès de sa ruse, & s'en promet autant à l'égard d'Arlequin qu'il voit arriver. Arlequin entre, en plaignant son Maître que la Magie va rendre fou, & qu'il vient de laisser s'obstinant à prendre une muraille, sans porte ni fenêtre, pour la maison de Dorine; ensuite il apperçoit Scapin, & lui conseille de ne pas le forcer à en venir à de fâcheuses extrémités, en s'obstinant à lui disputer Coraline. Scapin répond à cette rodomontade d'un ton fort doux, & ensuite feignant de craindre beaucoup d'être écouté, il va regarder en l'air au haut de chaque arbre, & après ce préliminaire, il dit à Arlequin que lui Scapin étoit un homme mort, si le goût que Coraline a pris pour la gentillesse de son ami ne l'avoit tiré de ses griffes; qu'il lui apprend par reconnoissance que c'est une Magicienne dangereuse, qui a déja rendu six étrangers secs comme des allumettes, qu'il n'a fait semblant d'en être jaloux, que parce qu'elle lui avoit fait signe de montrer de la jalousie, & qu'il la craignoit trop pour oser lui désobéir en face; que même à présent qu'elle est éloignée, il risque beaucoup en avertissant Arlequin du danger auquel il est exposé; qu'il va profiter du moment où elle ne songe plus à lui, pour s'éloigner du pays, & qu'il conseille à son ami d'en faire autant. Arlequin prend l'épouvante, & reproche à Scapin de l'avoir trompé en lui parlant de la Thessalie comme d'un bon pays, où l'on ne fait que *manger, boire & faire l'amour;* il se plaint aussi de ce que les Sorcieres sont si jolies; il craint de n'avoir pas le courage de quitter la sienne, & dit qu'il n'est plus étonné si tant d'honnêtes gens se donnent au diable; mais Scapin lui répond que Coraline a au moins quatre-vingt ans, que c'est une petite naine qui n'est pas plus haute que sa jambe; qu'elle a au front une corne plus grande qu'elle; que sa jolie figure est une figure d'emprunt; qu'il ne l'a vue qu'une fois sous celle qui lui est naturelle; qu'elle change à tout moment de forme; qu'elle prend tantôt celle d'une jument, tantôt celle d'une vache; mais qu'elle se plaît sur-tout à se transformer en hibou, & que c'est par cette raison qu'il craignoit qu'elle ne fut cachée sous le feuillage de quelques uns des arbres qui les environnent; Arlequin se promet bien de demander au plus vîte son congé à Lindor, qui peut-être ne se doute pas que la Magicienne qui lui fait l'amour a une corne au front, & dit à Scapin en l'embrassant qu'il va quitter la Thessalie pour n'y plus revenir. Scapin charmé du tour qu'il vient de lui jouer, sort pour aller presser son mariage avec Coraline, ce qu'il exprime par un *à parte*. Arlequin demeuré seul, paroit au désespoir du progrès que le charme a déja fait, & des tourmens que lui causent tous les pas qu'il fait pour s'éloigner de Coraline; il la voit paroître, veut se sauver, & trouve que les jambes lui manquent; enfin elle arrive, en disant que malgré les avis de Scapin, elle a cru devoir venir trouver le Sorcier pour le prier d'avoir pitié d'elle; elle l'aborde en tremblant; il tremble aussi, & recule à mesure qu'elle approche; il lui parle de cette figure de quatre-vingts ans qu'il s'imagine qu'elle cache sous un visage d'emprunt; Coraline croit être devenue laide par la force du charme, & prie Arlequin de lui rendre au moins sa beauté, afin qu'elle lui fasse honneur, s'il ne veut pas la désorceler tout à-fait; Arlequin de son côté crie merci; ils se mettent tous deux à genoux, enfin ils s'expliquent, reconnoissent que Scapin les a joués, s'approchent l'un de l'autre, d'abord avec un reste de crainte, puis se rassurent & se font mille caresses. Scapin entre dans le moment que Coraline souhaite qu'il puisse être présent à leur raccommodement, afin que le dépit qu'il en aura les venge de sa tromperie; Arlequin propose à Coraline de le lui aller chercher, & promet de l'attacher à un arbre, pour le faire mourir de rage, en le rendant témoin de leur ardeur à se venger; elle trouve cet expédient fort bien imaginé; Scapin s'approche, se met entre deux, & conseille à Coraline de se modérer, & de ne pas porter plus loin la vengeance; il ajoute qu'il vient de l'obtenir en mariage de son pere, & qu'il veut l'épouser malgré elle, & malgré Monsieur le *Capitaine de fuyards*; mais elle fait pour le braver, de nouvelles caresses à Arlequin, qui déclare à Scapin qu'il a résolu d'épouser Coraline, soit que celui-ci l'épouse ou non; Coraline dit à Arlequin de ne rien craindre, qu'elle va trouver son pere, & qu'elle le fera bientôt changer de sentiment, parce qu'il l'aime trop pour la vouloir marier à un homme qui lui est odieux; Scapin furieux les quitte en renouvellant ses menaces, & Arlequin presse Coraline d'aller parler à son pere avant que Scapin ait le temps de le prévenir, ajoutant qu'il va attendre Lindor, qu'il veut prier de la demander pour lui à ses parens. Arlequin, après qu'elle est partie, se fait compliment sur sa bonne fortune, & prend la résolution de quitter son habillement guerrier, & d'en prendre un de berger à la mode du pays, pour plaire à Coraline; une petite difficulté l'arrête; il n'a point d'argent pour se mettre en équipage; il a quelque envie de tuer Scapin, dont l'habillement galant & le flageolet le tentent beaucoup, mais la crainte de se faire des affaires la veille de ses nôces l'en détourne. Il voit venir son Maître, & dit qu'il est fâché qu'il ne soit pas aussi heureux que lui. Lindor arrive en se plaignant de ce qu'on veut le séparer de sa chere Dorinde. Il conte à Arlequin que le mur qui les empêchoit de parvenir à sa maison n'étoit qu'une illusion, qu'une espéce de nuage qui s'est ouvert un moment après que son valet l'a eu quitté, & ne lui a laissé voir qu'un tourbillon enflammé, au milieu duquel étoit une femme qui l'a menacé de poignarder Dorinde à ses yeux, s'il osoit la demander en mariage; Arlequin est fâché qu'il n'ait pas essayé de grimper jusqu'à elle, pour lui donner quelques croquignoles. Lindor continue de lui raconter qu'il est resté si interdit & si tremblant pour sa Maîtresse, qu'il a eu à peine la force de quitter ce lieu fatal. Arlequin lui demande s'il ne connoît pas quelque honnête Sorcier qu'il puisse opposer à la mégere qui le persécute; Lindor témoigne de l'horreur pour une ressource aussi criminelle, mais il prétend aller consulter de nouveau le Grand Prêtre de

Diane, & ordonne à son valet d'aller l'attendre au Temple, pendant qu'il va tâcher de trouver Dorinde pour lui apprendre son nouveau malheur. Arlequin dit *à parte*, que son Maître est trop occupé de ses propres affaires, pour qu'il soit à propos de lui parler des siennes, & qu'il faut remettre la partie. Le Théatre change & représente un Palais enchanté; on voit sous un pavillon somptueux, une table chargée de différents mets, & entourée de trois siéges. Les Graces & les Amours répandus sur les ailes en différentes attitudes, semblent attendre les ordres de la Maîtresse de ce beau lieu; Arlequin est d'abord effrayé d'un spectacle si imprévu, & cherche à se cacher; Lindor voit bien qu'il s'agit de quelques nouveaux prestiges de sa Magicienne, & ne les craint pas moins pour se présenter sous une forme agréable; il veut sortir & emmener son valet qui ne demanderoit pas mieux que de s'éloigner; mais les Amours & les Graces leur ferment le passage, les raménent au bord du Théatre, & leur expriment par leurs gestes & par leurs danses que tout ce qu'ils voyent leur est destiné; Arlequin se rassure un peu, se proméne, examine tout, remarque la table & la fait remarquer à son Maître; les Graces & les Amours les y conduisent toûjours en dansant, les font asseoir, les servent, & l'on entend chanter les paroles suivantes, sans voir la personne qui les chante:

Lindor, tu peux manger de tout en assurance;
Parles; si tu le veux, tous ces biens sont à toi;
  Par une aveugle confiance,
Mérite mes faveurs; bientôt semblable à moi,

Tu jouiras de toute ma puissance ;
Mais crains que tes refus n'irritent ma vengeance.

Le combat de la gourmandise & de la peur se manifestent dans Arlequin par différents lazzis ; il boit à la santé de la Magicienne, & trouve que le vin du diable n'est pas si mauvais. Un Amour chante les vers qu'on va lire :

La raison févere
N'est qu'une chimere,
Dans l'âge des soupirs ;
Laissons aux Dieux chargés du soin de nous instruire
Tout l'embarras de nous conduire,
Et ne songeons qu'à nos plaisirs.

Après le repas, les danses recommencent, & Lindor est toujours l'objet de la fête ; les Amours & les Graces l'enchainent de guirlandes, & lui mettent des couronnes de fleurs sur la tête ; il brise les unes, & rejette les autres avec mépris ; le Palais, le Pavillon, la table, les Amours & les Graces disparoissent, & le Théatre redevient ce qu'il étoit avant l'enchantement ; Arlequin se frotte les yeux, s'imagine qu'il vient de faire un beau songe, & dit à son Maître qu'il l'a réveillé bien mal à propos. *Ne le désabusons pas*, dit à part Lindor, *aussi bien dois-je taire cette aventure. Allons*, continue-t-il, en s'adressant à son valet, *réveille-toi, & va m'attendre chez le Grand-Prêtre de Diane. Voyez*, dit Arlequin, *ce que c'est que la force de l'imagination ! j'ai tant bu en rêve, que j'ai toutes les peines du monde à me soutenir.* Le Maître sort d'un côté & le valet de l'autre, ce qui termine le second acte.

Alcandre que Lindor vient de conduire à

l'endroit où s'est passé le dernier enchantement, ouvre avec lui le troisiéme acte; il le voit effrayé du danger où Dorinde est exposée, & pour le raffermir & lui donner une nouvelle horreur de la magie, il lui dit de le venir trouver au Temple de Diane dans une demieheure, & lui promet de le conduire au lieu où s'assemblent les Magiciens de la Thessalie, de le rendre invisible à leurs yeux, comme il le sera lui même par le moyen d'une plante dont la Déesse qu'il sert a bien voulu lui communiquer le secret, & de lui procurer ainsi le moyen d'être témoin de leurs abominations. Il sort, & Lindor dit qu'il n'a pû joindre Dorinde avant que de voir le Grand Prêtre; qu'il va la chercher en attendant l'heure du rendez-vous, & qu'il n'est plus temps de lui déguiser leur malheur commun. Corinne paroît en l'air montée sur un dragon, & lui crie d'arrêter; elle lui déclare qu'elle n'est prévenue pour lui que d'amitié & non d'amour, comme il l'a cru; mais que cette amitié est telle, qu'elle veut le rendre heureux malgré lui; qu'elle est prête à l'unir à sa chere Dorinde, & à lui faire partager sa puissance, mais qu'elle poignardera cette même Dorinde à ses yeux s'il ose mépriser ses bienfaits; qu'elle va la lui envoyer, & que c'est à lui à se déterminer promptement; elle s'éléve en l'air & disparoit. Lindor consterné veut se retirer pour éviter l'assaut qu'on lui prépare, mais il voit Dorinde venir à lui; elle affecte pour l'ébranler, beaucoup de crainte de la mort; il veut mourir le premier, mais elle lui reproche son peu de sensibilité, & de ne sçavoir que mourir quand il s'agit de vivre, & de la sauver du péril où elle se trouve pour l'amour de lui; puis levant tout d'un coup la tête, & voyant arriver Corinne sur son dragon, elle fait un grand cri, & conjure de nouveau son Amant d'avoir pitié d'elle. Corinne recommence ses menaces, feint de vouloir les immoler l'un & l'autre, & leve le poignard sur Dorinde; Lindor à cette vuë perd le sentiment; la fausse frayeur de Dorinde fait place à une véritable inquiétude; Corinne la rassure, en lui faisant remarquer que son Amant est prêt à reprendre ses sens, & l'emmene, lui conseillant de venir implorer les bontés de leur Souverain, & lui faisant espérer qu'il ne refusera pas de l'affranchir d'un serment qui feroit le malheur de sa vie. Lindor revenu à lui, tremble que Corinne n'ait immolé Dorinde pendant son évanouïssement; il se reproche presque d'avoir refusé le pouvoir qu'on lui offroit, puisque son refus a mis sa Maîtresse dans un tel danger, & qu'il auroit pû n'user de ce pouvoir que pour faire du bien; puis il rougit de sa foiblesse, & sort pour aller trouver le sage Alcandre, qu'il veut prier de lui aider à délivrer Dorinde, s'il en est encor temps. Arlequin habillé en berger, entre avec Coraline; il la remercie de l'habit galant dont elle vient de lui faire présent, & lui dit qu'il aime assez les habits qui ne lui coutent rien, qu'il en a déja porté quelques-uns qui lui plaisoient au même titre, & qui étoient même chamarrés d'une espéce de rubans comme celui-ci, mais qui n'étoient pas si commodes; Coraline le trouve charmant dans cette nouvelle parure, & lui en détaille tous les agrémens; Arlequin paroît entr'autres faire beaucoup de cas de la pannetiere, parce que c'est le magasin des vivres, & qu'il est bien garni, & il se promet de lui rendre souvent visite; ensuite ils se réjouissent ensemble, du consentement qu'ils ont obtenu du pere de Coraline, qui n'a rien cru de tout ce que Scapin a dit à son désavantage, dont Arlequin assure sa Maîtresse qu'il y a bien la moitié d'inventé; mais elle lui proteste qu'elle ne l'en aime pas moins, pour tout ce que son rival a pu avancer contre lui; Arlequin lui jure que la douceur de ses paroles & celle de son haleine font à l'égard de son amour l'effet de l'air qui pénétre dans un balon, mais Coraline n'est point contente de la comparaison, & trouve qu'un balon creve trop vîte. Ils parlent ensuite de la cérémonie du lendemain, où chaque Bergere présente au Grand-Prêtre de Diane le Berger qu'il a choisi; Arlequin lui apprend que dans le pays dont il vient, on se marie sans tant de façons; il craint un peu que tout cela ne donne à Scapin le temps de les venir troubler; Coraline répond qu'elle ne croit pas qu'il s'en avise, après la maniere précise dont il a été congédié. Dans ce moment, un monstre paroît entre eux deux; ils se sauvent chacun de leur côté, & le monstre attrape Arlequin par une de ses basques; il craint pour sa peau & pour son bel habit; il prie Coraline de courir lui chercher du secours, & elle sort; Arlequin demeuré seul avec le monstre, tantôt lui fait des complimens, & tantôt se défend de son mieux; il veut même composer avec la bête, & lui offre ce qu'il y a de meilleur dans sa pannetiere. Heureusement Alcandre arrive avec Lindor; n'ayant jamais vû d'animal de cette espéce dans la contrée, il soupçonne de l'enchantement; il commande au monstre au nom de Diane, de reprendre sa figure naturelle, & Arlequin est fort étonné de voir sortir son rival de la peau du monstre; Coraline accourt avec des valets armés de fourches; Arlequin lui apprend ce qui vient de se passer, & lui conseille de n'en pas moins faire assommer Scapin, quoiqu'il ait quitté sa peau de *loup-garou*, mais Alcandre s'y oppose, espérant qu'il deviendra plus raisonnable, & que ce malheureux apprentissage le dégoûtera de la sorcellerie. Scapin sort, en se promettant *à parte*, de mieux prendre son temps une autre fois. Ensuite Arlequin & Coraline remercient Alcandre, lui promettent de lui payer le lendemain double droit pour leur mariage, & sortent. Alcandre rassure Lindor après leur départ, sur ce qu'il craint pour sa Maîtresse, en lui faisant remarquer que la Magicienne qui veut l'engager dans le crime se priveroit de ses plus puissantes armes si elle ôtoit la vie à Dorinde. Lindor convient que sa vertu l'a échappé belle, que son évanouissement est une faveur signalée des Dieux, & qu'il tremble de se revoir à une pareille épreuve; cette défiance de ses forces paroît au Grand-Prêtre une heureuse disposition pour obtenir de nouveaux bienfaits du ciel; il fait remarquer à Lindor que la nuit devient obscure, & que l'heure de l'assemblée des Magiciens approche; il lui donne la moitié de la plante qui doit le rendre invisible à leurs yeux, aussi bien que lui, & l'emméne. Le Théatre change, & représente e lieu où les Magiciens tiennent le sabat; la nuit est devenue tout-à-fait noire, & cet endroit est éclairé & décoré d'une façon convenable à cette fête infernale, qui est annoncée par de grands coups de tonnerre; on voit les Magiciens & Magiciennes rangés en fer à cheval, & le grand Magicien au centre du demi-cercle; Alcandre & Lindor invisibles à leurs yeux, arrivent & les observent. Le grand Magicien impose silence à l'assemblée, & après s'être informé si personne n'est absent, il ordonne qu'on se prépare à célébrer les mysteres de la Magie; Dorinde s'avance, & le prie de les suspendre pour l'écouter, il y consent; aux premiers mots que Dorinde prononce, Lindor la reconnoit & frémit; Alcandre l'exhorte à se contenir; Dorinde conjure le Maître du Sabat de la dispenser de tenir le serment qu'elle a fait de n'épouser qu'un Magicien; il la refuse, alléguant que son secret n'en seroit bientôt plus un pour son mari, pour qui elle deviendroit un objet d'horreur, mais il lui ordonne de faire de nouveaux efforts pour gagner Lindor, & lui promet de la seconder; elle désespére d'y réussir, & se désole de s'être mise sous le joug d'un Maître si inhumain; il persiste dans ses refus, & Lindor se plaignant d'en avoir trop vu, prie Alcandre de le faire sortir d'un lieu si funeste; ils s'en vont ensemble; Scapin s'avance, & prie le grand Magicien de lui accorder son secours pour se venger d'Arlequin qui lui enleve sa Maîtresse, & pour l'effrayer si bien, qu'il quitte pour jamais la Thessalie; il lui représente que c'est à cette intention qu'il s'est engagé dans leur ordre, & qu'il vient de s'appercevoir qu'il n'est pas encor fort habile dans l'art des sortiléges. Le grand Magicien lui accorde sa demande, & ordonne à des Lutins de lui amener Arlequin; on en voit aussi-tôt quatre s'élever en l'air, ensuite le grand Magicien chante les paroles suivantes.

  Frappons, frappons tout ennemi jaloux
   De notre profonde science,
 Et qu'il apprenne, en tombant sous nos coups,
   A redouter notre puissance;
   Que l'enfer le dispute aux cieux;
   Soyons du moins égaux aux Dieux,
   Par le plaisir de la vengeance.

Le chœur des Magiciens reprend les deux derniers vers; le tonnerre gronde avec un bruit effroyable, & les éclairs ne cessent de briller pendant tout le chœur; dès qu'il est fini, on voit arriver Arlequin en chemise & en bonnet de nuit; il est porté dans l'air par les Lutins; ils descendent avec lui, & le font asseoir tout endormi au milieu du demi-cercle, sur le cul d'un chaudron; il fait le *lazzi* de tirer sur lui la couverture de son lit & se plaint que les nuits commencent à devenir froides. Scapin & deux autres Magiciens se détachent du demi cercle par ordre de leur Maître, & lui crient aux oreilles de s'éveiller, il répond encore à demi endormi, qu'on n'a qu'a refermer les rideaux, & qu'il ne prétend pas se lever si matin; les Magiciens recommencent à crier à ses oreilles; *Quels braillards*, dit Arlequin! *voilà déja une nuit perdue, & je me marie demain, il faudroit avoir un corps de fer.* On peut s'imaginer quelle est sa frayeur, & quels *lazzis* on lui voit faire quand il est tout-à-fait éveillé; après qu'il s'y est livré assez de temps, le grand Magicien lui déclare que c'est pour son malheur qu'il est tombé entre leurs mains, & ordonne qu'on le remette sur la sellette, c'est-à-dire, sur le cul du chaudron; il demande à un sorcier qui lui paroît de meilleure mine que les autres, en quel endroit on l'a conduit; *dans le fond des enfers*, lui répond un autre sorcier, d'une voix rauque; *je n'ai pourtant pas trop chaud*, replique Arlequin; Scapin se montre à lui, & Arlequin le voyant, ne doute plus qu'il ne soit lui-même à tous les diables; le grand Magicien ordonne à ses sujets de le tourmenter; ils dansent autour de lui, tenant un flambeau d'une main, & une espéce de thirse de l'autre, dont ils frappent en cadence sur le chaudron qui sert de siége à Arlequin, & ce bruit, joint à celui d'une simphonie assortie au sujet, produit un effet terrible; Arlequin continue ses *lazzis*, mais on ne lui permet plus de quitter son chaudron; au plus fort de ses frayeurs tout disparoit aussi bien que lui; le Théatre change, redevient comme il étoit au commencement de la piéce, & l'on voit paroître le point du jour. Coraline entre, & exprime la crainte que la magie de Scapin lui inspire pour son pauvre Arlequin; elle n'en a pû dormir de la nuit, dit-elle, & elle craint qu'on ne se moque d'elle, si on sçait qu'elle s'est levée si matin le jour où elle doit être mariée, & qu'on ne la prenne pour un enfant; elle convient qu'on n'auroit pas tout le tort de rire de son impatience, & qu'elle ne seroit pas fâchée que le moment d'aller au Temple fut arrivé. Alors elle entend du bruit au-dessus de sa tête, & voit avec beaucoup de surprise Arlequin tomber à ses pieds, d'un arbre voisin, après s'être accroché de branche en branche ; tout en se plaignant beaucoup, il apperçoit Coraline, & la prie de lui aller chercher quelque habillement, pour qu'il puisse se mettre dans un état plus décent, & dès qu'elle est sortie fort affligée de la crainte que l'accident arrivé à son Amant, auquel elle ne comprend rien, ne retarde son mariage, il marque beaucoup de regret *de n'être point à la tête de sa Compagnie;* il se croit estropié, & craint que Coraline ne veuille plus d'un berger boiteux ; enfin il en revient encore à maudire ce bon pays, où l'on ne faisoit, lui avoit-on dit, que *manger, boire & faire l'amour.* Coraline revient, & lui apporte une robe de chambre dont il s'enveloppe ; il lui conte ensuite ses voyages dans l'air ; comme il a vû toutes les planettes, entr'autres celle de *Mercure,* où il n'auroit pas été fâché de faire quelque séjour, si on lui en eut laissé le temps, parce qu'il y avoit apperçu de fort honnêtes gens, & comme il se seroit rompu le col à son retour sur la terre, si les branches d'un arbre ne l'avoient retenu dans sa chute. Coraline croit qu'il est devenu fou ; Arlequin lui explique la méchanceté de Scapin, & Coraline craignant qu'on ne jase de la voir si matin tête à tête avec lui, & jugeant qu'il a besoin de repos, lui conseille d'aller dormir, mais il répond qu'il a plûtôt besoin de boire un coup pour se fortifier le cœur, & elle l'emméne chez son pere; il fait avant que de partir le *lazzi* d'essayer devant elle s'il n'est point estropié, & va sans boiter d'un bout du Théatre à l'autre; Coraline l'assure que ce ne sera rien, & qu'il n'y paroît plus; ensuite il la prie de l'aider à marcher, & s'en va avec elle en boitant extrêmement bas. Lindor entre, il est fort surpris de ne point trouver Arlequin son valet, & n'imagine pas où il peut être allé si matin. Il en a affaire pour les préparatifs de son départ; il ne voit que cette cruelle ressource qu'il puisse opposer au charme qui l'attache à Dorinde, à une Magicienne, & il se résout malgré lui à en faire usage. Dorinde entre; elle lui reproche de n'avoir pas été assez sensible au péril auquel elle a été exposée à ses yeux, pour essayer de la sauver à quelque prix que ce fût; il se reproche de l'avoir été trop; elle se plaint d'une réponse si dure, & ensuite de ce qu'il refuse de lever le seul obstacle qui s'oppose à leur bonheur; Lindor répond qu'il est prêt de lui donner sa propre vie, mais que sa vertu est exceptée des sacrifices qu'il peut lui faire; il lui demande à son tour si elle n'imagine pas un sacrifice qu'il pourroit exiger de sa tendresse; elle comprend alors qu'elle est connue; elle se défend sur les sermens qu'on lui a arrachés; son Amant lui représente qu'ils sont criminels, & que c'est une vertu que s'en affranchir; ensuite elle paroît douter que les Dieux qu'elle a depuis si longtemps abandonnés veuillent agréer son retour; Alcandre qui entre lui répond de leur indulgence; Arlequin qui est entré avec lui, aussi bien que Coraline, conte à son Maître le péril où il a été exposé la nuit derniere ; le grand Magicien arrive, suivi de Scapin ; il reproche à Dorinde son parjure, & lui déclare qu'au lieu de l'hymen odieux auquel elle se prépare, elle va subir le châtiment de son crime; Scapin en annonce autant à Coraline ; Dorinde, Lindor, Coraline & Arlequin se jettent aux genoux du Grand-Prêtre, pour se mettre sous sa protection; il leur promet celle de Diane ; le grand Magicien indigné trace un cercle autour de lui, & appelle les esprits infernaux ; le Théatre s'obscurcit à sa voix, & se remplit de démons, mais Alcandre les met en fuite d'un seul mot, & dissipe les ténébres ; le grand Magicien avoue sa défaite, & se retire en frémissant de rage; Scapin qui en veut faire autant est retenu par Arlequin, mais il obtient sa grace à la recommandation du Grand-Prêtre, & même de Coraline, qui ne peut se rassurer tant qu'elle le voit si près d'elle, & il se sauve. Alcandre les exhorte tous à remercier les Dieux du secours qu'ils leur ont donné; le fond du Théatre s'ouvre, & l'on voit le Temple de Diane où le peuple est déja assemblé; les Prêtres de la Déesse, le peuple & les nouveaux époux de la contrée forment le divertissement ; un Thessalien chante les paroles suivantes:

Vole en ces lieux ; l'amour t'appelle,
Hymen, viens combler nos desirs ;
Votre union fait nos plus doux plaisirs ;
Hymen, Amour, vous n'êtes rien sans elle.

Les Bergeres vont présenter au Grand-Prêtre le Berger qu'elles ont choisi, & voici quelques couplets du vaudeville qui suit cette cérémonie.

Nos cœurs à l'abri des allarmes,
Sur un choix toujours plein de charmes
Ignorent l'affreux repentir ;
Auſſi ſolide qu'agréable,
L'Amour prend ſoin de l'embellir,
Et la vertu le rend durable.

Loin de ce tranquille rivage,
L'on connoît bien mieux l'avantage,
Et la facilité d'un choix ;
N'en faire qu'un ! la belle affaire !
Doris en fait deux à la fois,
L'un pour payer, l'autre pour plaire.

Ici, pour choiſir ſa conquête,
L'on ne ramene qu'une fête,
A nos deſirs impatiens ;
Ailleurs, ce ſeroit trop attendre ;
Chaque jour eſt propre aux Amants,
Pour ſe quitter & pour ſe prendre.

Après le Vaudeville, les Prêtres, le Peuple & les nouveaux Mariés ſe mêlent, forment un Ballet général, & la Comédie finit. *Extrait Manuſcrit.*

THÉTIS ET PELÉE, Tragédie lyrique en cinq actes, avec un Prologue, de M. de *Fontenelle*, Muſique de M. *Collaſſe*, repréſentée par l'Académie Royale de Muſique, le Mardi 11 Janvier 1689. in-4°. Paris, Ballard, & tome III. du Recueil général des Opéra. *Extrait, Mercure de France, Janvier 1736. pag. 142. & ſuivantes.*

ACTEURS.

Pelée.	Le Sieur Du Meſny.
Thétis.	Mlle Rochois.
Doris.	Mlle Moreau.
Neptune.	Le Sieur Moreau.

Cydippe.	Mlle Desmatins.
Le Ministre du Destin.	
Jupiter.	Le Sieur Dun.
L'Oracle.	Le même.
Mercure.	

IIe Reprise de la Tragédie lyrique de *Thétis & Pelée*, en 1697. 2e édition in-4°. Ballard.

III. Reprise de *Thétis & Pelée*, avec des changemens, le Lundi 27 Avril 1699. à l'ouverture du Théatre de l'Académie Royale de Musique, 3e édition in-4°. Ballard.

ACTEURS.

Pelée.	Le Sieur Du Mesny.
Thétis.	Mlle Desmatins.
Doris.	Mlle Moreau.
Neptune.	Le Sieur Hardouin.
Cydippe.	Mlle Maupin.
Le Ministre du Destin.	Le Sieur Guyar.
Jupiter.	Le Sieur Dun.
Mercure.	Le Sieur Boutelou.
L'Oracle.	Le Sieur Dun.

IVe Reprise de l'Opéra de *Thétis & Pelée*, le Lundi 16 Avril 1708. à l'ouverture du Théatre, 4e édition in 4°. Ballard.

ACTEURS DU PROLOGUE.

La Nuit.	Mlle Des Jardins.
La Victoire.	Mlle de Merville.
Le Soleil.	Le Sieur Beaufort.

BALLET.

Suite de la *Victoire*.   Le Sieur Dangeville L.
Les Sieurs Germain, Dumoulin L. Ferrand, Blondy, Marcel, P. Dumoulin, Clin & Javillier.
Suivante de la *Victoire*.   Mlle Rose.
Heures du Jour.
Mlles Prevost, Dufresne, Chaillou, Le Comte, Carré & Mangot.

Acteurs de la Tragédie.

Pelée.	Le Sieur Cochereau.
Thétis.	Mlle Journet.
Doris.	Mlle Poussin.
Neptune.	Le Sieur Thévenard.
Cydippe.	Mlle Heusé.
Sirenes.	Mlles Aubert, Boissé & Veron.
Un Triton.	Le Sieur Dun.
Le Ministre du Destin.	Le même.
Jupiter & l'Oracle.	Le Sieur Hardouin.
Une Grecque.	Mlle Daulin.
Un Grec.	Le Sieur Bontelou.
Eumenides.	Les Sieurs Mantienne Creté & Beaufort.
Protée.	Le Sieur Guerard.
Flore.	Mlle Heusé.
Mercure.	Le Sieur Chopelet.

Acteurs du Ballet.

Acte I. Tritons.   Le Sieur D. Dumoulin.
Les Sieurs Germain, Dumoulin L. F. Dumoulin, P. Dumoulin, Dangeville L. & Dangeville C.

Néréides.
Mlles Prevost, Guyot, Dufresne & Mangot.

Acte II. L'Europe.   Mlle Guyot.
Suite de l'Europe.
Les Sieurs Dubreuil, François & Dangeville C.
Mlles Carré, Dufresne & Mangot.

L'Asie.   Les Sieurs Ferrand & Blondy.
Mlles Rose & Chaillou.

L'Afrique.   Mlle Prevost.
Suite de l'Afrique.
Les Sieurs Dumoulin L. F. Dumoulin & P. Dumoulin.
Mlles Le Comte & Guyerville.

L'Amérique.   Le Sieur Balon.
Suite de l'Amérique.
Les Sieurs Dangeville L. Clin, Marcel, Javillier, Marcel C. & Pietre.

Acte III.   *Suite du Destin.*
Les Sieurs Germain, Dumoulin L. Blondy, Ferrand, P. Dumoulin, Dangeville L. Javillier & Marcel C.

ACTE IV. *Borée.*   Le Sieur F. Dumoulin.
Vents.
Les Sieurs P. Dumoulin, Clin, Marcel,
Javillier, Dubreuil, François,
Marcel C. & Pietre.
ACTE V. *Suite de Flore.*   Le Sieur Blondy.
Les Sieurs Germain, Dumoulin L.
Dangeville L. & D. Dumoulin.
Mlles Guyot, Dufresne, Rose & Chaillou.
Suite de Pan.
Les Sieurs Marcel, Clin, Dubreuil
& Dangeville L.
Mlles Carré & Mangot.

Ve REPRISE de la Tragédie de *Thétis & Pelée*, le Vendredi 13 Mai 1712. 5e édition in-4°. Ballard.

ACTEURS DU PROLOGUE.

La Nuit.	Mlle Antier.
La Victoire.	Mlle Du Laurier.
Le Soleil.	Le Sieur Buseau.

BALLET.

Suite de la Victoire.   Le Sieur Dangeville.
Les Sieurs Germain, Dumoulin L. Marcel,
Gaudrau, Ferrand & Javillier.
Les Heures.
Mlles Chaillou, Le Maire, Maugis,
Beaufort, Haran & Isecq.

ACTEURS DE LA TRAGÉDIE.

Pelée.	Le Sieur Cochereau.
Thétis.	Mlle Journet.
Doris.	Mlle Poussin.
Neptune.	Le Sieur Thevenard.
Cydippe.	Mlle La Roche.
Sirénes.	Mlles Du Laurier & Loignon.
Un Triton.	Le Sieur Dun.
Jupiter.	Le Sieur Hardouin.
Le Ministre du Destin.	Le Sieur Dun.
Une Grecque.	Mlle Limbourg.
Un Grec.	Le Sieur Buseau.
L'Oracle.	Le Sieur Courteil.

Eumenides.   Les Sieurs Mantienne
                Morand & Deshayes
Protée.   Le Sieur Flamand.
Flore.   Mlle Du Laurier.
Mercure.   Le Sieur Chopelet.

ACTEURS DU BALLET.

ACTE I.   *Sirènes.*
    Mlles Guyot, Maugis & Ifecq.
    Tritons.   Le Sieur D. Dumoulin.
    Les Sieurs Germain, Dumoulin L. Marcel,
    Gaudrau, P. Dumoulin & Dangeville.

ACTE II.   *L'Europe.*   Mlle Guyot.
          Suite de l'Europe.
    Les Sieurs Germain & Dumoulin L.
       Mlles Haran & Ifecq.
    L'Asie.   Mlle Chaillou.
          Suite de l'Asie.
    Les Sieurs Ferrand & Blondy.
    Mlles Le Maire & Beaufort.
    L'Afrique.   Mlle Prevoft.
         Suite de l'Afrique.
    Les Sieurs F. Dumoulin & P. Dumoulin.
    Mlles Mangot & Doflife.
    L'Amérique.   Mlle Maugis.
        Suite de l'Amérique.
    Les Sieurs Marcel, Gaudrau, Javillier & Favier.

ACTE III.   *Suite du Destin.*
    Les Sieurs Marcel, Gaudrau, Javillier,
    Favier, P. Dumoulin, Dangeville,
    Pierret & Rameau.

ACTE IV. *Vents.*   Le Sieur F. Dumoulin.
    Les Sieurs P. Dumoulin, Dangeville, Javillier,
    Gaudrau, Favier, Pierret, Rameau & Duval.

ACTE V. *Suite de Flore.*   Le Sieur Blondy.
    Les Sieurs P. Dumoulin, Gaudrau
         & Dangeville.
    Mlles Le Maire, Maugis & Ifecq.

VIᵉ REPRISE de la Tragédie de *Thétis & Pelée*, le Jeudi 4 Novembre 1723. 6ᵉ édition in-4°. Paris, Ribou.

ACTEURS DU PROLOGUE.

La Nuit.   Mlle Le Maure.
La Victoire.   Mlle Charlard.
Le Soleil.   Le Sieur Tribou.

TH

BALLET.

Guerriers. Suite de la Victoire.
Le Sieur Marcel.
Les Sieurs Dangeville & Maltaire L.
Les Sieurs Javillier & Maltaire C.
Les Sieurs Pierret & Duval.
Suite du Soleil, les Heures.
Mlle Menés.
Mlles La Ferriere, De Laftre, Dupré, Duval,
Corail & Rey.

ACTEURS DE LA TRAGÉDIE.

Jupiter.	Le Sieur Dubourg.
Neptune.	Le Sieur Thevenard.
Mercure.	Le Sieur Tribou.
Thétis.	Mlle Antier.
Doris.	Mlle Tulou.
Cydippe.	Mlle Eremans.
Pelée.	Le Sieur Murayre.
Protée.	Le Sieur Flamand.
Le Ministre du Destin.	Le Sieur Dubourg.
Eumenides.	Les Sieurs Dun, Mantienne & Dautrep.
Sirenes.	Mlles Person & Tettelette.
Triton.	Le Sieur Dun.
L'Oracle.	Le Sieur Fleuriot.
Un Persan.	Le Sieur Grenet.
Une Grecque.	Mlle Julie.
Flore.	Mlle Person.

ACTEURS DU BALLET.

ACTE I. *Suite de Neptune. Néréides.*
Mlle Prevôst.
Mlles De Lifle, Rey, Roland, Thibert,
Thierry & Le Maire.
Tritons. Le Sieur D. Dumoulin.
Les Sieurs Mion, Maltaire C. F. & P. Dumoulin, Maltaire L. Dangeville & Duval.

ACTE II. *Suite de Jupiter.*
L'Europe. Mlle Menés.
Les Sieurs Laval & Maltaire C.
Mlles La Ferriere & De Laftre.
L'Asie. Mlle De Lifle.
Les Sieurs Dumoulin L. & Marcel.
Mlles Saint Leger & Thierry.

L'*Afrique.*   Mlle Dupré.
Les Sieurs F. & P. Dumoulin.
Mlles Thibert & Roland.
L'*Amérique.*   Mlle Prevost.
Les Sieurs Mion & Pierret.
Mlles Duval & Rey.
Le Sieur D. Dumoulin.

ACTE III.   *Suite du Destin.*
Les Sieurs Dumoulin L. Mion, Javillier,
Pierret, Maltaire L. & C. Dangeville & Duval.

ACTE IV. *Vents.*   Le Sieur Dupré.
Les Sieurs Mion, Pierret, Javillier, Maltaire L.
Laval, Maltaire C. Dangeville & Duval.

ACTE V.   *Suite de Flore.*
Les Sieurs Mion, Maltaire C. P. Dumoulin,
& Dangeville.
Le Sieur Laval & Mlle Corail.
Mlles La Ferriere, De Lastre, Thibert & Roland.
Mlles Richalet, Petit & La Martiniere.

Suite de Pan.
Les Sieurs Javillier, Pierret, Maltaire L.
& Duval.
Mlles Dupré, Duval, De Lisle & Rey.

VIIe REPRISE de *Thétis & Pelée*, le Jeudi 19 Janvier 1736. 7e édition in-4°. Paris, Ballard.

ACTEURS DU PROLOGUE.

La *Nuit.*   Mlle Eremans.
La *Victoire.*   Mlle Monville.
Le *Soleil.*   Le Sieur Dumast.

BALLET.

Guerriers. Suivans de la victoire.
Le Sieur Maltaire C.
Les Sieurs Savar, Du May, Matignon,
P. Dumoulin & Dangeville.
Suite du Soleil. Les Heures.
Mlle Le Breton.
Mlles Fremicourt, Courcelle, Centuray,
Thierry, Du Rocher & Carville.

ACTEURS DE LA TRAGÉDIE.

Jupiter.   Le Sieur Dun.
Neptune.   Le Sieur Chassé.
Mercure.   Le Sieur Dumast.

Thétis.	Mlle Antier.
Doris.	Mlle Eremans.
Cydippe.	Mlle Julie.
Protée.	Le Sieur Person.
Pelée.	Le Sieur Jélyote.
Sirenes.	Mlles Bourbonnois L. & Cadette.
Un Triton.	Le Sieur Person.
Le Ministre du Destin.	Le Sieur Dun.
Un Persan.	Le Sieur Cuvillier.
L'Oracle.	Le Sieur Thurier.
Les Eumenides.	Les Sieurs Albert, Cuvillier & Dumast.
Flore.	Mlle Bourbonnois L.

ACTEURS DU BALLET.

ACTE I.   *Suite de Neptune.*
Néréides.   Mlle Mariette.
Mlles Petit, Thibert, Rabon, Du Rocher, Fremicourt, Le Breton & Courcelle.
Tritons.   Le Sieur Maltaire 3.
Les Sieurs Matignon, P. Dumoulin, F. Dumoulin, Dangeville, Dumay & Dupré.

ACTE II.   *Suite de Jupiter.*
L'Europe.   Les Sieurs Dupré & Maltaire C.
Mlles Courcelle & Centuray.
L'Asie.   Les Sieurs Savar & Dumay.
Mlles Du Rocher & Carville.
L'Afrique.   Mlle Le Breton.
Les Sieurs Maltaire L. & Hamoche.
Mlles Thierry & Fremicourt.
L'Amérique. Le Sieur D. Dumoulin & Mlle Sallé.
Mlle Rabon.
Les Sieurs Bontems & Matignon.
Mlles Petit & Thibert.

ACTE III.   *Suite du Destin.*
Les Sieurs Savar, P. Dumoulin, F. Dumoulin, Dumay, Dupré, Hamoche & Maltaire L.

ACTE IV. Vents.   Le Sieur Javillier L.
Les Sieurs Matignon, Bontems, Dupré, Dumay, Maltaire L. & Hamoche.

ACTE V.   *Suite de Flore.*
Bergers & Bergéres.   Mlle Sallé.
Les Sieurs Maltaire L. Hamoche & P. Dumoulin.
Mlles Fremicourt, Courcelle & Thierry.

Tome V.   V.

Suite de Pan. Faunes.
Les Sieurs Matignon, Bontems, Dumay
& Dupré.
Suite de Bacchus.
Mlles Thibert, Petit, Du Rocher & Rahon.

VIIIe Reprise de l'Opéra de *Thétis & Pelée*, le Dimanche 29 Novembre 1750. 8e édit. in 4°. Paris, Delormel, 1750.

ACTEURS DU PROLOGUE.

La Nuit.	Mlle Romainville.
La Victoire.	Mlle Coupée.
Le Soleil.	Le Sieur Poirier.

BALLET.

Guerriers, Suivans de la Victoire.
Le Sieur Tessier.
Les Sieurs Cayez, Le Lievre, Saunier, Gobert & Bourgeois.
Les Heures. Suite du Soleil.
Mlle Carville.
Mlles Sauvage, Bellenot, Ponchon, Deschamps, Selle & Coura.

ACTEURS DE LA TRAGÉDIE.

Jupiter.	Le Sieur Le Page.
Neptune.	Le Sieur Chassé.
Mercure.	Le Sieur La Tour.
Thétis.	Mlle Chevalier.
Doris.	Mlle Romainville.
Cydippe.	Mlle Jacquet.
Un Triton.	Le Sieur Person.
Pelée.	Le Sieur Jélyote.
Une Grecque.	Mlle Duperey.
Le Ministre du Destin.	Le Sieur Le Page.
L'Oracle.	Le Sieur Cuvillier.
Protée.	Le même.
Euménides.	Les Sieurs Poirier, Selle & Albert.
Flore.	Mlle Coupée.

ACTEURS DU BALLET.

Acte I. *Suite de Neptune.*
Néréides. Mlle Puvignée,

Mlles Courcelle, Beaufort & S. Germain,
Puvignée mere, Briseval, Pajot & Desiré.
Tritons.   Le Sieur Vestris.
Les Sieurs Dupré, Feuillade, Laval,
Laurent, Saunier & Gobert.

ACTE II.   *Suite de Jupiter.*
Une Européenne.   Mlle Camargo.
Grecs & Grecques.
Les Sieurs Cayez & Beat.
Mlles Deschamps & Sauvage.
Persans & Persannes.
Les Sieurs Feuillade & Gobert.
Mlles Ponchon & Pajot.
Scythes.
Les Sieurs Saunier & Dupré.
Mlles Desiré & Bellenot.
Ethiopiens.
Les Sieurs Laurent & Le Lievre.
Mlles Courcelle & Beaufort.
Scythes.
Les Sieurs Lyonnois & Vestris
Un Turc.   Le Sieur Laval.
Une Grecque.   Mlle Labatte.

ACTE III.   *Ministres du Destin.*
Les Sieurs Feuillade, Laval, Laurent,
Saunier, Gobert & Bourgeois.

ACTE IV. *Vents.*   Le Sieur Lyonnois.
Les Sieurs Feuillade, Le Lievre, Dupré,
Laval, Saunier & Gobert.

ACTE V. *Faunes & Ménades.*   Le Sieur Lany.
Les Sieurs Saunier, Gobert, Cayez & Laval.
Mlles Desiré, Bellenot, Sauvage & Ponchon.
Bergers & Bergéres.   Mlle Lany.
Les Sieurs Le Lievre, Bourgeois & Beat.
Mlles Beaufort, Briseval & Puvigné.
Bacchus.   Le Sieur Dupré.
Suivant de Bacchus.   Le Sieur Tessier.

Voyez *Arlequin Thétis*, Parodie de cette Tragédie, au Théatre de l'Opéra Comique; les *Amans peureux*, autre Parodie au Jeu des Marionnettes, & les *Amans inquiets*, du Théatre Italien.

THÉTIS ET PELÉE DÉGUISÉS, *ou le* MARIAGE D'ARLEQUIN ET DE SILVIA, Parodie en prose

& vaudevilles, & en un acte, de l'Opéra de *Thétis & Pelée*, par M. *Dominique*. Cette Parodie qui n'eut point de succès, fut représentée pour la premiere fois au Théatre Italien, le Mardi 18 Janvier 1724. imprimée dans le second volume du Recueil des Parodies, Paris, Briasson.

THÉVENEAU, (N......) Parisien, & fils du Limonadier de la Comédie Italienne, reçu à pension au Théatre Italien, comme chanteur, vers l'année 1717. & ensuite reçu dans la Troupe, le Jeudi 28 Décembre, comme chanteur & comme Acteur. Il étoit devenu avant sa mort l'idole du public, qui avoit commencé par ne le point goûter. Sa figure étoit agréable, sa voix plus gratieuse qu'étendue, mais suffisante sur un Théatre dont l'Orchestre n'est pas assez bruiant pour étouffer un volume de voix médiocre. Il chantoit avec un goût infini, & jouoit avec beaucoup de naturel & de vérité. Sa grande réputation commença par le role du *Joueur*, dans la Parodie de l'Interméde Italien de ce nom en 1729. il étoit secondé par Mlle *Silvia*, qui a toujours été tout ce qu'elle a voulu être, & qui réussit de façon dans le role de *Serpilla*, qu'on dut sçavoir un gré infini à *Bajocco*, de se faire applaudir à côté d'elle. Les bouffons de l'Opéra eurent alors le succès que leurs successeurs auroient dû avoir en 1752. & les bouffons de la Comédie Italienne attirerent tout Paris. Le Sieur *Theveneau* soutint sa réputation dans le *Triomphe de l'Intérêt*, dans la *Critique*, & dans plusieurs autres piéces, & apprit au Public qu'il est quelquefois dangereux de se presser de décider. Une preuve de la célébrité qu'il avoit acquise, est la singularité des bruits qui se répandirent à sa mort. La fin des personnes illustres est toujours signalée par des anecdotes fabuleuses, & l'on ne peut disputer cet honneur à l'Acteur qui fait le sujet de cet article, puisque les bruits dont je viens de parler sont démentis par le témoignage de vingt témoins oculaires. (*) Mort d'un abscès au foie, à *Fontainebleau*, à l'âge de trente-sept ans, le Lundi 10 Novembre 1732. après avoir reçu ses Sacrements. Voyez le *Mercure de France*, *second volume de Décembre* 1730. p. 2469.

THIERRI, (Pierre) Avocat au Parlement, & Auteur dramatique, actuellement vivant, a donné au Théatre François, en société avec Messieurs *Allain* & *Le Grand*.

L'Épreuve réciproque, (**) Comédie en prose & en un acte, 1711. Voyez le quinziéme volume de l'*Histoire du Théatre François*, pag. 104 & 105. année 1711.

Il a aussi composé divers ouvrages de Littérature qui n'ont point de rapport à l'objet de ce Dictionnaire.

THOBIE, Tragi Comédie de *Jacques Ouyn*,

(*) Monsieur *De la Fosse*, premier Chirurgien de la Reine, lui fit l'opération de l'Empiême, en présence de M. *Mareschal*, premier Chirurgien du Roi, & de beaucoup d'autres personnes. *Note de M. Gueullette*.

(**) Il ne nous a été permis de faire usage de la note par laquelle nous avons appris la part qu'a M. *Thierri* à la Comédie de l'*Epreuve réciproque*, que depuis l'impression de la lettre E dans ce Dictionnaire, & du quinziéme volume de l'*Histoire du Théatre François*.

Rouen, Du Petitval, 1597. in-12. *Hiſtoire du Th. Franç. année* 1597.

THOMAS MORUS, *ou le* TRIOMPHE DE LA FOI ET DE LA CONSTANCE, Tragédie en proſe de M. *Puget de la Serre*, repréſentée au Théatre de l'Hôtel de Bourgogne en 1641. imp. in-4°. 1642. & in 12. *Hiſt. du Th. Franç. année* 1641.

THOMASSIN. Voyez *Vicentini*.

THORILLIERE, (N....... le Noir, Sieur de la) Gentilhomme, ſe fit Comédien, & entra dans la Troupe de Moliere, paſſa en 1673. dans celle de l'Hôtel de Bourgogne, mourut vers l'an 1679. le Sieur *La Thorilliere* rempliſſoit avec beaucoup d'applaudiſſemens les roles de *Rois*, &c. Il eſt auſſi Auteur de

CLÉOPATRE, Tragédie repréſentée au Théatre du Palais Royal en 1667. non imprimée. *Hiſtoire du Théatre François, année* 1673.

THORILLIERE, (Pierre le Noir Sieur de la) fils du précédent, né en 1656. débuta au Théatre François au commencement de l'année 1684. & fut reçu le 14 Juin de la même année. En 1693. après la mort du Sieur *Raiſin*, il lui ſuccéda dans une partie de ſes roles, qu'il a rempli avec tous les applaudiſſemens imaginables. Il eſt mort le Mardi 18 Septembre 1731. âgé de 75 ans. *Hiſtoire du Th. Franç. année* 1731.

THORILLIERE, (Anne-Maurice le Noir, Sieur de la) fils du précédent, & Comédien François, a débuté le Lundi 29 Juin 1722. par le role de *Xipharès*, dans la Tragédie de *Mithridate*, a continué par les roles de *Peres*, à manteau, & autres dans lesquels il est très-applaudi. Aujourd'hui vivant. *Histoire du Th. Franç. année* 1741.

THUILLERIES, (la Comédie des) *ou la* GRANDE PASTORALE, en cinq actes & en vers, par les cinq Auteurs, (les Sieurs *Boisrobert, P. Corneille, Rotrou, Colletet & l'Estoile,*) représentée en 1635. in-4°. Paris, Courbé, 1638. & in-16. *Hist. du Théatre Fr. année* 1635.

THUILLERIES, (les) Comédie en cinq actes & en vers, de M. *Rayssiguier,* représentée au Théatre de l'Hôtel de Bourgogne en 1635. in-8°. Paris, Sommaville, 1636. *Histoire du Th. Fr. année* 1636.

THYESTE, Tragédie de *Roland Brisset,* représentée en 1584. in-4°. Tours, Richer, avec plusieurs autres piéces du même Auteur. *Histoire du Théatre Franç. année* 1584.

THYESTE, (le) Tragédie de M. de *Monleon,* représentée en 1633. imprimée la même année. in-4°. Paris, Guillemot. *Hist. du Th. Fr. année* 1633.

TIBERE, Tragédie d'un Auteur *Anonyme,* représentée le Vendredi 13 Décembre 1726. suivie de la *Sérénade,* in-12. Paris, Flahault, 1726. *Histoire du Théatre François, année* 1726.

TIBÉRINUS, (le Faux) (Agrippa, Roi d'Albe, ou) Tragédie de M. *Quinault.* Voyez *Agrippa.*

TIGRANE, Tragédie de M. l'Abbé *Boyer,* non imprimée, représentée au Théatre de l'Hôtel de Bourgogne, le 31 Décembre 1660,

V iv

Histoire du Théatre François, année 1660.

TIMIDE, (le Berger) *ou les* COURONNES, Parodie-Pastorale en un acte & en vaudevilles, de la deuxiéme Entrée des *Amours de Tempé*, Pastorale lyrique. Cette Parodie est de M. *Renout*, & a été représentée pour la premiere fois au Théatre Italien, le Samedi 23 Décembre 1752. Paris, Delormel.

TIMOCLÉE, *ou la* JUSTE VENGEANCE, Tragédie d'*Alexandre Hardy*, représentée au Théatre de l'Hôtel de Bourgogne en 1615. imprimée tome V. des Œuvres de cet Auteur, in-8°. Paris, Targa, 1628. *Histoire du Théatre Franç. année* 1615.

TIMOCRATE, Tragédie de M. *Corneille de l'Isle*, représentée sur le Théatre du Marais, au mois de Novembre 1656. in-12. Paris, Courbé, 1657. & dans le Recueil des Œuvres dramatiques de l'Auteur. *Histoire du Th. Fr. année* 1656.

TIMOLEON (le grand) DE CORINTHE, Tragi-Comédie de M. *S. Germain*, représentée en 1641. imp. la même année, in-4°. Paris, Quinet. *Histoire du Théatre François*, année 1641.

TIMON, Comédie en un acte & en vers de M. *Brecourt*, représentée à la suite de la Tragédie d'*Andromaque*, le Dimanche 13 Août 1684. in-12. la même année, Paris, & encore sous le titre des *Flateurs trompés*, ou *l'Ennemi des faux amis*, in 12. Caën, 1700. *Histoire du Th. Fr. année* 1684.

TIMON LE MISANTROPE, Comédie Françoise au Théatre-Italien, en prose & en trois actes, avec des divertissemens, précédée d'un Prologue aussi en prose, par M. de *Lisle*. Premiere représentation du Vendredi 2 Janvier 1722. Voyez l'*Extrait*, *Mercure de Janvier* 1722. pag. 199. Paris, Briasson.

TIQUET, Maître & Joueur de Marionnettes, s'associa avec le Sieur *Michu de Rochefort*, pour former une nouvelle Troupe de Danseurs de cordes, de Sauteurs & d'Acteurs à la Foire S. Laurent 1705. Cette société dura jusqu'à la fin de l'année 1708 ensuite de laquelle le Sieur Tiquet reprit son jeu de Marionnettes, qu'il a continué jusqu'à la fin de 1711.

TIRCIS ET DORISTÉE, Pastorale, Parodie de l'Opéra d'*Acis & Galatée*, représentée pour la premiere fois au Théatre Italien, le Samedi 2 Septembre 1752. Cette Parodie qui est de M. *Favart*, eut le plus grand succès. Paris, Delormel.

TIRÉSIAS, Piéce en trois actes & en prose, mêlée de vers & de vaudevilles, de M. *Piron*, non imprimée, représentée au jeu du Sieur *Francisque*, par les Marionnettes de grandeur naturelle, & ensuite par les Acteurs de cette Troupe.

Le sujet de cette piéce est fondé sur la Fable: l'Auteur a composé l'intrigue qui est assez ingénieuse, & y a joint l'épisode du Barbier, tirée des Contes Arabes.

Tirésias Amant de Cariclée, est parvenu au point que cette fille consent à l'épouser dès le soir même, & la maison de Mopse, riche Hôtelier d'un Fauxbourg de Thébes, où se passe la scéne, est choisi pour le lieu du rendez-vous.

V v

TIRÉSIAS à *Mopſe*.

« Tiens voilà vingt piſtoles, il faut......

MOPSE.

» Il ne me faut pu rian : adieu Monſieur, en vous remer-
» ciant.

TIRÉSIAS.

» Attens, attens : hé ! ſonge à me tenir prêts la belle
» chambre, bonne chere & bon vin : entens-tu ? Je dois
» paſſer la nuit avec la belle Carielée dont tu m'as tant de
» fois entendu parler.

MOPSE.

» Comant ! cette mijaurée dont vous ne parliais jamais
» ſans faire la carpe pâmée ? & que vous diſiais qui étoit ſi
» rudaniere ?

TIRÉSIAS.

» Elle même..... Ses parens ne ſe fiant point à ſa rigueur,
» y ont voulu joindre la leur, & ſe ſont oppoſés ſi dure-
» ment à nos moindres entrevues, que la petite perſonne y
» a trouvé mille fois plus de plaiſir que quand ils les per-
» mettoient.

MOPSE.

» Oh ! vla tout fin dret comme les filles ſont bâties, c'eſt
» quelquefois par malice pu que par plaiſir qu'elles nous
» aiment.

Il ſort pour aller chercher un Barbier, ce dernier arrive promptement, & au lieu de raſer Tiréſias, il tire ſon aſtrolabe, prend la hauteur du Soleil, & remarquant une conjonction de Mars & de Mercure, il avertit le Cavalier qu'il eſt menacé d'une perte auſſi ſenſible que celle de la vie. Ce diſcours qui ſe trouve avoir quelque rapport avec le ſonge que Tiréſias a eu la nuit précédente, lui fait quelque impreſſion, mais preſſé par ſon amour, il regarde cette pré-
diction comme ridicule, & s'emporte contre le Barbier qui ne fait que jaſer, & la barbe faire, il paye ce babillard à coups de bâton. Cette ſcéne

est suivie d'une conversation de Mopse & de Cléantis sa femme. Quoique mariés depuis quinze jours seulement, Cléantis s'apperçoit que la tendresse de son mari est bien refroidie, elle lui fait quelques agaceries que l'autre feint de ne pas entendre. Vilain! traître! s'écrie la femme, eh pis (continue t-elle en pleurant) avisez-vous d'aimer ces maudits hommes là. Mopse paroit un peu attendri, & Cléantis se radoucissant: Paix, mon ami, ajoûte t-elle, je ne di pa ça pour te fâcher, aga quien, c'est que je t'aime trop, & tu n'es pas comme moi, car je serois ce me sambe bian aise que tu me tourmentisse toûjours. L'arrivée de Tirésias interrompt cet entretien, & oblige Cléantis à se retirer. Il est vêtu en Héros de Théatre, & il imite leur déclamation.

Mopse lui trouvant l'air embarrassé, lui en demande le sujet.

TIRÉSIAS.

Je compte dans mes bras la beauté que j'adore,
Cependant je soupire; & de quoi? je l'ignore.

Je rêvois ajoûte t-il que j'étois avec Cariclée, & que j'étois prêt à goûter le souverain bonheur, lorsque

Le Ciel ennemi,
Par un prodige affreux (te le dirai-je, ami ?)
S'opposant tout d'un coup au bonheur de ma flame,
Je suis.... je suis....

MOPSE.

Vous êtes.... quoi?

TIRÉSIAS.

Je suis......

MOPSE.

» Vous êtes un fou.

TIRÉSIAS.

Je suis devenu femme.

MOPSE *éclatant de rire.*

» En vla bian d'une autre.

Tiréfias honteux d'une pareille crainte, cherche à se rassurer, & ne veut s'occuper que du plaisir qu'il attend. Va, dit-il à Mopse, laisse-moi, & sois discret.

MOPSE.

» Eh fi donc, Monsieur, ça se dit-il seulement ? Si je
» n'étions pas discrets, Madame votre mere & Mesdemoi-
» selles vos sœurs ne viendriont pas comme alles sont si sou-
» vent cheux nous.... & pu de la moiquié des honnêtes fem-
» mes de la ville, que je n'ai garde de nommer.

TIRÉSIAS.

» Je vois bien par ma mere & mes sœurs, que leurs noms
» sont fort en sûreté.

A peine Mopse est sorti, que Tiréfias voit accourir le Barbier, qui par affection vient lui dire de prendre garde à lui, & que le malheur dont il est menacé est prêt à arriver. Tiréfias ne peut se débarrasser de cet importun, qu'en lui avouant qu'il attend une fille dont il est amoureux. On entend du bruit, le Barbier se retire, & Jupiter paroît. Ce Dieu est épris des charmes de Cariclée : mais comme cette belle est fidelle à son cher Tiréfias, il n'espère pouvoir la tromper qu'en employant la même ruse dont il s'est servi avec Alcmene.

JUPITER *à Tiréfias.*

» J'ai devancé l'arrivée de Cariclée pour vous prier de

„ vous éloigner d'ici, & de me laisser prendre votre place
„ pour la recevoir.

TIRÉSIAS. (AIR. *Lon lan la derirette.*)

Oh le cas est bien différent,
Songez donc que je suis Amant,
Lon lan la derirette,
Et que je ne suis pas mari,
Lon lan la deriri.

„ Je dois le devenir tout-à-l'heure, c'est une des clauses
„ du traité de notre rendez-vous, vous êtes venu un jour
„ trop tôt : demain je ne dis pas ; que sçait-on ? mais pour
„ aujourd'hui, *nescio vos*.

Jupiter après avoir employé inutilement les prieres & les menaces, pour lui faire sentir une punition que son Amante puisse partager, le frappe de son sceptre, & le change en femme, ce qui paroît par la chute du masque d'Arlequin, car il est nécessaire d'ajoûter que c'est cet Acteur qui joue le role qui donne le titre à la piéce, & qui porte le nom de Tirésie après sa métamorphose.

TIRÉSIE *seule*.

„ Il est bon-là ; éloignez-vous & me laissez prendre vôtre
„ place ? la proposition est honnête ! Il ne se gêne pas le
„ Seigneur Jupiter. Mais que diable veut donc dire ce chan-
„ gement ? Je ne suis à présent pas plus ferme sur mes pieds
„ qu'une poule huchée sur les siens..... J'avois une voix
„ mâle, à l'heure qu'il est je l'ai efféminée, que suis-je donc
„ devenu ? Hé quoi j'ai le menton doux comme celui d'un
„ enfant..... Haye, haye ! mon songe est accompli, je suis
„ fille de pied en cap, je suis fille d'un bout à l'autre ; fille,
„ moi ? ce seroit bien pour rire ? peut-être que je rêve encore !
„ non ma foi, la chose est réelle. .... Mais que vois-je ? Quel
„ cahos d'idées que je n'avois jamais eues. L'esprit féminin
„ se développe chez moi. Ha ! ha ! ha ! ha ! le plaisant gali-
„ mathias que l'esprit d'une femme, Ha ! ha ! ha ! ha ! la
„ drole de chose..... Allons, soyons donc fille puisqu'il le
„ faut.

(Air. *Tircis un jour dessus l'herbette.*)

Prenons la jupe & la cornette,
Adieu juste-au-corps & plumet :
J'étois un garçon si bien fait !
Helas ! sur-tout que je regrette
Mon joli petit landerirette,
Mon joli petit teint brunet.

Cariclée le surprend dans ce moment, & l'arrêtant lui raconte en vers pompeux qu'elle vient de mépriser pour l'amour de lui, les fleurettes de Jupiter. Tirésie honteuse, & ne pouvant répondre à ces caresses, s'enfuit, & laisse son Amante furieuse & inconsolable.

Acte II.

Tirésie vêtue en fille, & passant pour la cousine de l'Hôtelier, ouvre le second acte, & paroit ressentir toutes les foiblesses de son sexe; elle est sur-tout si coquette, que ne trouvant personne pour lui en conter, elle céde sans peine aux cajoleries de Mopse. Quoique ce dernier ne cesse de lui répéter qu'elle est jolie, & qu'il l'adore comme un fou, Tirésie ne se lasse point de l'entendre ; la crainte de quelqu'infidélité diminue cependant ce plaisir.

TIRÉSIE pleurant.

» Hé mais ce que tu m'as conté tantôt de ta femme ne
» doit-il pas me faire craindre qu'à mon tour tu me méprise.

MOPSE.

» Oh ! il y auroit tant de choses à dire là-dessus : par
» exemple la premiere nuit de nos noces..... baste.

(Air. *Quand le péril est agréable.*)

Pourtant je fus assez honnête
Pour cacher mon étonnement,
Mais les cornes dans le moment
M'en vinrent à la tête.

» Mais pour vous ç'a eſt bian différent, & pis vous ne
» ferez jamais ma femme.

Dans le moment ils voyent approcher deux Cavaliers. Mopſe s'appercevant que Tiréſie les examine avec beaucoup d'attention, l'emmene précipitamment.

Cariclée déguiſée eſt l'un de ces Cavaliers: elle eſt accompagnée de Naïs ſon amie, qui ſous un pareil traveſtiſſement tâche à la détourner de la réſolution ridicule de chercher ſon infidéle Amant. Cariclée ne répond qu'en vers qu'elle déclame en Princeſſe de Théatre: Naïs la badine, mais ſon amie voulant lui prouver qu'elle parle ſérieuſement, tire un poignard: Naïs l'arrête; ſes cris font accourir Mopſe, Tiréſie & Cléantis: Aidez-moi, leur dit Naïs, à conduire ce Cavalier qui eſt évanoui dans votre maiſon, c'eſt un jeune homme au déſeſpoir, qui n'a beſoin que d'un peu d'eau de la Reine d'Hongrie & de repos. Mopſe rentre pour lui donner du ſecours, & défend à Tiréſie & à Cléantis de le ſuivre.

Ces deux perſonnes ſe font mutuellement l'aveu de l'inclination qu'elles commencent à ſentir pour les deux inconnus. Tiréſie eſt épriſe pour Cariclée, & Naïs a donné dans la vue de Cléantis. Comme l'accident de la premiere eſt bientôt paſſé, elle reparoît avec ſa compagne: Tiréſie & Cléantis les prient avec inſtance de retarder leur départ de quelques jours. Les prétendus Cavaliers y conſentent enfin: Ma foi Madame, (dit Naïs tout bas à Cariclée,) il n'y a pas à reculer, courage, tirez-vous en bien: Et vous la belle, ajoûte-t·elle en parlant à Cléantis, allons faire un tour dans le bois, pour ne pas troubler une si douce conversation. Elle sort avec cette derniere, & laisse Cariclée dans un embarras d'autant plus fâcheux, que la passion de Tirésie se découvre avec assez de vivacité. Cariclée surprise ne sçait que répondre.

TIRÉSIE.

» (*A part.*) Le sot benet. (*haut.*) Quand une femme vous
» témoigne de la tendresse.....

CARICLÉE.

» Hé bien, j'en suis charmée, je l'entretiens, je lui dis
» des douceurs, & tout cela si respectueusement, qu'elle n'a
» pas lieu de s'en offenser.

TIRÉSIE.

» Respectueusement ! respectueusement ! voilà le mal.
» Sçavez-vous bien que les femmes jugent du pouvoir de
» leurs charmes par les tentatives d'un Amant, & qu'aussi
» en de certaines occasions, elles ne trouvent rien de plus
» insolent que le respect.

Heureusement pour Cariclée, Mopse arrive suivi de l'importun Barbier, qui veut absolument qu'on lui apprenne ce que Tirésias est devenu, & menace d'avertir la Justice.

MOPSE.

» Ah ! je suis perdu : il faut dire les choses comme elles
» sont. M. le Barbier. (*à Tirésie qui veut l'arrêter.*) Dame,
» voulez-vous que je me fasse pendre par discrétion, quand
» stui-ci se feroit pendre pour jaser. (*au Barbier.*) M. le
» Barbier, c'est ste fille-là qui est le Monsieur que vous
» cherchez.

Le Barbier qui ne comprend rien à ce discours, s'imagine que la peur fait extravaguer le Paysan, & croyant que la fille est cause de la perte de Tirésias, il sort en jurant qu'il en va demander vengeance. Tirésie craignant peu ces menaces, & prenant sur elle le soin du dénouement, dit à Mopse d'être tranquille, & de ne songer qu'à lui procurer les moyens de se bien divertir.

Acte III.

Cet acte commence par une conversation entre Mopse & Cléantis, terminée par un raccommodement, dont la jalousie du mari fait tous les frais. Cette scéne est suivie d'un dialogue de Jupiter & de Junon. La Déesse après plusieurs reproches, sur l'infidélité de son mari, finit à l'ordinaire par une plainte de la condition des femmes. Jupiter soutient que cet état est le plus heureux ; pour décider la question, adressons-nous, dit-il, à cette fille qui vient à nous ; hier c'étoit un garçon, & c'est moi qui en me divertissant lui ai fait changer de sexe.

Tirésie interrogée sur sa métamorphose, rend grace à Jupiter, & paroît extrêmement satisfaite.

JUNON.

» Mais, malheureuse, songe donc à ton abaissement.....
» Notre sort est le sort des sorts le plus borné, il se termine
» à être le jouet d'un Amant, ou la victime d'un époux.

TIRÉSIE.

» Hé de quel monde venez-vous, ma chere Madame
» Junon, s'il vous plaît ? cela va peut-être comme cela chez
» les Dieux, qui sont sages, mais ce n'est pas de même chez
» les hommes : c'est bien eux qui possédent les dignités,
» mais nous les possédons eux & leurs dépendances ; c'est
» nous qui faisons parler les Juges, agir les Puissances, &
» tout remuer, les hommes sont, comme les Marionnettes,
» muets & immobiles, jusqu'à ce que les femmes, comme
» l'Auteur derriere la toile, (*) les fasse aller, venir & par-

---

(*) Ceci fait allusion à la Piéce de *Pierrot Romulus*, représentée par des Marionnettes, que les Auteurs eux-mêmes prirent la peine de faire agir & parler.

» ler à leur fantaisie. Un grand avantage encore de mon nou-
» vel état, est que je suis quitte de cette vilaine méthode de se
» couper la gorge pour le point d'honneur.

JUPITER.

» Mais tu n'as rien gagné sur cet article-là ; l'honneur est
» des deux sexes, & on le perd avec autant de honte dans
» le tien que dans le nôtre.

TIRÉSIE.

» Oh que non, parce qu'ordinairement le vôtre se perd
» avec éclat, & le nôtre incognito.

JUNON.

» Mais dans la querelle, si tu as affaire à un brutal, il est
» le plus fort, il faut céder.

TIRÉSIE.

» Croyez-moi, si l'homme a l'avantage dans la querelle,
» nous l'avons bien en récompense dans le raccommode-
» ment. Voila ma sentence.

JUPITER *s'en allant.*

» Adieu ma femme, j'ai gagné mon procès ; vous voila
» bien fâchée, mais je vous abandonne l'arbitre, vengez
» vous-en comme il vous plaira.

TIRÉSIE *à Junon.*

» Madame, aurois-je eu le malheur de vous déplaire par
» ma décision, &c.....

JUNON *la touche avec son sceptre, la change en homme, son masque revient.*

» Tiens, puisque tu trouve tant d'avantage à être ce que
» tu es, tu ne le seras plus. *Elle s'en va.*

TIRÉSIAS.

» Hé Madame Junon, miséricorde ! pour une heure seule-
» ment, encore une heure femme, & puis je serai mâle,
» femelle, haute-contre, tout ce qu'il vous plaira. Hélas !
» je sens bien qu'il n'y a point de quartier ; hai ! hai ! hai !
» me revoilà comme auparavant.....

Cléantis entre dans ce moment, elle est fort
surprise du changement qu'elle voit au visage

de Tirésie, Ah ! cousine, s'écrie-t-elle, comme vous vla faite ?

TIRÉSIAS.

» Je ne suis ni ton cousin ni ta cousine, voici mon histoire
» en deux mots : j'étois hier homme, je devins fille, j'étois
» femme toute à l'heure, je viens de redevenir homme, &
» c'est moi pour qui l'on fait tant de bruit, & dont les habits
» sont chez toi ; je vais les reprendre, adieu. (*Il apperçoit*
» *Cariclée.*) Bon ! voici justement tout ce que je craignois ;
» il vient la gueule enfarinée, tu vas voir un drole bien
» étonné.

Cariclée cherchant avec empressement à s'éclaircir sur le sort de Tirésias, est si étonnée de le reconnoître sous les habits de la même Demoiselle qui la pressoit si vivement, qu'elle tombe évanouie. Tirésias fuit ; pendant son absence tous ces différens travestissemens s'éclaircissent. La jalousie de Mopse cesse, lorsqu'il apprend que Naïs n'est point un Cavalier, mais la soubrette de Cariclée : Ah ! mon cher Tirésias, s'écrie celle-ci, a la vue de son Amant, qui paroît sous ses habits ordinaires ; comment morbleu, s'écrie-t-il, c'est Cariclée, c'est elle.... c'est lui...... c'est vous..... Ah Madame, ou Monsieur, lequel des deux ? Non, mon cher Tirésias, répond Cariclée, que mes habits ne vous épouvantent point, le désespoir me les avoit fait prendre pour courir vous chercher au bout de l'Univers. Mais, ma chere Cariclée, ajoûte Tirésias, sçavez-vous que Jupiter..... Oui, dit Naïs en l'interrompant, nous sçavons tout cela, laissez un fatras d'éclaircissemens inutiles. Hé bien ? Jupiter vous a tourmenté l'un & l'autre : il s'est satisfait, vous revoici, vous vous aimiez, vous vous aimez encore, vous êtes libres, donnez-vous la main, profitez des momens.

Couplets du Vaudeville.

Qu'il fait bon voir à ses genoux
Un Amant faire les yeux doux,
Et conter l'excès de sa flamme :
On se fâche, on s'appaise, on rit,
L'Amant presse, & l'on s'étourdit,
Le grand plaisir que d'être femme !

Est-il un passe-temps plus doux,
Que de voir souvent un jaloux,
Que pour rien la colere enflamme,
Promettre humblement de changer,
Lorsque l'on vient de s'en venger ?
Le grand plaisir que d'être femme !

Extrait Manuscrit.

TIRÉSIAS AUX QUINZE-VINGT, Piéce en un acte, de M. *Carolet*, non imp. & sans Extrait. C'étoit une espéce de critique de la piéce dont on vient de parler, que M. *Piron* avoit donnée aux Marionnettes de *Francisque*. M. *Carolet* fit jouer la sienne par les Marionnettes de *La Place*, à la même Foire S. Laurent 1722.

TIRIDATE, Tragédie de M. l'Abbé *Boyer*. Voyez *Tyridate*.

TIRIDATE, Tragédie de M. *Campistron*, représentée le Lundi 12 Février 1691. in-12. la même année, Paris, veuve Gontier, & dans le Recueil des Œuvres de l'Auteur. Cette piéce est restée au Théatre. *Hist. du Théatre Franç.* année 1691.

TITAPAPOUF, Voyez *Voleur (le)*

TITE ET BÉRÉNICE, Comédie héroïque de M. *Corneille*, représentée sur le Théatre du

Palais Royal, le Vendredi 28 Novembre 1670. in-12. Paris, Billaine, 1671. & dans le Recueil des Œuvres de M. Corneille. *Histoire du Th. Fr.* année 1670. Voyez *Bérénice*, Tragédie de M. *Racine*.

TITE, (le mariage de) Voyez *Aricie*, Tragédie de M. *Le Vert*.

TITON ET L'AURORE, Ballet en un acte, de M. *Roy*, Musique de M. de *Bury*, représenté à Versailles devant le Roi, sur le Théatre des petits Appartemens, les Mercredi 14 & Jeudi 22 Janvier 1750. servant de troisiéme acte au Ballet intitulé *Les Fêtes de Thétis*, (imp. in-8°.) & à Paris le Jeudi 18 Février 1751. précédé de la Pastorale héroïque d'*Ismene*, & suivi du Ballet en un acte qui porte le nom d'*Æglé*, in-4°. Paris, Delormel.

ACTEURS.

Hébé.	Mlle Le Miere.
Titon.	Le Sieur Jélyote.
L'Aurore.	Mlle Romainville.
Le Soleil.	Le Sieur Le Page.

I. DIVERTISSEMENT.

Suivantes d'Hébé.   Mlle Puvignée.
Mlles Courcelle, Dazenoncourt, Desiré, Deschamps, Courar & Coupé.

II. DIVERTISSEMENT.

Nymphes & Zéphirs.   Mlle Camargo.
Le Sieur Tessier & Mlle Labatte.
Les Sieurs Hamoche, Feuillade, Caillez, Le Lievre, Bourgeois, Gobert, Sevestre & Mergerie.

Le sujet de ce Ballet est différent de celui de la Pastorale suivante sous le même titre.

TITON ET L'AURORE, Pastorale héroïque en trois actes avec un Prologue, de M. l'Abbé de *La Mare*, Musique de M. *Mondonville*, représentée par l'Académie Royale de Musique, le Mardi 9 Janvier 1753. in-4°. Paris, Delormel.

ACTEURS DU PROLOGUE.

Prometheé.	Le Sieur Chaffé.
L'Amour.	Mlle Coupée.

BALLET.

Esp. its du Feu.
Les Sieurs Laval & Hiacinthe.
Les Sieurs Le Lievre, Feuillade, Cayez, Gobert, Desplaces L. & C.
Suite de l'Amour. Les Graces.
Mlle Puvignée.
Mlles Dazenoncourt & Chevrier.
Ris, Jeux & Plaisirs.
Le Sieur Tessier.
Les Sieurs Hamoche, Bourgeois, Beat & Gallini.
Mlles Thierry, Sauvage, Raymond & Maupin.

ACTEURS DE LA PASTORALE.

Titon.	Le Sieur Jélyote.
L'Aurore.	Mlle Fel.
Eole.	Le Sieur Chaffé.
Palès.	Mlle Chevalier.
L'Amour.	Mlle Coupée.
Un Berger.	Le Sieur Poirier.
Une Nymphe de la suite de Palès.	Mlle Coupée.
Aquilon.	Le Sieur Person.
Borée.	Le Sieur Gelin.

ACTEURS DU BALLET.

Acte I. *Bergers & Bergéres.* Mlle Vestris.
Les Sieurs Feuillade, Cayez, Hamoche, Beat, Desplaces C. & Gallini.
Mlles Courcelle, Dazenoncourt, Beaufort, Pacho, Victoire & Raymond.
Pastres & Pastourelles.
Le Sieur Lany & Mlle Lyonnois.
Les Sieurs Hiacinthe & Gobert.
Mlles Marquise & Chevrier.

T O

ACTE II.   *I. DIVERTISSEMENT.*

Vents.   Le Sieur Laval.
Les Sieurs Dupré, Hiacinthe, Le Lievre,
Gobert, Desplaces L. Desplaces C.

II. DIVERTISSEMENT.

Nymphes, Faunes & Silvains.
Mlle Puvignée : Mlle Ray.
Mlle Labatte, le Sieur Beat.
Les Sieurs Feuillade, Cayez, Bourgeois
& Gallini.
Mlles Beaufort, Desiré, Ponchon & Pacho.

ACTE III.   *Plaisirs, Ris & Jeux.*

Hébé.   Mlle Lany.
Le Sieur Vestris.
Le Sieur Laval & Mlle Carville.
Les Sieurs Cayez, Bourgeois, Beat, Gallini,
Hiacinthe, Desplaces L. & Desplaces C.
Mlles Sauvage, Victoire, Deschamps, Raymond,
S. Germain, Ponchon, Desiré & Pacho.

TOISON (la) D'OR, Tragédie avec un Prologue, de M. *Corneille*, représentée au Théatre du Marais, vers le 15 Février 1661. in-12. Courbé, 1661. & dans le Recueil des Œuvres de M. Corneille. *Hist. du Th. Franç.* année 1661.

TOISON (la) D'OR, Tragédie lyrique de M. *Rousseau.* Voyez *Jason.*

TOISON D'OR, (la Conquête de la) Piéce en un acte de Messieurs *Le Sage* & d'*Orneval*, représentée par la Troupe de *Dolet & La Place*, à la Foire S. Laurent 1724. non imp.

Cette piéce est annoncée dans un Prologue intitulé *Les Captifs d'Alger.* Voyez cet article.

Jason, Thesée, Lincéus, Orphée, &c. accompagnés d'Arlequin, de Gille, & de Scaramouche qui leur servent d'Ecuyers, quittent leur vaisseau, & mettant pied à terre, ils forment une marche deux à deux, Orphée est à leur tête, qui joue & chante sur sa vielle. Les Argonaudes font le tour du Théatre, & se retirent.

Tandis qu'ils consultent sur les moyens de parvenir à la conquête de la Toison, les Ecuyers qui sont restés projettent aussi de leur côté.

GILLE.
» Pendant qu'ils sont la-dedans à raisonner, tâchons nous
» autres d'entrer dans le fort, & d'enlever la Toison.

ARLEQUIN.
» Tope. Brusquons l'avanture.

SCARAMOUCHE.
» J'y consens. Ils seront bien étonnés de trouver la
» besogne faite.

Ils s'approchent des murailles du fort, Gille s'appuye contre le mur en se courbant, Scaramouche saute sur Gille, & Arlequin sur Scaramouche. Quand Arlequin est au haut du mur, il apperçoit un masque horrible de papier rouge, éclairé par dedans; il se laisse dégringoler, & se relevant, il court tout éperdu autour du Théatre.

ARLEQUIN.
» Ah!....ah!....ah!....hoïmé!

SCARAMOUCHE.
» Que diable as-tu donc?

ARLEQUIN.
» J'ai vû...... ouf!

GILLE.
» Qu'est-ce que tu as vû?

ARLEQUIN.
» Ah! mon cher Scaramouche! ah! mon pauvre Gille!
» la vilaine bête!

SCARAMOUCHE.

SCARAMOUCHE.

» Hé ! la poule mouillée ! la peur t'a renversé la cervelle.
» C'est un fantôme de ton imagination : J'y vais monter
» moi, je ne suis pas si facile à épouvanter.

Scaramouche monte sur les épaules de Gille & d'Arlequin : il s'offre à lui un Géant effroyable ; il se laisse tomber de frayeur, & se relevant le corps courbé, il fait une horrible grimace.

SCARAMOUCHE.

» Ah ! mes enfans, j'ai vû un grand diable d'escogriffe,
» qui est quatre fois plus gros que le Suisse de la rue aux
» Ours.

ARLEQUIN *d'un ton railleur.*

» Tu te trompes peut-être. C'est un fantôme de ton imagi-
» nation.

SCARAMOUCHE.

» Non parbleu, tu n'as qu'à voir toi-même, Gille.

GILLE.

» Ce n'est pas la peine, je m'en rapporte bien à vous
» deux.

Les Argonautes arrivent : N'approchez pas leur dit Gille. Oui, ajoûte Scaramouche, vous allez voir une belle ménagerie. Je reconnois, répond Thésée, nos Ecuyers à cette terreur panique. On sonne la charge. L'Orchestre joue le premier air des combattans ; les Argonautes s'avancent vers le fort, il en sort un lyon, un tigre & un dragon. Ce dernier poursuit vivement Jason, & après une vigoureuse défense, le Héros se retire, voyant que ses coups ne peuvent percer le monstre, qui avant de se retirer dans le fort, vomit un torrent de flammes. Le tigre & le lion de leur côté, se ruent sur les soldats de Jason, les prennent à la gorge &

les étranglent. Le reste se sauve. Pendant ce temps-là Arlequin & Scaramouche font leurs lazzis, & se mettent en sûreté. Peu de temps après, Dorine suivante de Médée, vient de la part de sa Maîtresse, qui est devenue amoureuse de Jason, apporter une dragonne que ce Prince doit mettre à son épée, & qui a la vertu de lui faire surmonter les monstres. Comme elle veut se retirer, Arlequin l'arrête.

ARLEQUIN.

» Attendez ma mignonne, attendez.

DORINE.

» Que me voulez-vous ?

ARLEQUIN.

» Ne m'avez-vous pas vû combattre aussi ?

DORINE.

» Non.

ARLEQUIN.

» J'en suis fâché.

DORINE.

» Par quelle raison ?

ARLEQUIN.

» C'est que vous me feriez faire aussi.........

DORINE *s'en allant*.

» Oui Jean Gipon.

Jason revient avec ses camarades, il entre dans le fort, Arlequin tire la porte, & l'ayant enfermé, lui parle au travers du trou de la serrure. Il a bien de la peine à croire que le dragon soit tué; ce n'est pas tout, dit Jason, tenant la tête du monstre, il faut lui arracher les dents & les semer, suivant qu'il est prescrit. Ç'à, répond Arlequin, faisons l'office du gros Thomas

Jason sème les dents; aussi-tôt des soldats sortent de terre l'épée à la main; Arlequin s'enfuit, mais Jason aidé de ses compagnons, les tue, à la réserve d'un petit nombre qui se réfugient dans le fort. Dans le moment Médée paroît avec quatre suivantes, & reçoit la main de Jason; les Ecuyers proposent de célébrer ces noces par des divertissemens, & une petite farce intitulée l'*Oracle Muet*, qu'ils exécutent ensuite. (Voyez cet article.) Mais en attendant qu'ils soient prêts, deux petits Thessaliens, (c'étoit Mlle *Sailé*, célèbre Danseuse de l'Académie Royale de Musique, & son frere) forment une danse, & à la fin de la farce, les Ecuyers des Argonautes prennent pour épouses les suivantes de Médée, & chantent un branle sur l'air: *Toque mon tambourin toque*.

ARLEQUIN.

J'aime une vivante
D'un minois coquet,
Toujours sautillante.

DORINE.

Tu fais mon portrait,
Toque mon tambourin toque,
Toque mon tambourinet.

Extrait Manuscrit.

TOISON D'OR, (Arlequin Jason, *ou la* conquête de la) Pantomime nouvelle représentée au Jeu de Mlle *Sandham*, suivie de la *Fée Carabosse*, des *Vendanges de Tempé*, d'un *Feu d'artifice* de la composition de *Nilock* Anglois, & d'une Entrée exécutée par la Demoiselle *Durand*, Jeudi 17 Mars 1746. *Affiches de Boudet*.

TOMBEAU (le) DE NOSTRADAMUS, Opéra Comique en un acte, de M. *Le Sage*, représenté au Jeu de *Belair*, à la Foire S. Laurent 1714. précédé d'*Arlequin Mahomet*, Piéce en un acte, & d'un Prologue intitulé *La Foire de Guibray*; repris à la Foire S. Laurent 1721. au Théatre de *Lalauze & Associés*, & le Lundi 6 Juillet 1733. imp. *Tome I. du Théatre de la Foire*, Paris, Ganeau, 1724.

TOMBEAU (le) DE MAÎTRE ANDRÉ, Comédie Françoise de l'ancien Théatre Italien, un acte en prose, entremêlé de quelques scénes, dont la meilleure partie est en vers, & de quelques autres scénes Italiennes à l'impromptu. Plusieurs endroits du Cid sont parodiés dans cette Comédie, entr'autres le récit que fait Chimene au Roi de la mort de son pere; on y parodie aussi, tant à l'égard des paroles que de la Musique des morceaux de différens Opéra. Le *Tombeau de Maître André* est de Monsieur *Brugieres de Barante*, & a été représenté pour la premiére fois le Samedi 29 Janvier 1695. Les nouveaux Comédiens Italiens le mirent à leur Théatre le Mercredi 8 Juin 1718. Cette piéce qui avoit beaucoup réussi dans la nouveauté, ne fut pas alors si heureuse, & il n'y eut d'applaudi que le role de *Colombine*, joué par Mlle *Silvia*, sur-tout les endroits parodiés du *Cid*, où elle contrefaisoit à ravir les Dlles *Du Clos* & *Desmare*, de la Comédie Françoise. *Théatre Italien de Gherardi*, tome V.

TOMYRE VICTORIEUSE, Tragédie de M. *Borée*, représentée en 1625. imp. dans le Recueil des Œuvres de l'Auteur, Lyon, Cœur;

filly, 1627. in 8°. *Histoire du Th. Franç. année 1625.*

TOMYRIS, Tragédie de M. l'Abbé *Pellegrin*, sous le nom de Mlle *Barbier*, représentée le Mardi 23 Novembre 1706. in-12. Paris, Ribou, 1707. & dans le Recueil du Théatre de Mlle Barbier. *Hist. du Th. Fr. année 1706.*

TONAXARE, (le faux) Tragédie de M. l'Abbé *Boyer*. Voyez *Oropaste*.

TONTINE, (la) Comédie en un acte & en prose, de M. *Le Sage*, imp. dans le Recueil des Œuvres dramatiques de M. Le Sage, & représentée le Mardi 20 Février 1732. précédée de la Tragédie d'*Agrippa*, ou le *Faux Tibérinus*. *Hist. du Th. Franç. année 1732.*

TORRISMON (le) *du Tasse*, Tragédie de M. d'*Alibray*, représentée en 1636. imp. la même année, in-4°. Paris, Houssaye. *Histoire du Th. Fr. année 1636.*

« TOSCANO, (Grégoire) qui avoit dansé
» dans l'acte des *Chinois*, de l'ancien Théatre
» Italien, après que cette Troupe eut été con-
» gédiée, suivit Paschariel son beau-frere, &
» parcourut avec lui plusieurs Provinces, jouant
» les roles d'*Arlequin*. En 1701. *Dominique*
» vint à Toulouse, où étoit alors *Paschariel*,
» & débuta dans les mêmes roles ; comme il fut
» plus goûté du public, la jalousie que cette
» préférence causa à *Toscano*, lui fit abandonner
» son beau-frere ; il passa à Bordeaux, où con-
» tinuant toujours sa même profession, il épousa
» une fille d'Opéra de cette ville, dont il eut
» deux fils. L'aîné est celui que l'on a vû débuter
» à la Comédie Italienne en 1737. & le cadet

» excellent violon, voulut remplir les rôles
» d'*Arlequin* sur le Théatre de l'Opéra Comi-
» que, à la Foire S. Germain 1734. Il ne fut pas
» goûté, & ne parut que deux fois. Il entra
» ensuite chez M. le Prince de Carignan, en
» qualité de Symphoniste, aujourd'hui retiré en
» Province. Je reviens à Toscano le pere; après
» diverses avantures, il vint à Paris sur la fin de
» l'année 1715. accompagné d'une jeune & jolie
» éléve, appellée *Rosette*, qu'il faisoit passer
» pour sa fille: Sa femme n'étoit plus avec lui,
» elle l'avoit quitté à Orléans, où saisissant une
» occasion favorable, que le Curé de S. Michel
» de cette ville lui procura, elle entra dans un
» Couvent, & s'affranchit par ce moyen des
» chagrins que les soins & les attentions de son
» mari pour Rosette, lui causoient journelle-
» ment. Toscano & cette jeune personne se
» mirent aux gages de la Dame de *Baune*, au
» commencement de cette année, & parurent
» sur le Théatre le même jour, le premier en
» *Arlequin*, & l'autre dans le role d'une *Sui-*
» *vante*, sous son propre nom, avec un succès
» bien différent. Rosette charma universelle-
» ment les Spectateurs par son jeu & par sa
» figure; Il est vrai que le Public ne jouit pas
» longtemps de ce plaisir, puisque cette belle
» fut enlevée pendant le cours de cette même
» Foire; pour Toscano, on convint qu'il jouoit
» d'assez bon sens, mais la grosseur de sa taille
» déplut. Piqué de son peu de réussite, & encore
» plus du regret de sa chere Rosette, il rompit
» les engagemens qu'il avoit contractés avec la
» Dame de Baune pour la Foire suivante, &

» quitta Paris. Il s'est retiré en Province, où il
» a fait une brillante figure, étant devenu le
» plus riche & le plus célébre Opérateur du
» Royaume ». *Mémoires sur les Spectacles de la
Foire*, t. I. p. 182-185. Paris, Briasson, 1743.

TOSCANO, (N.......) originaire d'Italie, a débuté deux fois au Théatre Italien avec assez de succès ; la premiere par le rôle d'*Arlequin*, dans la Comédie des *Amants réunis*, le Jeudi 28 Mars 1737. & dans d'autres Piéces ; la seconde à l'occasion de la maladie mortelle du fameux *Thomassin*, dans les *Amans réunis*, & les *Billets doux*, où il joua aussi le role d'*Arlequin* dans les deux Piéces, le Mardi 7 Avril 1739. On le vit encore avec plaisir à ce second début, qu'il continua en jouant dans différentes Comédies ; mais il ne put se faire recevoir, ou plutôt il ne put faire recevoir sa femme (*) qui n'avoit pas autant de talent que lui, & sans laquelle il ne voulut point prendre d'engagement à Paris. Voyez le *Mercure de France*, Mars 1737. page 577. & Avril 1739. page 772.

TOUCHER, (le) c'est le titre de la seconde Entrée du Ballet des *Sens*, de M. *Roy*, Musique de M. *Mouret*, sous lequel l'Auteur a traité le sujet de *Laodamie* & de *Protesilas*. Voyez *Sens*. (*le Ballet des*)

TOUR (le) DE CARNAVAL, Comédie Françoise au Théatre Italien, un acte en prose, avec deux divertissements. Cette piéce qui est de M. d'*Allainval*, (**) a été représentée pour la

---

(*) Note de M. *Laffichard*.
(**) Les paroles des divertissements sont de M. *Panard*, Musique de M. *Mouret*, & Ballets de M. *Marcel*.

premiere fois le Dimanche (*) 24 Février 1726. Elle a eu assez de succès pour demeurer au Théatre. Voyez l'*Extrait*, *Merc. de Mars 1726. pag. 568. & suivantes.* Paris, Briasson.

Tour sur tour, *ou la* Surprise des Anglois, Pantomime Angloise, représentée par la grande Troupe des Danseurs, Sauteurs & Voltigeurs, le Jeudi 13. Mars 1749. précédée de danses, sauts, tours de force, &c. *Affiches de Boudet.*

Tour (le) double, *ou le* Prêté-rendu, Opéra Comique en un acte, de M. *Gallet*, représenté le Samedi 26 Février 1735. à la suite de la *Fausse Ridicule*, & terminé par le Ballet des *Tricotets*, non imprimé.

Le sujet de cette piéce est tiré d'une Histoire très comique des Contes Arabes : l'Auteur en a conservé l'intrigue, les situations & les plaisanteries ; on peut encore le louer sur sa versification, & le choix des couplets ; mais malgré ces avantages, l'ouvrage a paru froid, & n'eut point de succès.

Zémire, fille de Mouaffac, Gouverneur de Bagdad, (c'est en cette ville que la scéne se passe) avoue à Zaïde sa confidente, qu'elle se sent émue de compassion pour l'un de ces étrangers qu'elle a vû le soir précédent au bas de sa fenêtre. Quoiqu'ils soient vêtus pauvrement, dit Zaïde, je soupçonne qu'ils sont plus qu'ils ne paroissent. Elles entendent du bruit & se retirent. C'est le Prince de Damas & Pierrot

---

(*) Cette date est prise du *Mercure de France*, Mars 1726. pag. 568.

son confident, qui paroissent couverts de mauvais habits; le Cady jugeant à leur mine que ce sont des voleurs, veut les interroger.

LE CADY. (Air. *Des Feuillantines.*)

De ma charge le devoir,
Est d'y voir,
Et d'exercer mon pouvoir.
Aux coquins Juge sévere,
Je ferois (*bis.*) s'il falloit pendre mon frere.
« Holà hu! gens de bien, que faites-vous là?

Le Prince honteux, & n'osant se faire connoître, raconte qu'il est de Damas, & que l'envie de voyager lui ayant fait prendre la route de Bagdad, il avoit été surpris par des voleurs, qui après les avoir dépouillés lui & son camarade, leur avoient par charité donné les haillons qu'ils portoient. Fort bien, dit le Cady, & pourquoi rodiez-vous ici; Seigneur, répond Pierrot, sçachez que cette maison renferme un objet pour qui mon Maître soupire. Le Cady écoute cette histoire comme une fable, mais elle lui fournit une idée de se venger du Gouverneur, qui est son ennemi: Seigneur Damasquin, dit-il au Prince, la personne que vous aimez est la fille du Gouverneur; je veux vous la faire épouser, en vous donnant les moyens de passer pour le fils du Sultan de Damas; on va vous donner des habits convenables, pourvû que vous sçachiez jouer ce personnage.

LE PRINCE. (Air. *Ne m'entendez-vous pas.*)

Seigneur c'en est assez,
Comptez sur ma parole:
Je remplirai mon rôle
Mieux que vous ne pensez:
Seigneur c'en est assez.

LE CADY à *Azouf son Confident.*

Ces droles-là font des avanturiers, je vais bien attraper le Gouverneur.

(AIR. *Jeanneton l'amour lui-même.*)

Sa fausse délicatesse
Me chicanne incessamment.

AZOUF.

Avec grande impolitesse
Il vous reproche souvent,
Que pour l'espéce,
Chez vous l'on trouve aisément
De la foiblesse.

Le Cady frappe à la porte du Gouverneur, le prie d'oublier leur inimitié, & lui annonce l'arrivée du Prince de Damas, qui vient épouser Zemire. Mouaffac fort honoré de cette alliance, appelle sa fille; le Prince paroit, Zemire le reconnoissant pour l'un de ces étrangers qu'elle a vû le jour précédent sous un équipage si misérable, paroit étonnée, lui donne cependant la main pour obéir à son pere, & ce dernier n'est pas plutôt sorti pour ordonner une fête, qu'un Fripier conduit par Azouf, vient rapporter les haillons du Prince, & reprendre ses habits qu'il n'a fait que louer. Le Prince indigné, tire de la bourse que le Gouverneur vient de lui donner, une poignée de ducats, que le Fripier reçoit avec joye, & fort en riant. Cette avanture humiliante étonne Zémire, mais elle n'affoiblit point son amour; le Prince charmé la rassure, & ajoûte qu'il veut se faire connoître en présence de Mouaffac.

ZÉMIRE. (AIR. *Entre l'amour & la raison.*)

Voyez ce perfide Cady.

ZAIDE.

On sçait qu'il est votre ennemi.

ZÉMIRE.

Je sçaurai d'un juste salaire,
Dont il ressentira l'effet,
Payer & le bien qu'il m'a fait,
Et le mal qu'il m'a voulu faire.

Il semble que ce devroit être ici la fin de la piéce, cependant pour en remplir le titre, l'Auteur a été obligé de joindre la suite de l'histoire, qui auroit pu fort aisément former un second acte.

Zémire vient trouver le Cady, de qui elle n'est point connue; sa beauté donne dans la vue de ce scélérat, & elle acheve de l'enchanter par ses discours. Voyez, lui dit-elle, si avec tous les avantages dont le ciel m'a pourvûe, je ne suis pas bien infortunée, ayant un pere barbare, qui publie par-tout que je suis un monstre de laideur, & me tient sous ce prétexte dans une étroite captivité.

ZÉMIRE. (AIR. *Pierre Bagnolet.*)

Je suis dans la journée entiere,
Renfermée ainsi qu'un hibou;
Et pour jouir de la lumiere,
Ma chambre n'a qu'un petit trou,
 Qu'un petit trou.
Je suis, &c.

Le Cady transporté d'amour, veut épouser cette charmante fille, & lui demande quel est son pere. Je suis, répond Zémire, fille d'Omar le Teinturier. Teinturier? replique le Cady, n'importe, je tiendrai ma parole. Zémire sort: le Cady envoye chercher Omar, & lui demande sa fille en mariage ; Omar croyant qu'on se moque, commence à faire le portrait affreux de cette fille, que le Cady interrompt, en disant qu'il veut l'avoir absolument. Pour le dégoûter de sa poursuite, le Teinturier exige non seulement que le Cady prendra la fille sans dot, mais qu'il payera mille ducats, & qu'avant de voir l'épouse, il signera le contrat en bonne forme. Le Cady amoureux, & persuadé de la beauté de celle qu'il va recevoir, ne balance pas à souscrire aux conditions. Aussi-tôt on apporte une boëte, dans laquelle est une figure voilée. Justes Cieux, s'écrie le Cady, lorsque la fille d'Omar paroit à découvert, l'effroyable objet! Dans le moment Zémire entre accompagnée du Prince ; le Cady l'appercevant, la reconnoît pour la même personne dont il est épris, & la veut embrasser. Le Prince l'arrête, & se fait connoître pour le Prince de Damas, & Zémire son épouse pour la fille du Gouverneur ; le Cady sort furieux du tour qu'on lui joue, en disant au Teinturier qu'il peut remporter sa fille.

PIERROT, *au Cady qui s'en va.* (AIR. *Lanturlu.*)

De votre malice
Monsieur le Cady,
Par notre artifice,
Vous voilà puni.
En bonne justice,
Ce n'est qu'un prêté rendu,
Lanturlu, &c.

OMAR.

» Je reprendrai bien la marchandise, mais je ne rendrai pas l'argent.

LE PRINCE *à Zémire.*

» Vous voilà bien vengée, Madame, & le Cady doublement trompé.

Suit un Divertissement & un Vaudeville.

Lorsqu'un époux chez la voisine
Porte sa flame libertine,
Qu'est-ce que la légéreté ?
    C'est un prêté.
Sa femme de ses droits privée,
Chez le voisin moins réservée
Va cueillir le fruit défendu,
    C'est un rendu.

Qu'on siffle la Troupe tragique,
L'Italien faisant la nique,
S'en moque avec malignité,
    C'est un prêté.
Chez lui par un sort encor pire,
Une piéce en naissant expire ;
Le François rit comme un perdu,
    C'est un rendu.

Extrait manuscrit.

Ce sujet avoit déja été présenté au Théatre Italien sous le titre de la *Vengeance Comique*. Voyez *Vengeance (la) Comique*.

TOURNEBU, (Odet de) *ou* TOURNEBŒUF, Avocat au Parlement de Paris, & ensuite premier Président de la Cour des Monnoyes de cette ville, mort en 1581. âgé de 28 ans, 8 mois & 28 jours, a composé pour la scéne Françoise :

Les Contens, Comédie en cinq actes & en prose, représentée en 1550. imp. en 1584. *Hist. du Th. François, année* 1582.

TOUTAIN, (Charles) Sieur de la Mazurie, Lieutenant général de la Vicomté de Falaise en Normandie, & Poëte dramatique, a composé :

Agamemnon, Tragédie tirée de Sénéque, 1556. imp. 1557. *Hist. du Th. Fr. année* 1556.

TOUVENELLE, (N......) s'est distingué longtemps à l'ancien Théatre Italien, où il avoit été reçu à pension, pour chanter dans les piéces d'agrémens. Il n'a quitté ce Théatre qu'à la séparation de l'ancienne Troupe Italienne en 1697. il entra aussi à pension, & pour le même emploi au Théatre François, fort peu de temps après cet événement. Il n'y eut pas moins de succès qu'à la Comédie Italienne. Il a chanté entre autres dans les divertissements de plusieurs Comédies de M. *Dancour*, qui le chargeoit quelquefois de petits rôles relatifs à son talent, dans les Prologues de ses piéces. Voila tous les éclaircissements que nous avons pu nous procurer sur le Sieur *Touvenelle*, dont nous en devons une partie à M. *Gueullette*.

TRACISCO, Acteur Forain qui a paru au nouveau Spectacle Pantomime, où il joua le role d'*Apollon*, dans la piéce intitulée : Le Jugement de Midas, ou le Nouveau Parnasse lyrique.

TRACOLLO MÉDECIN IGNORANT, (*Tracollo Medico ignorante*) Interméde en Musique, (la Musique du Seigneur *Pergolezze*) en deux actes, représenté sur le Théatre de l'Académie Royale de Musique, le Mardi 1 Mai 1753. suivi du *Médecin de Village*, in-8°. Paris, Delormel.

ACTEURS.

Tracollo, Médecin ignorant.   Le Sieur Manelli.
Livie, jeune fille qui s'est sauvée de la maison de son pere,   Mlle Tonelli.
Sulpice, Apotiquaire.   Le Sieur Cosimo.
Nérine, Bergere personnage muet.

TRAGÉDIE à huit personnages, de *Jean Bretog*, traitant de l'amour d'un Serviteur envers sa Maîtresse, & de ce qui en advint, in-8°. Lyon, Grandon, 1561. *Histoire du Th. Franç.* année 1561.

TRAGÉDIE (la) EN PROSE, en un acte, sous le nom de M. de *Castre d'Auvigny*, représentée à la suite du *Jaloux désabusé*, le Jeudi 4 Mai 1730. in-12. Paris. *Hist. du Th. Franç.* année 1730.

TRAHISON (la) PUNIE, Comédie en cinq actes & en vers, de M. *Dancourt*, représentée le Lundi 28 Novembre 1707. in-12. Paris, Ribou, 1708. & dans le Recueil des Œuvres de l'Auteur. *Histoire du Th. Fr.* année 1707.

TRAITEUR, (le) ou le REPAS DE NOCE, Parade non imprimée.

Cette Parade est la suite de celles qui ont pour titre : *La Succession de Gille*, les *Maîtres de l'Education*, *Taratapa Eous*, &c. Gille fatigué des leçons de ses différens Maîtres, pense que l'affaire la plus solide & la plus nécessaire est de songer au festin de ses noces.

GILLE.

« Ma foi, je suis bien las de tous ces chiens de Maîtres-
» là. En voilà un qui m'a pensé coûter la vie avec son *Tara-*
» *tapa Eous* ; si je n'avois pris mes jambes à mon col, j'étois
» ma foi trépassé. Ah ! voilà le Traiteur qui doit faire le
» repas pour ma noce. Bon jour M. Gargot.

M. GARGOT.

» Bon jour M. Gille, on dit que vous êtes tout d'un coup
» devenu gros Seigneur, & que vous allez épouser Mademoi-
» selle Isabelle ?

GILLE.

» Cela est vrai, & je vous ai envoyé chercher pour faire
» le repas de noces.

M. GARGOT.

» Monsieur, vous n'avez qu'à commander.

GILLE.

» Premiérement je voudrois douze soupes, six alloyaux,
» quatre cochons de lait, trois veaux marinés, une douzai-
» ne de mauviettes, & une langue fourée.

M. GARGOT.

» Voila un joli repas & bien ordonné. Vous n'y entendez
» rien ; laissez-moi faire, & vous serez content.

GILLE.

» Voyons donc ce que vous nous donnerez.

M. GARGOT.

» Pour une table de douze couverts, il faut deux soupes
» succulentes, pour le bouilli une culotte de bœuf.

GILLE.

» Comment est-ce que les bœufs portent des culottes ?

M. GARGOT.

» Non Monsieur, c'est-à-dire un morceau de la fesse du
» bœuf : quatre entrées, sçavoir des pigeons à la Moscovite,
» deux poulardes à la Tartare, des queues de moutons à la
» Portugaise, & des sarcelles à l'Angloise.

GILLE.

» Que la peste vous creve avec vos chiennes d'entrées ;
» nous serons morts & enterrés avant que tout cela arrive
» de tous les pays que vous venez de nommer.

M. GARGOT.

» Eh ! non, Monsieur, tous ces mets se font à Paris.

GILLE.

» A la bonne heure.

M. GARGOT.

» Pour la viande piquée, vous aurez un rot de bif.

GILLE.

» Gros pifre toi-même.

M. GARGOT.

„ Que vous êtes hargneux ! rôt de bif c'est le train de
„ derriere d'un agneau piqué proprement. Il faudra d'un
„ côté des gelinotes de bois.

GILLE.

„ Que le diable t'emporte, animal, je veux qu'elles soient
„ de chair & non de bois.

M. GARGOT.

„ M. Gille, les gelinotes que je vous donne sont des pou-
„ les sauvages qui habitent dans les bois.

GILLE.

„ Passe pour cela.

M. GARGOT.

„ Deux faisans, six tourtereaux, douze beccafigues.

GILLE.

„ Je ne connois pas tout cela.

M. GARGOT.

„ Pour entremets, un pain aux mousserons.

GILLE.

„ Va te promener avec tes moucherons.

M. GARGOT.

Je dis mousserons, Monsieur : c'est une espéce de petits
„ champignons qui forment un plat excellent. Tenez, M.
„ Gille, rapportez-vous en à moi, vous serez content, &
„ le dessert sera à l'avenant. Mais pour quand s'il vous plaît ?

GILLE.

„ Ma foi je voudrois que ce fut pour aujourd'hui ; allons
„ trouver le beau-pere, & prenons jour avec lui.

M. GARGOT.

„ Allons Monsieur, j'aurai l'honneur de vous suivre.

Ils sortent.

Extrait Manuscrit.

TRAÎTRE (le) TRAHI, Comédie de M. *Corneille*. Voyez *Veuve (la)*

TRAÎTRE (le) AMOUREUX, Canevas Italien

représenté pour la première fois le Vendredi 20 Août 1751. *sans nom d'Auteur & sans Extrait.*

« Le *Traître Amoureux*, Comédie nouvelle Italienne, assez bonne. Scapin, valet de Ma-rio, est le *Traître Amoureux*; il fait accroire à Flaminia que Mario son Amant est mort, & à Mario que Flaminia est morte ». *Note Manuscrite de M. Gueullette.*

Tous les éclaircissements que nous avons pu nous procurer sur le *Traître Amoureux*, se réduisent à cette note. Comme les Canevas Italiens portent ordinairement dans l'original un titre tout différent du titre François, sous lequel ils sont présentés au Public, il est souvent très-difficile aux Acteurs Italiens eux-mêmes de reconnoître une pièce sous ce dernier titre, au bout de trois ou quatre ans, à moins que le succès n'en ait été assez marqué pour qu'elle soit demeurée longtemps au Théâtre. Nous l'avons éprouvé au sujet de cette pièce, de laquelle nous n'avons pu même apprendre en combien d'actes elle a été représentée, malgré la complaisance qu'on a bien voulu avoir de nous communiquer plusieurs Canevas qui pouvoient avoir rapport aux notions que nous avions sur celui-ci. Il ne s'en est trouvé que deux que nous ayons pû soupçonner d'être ce que nous cherchions. Le premier qui nous a été confié par M. *Gandini*, est intitulé: *Suposto marito di quatro spose*; en François: *Mario cru mari de quatre femmes*; ce Canevas que nous avons reconnu pour être le même dont nous avons rendu compte, sous le titre du *Mari supposé*, & dont il existe un Programme imprimé, a en effet une intrigue assez semblable à l'idée que la note de M. *Gueullette* nous a donnée de celle du *Traître Amoureux* ; mais outre que les dates ne se rapportent pas, c'est que dans le *Mari supposé*, Scapin n'est ni traître, ni amoureux. (*) Voyez *Supposé (le Mari)* dans le second intitulé : *Il fuggito della Guerra , inimico della pace , o sia il furbo preso nella sua propria rete* ; en François : *Scapin déserteur de la guerre , & ennemi de la paix , ou le Fourbe pris dans son propre piége*, dont nous devons la communication à M. *Veronese*, Scapin (ou *Briguelle*,) est effectivement traître & amoureux, mais l'intrigue de ce Canevas n'a rien de commun avec ce que nous connoissons de celle du *Traître Amoureux*, & d'ailleurs M. *Veronese* nous a assuré qu'on regardoit *Scapin déserteur* comme un sujet trop noir pour les Théatres de France, & qu'il ne croyoit pas qu'il eut été représenté à Paris. (**)

TRANSILVANIE, (le Dragon de) Voyez *Arlequin persécuté par le Basilico del Bernagasso* ; c'est la même piéce sous un nouveau titre.

TRAPOLIN, (les Amours de) Comédie de M. *Dorimon.* Voyez *Amours (les) de Trapolin.*

TRASIBULE, Tragi-Comédie de M. de *Monsfleury*, représentée au Théatre de l'Hôtel de Bourgogne en 1663. in-12. Paris, Pepingué, 1664. & dans le Recueil des Œuvres de Mes-

---

(*) Du moins n'est-il guères question de son amour dans la piéce.

(*) Cette derniere raison nous a empêché d'en faire mention dans la lettre S.

sieurs de Montfleury. *Histoire du Th. Franç. année 1663.*

TRAVERSE, (Jeanne Boyron *dite* Baron, femme en premiéres noces de Pierre-François Picorin de la) maintenant veuve de M. Bachelier, premier Valet de chambre du Roi, & Gouverneur du Château du Louvre, Comédienne Françoise, a débuté le Mardi 10 Octobre 1730. par le role de *Phédre*, dans la Tragédie de ce nom, de M. *Racine*, reçue par ordre du 22 Février 1731. retirée en Juillet 1733. avec la pension de 1000 liv. actuellement vivante, pensionnaire de la Troupe. *Hist. du Th. Franç. année 1732.*

TRAVESTI, (Œdipe) Parodie d'*Œdipe*, Tragédie de M. de *Voltaire*, représentée pour la premiere fois le Lundi 17 Avril 1719. un acte en vers de M. *Dominique*. Cette Parodie, la premiere qu'on eut vue au nouveau Théatre Italien, fut trouvée très-jolie, & eut un succès proportionné à celui de la Tragédie parodiée, & à la nouveauté du genre. Voyez l'*Extrait*, *Mercure d'Avril* 1719. page 134. (imprimée dans le premier volume des Parodies du Théatre Italien, Paris, Briasson.)

TRÉSOR (le) CACHÉ, Comédie Françoise au Théatre Italien, en prose & en cinq actes, par M. *Nericault Destouches*, représentée le Mercredi 17 Mars 1745. L'Auteur retira sa piéce après cette représentation, qui fut très-tumultueuse ; nous n'entreprendrons point de décider entre M. *Destouches* & le Public; nous sçavons que toutes les piéces de M. de *Moliere* ne sont point comparables au *Tartuffe* & au *Misantrope* ; mais nous sçavons aussi que le Public revient souvent des jugemens qu'il a portés en tumulte & avec précipitation ; comme il n'y a pas d'apparence que M. *Destouches* le mette jamais à portée de réformer celui dont il s'agit ici, en cas qu'il mérite de l'être, vû le longtemps qu'il y a qu'il garde son manuscrit dans son cabinet, sans le livrer à l'impression, nous croyons faire plaisir à ce même Public d'y suppléer par un extrait détaillé. Le seul nom de l'Auteur du *Trésor caché* suffiroit pour le rendre précieux aux amateurs de la vraie Comédie, & quelque opinion qu'on veuille prendre de la totalité de l'ouvrage, il n'est pas possible d'imaginer qu'il ne se trouve dans une Comédie de l'Auteur du *Philosophe Marié*, & du *Glorieux*, des situations, des scénes, des caracteres, du Dialogue, & des détails qu'on auroit sujet de regretter s'ils demeuroient ensevelis dans l'oubli. Le sujet de celle ci est emprunté du *Trinummus* de *Plaute*; mais M. *Destouches* a créé son cinquiéme acte, sur lequel *Plaute* ne lui a fourni aucune idée, & qui est le meilleur de la piéce. L'épreuve qui en constitue le fond est le germe d'une autre piéce que M. *Destouches* n'a pas jugé à propos de faire représenter, mais qui est imprimée; c'est le *Jeune homme à l'épreuve* ; nous avouons que la copie nous paroît au dessus de l'original ; au reste, l'épreuve qui fonde le titre de cette derniere Comédie, n'est pas la même que celle qui remplit le cinquiéme acte du *Trésor caché* ; les caracteres des personnages ont aussi un air de ressemblance dans ces deux piéces, & même les caracteres que M. *Destouches* a peints bien antérieurement dans le *Diffipateur*, ne s'en éloignent pas, (*) mais nous ne pouvons diffimuler qu'ils nous femblent rendus avec bien plus de force & d'expreffion dans le *Diffipateur*, & dans le *Jeune-homme à l'épreuve*, que dans le *Tréfor caché*. Quoi qu'il en foit, nous allons effayer de mettre nos lecteurs à portée d'en décider eux-mêmes, autant que cela fe peut dans un Extrait.

ACTEURS.

DORIMON, *vieillard*.
GÉRONTE, *ami intime de Dorimon*.
LUCIDOR, *ami & voifin de Dorimon & de Géronte*.
LISANDRE, *fils de Dorimon, Amant de Julie, fille de Géronte*.
CLITANDRE, *fils de Lucidor, Amant d'Hortenfe, fille de Dorimon*.
JULIE, *fille de Géronte*.
HORTENSE, *fille de Dorimon*.
PASQUIN, *valet de Lifandre*.
ARLEQUIN, *valet de Lucidor*.
UN LAQUAIS DE GÉRONTE.

La fcéne eft à Paris.

ACTE I.

Le Théatre repréfente la façade de la maifon où Géronte demeure ; elle donne fur la campagne, dans un endroit fort défert, à une des extrémités de Paris ; plufieurs arbres forment au-devant une promenade agréable.

Lucidor ouvre le premier acte, en fe plai-

―――――――――――――――――――――
(*) Sur-tout celui du *Diffipateur* & de fon valet.

gnant de la perversité des mœurs de Paris, où tout se trouve en abondance, excepté la vertu & la probité, & où l'on ne peut compter sur celle de personne, après le changement odieux qui vient de se manifester dans la conduite de Géronte son ancien ami, auquel il prétend ne point épargner la confusion qu'il mérite; il frappe à la porte de sa maison; Géronte paroit; Lucidor lui demande un entretien particulier; Géronte veut le faire entrer chez lui, mais Lucidor lui fait remarquer qu'ils ne trouveront jamais un endroit plus agréable que celui où ils sont pour s'entretenir, & que d'ailleurs il est si écarté, qu'ils risquent peu de s'y voir interrompus. Ensuite il lui déclare sans ménagement, qu'on tient de lui dans le monde des discours qui le deshonorent; qu'on lui reproche d'avoir abusé de la confiance de Dorimon leur ami commun. On comprend par la suite de leurs discours que ce Dorimon voyant sa fortune dérangée par sa facilité & par les profusions de son fils, est parti pour aller trouver son frere établi aux Indes, où ce frere s'est puissamment enrichi, dans le dessein de la rétablir; qu'il a recommandé son fils, sa fille, & les débris de sa fortune à Géronte, & Lucidor l'accuse d'abord d'avoir souffert qu'un fils si cher à leur ami ait achevé de les dissiper, & se soit plongé de plus en plus dans le désordre, depuis le départ de son pere. Géronte paroit fort tranquille, & répond en souriant qu'il sçaura confondre les jugements téméraires, dès qu'il en sera temps; qu'à l'égard de la conduite du fils de leur ami, il n'a pas été en son pouvoir

de prendre fur un jeune homme très-indocile,&
déja majeur, une autorité que fon pere lui-même
n'avoit pû fe conferver; Lucidor en convient,
& comme il veut paffer à d'autres reproches plus graves que le premier, il s'apperçoit
que Pafquin valet de Lifandre les écoute, c'eft
le nom du fils de Dorimon; Pafquin à qui l'on
demande ce qu'il fait-là, dit qu'il vient voir fi
fon Maître n'eft pas chez Géronte; Géronte
lui répond qu'il fçait mieux que perfonne où
eft fon Maître, & qu'il ne fait femblant de le
chercher, que pour avoir un prétexte à le venir
épier, & peut-être voler; Pafquin fe récrie fur
des foupçons fi outrageans; il foutient encore
qu'il ne fçait ce que fon Maître eft devenu, à
moins qu'il ne foit occupé à aider deux ou trois
de fes meilleurs amis à fe ruiner comme lui, &
il fait entendre qu'il ne feroit pas fâché de par-
ticiper à cette bonne œuvre, & fur ce qu'on
l'accufe d'avoir plus contribué que perfonne à
la ruine de fon Maître, il convient qu'il n'y
a pas nui, mais il veut qu'on croie que c'eft par
crédulité, & pour avoir cru la fortune de Lifandre inépuifable fur fa parole, parce que les bons
cœurs font aifés à féduire. Ce qui lui paroît
confolant dans ce mécompte, c'eft que les
malheurs qu'il partage avec fon Maître, pour
qui il marque beaucoup d'attachement, les ont
rendus Philofophes, & leur ont appris à mé-
prifer les richeffes; il ne trouve qu'un inconvé-
nient à la philofophie, c'eft qu'elle nourrit mal
fes éleves; Géronte lui déclare que ce ne fera
pas chez lui qu'il trouvera à réparer les torts
de la Philofophie, & lui défend fa maifon.

Pafquin

Pasquin veut, avant que de se retirer, lui emprunter une pistole, & offre d'en faire son billet; la sureté ne paroit pas suffisante à Géronte, & Lisandre entre pendant ce débat; Pasquin en marque beaucoup de joie. L'ajustement du jeune homme est dans un désordre qui peint celui de sa conduite. Lucidor gémit d'un voisinage d'un si dangereux exemple pour Clitandre son fils, en lui voyant faire une scéne pleine d'incartades; il est, dit-il, bien revenu des femmes, & vient de passer huit jours à la campagne avec quelques amis, à faire bonne chere & à médire. Il presse Géronte de lui prêter mille écus, mais Géronte assure qu'il n'en a pas vingt chez lui; Pasquin en dit autant, & répond à son Maître qui prétend qu'ils ont un compte à faire ensemble, que le compte est tout prêt, mais qu'il ne l'enrichira pas. Géronte prétexte sa disette d'argent, sur ce qu'il s'est épuisé pour assembler les cinquante mille francs qu'il a payés pour le prix de la maison de Lisandre, & remontre à ce jeune homme qu'il doit être en argent; Lucidor paroit écouter avec impatience ce qu'on dit devant lui de ce marché; Lisandre prétend avoir très-bien placé la somme qu'il convient avoir reçue, mais en attendant l'échéance de la rente, il prie au moins Géronte de lui donner sa table pour quelques jours; Géronte répond qu'il se gardera bien de laisser approcher de Julie sa fille, un libertin comme lui; qu'il n'a qu'à s'arranger avec son valet dans la loge du portier, qu'il s'est réservée en vendant la maison, mais que sa fille ne le verra non plus que s'il étoit à cent lieues d'elle; Lisandre insiste,

& lui demande à dîner, au moins pour ce jour; Géronte lui répond qu'il va diner en ville; Lisandre dit qu'il dînera avec Julie & Hortense, c'est le nom de sa sœur; elles sont de la partie, replique le vieillard; Pasquin veut aller dîner à l'office, mais Géronte lui déclare que ses gens ont leur argent à dépenser, & lui donne lieu de maudire une maison où personne ne dîne. Lisandre piqué déclare à Géronte qu'il a beau l'éloigner de sa fille, qu'il l'aime, & qu'elle n'en épousera pas d'autre que lui; Géronte la lui promet quand il sera le plus sage des hommes, ajoûtant qu'il ne risque rien de la lui promettre à cette condition, d'autant plus qu'il faudra qu'il se presse de devenir raisonnable pour être en état de le sommer de sa parole, parce qu'il prétend que sa fille soit pourvue dans vingt-quatre heures; Lisandre lui proteste encore que sa fille l'épousera, ou qu'il fera payer cher l'honneur d'être son gendre à quiconque osera l'accepter, malgré ses menaces. Géronte s'en mocque, & Lisandre sort avec dépit, & emmene son valet Pasquin. Dès qu'ils sont sortis, Lucidor recommence à blâmer la conduite de son ami, qui n'a pas eu honte d'acheter le bien de celui qui étoit en quelque maniere son pupile, mais Géronte lui ferme la bouche, en lui apprenant, après bien des précautions pour le secret que Dorimon lui a confié avant son départ, qu'il a *caché un tréfor*, deux cents cinquante mille livres en or dans le jardin de cette maison qu'il vient d'acheter, le conjurant de n'en rien dire à son fils, mais d'en user, si l'occasion s'en présente, pour l'établissement de sa famille ; il ajoûte que voyant Lisandre prêt à vendre sa maison sans pouvoir s'y opposer, le jeune homme étant majeur, & la maison faisant partie de la succession de sa mere, il n'a trouvé d'autre ressource que de l'acquérir lui même, & d'y venir établir sa demeure, pour mettre le trésor en sureté, prétendant le remettre à son ami s'il revient des Indes, ou en disposer pour marier Hortense, & pour rétablir un peu les affaires de Lisandre lui-même, quand il sera plus sage, si Dorimon tarde trop à revenir. Les deux amis se séparent après de nouvelles instances pour le secret d'une part, & des protestations de l'autre, de ne le jamais révéler, sous quelque prétexte que ce soit. Géronte rentre chez lui, & Lucidor demeuré seul, fait quelques réflexions sur le penchant qu'ont tous les hommes à juger mal d'autrui, & sur le tort que ses soupçons faisoient à son ami ; ensuite il sort, & termine ainsi le premier acte.

ACTE II.

SCÉNE PREMIÉRE.

JULIE, HORTENSE.

Julie commence le second acte avec Hortense ; elle s'ennuie, dit-elle, de se promener dans le jardin, où elle ne voit que les mêmes objets, & lui propose de s'amuser à controler les passans ; Hortense répond qu'il ne passe ordinairement en cet endroit que des paysans qui ne valent pas les frais de sa critique.

JULIE.

Hé! il y a de bons hazards quelquefois.

HORTENSE.

Ils sont bien rares, ce me semble, dans un séjour si écarté.

JULIE.

Ils n'en sont que plus agréables; par exemple, si Clitandre notre voisin passoit devant nous, chemin faisant, comme assez souvent cela lui arrive, ce petit hazard vous fâcheroit-il? Ha! ha! ma question vous émeut, & il me semble que vous rougissez!

HORTENSE.

Moi! pourquoi rougirois-je?

JULIE.

Mais je vous le demande; vous le sçavez mieux que moi.

HORTENSE.

En vérité, ma chere Julie, je ne sçais rien du tout.

JULIE.

Ha! que pardonnez-moi; vous sçavez quelque chose, & moi aussi, je vous en avertis.

HORTENSE.

Vous m'impatientez.

JULIE.

Je vous impatiente? tant mieux, cela me confirme ce que je sçavois déja.

HORTENSE.

Mais qu'est-ce donc que je sçais & que vous sçavez?

Julie fait la guerre à son amie, sur la correspondance muette qu'elle voit s'établir entre elle & Clitandre, le fils de Géronte leur voisin; Hortense s'en défend, avec un ton de jalousie qui fait comprendre à Julie qu'elle aime déja Clitandre assez passionnément, pour craindre de trouver en elle une rivale. Elle redouble ses persécutions, & Hortense de plus en plus embarrassée, quitte la partie, & veut sortir.

JULIE.

Adieu donc. Revenez, revenez vîte ; j'apperçois Clitandre.

HORTENSE *revenant avec précipitation.*

Clitandre ! hé ! de quel côté ?

JULIE.

Ha ! je ne vois plus rien ; je crois que je me suis trompée.

HORTENSE.

Quel plaisir prenez-vous à me jouer de la sorte ! ce n'est pas que je me soucie de Clitandre, mais je n'aime pas qu'on se moque de moi.

JULIE.

Et moi je n'aime pas qu'une amie soit dissimulée.

Julie continue de presser Hortense de lui ouvrir son cœur, & en tire enfin l'aveu que Clitandre lui paroît fort aimable ; elle l'assure qu'il ne le lui paroît pas moins, ce qui effraye beaucoup Hortense ; elle n'est rassurée que par l'aveu que Julie lui fait à son tour, qu'une autre passion a prévenu l'effet du mérite de Clitandre.

HORTENSE.

Mais..... la..... tout de bon ?

JULIE.

Ho ! tout de bon, je vous assure ; je ne balance point à vous en faire l'aveu, & je ne suis point une façonniere comme vous.

HORTENSE.

Vous m'encouragez à vous demander quel est le mortel heureux qui possède votre cœur.

JULIE.

Ce mortel heureux, puisque vous le croyez tel, est de tous les mortels, le mortel le moins digne de le posséder. Un inconstant, un libertin, un étourdi, *un dissipateur.*

HORTENSE.

Ha ! c'est mon frere.

JULIE.

Vous l'avez dit, c'est lui-même.

HORTENSE.

Vous pouvez l'aimer ?

JULIE.

A la fureur.

HORTENSE.

Hé ! pourquoi cela ?

JULIE.

C'est que je suis folle.

HORTENSE.

En vérité je vous plains.

JULIE.

Je me plains aussi moi-même, & cela ne me guérit pas. Il faut qu'il m'ait ensorcelée, car aucun de ses défauts ne m'échappe ; mais sa figure charmante, son esprit enjoué, son petit air mutin ont je ne sçais quoi de piquant dont je ne me puis défendre.

HORTENSE.

Voila un goût bien singulier !

JULIE.

J'en ris moi-même la premiere, mais il en sera ce qu'il pourra ; ma folie est opiniâtre & n'en démordra point. Je suis blessée jusqu'au fond du cœur.

Hortense trouve qu'il est fort triste pour son amie de se sentir du penchant pour un homme qui ressemble si peu à Clitandre, & Julie lui avoue qu'un Amant aussi sage que Clitandre l'ennuiroit peut-être ; ensuite elles se confient mutuellement leurs craintes, sur le sort que Géronte & Lucidor vont préparer à leurs amours ; dans ce moment Hortense voit venir Clitandre, & craint que par timidité il ne passe sans les aborder, comme cela lui arrive souvent.

Julie offre d'engager la conversation, & de l'agacer.

HORTENSE.

Mais pas trop, je vous prie ; il pourroit s'y méprendre, & ne faire attention qu'à vous.

JULIE.

Point de jalousie, je me comporterai de maniere qu'il ne pourra point se tromper.

SCÉNE II.

CLITANDRE, JULIE, HORTENSE.

Clitandre passe lentement, en faisant une révérence à Hortense & à Julie.

JULIE *faisant une révérence à Clitandre.*

Monsieur, je suis votre très-humble servante.

CLITANDRE *s'approchant peu à peu.*

Mademoiselle, je suis votre très-humble serviteur ; Mademoiselle Hortense permet-elle aussi que j'aie l'honneur de lui faire la révérence ?

Hortense & Clitandre se saluent profondément.

JULIE *à Clitandre.*

Avez-vous quelque chose à dire à mon pere ? il est à la maison ; je m'en vais l'avertir ; ayez la bonté de m'attendre.

Elle veut sortir ; Hortense la retient.

CLITANDRE.

Il n'est pas nécessaire que vous l'avertissiez ; ce n'est pas lui que je cherche.

JULIE.

En tous cas, Monsieur, vous pouvez me dire ce que vous lui voulez, je lui en ferai un fidéle rapport.

CLITANDRE.

Mon pere pourra-t-il le trouver dans une heure ou deux ?

JULIE.

Oui, Monsieur.

CLITANDRE.

Cela suffit ; mais je vous importune trop longtemps, & je crains d'interrompre votre conversation.

JULIE.

Un homme de votre mérite n'importune jamais.

CLITANDRE.

Vous me faites trop d'honneur.

JULIE.

D'ailleurs, nous sommes si souvent ensemble, Mademoiselle & moi, qu'on peut sans nous fâcher interrompre nos entretiens.

CLITANDRE *regardant Hortense*.

Mademoiselle est-elle de votre sentiment ?

JULIE.

Elle pense exactement comme moi.

CLITANDRE.

Cependant elle ne dit mot, & me paroît bien rêveuse ; il est vrai que son frere lui cause tant de chagrins, qu'elle n'a que trop lieu de s'affliger.

JULIE.

Et que vous prenez grande part à son affliction, n'est-il pas vrai ?

CLITANDRE.

Je vous avoue que j'en suis pénétré.

JULIE.

Pénétré, dites-vous ?

CLITANDRE.

Autant qu'on puisse l'être.

JULIE.

Comptez Monsieur qu'Hortense est pénétrée de votre tendre compassion.

CLITANDRE.

Plus tendre mille fois que je ne puis vous l'exprimer.

JULIE.

C'est la plus douce consolation qu'elle put recevoir.

CLITANDRE.

Plut au ciel ! que je serois heureux si je pouvois adoucir ses malheurs.

JULIE.

En vérité, Monsieur, voilà un compliment très-obligeant pour elle.

CLITANDRE.

Un compliment, dites-vous ?

JULIE.

Qu'est-ce que c'est donc ?

CLITANDRE.

C'est ce qu'on peut sentir de plus intéressant.... c'est...., en un mot, c'est mon cœur qui parle.

JULIE.

Ho ! puisque c'est lui qui parle, il faut lui répondre. *à Hortense.*
Remerciez donc Mademoiselle.

HORTENSE *timidement.*

Il ne m'est guères possible de lui exprimer l'excès de ma reconnoissance.

JULIE *à Clitandre.*

L'excès ! entendez-vous ce mot-là ? il est énergique, au moins.

CLITANDRE.

Que ne puis-je m'en flatter !

JULIE.

Dans un bon cœur, c'est quelque chose de si vif que la reconnoissance ! n'est-il pas vrai, Mademoiselle, que la vôtre est d'une espéce à mériter qu'on fasse mille efforts pour la rendre encore plus excessive ?

HORTENSE.

Tout ce que je puis dire, c'est que je suis sensible à la compassion qu'inspirent mes malheurs. Rien n'est plus odieux que l'ingratitude.

JULIE.

Pour moi, je la déteste, & je sçais qu'Hortense en est incapable à votre égard.

Y v

HORTENSE *vivement.*

A l'égard de qui que ce puisse être.

CLITANDRE à *Hortense.*

Je ne mérite en effet aucune distinction sur cet article; mais ma plus grande ambition seroit de la mériter.

JULIE.

C'est une ambition digne de vous, & Mademoiselle est digne de vous l'inspirer.

HORTENSE *modestement.*

Ho! point du tout.

CLITANDRE à *Julie.*

J'étois déja de votre avis, Mademoiselle, & je suis ravi que vous me confirmiez dans mon opinion.

JULIE.

Si j'étois galant homme, homme aimable, homme d'esprit, de bonne famille, & puissamment riche, je ferois mon bonheur de réparer l'infortune d'Hortense.

HORTENSE.

Ne l'écoutez point, Monsieur; son aveugle amitié pour moi vous exagere mon foible mérite, & je vous déclare que je me crois très-indigne de l'idée qu'elle veut vous en donner.

CLITANDRE.

Avec votre permission, belle Hortense, je m'en rapporte plus à Mademoiselle qu'à vous, sûr-tout ce qui peut vous regarder, & si j'étois convaincu que la vivacité de mes sentimens pût vous engager à n'en pas rejetter l'hommage, je vous proteste..... je vous jure..... vous ne m'écoutez pas!

JULIE.

Jurez toujours, Monsieur, je vous écoute moi.

HORTENSE.

Ne voyez-vous pas, Monsieur, qu'elle se réjouit à mes dépens?

JULIE.

Je suis sûre que Monsieur ne prend point mes discours pour des plaisanteries.

CLITANDRE.

Je crois sans balancer tout ce que vous me dites de votre amie, & mon cœur m'en dit encore plus.

JULIE.
Et je gage contre vous que vous l'aimez.
CLITANDRE.
Je l'adore ; le respect.....
JULIE.
Bon, bon, le respect! si on l'écoutoit toujours, on ne s'entendroit jamais; allons, parlez.
CLITANDRE.
De tout mon cœur ; mais puis-je espérer qu'on m'écoutera?
JULIE à *Hortense*.
Un petit mot de réponse.
HORTENSE *embarrassée*.
Monsieur.......
JULIE à *Clitandre*.
Tenez, cela est clair comme le jour.
CLITANDRE à *Hortense*.
Encore deux mots, je vous en conjure.
HORTENSE.
Je ne sçais que vous dire.
JULIE à *Clitandre*.
Vous comprenez cela ?
CLITANDRE.
Mais...... pas trop bien.
JULIE.
Cependant rien n'est plus intelligible ; ne sçavoir que répondre, c'est dire qu'on répondroit volontiers.
CLITANDRE.
Voulez-vous belle Hortense que je m'en tienne à cette explication ?
HORTENSE.
Mon amie me jette dans une confusion......
JULIE à *Clitandre*.
Confusion !..... vous avez de l'esprit ; donnez à ce terme le sens le plus favorable ; on ne vous désavouera pas ; j'en suis caution.

SCÉNE III.

Un Laquais, Julie, Hortense, Clitandre.

LE LAQUAIS *à Julie.*

Mademoiselle, Monsieur vous demande.

JULIE.

au Laquais.   à Clitandre.
Je vous suis. Je suis fâchée, Monsieur, de vous laisser seul avec Hortense; si elle vous ennuie vous le direz sans façon, & vous la prierez de rentrer.

HORTENSE.

Je n'ennuirai point Monsieur, car je rentre avec vous.

CLITANDRE.

Et vous me quittez cruelle, sans me tirer d'incertitude!

JULIE.

Il vous nomme cruelle, & vous souffrez cela?

HORTENSE.

Que voulez-vous que je lui dise?

JULIE.

Qu'il a tort de vous dire une injure, & que vous ne la méritez pas.

LE LAQUAIS *à Julie.*

Monsieur s'impatientera.

JULIE.

Je m'en vais; attendez-moi tous deux; je reviens tout-à-l'heure.

HORTENSE.

à Julie.   à Clitandre.
Je crois que votre pere me demande aussi. Adieu, Monsieur, jusqu'au revoir.

JULIE.

Jusqu'au revoir! Ha! voila parler! quand on dit jusqu'au revoir, c'est-à-dire, revenez bientôt.

CLITANDRE.

Au moins, je vous avertis, belle Hortense, que je prens au pied de la lettre les interprétations de votre amie.

HORTENSE.

Vous les prendrez...... comme il vous plaira.

JULIE.
à Clitandre.

On vous laisse la carte blanche; promenez votre imagination. Encore une fois, jusqu'au revoir.

à Hortense.

HORTENSE.

Il suffit que vous le disiez. *Elle suit Julie qui sort, & elle fait une révérence gracieuse à Clitandre.*

Clitandre, demeuré seul, se réjouit de son bonheur qu'il croit avoir lû dans les yeux d'Hortense, malgré la timidité de la belle. Il convient que cette timidité est un attrait plus puissant pour lui que l'enjouement de Julie, & se flatte qu'Hortense & lui sont nés pour faire le bonheur l'un de l'autre; il craint seulement que son pere ne désaprouve sa passion pour une fille sans fortune, mais il se rassure sur sa générosité & sa tendresse pour lui. Lucidor entre, & le commencement de la scéne qu'ils ont ensemble fait comprendre que Lucidor n'a jamais eu qu'à se louer du respect & de la conduite de son fils; Clitandre prie son pere avec instance de l'aider à se saisir d'un *trésor caché*, qui seul peut faire son bonheur, & que recelle la maison de Géronte; Lucidor qui a l'esprit rempli de la confidence que Géronte vient de lui faire, croit qu'il s'agit du trésor de Dorimon; il est effrayé de ce que le secret dont son ami est si jaloux n'en est déja plus un, & fort étonné de voir son fils si sensible à l'intérêt; enfin Clitandre s'explique, & conjure son pere de lui obtenir en mariage la fille de Dorimon, & Lucidor, après avoir ri à part de sa méprise, le félicite contre la coûtume des peres, sur la noblesse de ses sentimens; peut-être seroit-il à propos, pour rendre son consentement plus méritoire, qu'il ne sçut rien du *Trésor caché*, non plus que son fils, mais ce consentement en seroit aussi moins vraisemblable. Quoi qu'il en soit, il promet à son fils de le satisfaire, & pendant que Clitandre sort, transporté de joie, il s'applaudit d'avoir un fils digne de lui, & capable de préférer le mérite à la richesse. Comme il veut aussi sortir pour lui tenir parole, il est retenu par le Seigneur Arlequin de l'*Arliquiniere*, qui lui rend une lettre de la part d'un Officier de distinction de ses amis; le Seigneur de l'*Arliquiniere* est une espéce d'avanturier qui sçait plusieurs langues, & qui a le talent de créer des mots nouveaux à chaque idée singuliere qui lui vient, & qu'il ne peut rendre dans aucune; c'est un homme comme il le dit lui-même, *moitié guerre & moitié marchandise*, & qui a fait plus d'un métier, vivandier par stratagême, espion de profession; il exerçoit avec distinction ce dernier emploi qu'il n'a quitté pour faire guerre ouverte à l'ennemi, qu'après avoir frisé deux fois la corde. L'Officier qui l'a chargé d'une lettre pour Lucidor, *lui avoit confié le commandement de ses mulets sur le Rhin*, & ne s'en prive, à ce qu'il dit dans sa lettre, que pour faire plaisir à son ami, auquel il conseille de ne pas manquer l'occasion de faire une si bonne acquisition; il ajoûte que le Seigneur de l'*Arliquiniere* est le fléau de la mélancolie, & que pour commencer à le mettre à l'épreuve, il n'a qu'à lui demander le récit de ses avantures. Lucidor se rappelle que son ami lui a déjà offert de lui céder cet original pour le réjouir; il fait à ce nouveau Commensal qu'on lui propose, quelques objections sur ce que la fidélité de ses pareils est un peu sujette à caution. Celui-ci convient qu'il sçait assez bien les tours de la plus fine friponnerie, mais il assure qu'il ne les exerce que par récréation; que d'ailleurs il sçait aussi bien que les Bohémiens, respecter les maisons où l'on veut bien le recevoir, & que l'ami de Lucidor ne s'est rendu sa caution qu'après en avoir fait l'épreuve; qu'au reste il ne répond de rien lui-même, si l'on se méfie de lui, & que le seul moyen de s'en assurer est de lui donner sa confiance. Lucidor le reçoit à son service, & lui promet la sienne, mais il l'avertit qu'il le traitera comme un espion, s'il s'apperçoit qu'il en abuse; il sort & l'emmene & le second acte finit.

Acte III.

Le troisiéme acte commence par une scéne entre Lisandre & Pasquin; ce valet apprend d'abord à son Maître qu'il a rencontré Clitandre, de qui il a sçu que Lucidor le cherchoit, pour lui parler d'une affaire d'importance; Lisandre est fort en peine de ce que peut lui vouloir celui qu'il appelle un vieux fou; Pasquin parle aussi d'un rêve qu'il a fait, où il lui sembloit que Dorimon étoit revenu des Indes,

& le rouoit de coups; ensuite Lisandre se fait rendre par Monsieur l'Intendant, (c'est Pasquin qu'il appelle ainsi,) ce compte dont il a été question au premier acte. Il s'agit de cinquante mille francs que Lisandre a reçu de Géronte pour le prix de sa maison, & dont Pasquin a été le dépositaire; le résultat de ce compte partagé en plusieurs articles de dépense plus sous les uns que les autres, & parmi lesquels le valet en fait entrer plusieurs qui le regardent personnellement, c'est que Lisandre se trouve redevable de deux cens livres; il est vrai que le dernier de ces articles fait honneur au bon cœur de ce jeune étourdi, car il lui en a coûté six mille livres pour tirer un de ses amis de la prison où ses créanciers le retenoient, & quoique le Chevalier *Trichard* ait disparu du moment qu'il a été libre, & qu'il ait laissé son libérateur dans l'embarras, Lisandre assure qu'il ne peut se repentir de l'avoir tiré d'affaire; cependant il avoue ingénuement à Pasquin qu'il ne sçait plus où donner de la tête; Pasquin le fait souvenir qu'il lui reste une belle tetre qui n'est pas encore vendue; *nous irons y vivre*, dit-il, *& c'est une bonne ressource.* Dans ce moment entre Lucidor, qui demande à Lisandre sa sœur en en mariage pour son fils; Pasquin paroît plein de joie d'une si bonne affaire, dont il compte que son Maître & lui tireront un bon parti, mais Lisandre refuse nettement; Lucidor fort étonné le prie de lui apprendre la cause d'un refus si désobligeant; Lisandre lui répond que la situation où sa sœur est présentement réduite, ne lui permet pas d'aspirer à un si riche établissement; Lucidor replique que ce n'est pas au bien d'Hortense, mais à sa personne que son fils prétend; alors Lisandre déclare que son dessein n'est pas de s'opposer au bonheur de sa sœur, mais qu'il veut encore moins qu'on puisse lui reprocher de l'avoir mariée sans dot, quoiqu'il se soit malheureusement mis hors d'état de lui en donner une proportionnée à l'alliance qu'on lui propose; qu'il veut absolument qu'elle ait en mariage la terre qui lui reste, & qu'il n'y a rien à faire, si l'on n'accepte sa terre avec sa sœur. Lucidor ne peut se résoudre à le dépouiller de la seule ressource qui lui reste; d'ailleurs Pasquin effrayé de la résolution de son Maître, après avoir inutilement essayé de l'en détourner, tire à part Lucidor, faisant semblant de vouloir lui persuader de céder à la generosité de Lisandre; mais il l'avertit tout bas de se bien garder d'accepter ce qu'on lui offre; que cette terre est un fonds ingrat, & que les frais de culture excédent le revenu; que l'air en est très mal sain, & presque pestilentiel; que de plus elle a toujours porté malheur à ceux qui l'ont possédée; qu'on y meurt de mort subite, & qu'on s'y pend quelquefois; que Lisandre lui attribue tous ses désastres, & que c'est par cette raison qu'il veut depuis longtemps s'en défaire, sans en pouvoir venir à bout. Quoique Lucidor devine à peu près l'intention de Pasquin, cependant ce valet lui parle si affirmativement, qu'il ne sçait presque ce qu'il en doit croire. Pasquin revient à son Maître, & lui dit qu'il ne peut rien gagner sur l'obstination du vieillard; Lisandre persiste dans sa résolution;

Lucidor l'avertit qu'il va lui envoyer son fils, qui sera peut être plus heureux que lui; mais Lisandre lui donne sa parole d'honneur de ne pas changer de sentiment, & se retire suivi de Pasquin. Lucidor reste fort étonné de ce mélange d'un libertinage outré avec tant de noblesse dans la façon de penser, & comme il se prépare à aller chercher Géronte pour le consulter sur les moyens de lever un obstacle si imprévu, il le voit venir à lui, & le surprend beaucoup en lui apprenant la délicatesse de Lisandre, dont son intention n'est pas d'abuser, outre qu'il avoue que les avis de Pasquin font sur lui quelqu'impression, malgré qu'il en ait. Géronte le raille de sa simplicité, & lui apprend que la terre en question, qui seroit depuis longtemps vendue, sans les obstacles qu'il y a mis sous main, rapporte plus de six mille livres de rente, & est une des meilleures, des plus fertiles & des plus agréables qui soient dans toute la Normandie; ensuite ils concertent ensemble les moyens de marier Hortense, aux dépens du trésor de Dorimon, suivant son intention, de façon que Lisandre sache qu'elle est dotée, sans se douter de la source ou la dot a été puisée; pour parvenir à ce but, Lucidor propose à son ami d'user d'un stratagême qui ne lui paroit pas s'accorder beaucoup avec la gravité de leur âge, mais dont en récompense il croit la réussite infaillible; il commence par lui conter comme il a fait l'acquisition de l'Avanturier Arlequin, & ajoûte qu'il n'y a qu'a le faire travestir en Capitaine de vaisseau, (*) qui

(*) C'est le role qu'on fait jouer à cet avanturier qui

apportera cinquante mille écus de la part de Dorimon, avec qui il aura lié amitié dans ses voyages, & dont il annoncera le prochain retour, lesquels cinquante mille écus il déposera chez un Notaire, au nom de Dorimon, pour être employés par Géronte à marier sa fille Hortense, quand il se présentera un parti favorable; il ajoûte que cette ruse produira deux bons effets, l'un de servir de frein au jeune homme, en lui faisant craindre le retour de son pere, l'autre de lever l'obstacle qu'il oppose au mariage de sa sœur. Cet arrangement pris, il quitte Géronte, pour aller mettre la main à l'œuvre, en le priant de profiter de l'arrivée de Pasquin qu'il voit approcher, pour préparer l'arrivée du Capitaine de vaisseau ; Géronte le lui promet, & Pasquin fort allarmé, vient conter à ce dernier la générosité hors de saison de son Maître, qui veut donner en mariage à sa sœur la terre qui est son unique ressource ; Géronte rit avec lui des contes qu'il a faits au sujet de cette terre, & de la crédulité de Lucidor, & Pasquin avoue qu'il a cru tout permis pour se soustraire au danger de mourir de faim; Géronte lui dit de se tranquilliser, & que sans compter le dégoût qu'il a inspiré à Lucidor pour la terre de Lisandre, il va peut-être survenir un nouvel obstacle au mariage qui l'allarme pour la terre de son Maître, Lucidor ne voulant plus le conclure sans sçavoir l'intention de Dorimon, depuis qu'il a appris l'arrivée

---

donné occasion à *Plaute* de donner à sa Comédie le nom de *Trinummus*, parce qu'on lui donne *trois écus* de récompense.

d'un Capitaine de vaisseau qui apporte de ses nouvelles, & qui publie qu'il se prépare à revenir en France; Pasquin est encor plus effrayé de ce récit qu'il ne l'étoit en arrivant, & ne se rassure un peu qu'après le départ de Géronte, soupçonnant, comme il est vrai en partie, que ce retour est imaginé pour les tenir en échec, son Maître & lui. Il quitte la scéne, & termine le troisiéme acte.

ACTE IV.
SCÉNE PREMIÉRE.
JULIE, HORTENSE, LISANDRE, PASQUIN.

LISANDRE.

Quoi, vous me fuyez belle Julie? ma sœur, arrêtez-la je vous en prie.

HORTENSE à Julie.

Restez un moment pour l'amour de moi.

JULIE.

Hé! mon dieu! de tout mon cœur; mais si mon pere survient, je suis perdue; il m'a défendu de parler à Lisandre, & j'ai fait serment de lui obéir.

Enfin Julie consent par accommodement & à la prière d'Hortense à écouter Lisandre, mais elle se défend de lui répondre, pour n'avoir pas à se reprocher une désobéissance.

LISANDRE à Julie.

Vous ne m'aimez donc plus?

PASQUIN.

Ho! que pardonnez-moi.

JULIE à *Pasquin.*

Qui t'a chargé de répondre ?

PASQUIN.

Ce sont vos yeux dont je suis l'Interpréte.

JULIE.

Qui t'a dit qu'ils ne mentent pas ?

PASQUIN.

Des yeux si vifs ne mentent jamais.

Julie ordonne à Lisandre de faire taire Pasquin ; Lisandre lui demande si on lui a aussi défendu de parler à ce valet, & sur ce qu'elle convient que non, en adressant la parole à Hortense, il la prie de souffrir qu'il s'explique en sa place ; Julie trouve la proposition singuliere, pendant qu'il lui est permis de parler lui-même ; il lui représente que tout ce qu'il pourra lui dire sera inutile, si elle s'obstine à ne lui pas répondre, & elle lui reproche qu'il est bien avare de ses paroles. Il consent à s'expliquer lui-même, pour lui prouver le contraire.

LISANDRE.

. . . .
. . . .

Vous me croyez un libertin, un dissipateur, un volage, un perfide, un homme indigne d'être aimé ? vous ne répondez rien ?

PASQUIN à *Valere.*

Je m'en vais vous répondre pour Mademoiselle.

LISANDRE.

Tais-toi.

Lisandre convient de ses torts, promet de les réparer, & offre à Julie le sacrifice de tout ce qui peut lui déplaire dans les goûts auxquels il s'est livré depuis quelques années. Ce sacrifice paroît tardif à sa Maîtresse, d'autant plus que son pere prétend la marier dès le lendemain, & elle ne peut se dissimuler qu'il a raison de ne vouloir pas risquer de la voir malheureuse avec un homme qui ne lui seroit pas plus fidéle après le mariage, qu'il ne l'a été auparavant, sans compter les autres désordres que Géronte est en droit de lui reprocher. Il ne faut pas oublier que c'est toujours à Hortense que Julie adresse la parole ; Lisandre n'épargne point les protestations d'une meilleure conduite pour la fléchir, & en vient à bout.

JULIE à *Hortense*, *d'un ton attendri.*

Hortense, dites-lui deux mots pour moi.

HORTENSE.

Que voulez-vous que je lui réponde ?

JULIE.

Hé ! mais....., tout ce que vous voudrez.

HORTENSE.
à Lisandre.

Hé ! bien, mon frere ; Julie est encore assez foible pour
à Julie,
vous croire, & elle vous pardonne de tout son cœur. Ai-je bien répondu ?

JULIE.

A peu près.

LISANDRE à *Julie*, *en lui prenant la main.*

Ha ! souffrez que je baise mille fois cette main.

JULIE à *Lisandre*, *en retirant sa main.*

Il s'agit de regagner mon pere ; mais vous y parviendrez difficilement, car il est outré contre vous &....., Ha ! ciel, je vous parle !

LISANDRE.

Oui, vous me parlez avec bonté, & je vous écoute avec transport ; je vais tout employer...... mais que me veut encore Clitandre ?

Clitandre fait de nouvelles instances pour obtenir Hortense en mariage auprès de Lisandre; il se défend par les mêmes motifs en présence de sa sœur & de sa Maîtresse, qui ne sçavoient rien encore des démarches de Lucidor & de Clitandre, ni de l'obstacle qui s'oppose à leur effet. Hortense approuve la délicatesse de son Amant, & proteste qu'elle ne consentira jamais à un mariage qui dépouilleroit son frere du reste de son bien. Julie qu'on prend pour arbitre, & qui ayant une fois rompu la glace, ne fait plus de difficulté de parler à Lisandre, prononce aussi contre lui, en convenant qu'elle ne pourroit que le louer de tout sacrifier pour l'établissement de sa sœur, s'il étoit nécessaire, mais qu'elle le blame d'y mettre lui même obstacle, par un scrupule qu'on pourroit taxer de vanité; il veut repliquer, mais elle lui ferme la bouche, en lui déclarant qu'elle a prononcé sans appel, & qu'il doit se résoudre à ne la jamais voir, s'il ose insister. On peut juger de la joie de Pasquin, qui voit la terre hors de danger; Julie entend la voix de son pere, & elle s'en va emmenant Hortense, & lui disant qu'ils sortiront par la porte de derriere pour aller dîner chez le frere de Géronte. *Elles s'en vont dîner! qu'elles sont heureuses*, s'écrie Pasquin! là-dessus Clitandre emmene Lisandre dîner chez sa sœur, pour y parler de leurs affaires, & sort avec lui, en disant à Pasquin de le suivre, ce que celui ci se prépare à faire bien volontiers, lorsqu'il se sent pétrifié à l'aspect de Dorimon; il se rappelle son rêve du commencement du troisiéme acte, dont il voit qu'une partie est vérifiée, ce qui lui fait craindre que le reste ne se vérifie de même. Il écoute Dorimon sans en être aperçu, & l'entend se féliciter lui-même de son heureuse arrivée, & du plaisir qu'il se promet à surprendre sa famille qu'il n'a pas voulu prévenir. Enfin Pasquin recouvre l'usage de ses jambes, & court avertir son Maître. Dorimon s'avance vers sa maison, & est surpris de voir une espéce de matin en prendre le chemin aussi bien que lui; c'est Arlequin qui interrogé par le vieillard qu'il ne connoît pas, lui débite, apparemment pour se mettre en haleine, toute la fable qu'il est chargé de débiter à Lisandre sur ses voyages, sur sa qualité de Capitaine de vaisseau de la Compagnie, sur le nom du vaisseau qu'il commande, qui s'appelle dit-il le *Rinoceros*, ou le *Monstre-marin*, sur son propre nom, nom Indien qui dure un quart-d'heure à prononcer, & qu'il a réduit en une syllabe pour la commodité de ses amis, de façon qu'on le nomme ordinairement le Capitaine *Crac*, sur ses liaisons avec Dorimon, les nouvelles qu'il en apporte à sa famille, & les cinquante mille écus qu'il vient de déposer de sa part chez son Notaire, dont il montre le reçu à celui qui l'écoute, qui en est fort surpris. Tout ce récit est rempli de mots de nouvelle fabrique, le seigneur de *l'Arliquiniere* n'ayant rien perdu de son goût pour cette maniere de s'exprimer, en prenant l'habit & les manieres d'un homme de mer. Il apprend encore à Dorimon qu'il a déposé chez le Notaire de son ami l'argent qui lui a été confié, parce qu'il n'auroit pas été prudent de remettre à son fils

Lisandre

Lisandre cette somme destinée à marier Hortense sa sœur, vû ce qu'il a sçu des désordres de ce jeune homme, avant & depuis le départ de son pere, à telles enseignes qu'il vient de vendre à Géronte la maison que Dorimon occupoit à son départ, mais que cependant Lisandre y demeure encore. Cette derniere nouvelle fait frémir Dorimon, qui se rappelle qu'il a confié à Géronte le secret du trésor. Enfin après s'être dit l'ami intime de Dorimon, il se déclare au prétendu Capitaine pour Dorimon lui-même; celui-ci lui reproche sa mauvaise foi de ne l'avoir pas averti plutôt, & dit qu'il est charmé de l'avoir payé de sa malice par les bonnes nouvelles qu'il vient de lui apprendre. Dorimon veut sçavoir de lui quelle est la personne qui l'a chargé de jouer le role qu'il vient de répéter en sa présence, mais Arlequin répond qu'il n'en sera instruit que par l'Auteur de la farce, & le quitte en se moquant de lui. Dorimon demeure consterné de la mauvaise conduite de son fils, & de la perfidie de son ami; mais Géronte sort du logis dans ce moment, reconnoît Dorimon, l'embrasse, & ne répond à ses reproches, qu'en le faisant entrer pour pouvoir se justifier plus commodément, c'est la fin du quatriéme acte.

ACTE V.

Dorimon & Géronte ouvrent le cinquiéme acte; le premier prie son ami de lui pardonner ses soupçons, & le remercie des services qu'il lui a rendus. Géronte lui demande grace pour

Lisandre & l'excuse, tant sur la dépravation du siécle, que sur ce qu'il n'a jamais rien fait qui puisse le deshonorer; il allégue le don qu'il vouloit faire à sa sœur du reste de son bien, comme une preuve de la bonté de son caractere; Dorimon traite cette action d'ostentation, ajoutant qu'il va mettre à une terrible épreuve cette prétendue générosité; il ne s'explique point sur la nature de cette épreuve, & paroît toujours résolu de faire passer tous ses biens, & particuliérement la succession immense de son frere qu'il vient de recueillir, à sa fille Hortense; ensuite il se prépare à sortir avec Géronte, pour aller trouver sa fille chez le frere de ce fidéle ami, mais il s'arrête tout ému de colere, en voyant paroître Pasquin. Celui-ci excuse son Maître, s'excuse lui même, se charge d'une partie des fautes de Lisandre, en rejette une partie sur Dorimon, l'attendrit malgré lui, par la peinture de la douleur dans laquelle son fils est plongé, sans pouvoir cependant faire quitter à ce vieillard sa contenance sévere, le conjure de pardonner à Lisandre, & de se contenter d'assommer son valet, & un moment après lui donne un conseil un peu différent.

DORIMON à Géronte, en montrant Pasquin.

Voila le plus adroit fripon qui soit jamais né; il me tourneroit la cervelle, si je ne le connoissois pas.

PASQUIN.

Ma foi Monsieur, si vous me connoissiez, vous prendriez de mes avis.

DORIMON.

Quels avis?

PASQUIN.

A votre place je sçais bien ce que je ferois.

DORIMON.

Quoi ? que ferois-tu ?

PASQUIN.

Après avoir bien chapitré mon fils, je lui pardonnerois toutes ses folies.

DORIMON.

Ensuite ?

PASQUIN.

Ensuite ? je me dépêcherois de le marier à quelque personne dont il fut bien épris, afin qu'elle eut assez d'empire sur lui pour le retirer du désordre.

DORIMON.

Et après cela ?

PASQUIN.

Après cela, je ferois la fortune de Pasquin, pour le récompenser de ses bons avis.

DORIMON *levant sa canne.*

Je m'en vais commencer impudent par la récompense que je lui dois.

Géronte retient Dorimon, & paroît content de Pasquin, qui voyant qu'il ne peut rien obtenir, dit au vieillard irrité qu'il va lui amener son fils, & s'en va sans écouter ses défenses & ses menaces. Géronte reproche à Dorimon sa dureté, & lui représente qu'on a vû des jeunes gens revenir d'aussi loin que son fils, ajoûtant qu'il croit son repentir sincere. Dorimon lui demande s'il s'y fieroit lui-même, & s'il seroit capable de lui donner sa fille en mariage sur la foi de ce repentir ; Géronte se défend d'abord sur ce qu'il s'est presque engagé avec un autre, & ensuite Dorimon le pressant sur ce qu'il feroit s'il ne l'étoit pas, il convient que la crainte de rendre sa fille malheureuse le feroit balancer. Dorimon prend droit de cette réponse de s'affermir dans ses résolutions, & il presse son ami de le mener voir sa fille, pour éviter la vue de son fils. Lisandre entre dans ce moment avec Pasquin, & Géronte dit à Dorimon que le moment est venu d'éprouver s'il a le cœur aussi endurci qu'il croit l'avoir. Lisandre fait tous ses efforts pour obtenir son pardon, que son pere, après bien des refus, ne lui accorde qu'à condition qu'il renoncera à sa succession, à celle de son oncle, & au *trésor caché*, dont il lui donne connoissance, & qu'il abandonnera tous ses droits à sa sœur, se réservant seulement la terre qui est échappée de toutes ses dissipations; Lisandre lui obéit sans hésiter, protestant que le revenu de cette terre, où il prétend se retirer, lui suffit pour le genre de vie qu'il se propose de mener à l'avenir. Lucidor entre avec son fils qu'il présente à Dorimon, en le félicitant sur ce qu'il paroit avoir pardonné au sien, & le priant de ratifier la parole que Lisandre a donnée à Clitandre; il apprend avec beaucoup de surprise les conditions du pardon, contre lesquelles Pasquin murmure un peu, quoique résolu à ne pas abandonner son Maître. Clitandre sçachant que tous les biens de Lisandre doivent passer de son aveu à sa sœur & à celui qu'elle épousera, refuse de devenir son beau-frere pour le dépouiller ; Hortense qui entre dans ce moment, & qu'on instruit de ce dont il s'agit, reçoit avec tendresse les caresses de son pere, mais refuse aussi de se marier à cette condition ; tous les Acteurs s'unissent pour fléchir Dorimon, & Géronte lui remontre qu'il va se priver de la douce consolation de voit son fils heureusement établi. Dorimon demande qui seroit la personne assez téméraire pour l'épouser. Julie paroît, & dit que ce sera elle si son pere le lui permet.

LISANDRE *aux pieds de Julie.*

Trop généreuse, trop aimable Julie, que vous redoublez ma honte & mes remords! mais je mérite moins que jamais vos bontés ; mon pere m'a fait justice, je suis desherité.

JULIE.
à Lisandre.   *à Géronte.*

Et le suis-je moi ? je me flatte que non. Me priverez-vous de votre bien pour me punir du penchant que j'ai pour Clitandre ?

GÉRONTE.

Au contraire, ma fille, je vous autorise à lui offrir votre fortune, & j'ai maintenant autant d'empressement à vous unir avec lui, que j'y montrois de répugnance. Puisque *en montrant Dorimon.* Monsieur est inflexible, j'adopte son fils pour le mien, & mon bien suffira pour vous deux.

Enfin Dorimon se rend, pardonne à son fils sans condition, loue Pasquin de son attachement pour son Maître, & promet de l'en récompenser, & tous les Acteurs quittent la scéne en bonne intelligence. Lisandre & Pasquin restent les derniers, & celui-ci fait compliment à son Maître, sur ce qu'il est enfin pris au piége du mariage.

LISANDRE.

J'en suis ravi ; tu me vois aussi las du désordre que je l'aimois ; l'expérience m'a convaincu pour jamais que le plus funeste parti qu'on puisse prendre c'est de se livrer à ses passions, & qu'il n'est point de vrai bonheur sans la sagesse & la vertu.

La Comédie finit par cette réflexion. On s'étonnera peut-être qu'ayant parlé du cinquiéme acte comme du meilleur de la piéce, nous n'ayons presque rien mis du Dialogue de cet acte sous les yeux de nos lecteurs, mais l'enchainement & la gradation d'intérêt en font le principal mérite, qu'on ne pourroit faire sentir sans le copier tout entier, au lieu de l'extraire. *Extrait Manuscrit.*

TRÉSOR (le) SUPPOSÉ, Comédie Françoise au Théatre Italien, trois actes en prose de M. *Gueullette*, premiere représentation du Mercredi 7 Février 1730. Cette piéce qui fut fort bien reçue, sur-tout les deux premiers actes, fut reprise avec des changemens au mois d'Avril 1731. Voyez le *Mercure d'Avril* 1731. *premier volume*, pag. 770. (imp. dans le second volume du nouveau Théatre Italien, Paris, Briasson.)

TRÉSORIERE, (la) Comédie en cinq actes & en vers de huit syllabes, avec un Prologue, de *Jacques Grevin*, représentée au College de Beauvais à Paris, le 5 Février 1558. imp. dans le Théatre de l'Auteur, in-8°. Paris, Sertenas, 1561. *Hist. du Th. Fr. année* 1558.

TRIBUNAL (le) DE L'AMOUR, Piéce en un acte & en vers libres de M. *Landon*, imp. Paris, Duchesne, représentée au Théatre François le Lundi 23 Octobre 1750. à la suite de la Tragédie de *Phédre & Hippolite*. *Histoire du Th. Fr. année* 1750.

TRICOTETS, (les) *Concerto* comique exécuté au Théatre de l'Opéra Comique par le meilleur sujet de ce spectacle, le Samedi 26 Février 1735.

TRIGAUDIN, *ou* MARTIN BRAILLARD, Comédie en cinq actes & en vers, de M. *Montfleury*, représentée au Théatre de Guénégaud, le 26 Janvier 1674. imp. la même année, Paris, Promé, in-12. & dans le Théatre de Messieurs *Montfleury*. *Histoire du Théatre Franç*. année 1674.

TRIOMPHE (le) AMÉRICAIN. Voyez *Arlequin dans les Isles*.

TRIOMPHE (le) D'ARLEQUIN. Voyez *Pélerinage (le) de la Foire*.

TRIOMPHE (le) D'ALCIDE, Tragédie lyrique de M. *Quinault*. Voyez *Alceste*.

TRIOMPHE (le) D'AMOUR, Pastorale d'*Alexandre Hardy*, représentée au Théatre de l'Hôtel de Bourgogne en 1623. imp. tome V. des Œuvres dramatiques de l'Auteur, in-8°. Rouen, du Petitval, 1626. *Hist. du Th. Fr.* année 1623.

TRIOMPHE (le) DE L'AMOUR, Ballet en vingt Entrées, de M. *Quinault*, Musique de M. *Lully*, représenté devant Sa Majesté, à S. Germain en Layë, le Mardi 21 Janvier 1681. in-4°. Paris, Ballard, & tome II. du Recueil général des Opéra.

ACTEURS DU PROLOGUE.

Vénus.   Mlle Ferdinand L.

I. ENTRÉE. *Les Graces*.

Mademoiselle.
Mlle de Commercy & Mlle de Piennes
Dryades.
Madame la Princesse Marianne,
Mlle de Tonnerre, Mlle de Clisson
& Mlle de Poitiers.

Z iv

II. Entrée. *Nayades.*

Mlle de Rambures,
Mlle de Chasteautiers, Mlle de Biron,
Mlle de Brouilly.

III. Entrée. *Plaisirs.*

Monseigneur, ou Lestang L.
Messieurs les Comtes de Brionne, de Fiesque
& de Tonnerre, M. le Marquis de la Touche,
M. de Mimeure, les Sieurs Favre
& Boutteville.

Plaisirs chantans. Les Sieurs Gaye & Fernon C.

IV. Entrée.

Mars.   Le Sieur Beauchamp.
Guerriers.
Messieurs les Marquis d'Humieres, de la Roque,
de Sainte Afrique & de Nangis; Messieurs les
Comtes de Bouligneux C. de Roussillon,
Messieurs Dussé de Valentiné & de Francine.

V. Entrée. *Amours.*

M. le Comte de Vermandois.
M. le Marquis d'Alincourt, M. le Comte de
Guiche, M. le Comte de Verue, M. le Marquis d'Haraucourt, les Sieurs Huet, Courcelle & Chalons.

Amphitrite.   Mlle Rebel.
Neptune.   Le Sieur Guillegaut.

VI. Entrée. *Dieux Marins.*

M. le Prince de la Roche-sur-Yon.
M. le Comte de Brionne, M. le Marquis de
Moy, M. de Mimeure.
Néréides.   Madame la Princesse de Conty.
Madame la Duchesse de Mortemart, Mlles de
Laval & de Piennes.

VII. Entrée.

Borée.   Le Sieur Pecourt.
Suite de Borée.   Les Sieurs Du Mirail,
Germain, Favier L. Lestang C.

VIII. Entrée.

Orithye.   Le Sieur Favre.
Atheniennes.   Les Sieurs Bouteville,
Magny, Joubert & Favier C.

IX. Entrée. *Nymphes de Diane.*

Madame la Dauphine.
Madame la Duchesse de Sully, Madame la Princesse de Guimené, Madame de Gontaut, Madame de Biron, Mlle de Clisson, Mlle de Brouilly.

X. Entrée.

Endymion.	Le Sieur Favier L.
La Nuit.	Mlle Saint Christophe.
La Mystere.	Le Sieur Fernon C.
Le Silence.	Le Sieur Guillegaut.

XI. Entrée. *Les Songes.*

Messieurs les Marquis de Mirepoix, d'Humieres & de Richelieu.
M. le Comte d'Auteüle, M. le Marquis de Moy, M. de Francine.

XII. Entrée. *Peuples de Carie.*

Les Sieurs Bouteville, Faure, Lestang C. Magny, Germain, Du Mirail, Barazé & Favier C.

Un Carien chantant.   Le Sieur Puvigné.

XIII. Entrée.

Ariadne.	Madame la Princesse de Conty.
Bacchus.	M. le Comte de Brionne.
Indien chantant.	Le Sieur Morel.
Indiennes chantantes.	Mlles Ferdinand C. & Rebel.

XIV. Entrée. *Indiens suivans de Bacchus.*

Monseigneur, ou Lestang L.
M. le Comte de Fiesque, M. le Marquis de la Troche, M. de Mimeure.
Les Sieurs Pecourt & Favier L.

Filles Grecques suivantes d'Ariadne.

Mesdames les Duchesses de Sully & de Mortemart, Madame la Marquise de Seignelay, Mlle de Lislebonne, de Laval & de Piennes.

XV. Entrée.

Mercure chantant.	Le Sieur Arnoul.
Apollon.	Le Sieur Lestang G.

Z v

XVI. ENTRÉE. *Bergers suivans d'Apollon.*
Les Sieurs Bouteville, Favre,
Barazé & Germain.
XVII. ENTRÉE.
Pan.   Le Sieur Lestang. L.
XVIII. ENTRÉE. *Faunes de la suite de Pan.*
Les Sieurs Pecourt, Du Mirail, Favier L. & C.
XIX. ENTRÉE.
Zéphyre Monseigneur, *ou* M. de Mimeure.
Zéphyrs.
M. le Prince de la Roche-sur-Yon, M. de Vermandois, Messieurs les Marquis d'Alincourt, de Moy & de Richelieu, M. le Comte d'Hamilton.
Flore.   Madame la Dauphine.
Nymphes de Flore.
Mesdames les Duchesses de Sully & de la Ferté, Madame la Princesse de Guimené, Madame la Marquise de Seignelay, Mlles de Clisson & de Brouilly.
Nymphe de Flore chantante.   Mlle Rebel.
XX. ENTRÉE.
La Jeunesse.   Mlle de Nantes.
Jeux.   M. le Comte de Guiche.
Les Sieurs Huet, Courcelle & Chalons.
Nymphe suivante de la Jeunesse chantante.
                 Mlle Rebel.
Divinités assemblées dans le Ciel.

Jupiter.	Le Sieur Gaye.
Junon.	Mlle Bony.
Cybele.	Mlle Puvigny.
Neptune.	Le Sieur Guillegaut.
Amphitrite.	Mlle Rebel.
Pluton.	Le Sieur Pluvigny.
Proserpine.	Mlle Piesche.
Cérés.	Mlle Doremius.
Diane.	Mlle Ferdinand C.
Mars.	Le Sieur Clediere.
Vénus.	Mlle Ferdinaud L.
Mercure.	Le Sieur Arnoul.
Hercule.	Le Sieur Morel.
L'Hymenée.	Le Sieur Fernon C.
Comus.	Le Sieur Le Roy.

Ce Ballet, ou plutôt cette mascarade fut représentée à Paris le Mardi 6 Mai 1681. M. de *Lully* fit remplir par des Danseuses les Entrées qui avoient été exécutées à S. Germain par les Princesses & Dames de la Cour ; c'est ici l'époque des premieres Danseuses qui parurent sur le Théatre de l'Académie Royale de Musique, entre lesquelles Mlle *La Fontaine* se distingua. Cette nouveauté jointe à la beauté des décorations, contribua fort au succès prodigieux de ce Ballet.

IIᵉ Reprise du *Triomphe de l'Amour*, à la fin de Janvier 1682.

III. Reprise du *Triomphe de l'Amour*, disposé en quatre Entrées, précédées d'un Prologue, (par les soins de Messieurs *Danchet & Campra*,) le Vendredi 11 Septembre 1705. in-4°. Paris, Ballard.

ACTEURS DU PROLOGUE.

Vénus.	Mlle Desmatins.
L'Amour.	Le Sieur Boutelou *fils.*
Habitans de Cythere.	Les Sieurs Mantienne & Fournier.
Habitantes de Cythere.	Mlles Loignon & Aubert.

BALLET. *Les Graces.*

Mlles Saligny, Morancourt & Nadal.
Jeux. Les Sieurs Du Mirail & Javillier.
Plaisirs. Les Sieurs Blondy & Ferrand.
Habitans de Cythere. Le Sieur Dumoulin L.
Les Sieurs Germain, Dumoulin L.
Dumoulin C. Dumoulin le jeune.
Amours, Pierret, Gillet, La Porte & Sallé.

I. Entrée.

Mars.	Le Sieur Thevenard.
Vénus.	Mlle Desmatins.
L'Amour.	Le Sieur Boutelou *fils.*

Un Guerrier.	Le Sieur Cochereau.
Un Plaisir.	Le Sieur Chopelet.

BALLET.

Guerriers.	Le Sieur Blondy.

Les Sieurs Ferrand, Dumoulin L. Germain, Du Mirail, Dangeville L. & Dumoulin le J.

Amours.	Pierret, Gillet, La Porte & Sallé.
Graces.	Mlles Saligny, Morancourt & Nadal.

II. ENTRE'E.

Amphitrite.	Mlle Journet.
Neptune.	Le Sieur Dun.
Aglaure Confidente d'Amphitrite.	Mlle Poussin.

BALLET.

Tritons.	Le Sieur Balon.

Les Sieurs Du Mirail, Dangeville C. Dumoulin C. & le jeune.

Néréides.	Mlles Le Comte, Bassecourt, Prevost & Saligny.

III. ENTRE'E.

Diane.	Mlle Poussin.
Endimion.	Le Sieur Boutelou.
La Nuit.	Mlle Du Peyré.
Le Mystere.	Le Sieur Chopelet.
Le Silence.	Le Sieur Hardouin.

BALLET.

Nymphes de Diane.	Mlle Subligny.

Mlles Saligny, Morancourt, Guyot & Nadal.

Songes.	Le Sieur Dumoulin C.

Les Sieurs Dumoulin L. Germain, Dangeville L. Dangeville C. Javillier & Marcel.

IV. ENTRE'E.

Ariane.	Mlle Journet.
Bacchus.	Le Sieur Thevenard.
Suivant de Bacchus.	Le Sieur Hardouin.
Une Indienne.	Mlle Loignon.
Autre Indienne.	Mlle Vincent.

BALLET. Grecques.

Mlles Dangeville, Bassecourt, Morancourt, Prevost & Nadal.

Indiens. Les Sieurs Germain,
Dumoulin L. & C. & le J. & Dangeville C.
More & Moresque. Le Sieur Dangeville L. &
Mlle Le Comte.

IVe REPRISE du *Triomphe de l'Amour*, avec un Prologue nouveau, & une nouvelle Entrée, (la premiere des précédentes ayant été supprimée) le Jeudi 26 Novembre 1705. 2e édition in 4º. Paris, Ballard.

ACTEURS DU PROLOGUE.

Vénus. Mlle Poussin.

BALLET.

Les Graces. Mlles Saligny, Bassecourt & Carré.
Dryades. Mlles Prevost & Guyot.
Jeux. Les Sieurs Du Mirail & Javillier.
Plaisirs. Les Sieurs Blondy & Ferrand.

Peuples de la suite de Vénus.
Le Sieur Dangeville L.
Les Sieurs Germain, Dumoulin L. C. & le J.
Amours. Pierret, Gillet, La Porte & Sallé.
Mars. Le Sieur Blondy.

Suite de Mars.
Les Sieurs Dumoulin L. Ferrand, Germain, Du Mirail, Dangeville L. & Dumoulin le J.

I. ENTRE'E.

Amphitrite. Mlle Journet.
Neptune. Le Sieur Dun.
Aglaure. Mlle Loignon.

BALLET.

Borée. Le Sieur Blondy.
Vents. Les Sieurs Germain, Dumoulin L. Javillier & Marcel.
Orithye. Mlle Prevost.
Nymphes. Mlles Carré, Guyot, Saligny & Mangot.

II. DIVERTISSEMENT.

Tritons. Le Sieur Balon.
Les Sieurs Dumoulin L. Du Mirail, Dangeville C. Dumoulin C. & le J.
Néréides. Mlles Dangeville & Bassecourt.

II. ENTRÉE.

Diane.	Mlle Poussin.
Endimion.	Le Sieur Boutelou.
La Nuit.	Mlle Dupeyré.
Le Mystere.	Le Sieur Chopelet.
Le Silence.	Le Sieur Perere.
Songes.	Les Sieurs Le Bel, Mantienne & Fournier.

BALLET.

Nymphes de Diane.   Mlle Subligny.
Mlles Saligny, Dangeville, Guyot & Bassecourt.

II. DIVERTISSEMENT. Songes.

Les Sieurs Dumoulin L. Germain, Dangeville L. Dangeville C. Javillier & Marcel.

III. ENTRÉE.

Ariane.	Mlle Journet.
Bacchus.	Le Sieur Hardouin.
Suivant de Bacchus.	Le Sieur Fournier.
Deux Indiennes.	Mlles Loignon & Vincent.

BALLET. Grecques.

Mlles Dangeville, Bassecourt, Morancourt, Prevost & Carré.
Indiens.   Les Sieurs Germain, Dumoulin L. C. & le J. & Dangeville C.
More & Moresque.   Le Sieur Dangeville L. & Mlle Le Comte.

IV. ENTRÉE nouvelle.

Apollon.	Le Sieur Thévenard.
Daphné.	Mlle Poussin.
Mercure.	Le Sieur Mantienne.
Le Coriphée.	Le Sieur Fournier.
L'Amour.	Le Sieur Boutelou fils.
La Jeunesse.	Mlle Vincent.
Suivante de Flore.	Mlle Aubert.

I. DIVERTISSEMENT.

Bergers, suite d'Apollon. Le Sieur Balon.
Les Sieurs Germain, Dumoulin L. C. & le J.

II. DIVERTISSEMENT.

Pan.   Le Sieur Dumoulin C.

T R

Suite de Pan.
Les Sieurs Dangeville L. & C. Du Mirail
& Marcel.

III. DIVERTISSEMENT.

Zéphyre.   Le Sieur Balon.
Suivans de Zéphyre.
Les Sieurs Germain & Dumoulin L. & le J.
Flore.   Mlle Subligny.
Suivantes de Flore.
Mlles Prevoſt, Carré & Mangot.

TRIOMPHE (le) DE L'AMOUR, Comédie Françoiſe au Théatre Italien, trois actes en proſe, de M. de *Marivaux*; premiere repréſentation du Mercredi 12 Mars 1732. Cette piéce n'eut pas un ſuceès bien décidé. Voyez l'*Extrait*, *Mercure d'Avril* 1732. page 778. Paris, Prault pere.

TRIOMPHE (le) DE L'AMOUR, Piéce en monologues, d'un Auteur *Anonyme*, non imprimée, repréſentée par la Troupe de Dolet & La Place & Aſſociés, le Samedi 4 Août 1708. Cet ouvrage ne mérite aucun Extrait.

TRIOMPHE (le) DE L'AMOUR SUR BACCHUS, c'eſt le titre de la troiſiéme Entrée du Ballet des *Fêtes nouvelles*, de M. *Maſſip*, Muſique de M. *Dupleſſis*, repréſenté en 1734. Voyez *Fêtes* (les) *nouvelles*.

TRIOMPHE (le) DE BACCHUS ET DE VÉNUS, Voyez *Avantures* (les) *d'Arlequin*.

TRIOMPHE (le) DE BACCHUS, Pantomime Angloiſe repréſentée par la Troupe des Danſeurs de Corde, le Mercredi 3 Février 1751. *Affiches & annonces.*

TRIOMPHE (le) DE LA FOLIE, Comédie

lyrique de M. *Danchet*, Musique de M. *Campra*, c'est le titre d'un acte ajoûté en 1711. au Ballet des *Fêtes Vénitiennes*. Voyez *Vénitiennes*. (*les Fêtes*)

TRIOMPHE (le) DE LA FOLIE, Comédie Françoise au Théatre Italien, un acte en prose, avec un divertissement. Cette piéce qui est de M. *Dominique*, fut représentée pour la premiére fois le Samedi 14 Juillet 1723. Le succès en fut médiocre, & elle n'a pas été imprimée, ce qui nous autorise à faire usage ici de l'Extrait qui en existe dans le Mercure. Elle étoit suivie du *Bois de Boulogne*, autre piéce du même Auteur, qui tomba tout-à-fait, & d'*Agnès de Chaillot*, Parodie de la Tragédie d'*Inès de Castro*. Cette Parodie est de M. Le *Grand*, & elle eut un succès prodigieux. Voyez *Bois (le) de Boulogne*, & *Agnès de Chaillot*. Voyez aussi le Vaudeville du *Triomphe de la Folie*, dont il est parlé dans l'Extrait suivant, *au premier volume du nouveau Théatre Italien*, page 104. Paris, Briasson.

« L'Auteur de cette Piéce (*Le Triomphe de la Folie*) a voulu parodier par avance une Comédie annoncée par les Comédiens François, qui a pour titre : *Le Divorce de l'Amour & de la Raison*. La Raison ouvre la scène par un Dialogue qu'elle fait avec Mercure, à qui elle demande des nouvelles de l'Amour qui l'a abandonnée, sans lui dire pourquoi. Mercure lui apprend qu'il a suivi son infidéle époux dans tous les différents Royaumes où il a été, & de-là il prend occasion de parler de ses progrès, selon les génies des Nations

» dont il a entrepris de triompher. Cette scéne
» a paru fort ingénieuse, bien écrite, & semée
» de jolis traits. L'Amour paroît dans la seconde
» scéne; il se mocque de la raison & plaisante
» sur la bizarrerie de leur union qui avoit banni
» les plaisirs dont sa Cour avoit toujours été
» formée avant ce mariage fait en dépit du bon
» sens. (*) La Folie survient; elle brocarde la
» raison sur nouveaux frais; elle la chasse, &
» ordonne à sa riante suite de chanter & de
» danser. Le Vaudeville a paru assez joli, &c ».
Voyez le *Mercure de Juillet* 1723. page 205.
Extrait imprimé.

TRIOMPHE (le) DE LA FOLIE SUR LA RAISON DANS LE TEMPS DU CARNAVAL, c'est le titre du premier Prologue du Ballet des *Fêtes Vénitiennes*, de M. *Danchet*, Musique de M. *Campra*. Voyez *Vénitiennes*. (*les Fêtes*)

TRIOMPHE (le) DE LA FOI ET DE LA CONSTANCE, Tragédie. Voyez *Thomas Morus*.

TRIOMPHE (le) DE LA RAISON, Comédie héroïque & allégorique en trois actes & en prose, avec un Prologue, ornée de trois divertissemens, par M. *Coypel*, représentée par les Comédiens François à Versailles, le Lundi 17 Juillet 1730. in 4°. *Histoire du Th. François*, année 1730.

TRIOMPHE (le) DE LA VERTU. Voyez *Climéne* (*la*) de M. *Puget de la Serre*.

TRIOMPHE (le) DE L'HARMONIE, Ballet

(*) On voit par ce trait que l'Auteur du *Triomphe de la Folie* en vouloit bien autant au *Nouveau monde*, Comédie qui avoit précédé le *Divorce de l'Amour & de la Raison*, au Théatre François, qu'à cette derniere Piéce.

héroïque en trois actes, avec un Prologue, par M. *Le Franc*, Musique de M. *Grenet*, représenté par l'Académie Royale de Musique, le Jeudi 9 Mai 1737. in 4°. Paris, Ballard, & Tome XVI. du Recueil général des Opéra. Extrait, *Mercure de France*, *Juin premier vol.* 1737. pag. 1185-1197.

ACTEURS DU PROLOGUE.

L'Harmonie.	Mlle Petitpas.
La Paix.	Mlle Julie.
L'Amour.	Mlle Fel.
Une Eléve de l'Harmonie.	Mlle Petitpas.
Une Grace.	Mlle Monville.

BALLET. *Les Graces.*

Mlles Fremicourt, Le Breton & S. Germain.

Jeux & Plaisirs.

Les Sieurs Maltaire L. Matignon & Hamoche Mlles Le Duc, Dalmand L. & Courcelle.

Suivans de l'Harmonie.

Les Sieurs Dumay & Dupré.
Mlles Carville, Petit & Du Rocher.

I. ENTRE'E. *Orphée.*

Pluton.	Le Sieur Dun.
Le Styx.	Le Sieur Person.
Orphée.	Le Sieur Tribou.
Euridice.	Mlle Petitpas.

BALLET.

Démons, Furies & Divinités infernales.
Les Sieurs Javillier C. Savar, Dupré, Le Fevre & Dumay.

Ombres heureuses.
Le Sieur Dumoulin & Mlle Sallé.
Les Sieurs Maltaire L. Hamoche, F. & P. Dumoulin.
Mlles Fremicourt, Dalmand L. Le Duc & Le Fevre.

II. ENTRE'E *Hylas.*

Eglé.	Mlle Pelissier.

Doris.	Mlle Fel.
Hylas.	Le Sieur Tribou.
Un suivant d'Eglé.	Le Sieur Jélyotte.

BALLET.

Divinités des Eaux.
Le Sieur Maltaire 3 & Mlle Mariette,
Les Sieurs Matignon, Dangeville, Hamoche
& P. Dumoulin.
Mlles Dalmand L. Fremicourt, S. Germain,
Courcelle, Dalmand C. & Centuray.

III. ENTRÉE. *Amphion.*

Amphion.	Le Sieur Chaffé.
Tantale.	Le Sieur Dun.
Niobé.	Mlle Eremans.
Un Sauvage.	Le Sieur Chaffé.
Une Thébaine.	Mlle Fel.

BALLET.

Thébains & Thébaines. Le Sieur D. Dumoulin.
Les Sieurs F. Dumoulin, Hamoche
& P. Dumoulin.
Mlles S. Germain, Dalmand L. & Fremicourt.
Sauvages. Le Sieur Dupré.
Mlle Sallé.
Les Sieurs Savar, Javillier C. & Dupré.
Mlles Carville, Petit & Du Rocher.

Ce Ballet ayant été joué jusqu'au Dimanche 16 Juin 1737. inclusivement, fut repris le Jeudi 23 Janvier 1738. pour être donné les Jeudis suivans. On y joignit le Jeudi 13 Février de la même année quelques fragmens tirés de la Pastorale des *Fêtes de l'Amour & de Bacchus.*

IIᵉ REPRISE du Ballet du *Triomphe de l'Harmonie*, le Jeudi 14 Juillet 1746. 2ᵉ édition in-4º. Delormel.

ACTEURS DU PROLOGUE.

La Paix.	Mlle Jacquet.
L'Harmonie.	Mlle Chevalier.

BALLET.

L'Amour.	Mlle Puvigné.

Jeux & Plaisirs.
Les Sieurs Lyonnois, Levoir & Saunier.
Mlles Thierry, Minot & Lyonnois C.

Suite de l'Harmonie.	Mlle Lyonnois.

Les Sieurs Cayez, Feuillade & Devisse.
Mlles Petit, Devaux & Duchasteau.

I. ENTRÉE. *Orphée.*

Le Styx.	Le Sieur Person.
Pluton.	Le Sieur Le Page.
Orphée.	Le Sieur Poirier.
Euridice.	Mlle Romainville.
Une Divinité infernale.	Le Sieur Albert.

BALLET.

Démons.	Le Sieur Pitro.

Les Sieurs Monservin, Matignon, Dumay,
Dupré, Feuillade & Lyonnois.

Ombres heureuses.
Le Sieur D. Dumoulin & Mlle Le Breton.
Les Sieurs Hamoche, Dangeville,
P. & F. Dumoulin & Maltaire L.
Mlles Courcelle, Beaufort, Thierry,
Minot & Duchasteau.

II. ENTRÉE. *Hylas.*

Eglé.	Mlle Chevalier.
Doris.	Mlle Bourbonnois.
Hylas.	Le Sieur Jélyotte.

BALLET.

Tritons.	Le Sieur Maltaire 3.

Les Sieurs Cayez, Feuillade, Hamoche,
Levoir & Devisse.

Néréides.	Mlle Camargo.

Mlles Carville, Rosalie, Erny, Beaufort
& Thierry.

III. ENTRÉE. *Amphion.*

Niobe.	Mlle Romainville.
Amphion.	Le Sieur Chassé.
Tancrede.	Le Sieur Le Page.

[*BALLET.*

Thébains & Thébaines.
Les Sieurs Feuillade, Cayez & Lyonnois,
Mlles Courcelle, Minot & Beaufort.
Sauvages. Le Sieur Dupré.
Mlle Dalmand.
Les Sieurs Matignon, Dumay & Dupré.
Mlles S. Germain, Rosalie & Erny.
Un Thébain & une Sauvage.
Le Sieur Monservin & Mlle Carville.

Cette derniere Entrée fut encore donnée les Mercredi 7 & Mercredi 14 Décembre 1746. & formoit le second acte des Fragmens représentés pour la Capitation des Acteurs.

TRIOMPHE (le) DE L'HYMEN, Opéra Comique en deux actes, de M. *Bailly*, représenté le Vendredi 6 Juillet 1725, accompagné de *Momus Censeur des Théatres*, piéce en un acte. Non imp.

Colette, fille de Madame Thomas riche Fermiere, avoue naturellement à Niquette sa cousine, qu'elle souhaite avec ardeur d'être promptement mariée avec Nicaise, qui à la vérité est fort bête.

COLETTE. (AIR. *J'entens déja le bruit des armes.*)

Tant d'empressement, je le gage,
Te fait peine ?

NIQUETTE.

Sans contredit.

COLETTE.

C'est sa franchise qui m'engage,
Car sans cesse un chacun me dit,
Qu'il est nécessaire en ménage
Qu'un mari n'ait pas tant d'esprit.

Niquette parle en vain pour Pierrot ancien

Amant de Colette ; cette derniere répond toujours qu'elle acceptera Nicaife qui a l'aveu de Madame Thomas, & qui fera un jour très-riche. Ce prétendu paroît : c'étoit le Sieur Dolet qui repréfentoit ce perfonnage, & qui dit-on fit un extrême plaifir, par le naturel dont il le rendit. Arlequin, fubftitut du Dieu de l'Hymen, prend le foin d'inftruire ce jeune fot. Il renvoye affez brufquement Pierrot, rival de Nicaife, pour donner audience à Jeannette, jeune fille qui vient implorer la faveur du Dieu. Mais lui dit le fubftitut, vous êtes bien jeune pour fonger au mariage.

LISETTE (Air. *Joconde retourné.*)
Puiffant Dieu, je vais fur douze ans,
Et cependant ma mere
Me défend d'avoir des Amans.

ARLEQUIN.
Elle eft donc bien fevere ?

JEANNETTE.
Elle me donne pour raifon
Qu'ayant de quelque drille,
Eté la dupe en fa faifon,
Elle craint pour fa fille.

Arlequin lui propofe pour époux un vieux Financier : Vous voulez rire, Monfieur, répond Jeannette ; un pareil préfent ne me tente point.

JEANNETTE. (Air. *Tout cela m'eft indifférent.*)
Je ne veux point d'un vieil époux ;
J'aime mieux un jeune entre nous ;
L'on dit que fa flamme eft conftante,
Que rien n'en interrompt le cours ;
Cent fois j'entens dire à ma tante,
Que mon vieux oncle dort toujours.

Cette scéne fit d'autant plus de plaisir, que le role de Jeannette fut joué par Mlle *Petitpas*, pour lors âgée de douze à treize ans, & qui essayoit ses talens au Théatre de l'Opéra Comique. Le premier acte est terminé par un divertissement des garçons & des filles de la noce de la cousine de Jeannette. Voici le couplet du vaudeville chanté par cette derniere.

<blockquote>
Maman s'efforce vainement
De me dégoûter du ménage.
Mon cœur d'un tendre engagement
Me promet le plus doux usage.
Zon, zon, zon, lirette la liron,
C'est à mon âge qu'il est bon
De tâter du mariage.
</blockquote>

Arlequin ouvre le second acte. Madame Trafiquet intriguante, lui présente un livre rempli des noms des filles à pourvoir. Arlequin l'assûre qu'il la recommandera au Commis de l'Hymen préposé pour tenir de pareils registres. Colette vient aussi s'y faire inscrire; en lui promettant sa protection, Arlequin rappelle à cette fille la parole qu'elle a donnée à Pierrot. Je l'aime trop, répond Colette, pour en faire un mari. On passe plusieurs scénes épisodiques usées & rebattues; M. Toulet & sa femme arrivent en chancelant, pour rendre graces à l'Hymen de la paix qu'ils ont conservée dans leur ménage. Enfin Pierrot présente sa très humble requête; Arlequin lui déclare net que Colette épouse Nicaise, mais pour consoler cet amant au désespoir, il lui conseille de donner la main à Jeannette, qui paroît remplie de bonne volonté. Ce double mariage termine la piéce. Au

Vaudeville, Jeannette adresse à Pierrot le couplet suivant.

> Si sous les loix de l'Hymenée
> L'Amour m'engage dans ce jour;
> Je veux que l'on ait du retour;
> Car si je me voyois trompée,
> Le lendemain du grand matin,
> Je m'en irois plaindre au voisin.

La Musique des divertissemens est de M. Royer. *Extrait Manuscrit.*

TRIOMPHE (le) DE L'HYMEN, Pantomime. Voyez *Fête (la) Angloise.*

TRIOMPHE (le) DE L'HYVER, Comédie en un acte, d'un Auteur *Anonyme*, non imprimée, représentée le Lundi 29 Novembre 1694. précédée des *Mœurs du tems. Hist. du Th. Fr.* année 1694.

TRIOMPHE (le) DE L'IGNORANCE, Opéra Comique en un acte, de M. de *Boissy*, non imp. représenté le Jeudi 20 Mars 1732.

L'Enjouement personnifié s'étonne que l'Ignorance vienne fixer son séjour à Paris, qui est dit-il le rendez-vous des Sçavans.

L'IGNORANCE.

(AIR. *Quand je tiens de ce jus d'Octobre.*)

> Ces Messieurs dont je suis l'amie,
> Font tout l'ornement de ma Cour,
> Et dans plus d'une Académie
> Je vais présider chaque jour.

« Je vois (AIR. *Robin ture lure lure.*)

> Sous mes drapeaux souverains
> Des gens de toute nature;
> Marquis, Abbés, Médecins,
> Ture lure,
> Personnages à fourure,
> Robin ture lure lure.

La précieuse Eliante est la premiere qui se présente à l'Audience, & vient au nom de son sexe demander les mêmes prérogatives que les hommes, puisqu'il posséde les mêmes talens. La déclamation, ajoute-t-elle, la Musique & la Danse sont de notre appanage.

 Et quel Acteur jamais acquit autant d'estime,
 Au Théatre François, que l'illustre Monime ? (*)
 Qui porta jamais l'art aussi loin qu'elle fit,
 Et soumit la nature au pouvoir de l'esprit ?
 Son goût sçut le premier bannir la psalmodie,
 Et faire simplement parler la Tragédie.

Dans la Musique n'avons-nous pas à l'Opéra deux Actrices inimitables. (*Les Dlles Pélissier & Le Maure.*)

(AIR. *On n'aime point dans nos forêts.*)

 Elles charment différemment,
 L'une tient notre ame captive
 Par son art, par son jeu brillant,
 Et par son expression vive :
 L'autre par ses sons enchanteurs,
 Maîtrise, enleve tous les cœurs.

Eliante fait l'éloge des Dlles *Camargo & Sallé*, en rapportant des exemples pour la danse.

 ELIANTE. (AIR. *Des sept sauts.*)

 Pour les entrechats
 Et les caprioles,
 Pour les entrechats
 Tout lui céde le pas.
 Jamais si juste & si haut,
 Personne n'a fait un saut,
 Deux sauts, trois sauts, &c.

(*) Mlle Le Couvreur.

(AIR, *Chantez petit Colin.*)

Pour l'air noble & décent,
Pour la danse légere,
Pour l'air noble & décent,
L'autre est un modéle charmant,
   Prodige de notre âge,
   Elle est jolie & sage,
   Applaudissons-la,
   La vertu lon la,
   Danse à l'Opéra.

Malgré cela l'Ignorance lui conseille de demeurer sous son empire, & de ne songer qu'à plaire.

Jephté vient ensuite reprocher à l'Ignorance d'avoir nui à son succès; celle-ci répond par quelques traits critiques & veut se retirer: Restez, lui dit Jephté, je n'aurai pas quitté inutilement le sacré séjour de Maspha; je me fais un sacré devoir de vous faire entendre mes sacrés concerts.... Finissez vos juremens, replique l'Ignorance en l'interrompant. Je vous défie, continue Jephté de n'être pas sensible aux regrets de ma fille.

(AIR. *Ma raison s'en va beau train.*)

Qui pleure un feu criminel,
Et qui portant à l'autel
Un cœur tout nouveau,
Qu'Amour, le bourreau,
   En secret persécute,
S'apprête à descendre au tombeau,
Au doux son de la flute
   Lon la,
Au doux son de la flute.

L'IGNORANCE.

» Ce n'est qu'un *lazzi*, elle en est quitte pour la peur &
» un repentir.

Jephté piqué des railleries de l'Ignorance,

fort au bruit de son tonnerre, & fait place à Fanchonnette, petite fille qui s'adresse à l'Ignorance pour se faire instruire. Comme cette scéne au reste n'a rien de neuf, nous passons à la suivante, où *Eriphile* expose pathétiquement ses plaintes contre le public.

ÉRIPHILE.

Arbitre des succès, Reine du genre humain,
Vous dont le Tribunal sans régle est souverain,
Qui dans tous vos arrêts où l'instinct seul préside,
Prenez le cœur pour juge, & le plaisir pour guide,
Ignorance pour qui j'étale mes brillans,
Défendez Eriphile en butte aux faux sçavans.
Ces traîtres vont par-tout déchirant ma conduite,
Dire, pour écarter la foule qui me quitte,
Que malgré mon éclat, dont on est étonné,
Je ne suis dans le fond qu'un monstre bien orné.

L'IGNORANCE.

» Ils n'ont pas tout le tort.

ÉRIPHILE.

Que l'on voit à travers toute ma draperie,
De deux originaux que je suis la copie :
Que mon fils Alcméon, au crime réservé,
Que ce fils, comme Œdipe, est un enfant trouvé,
Et que vengeant sur moi le meurtre de son pere,
Comme Oreste il devient l'assassin de sa mere.
Qu'en moi, d'abord pour peu qu'on m'observe de près,
De Jocaste ma sœur, on reconnoît les traits.

L'IGNORANCE.

» A dire vrai vous avez un grand air de famille.

ÉRIPHILE.

Qu'on lit en même temps dans mon regard funeste,
L'adultere noirceur de la mere d'Oreste.

L'IGNORANCE.

» Plus je vous regarde, & plus je trouve qu'ils ont raison.

ÉRIPHILE.

Ne ferez-vous point taire un discours qui m'offense ?
Il est de votre honneur de prendre ma défense ;

Justifiez Madame, en combattant pour nous,
Les applaudissemens que j'ai reçu de vous.

L'IGNORANCE.

» Vous m'embarrassez ; il est vrai que j'ai beaucoup ap-
» plaudi le premier jour, mais c'est moins l'ensemble de la
» piéce, que la beauté des détails.

(AIR. *Il faut que je file.*)

Et sans détour inutile,
Disons le fait comme il est,
Si nous admirons le style,
La conduite nous déplaît,
Eriphile, file, file,
File mal son intérêt.

L'Ignorance ajoûte plusieurs objections, dont la principale tombe sur le duel d'Alcmeon & d'Hermogide, qui s'est passé de nuit près du tombeau d'Amphiaras, époux d'Eriphile, & pere d'Alcmeon. Mais par quel hasard, continue l'Ignorance, votre fils qui avoit peut-être choisi ce lieu pour vous éviter, a-t-il pû vous y porter le coup mortel.

ERIPHILE.

C'est sur le monument, quand je suis en priere,
Qu'il me tuë à tâtons, & faute de lumiere,
Je lui pardonne, hélas ! de s'être ainsi mépris :
Dans la nuit on sçait trop que tous les chats sont gris.

Le Médecin Eraste termine l'audience. A son ajustement l'Ignorance l'auroit pris pour un Officier s'il avoit une épée.

ERASTE.

» Vous ne serez plus surprise, Madame, quand vous
» sçaurez que je suis un Médecin du bel air, plus propre à
» blesser qu'à guérir. Autrefois la Médecine étoit une science
» sombre, pédantesque, & remplie de termes durs & bar-
» bares ; elle étoit le partage de la vieillesse, & sa longue
» barbe étoit son enseigne. A présent ce n'est plus cela,
» grace à M. *De la Forest*, dont je suis le brillant éléve,

» tout a changé de face ; il a dépouillé la Médecine de toute
» sa barbarie, les graces enjouées & les ris badins l'accom-
» pagnent, son langage est riant & figuré ; elle offre par-
» tout de brillantes images, & répand des fleurs sur les ma-
» tieres qui en sont le moins susceptibles. Aujourd'hui il faut
» avoir le suffrage des Dames ; ce sont elles qui font les gran-
» des réputations, par conséquent il faut posséder toutes les
» qualités d'un joli homme..... Entre-t'on chez une belle
» indisposée : Eh bon jour, Madame, je n'ai jamais vû une
» malade si charmante. Mais la fiévre vous embellit, elle
» vous donne un vermillon qui efface le plus beau carmin ;
» elle augmente la vivacité de vos yeux. En vérité, vous êtes
» si belle en cet état, que si je n'en craignois les suites, j'en-
» tretiendrois votre fiévre, au lieu de vous l'ôter. Ensuite
» lui prenant doucement le bras, & lui tâtant le pouls, avec
» l'air d'un homme qui va lui faire une déclaration, il s'écrie,
» Ah ! voilà un pouls velouté qui me charme, & qui m'an-
» nonce le retour d'une santé brillante.... En un mot, tout
» notre art, je le répéte, est de sçavoir gouverner une belle.

(AIR. *Quand le péril est agréable.*)

En trois points consiste l'affaire ;
Malade, il faut la consoler ;
Convalescente l'amuser,
Dans la santé lui plaire.

» Je vous dirai bien plus, mais vous n'en parlerez pas ?

L'IGNORANCE.

» Je suis discrette.

ÉRASTE.

» Je vous dirai donc que je ne me borne pas toujours à la
» théorie ; dans les grandes occasions, & sur-tout quand la
» malade en vaut la peine, je ne me contente pas d'ordon-
» ner, j'opére en secret souvent moi-même, & sans vanité
» je brille dans l'opération : je m'y porte d'autant plus volon-
» tiers, que j'ai plusieurs belles malades qui ont une aversion
» invincible pour tout ce qu'on appelle Apotiquaire ou Chi-
» rurgien, & qui ne sçauroient rien prendre que de ma main.
» Entr'autres j'en soigne une de dix-huit ans..... Elle a allu-
» mé dans mon sang l'amour le plus corrosif. Il y a deux mois
» que cet amour circule dans mes veines.....

L'IGNORANCE.

» Voilà ce qu'on appelle se blesser de ses propres armes,
» mais vous n'êtes pas fort à plaindre, la malade a de la

» confiance en vous, & me paroît très-docile à vos ordon-
» nances.

ÉRASTE.

» Oui, mais elle est sous la garde d'une tante sévere.

L'Ignorance lui promet son secours pour tromper la tante; on annonce le divertissement qui a été préparé par l'Enjouement. Nous ajoutons deux couplets du Vaudeville.

Tandis qu'au Bal
En Carnaval
Climene s'amuse à la danse,
Dans un bon lit
Son époux git,
Il dort, il ronfle en assurance.
A qui doit-il ce repos-là ?
Landerirette, ô lironfa,
C'est à l'Ignorance.

Dans l'ancien temps,
Les cœurs constans,
Suivoient les loix de l'innocence.
La paix régnoit,
Chacun s'aimoit,
Point de rang, ni de dépendance.
A qui devoit-on ces biens-là ?
Landerirette, ô lironfa,
C'est à l'Ignorance.

Extrait Manuscrit.

TRIOMPHE (le) DE L'INTÉRÊT, Comédie Françoise au Théatre Italien, en un acte & en vers libres, mêlés de vaudevilles, & suivie d'un divertissement; cette piéce qui est de M. de *Boissi*, eut le plus grand succès. Différentes avantures arrivées dans Paris vers le temps où elle fut représentée, auxquelles on s'imagina qu'elle faisoit allusion, eurent moins de part à ce succès que l'énergie des vers, le sel des épigrammes, la gayeté des couplets, la vivacité du Dialogue, en un mot, le mérite réel de l'ouvrage, premiere représentation du Mercredi 8 Novembre 1730. Voyez l'*Extrait*, *Mercure de Novembre* 1730. page 2492. & un second *Extrait*, *Mercure de Février* 1731. pag. 301: Paris, Prault pere.

TRIOMPHE (le) DE PLUTUS, Opéra Comique en un acte, par M. *Dupuy*, non imprimé, représenté par la Troupe de Lalauze & Associés, le Vendredi 25 Juillet 1721. jour de l'ouverture du Théatre, suivi de la *Fontaine de Jouvence*, & de la *Guittare enchantée*.

Arlequin & Mezzetin au désespoir, & ne sçachant que devenir, sont agréablement surpris à la vue de Momus, qui leur promet sa protection, & les assure que les Acteurs & Actrices de leur Troupe sont sauvés.

ARLEQUIN. (AIR. *Que j'estime mon cher voisin.*)
Sur-tout avez-vous conservé
L'aimable Colombine !
MOMUS.
Oui, mes amis, j'ai tout sauvé.
ARLEQUIN.
J'aime cette coquine.

Momus sort pour donner ses soins aux Comédiens Italiens, nouvellement transportés au Théatre qu'ils venoient de faire construire au Fauxbourg S. Laurent.

Une fille Poëte se présente : après avoir essayé ses talens à l'Opéra, elle offre ses services aux Acteurs forains.

ARLEQUIN. (AIR. *Du haut-en-bas.*)
A l'Opéra,
L'on ne cherche que la Musique,
A l'Opéra,

C'est le centre d'ut re mi fa ;
Chez nous l'on vend le sel attique,
Et l'on n'en tient jamais boutique
A l'Opéra.

Momus rentre précipitamment : il paroît consterné.

MOMUS. (Air. *Du Prevôt des Marchands.*)

Moi, le Maître absolu des jeux,
Je suis sans pouvoir dans ces lieux :
L'Opéra veut être le Maître,
Nous venons de nous quereller,
Il ne veut plus me reconnoître,
Hélas ! il va vous désoler.

L'Opéra suivi de ses Machinistes, armés de flambeaux & de marteaux, vient en cadence jetter bas les commencemens du Théatre des Forains.

Après plusieurs lazzis, l'Opéra chante sur l'air des paroles de la scène 5e du 2e acte de l'Opéra d'*Armide*. *Enfin il est en ma puissance*, &c.

C'est trop irriter ma puissance,
Ce nouvel ennemi va sentir ma fureur,
Il n'évitera pas cette horrible vengeance,
Semez ici le carnage & l'horreur,
Par lui mes sens s'irritent davantage,
Qu'il éprouve toute ma rage.

En ce moment Plutus paroit avec une bourse pleine d'or qu'il présente à l'Opéra, ajoutant sur l'air : *Nos plaisirs seront peu durables.*

Vous céderez à ma puissance,
Mon or est un grand séducteur,
Bientôt cet esprit de vengeance
Va se convertir en douceur.

L'OPÉRA *continue à chanter.*

Quel charme me saisit ? qui me fait hésiter ?
Soutenons notre rang, c'est l'honneur qui m'inspire.
Frappons.... Ciel...., qui peut m'arrêter,
Vengeons-nous.... je mollis.... toute ma rage expire,

Quoi, faut-il que cet or me séduise aujourd'hui ?
Ma colere s'éteint, je m'attendris sur lui.
 Plus je le tiens, plus ma colere est vaine,
 Mon bras content se refuse à ma haine,
Son absolu pouvoir m'adoucit en ce jour.
A tes charmes Plutus, tout céde sur la terre ;
Tu sçais donner la paix, tu sçais causer la guerre,
 Et tu sers de lustre à l'Amour.
Arrêtez mes lutins, qu'aucun d'eux ne périsse ;
Et ne mettez le feu dans aucune coulisse,
Puisque le Dieu Plutus m'appaise en ces momens,
 Ne troublez plus leurs divertissemens,
 Je ne veux pas qu'on les punisse :
 Je ne gêne plus leurs desirs,
Dans ces lieux à l'envi ramenez les plaisirs,
Je céde à ce vainqueur, sa force me surmonte,
 Soumettons-nous, est-ce une honte ?
 Il regne jusques aux déserts :
Tout enfin le connoît dans ce vaste Univers.

L'Opéra se retire avec sa bourse ; Arlequin & Mezzetin rassurés, témoignent leur joie & prient Plutus de leur faire encore quelque largesse pour payer les honoraires de la fille Poëte, qui veut bien travailler pour eux. Comme cette fille, outre le talent des vers, posséde aussi celui de la danse & qu'elle a la voix jolie, on lui propose d'entrer dans la Troupe ; elle y consent, & l'obligeant Momus lui donne des instructions.

LA FILLE POETE.

(Air, *O gué lon la lon laire.*)

Je ferai la cruelle.

ARLEQUIN.

Oh ! doucement ;
Il ne faut pas, ma belle,
L'être à l'Amant
Qui sçait payer une faveur.

MOMUS.

Oh vive un conteur
Comme celui-là :
C'est le meilleur salaire de l'Opéra.

Il ne reste plus, pour combler la satisfaction des Acteurs, que de se voir réunis avec leurs camarades ; c'est Vénus qui s'est chargée de ce soin, & qui paroît suivie de Colombine, Isabelle, Pierrot, Scaramouche, le Docteur, &c. Momus & Plutus se retirent pour laisser aux Forains la liberté de se réjouir ; ils forment ensemble un divertissement, & chantent un Vaudeville dont on ne joint ici qu'un couplet.

Si l'on chante, si l'on danse,
A notre réjouissance.
Si l'on ne s'oppose plus,
Si nous sommes en assurance,
C'est par le secours de Plutus.

Extrait manuscrit.

TRIOMPHE (le) DE PLUTUS, Comédie Françoise au Théatre Italien, un acte en prose avec un divertissement ; la Piéce est de M. de *Marivaux*, les paroles du Divertissement de M. *Panard*, & la Musique de M. *Mouret*. Le Triomphe de Plutus eut du succès, & le divertissement, sur-tout le Vaudeville, fit fortune ; nous croyons faire plaisir à nos lecteurs de les avertir que ce divertissement est imprimé dans le premier volume du *Nouveau Théatre Italien*, pag. 181. Paris, Briasson. La premiere représentation du *Triomphe de Plutus* a été donnée le Jeudi 22 Avril 1728. Voyez le *Mercure d'Avril 1728*, pag. 811. Voyez aussi pour l'*Extrait* le premier volume du *Mercure de Juin* de la même année, page 1227. Paris, Prault pere.

TRIOMPHE (le) DE POLICHINELLE, Piéce des Marionnettes. Voyez *Palais (le) de l'Ennui*.

TRIOMPHE (le) DES ARTS, Ballet de M. de *La Motte*, Musique de M. de *La Barre*. Voyez *Arts, (le Triomphe des)* & corrigez dans cet article le nom de M. *Collasse*, qui y a été mis par une faute d'impression, au lieu de M. de *La Barre*.

TRIOMPHE (le) DES CINQ PASSIONS, Tragi-Comédie de M. *Gillet de la Tessonnerie*, représentée en 1642. imp. la même année in 4°. Quinet. *Histoire du Th. Franç. année* 1642.

TRIOMPHE (le) DES DAMES, Comédie en cinq actes & en prose, avec des Divertissemens, par M. *Corneille de Lisle*, représentée au Théatre de Guénégaud, le Vendredi 7 Août 1726. Cette Piéce n'est point imprimée, on en trouve seulement deux éditions de l'argument. *Hist. du Th. Fr. année* 1676.

TRIOMPHE (le) DES DAMES, c'est sous ce titre qu'on afficha la cinquiéme représentation des *Amazones modernes*, Comédie en trois actes de M. *Le Grand*, le Jeudi 6 Novembre 1727. Voyez *Amazones (les) modernes*.

TRIOMPHE (le) DES VRAIS AMANS. Voyez *Phraate*.

TRIOMPHE (le) DE VÉNUS, c'est le titre d'une des Entrées ajoutées au Ballet des *Fragmens* de M. *Lully*, en 1702. Voyez *Fragmens (les) de M. Lully*.

TRIOMPHE (le) DE VÉNUS, Ballet Pantomime. Voyez *École (l') de Mars*.

Aa vj

TRIOMPHE (le) DU TEMPS, Divertissement en trois actes & en prose, avec un Prologue de M. *Le Grand*, représenté le Jeudi 18 Octobre 1724. in-12. Paris, Flahault, 1725. & dans le Théatre de l'Auteur. *Hist. du Th. Fr. an.* 1724.

TRIPLE (le) MARIAGE, Comédie de M. *Destouches*. Voyez *Mariage. (le triple)*

TRISTAN (François) L'HERMITE, Gentilhomme ordinaire de M. le Duc d'Orléans, (Gaston de France) né au Château de Souliers en la Province de la Marche, en 1601. nommé à l'Académie Françoise en 1648. mort à Paris à l'Hôtel de Guise le 7 Septembre 1655. âgé de 54 ans, a donné au Théatre François:

LA MARIAMNE, Tragédie, 1636.

PANTHÉE, Tragédie, 1637.

LA FOLIE DU SAGE, Tragi-Comédie, 1644.

LA MORT DE SÉNÉQUE, Tragédie, 1644.

LA MORT DE CHRISPE, *ou* LES MALHEURS DOMESTIQUES DU GRAND CONSTANTIN, Tragédie, 1645.

AMARILLIS, *ou* LA CÉLIMENE, Pastorale en cinq actes & en vers de M. *Rotrou*, revûe, corrigée & augmentée par M. *Tristan*, 1651.

LE PARASITE, Comédie en cinq actes & en vers, 1654.

OSMAN, Tragédie posthume, mise au Théatre par M. *Quinault*, 1656. *Histoire du Th. Fr.* année 1636.

TRISTAN L'HERMITE DE VOZELLE, Auteur dramatique, n'est connu que par la piéce suivante.

LA CHUTE DE PHAËTON, Tragédie, 1639. *Histoire du Th. Franç.* année 1639.

TR

TROADE, (la) Tragédie de *Robert Garnier*, représentée en 1579. imp. avec les autres Œuvres dramatiques du même Auteur. *Hist. du Th. Franç.* année 1579.

TROADE, Tragédie de M. *Sallebrai*, représentée en 1640. in-4°. Paris, Quinet 1641. *Hist. du Th. Fr.* année 1643.

TROADE, (la) Tragédie de M. *Pradon*, représentée au Théatre de l'Hôtel de Bourgogne, le Mardi 17 Janvier 1679. imp. la même année, Paris, Ribou, in 12. & dans le Théatre de l'Auteur. *Hist. du Th. Fr.* année 1679.

TROCHON, (Pierre) Sieur de Beaubour, Comédien François. Voyez *Beaubour*.

TROIS (les) ÉPREUVES. Voyez *Inconstant*. (*l'*)

TROMPERIE, (la Fidelle) Comédie. Voyez *Fidelle (la) Tromperie*.

TROMPERIES, (les) neuviéme & derniere Comédie en cinq actes & en prose de *Pierre de La Rivey*, représentée & imprimée en 1611. *Hist. du Th. Fr.* année 1611.

TROMPÉS, (les Amans) Ballet Pantomime de la composition de M. de *Hesse*, exécuté au Théatre Italien, le Samedi 25 Octobre 1738. Une note manuscrite du feu Sieur *l'Affichard*, nous apprend que ce Ballet avoit déja été vû; cette note signifie apparemment que c'est un ancien Ballet dont on a changé le titre, & que M. de *Hesse* a rendu nouveau en l'embellissant; mais nous ignorons entièrement tout ce qui concerne ce premier Ballet, & ceci n'est qu'une conjecture.

TROMPEUR (le) PUNI, *ou* HISTOIRE

SEPTENTRIONALE, Tragi-Comédie de M. de *Scudery*, représentée en 1631. in-8°. Paris, Billaine, 1633. *Hist. du Théatre Franç. année 1631.*

TROMPEUR (le) TROMPÉ, Canevas Italien en quatre actes, représenté pour la premiere fois le Vendredi 9 Juillet 1745. « C'est » une piéce bien intriguée, mais peu comique ». *Note de M. Gueullette. Sans Extrait.*

TROMPEUR (le) TROMPÉ. Voyez *A fourbe fourbe & demi.*

TROMPEURS (les) TROMPÉS, *ou* LES FEMMES VERTUEUSES, Comédie en un acte & en vers, de M. *Rosimont*, représentée au Théatre du Marais en 1670. in-12. Paris, Bienfait, 1671. *Histoire du Théatre Franç. année 1670.*

TROTTEREL, (Pierre) Sieur d'Aves, Poëte dramatique François, a donné au Théatre.

THÉOCRIS, Pastorale, 1610.

LES CORRIVAUX, Comédie en cinq actes & en vers, 1612.

SAINTE AGNÈS, Tragédie, 1615.

GILLETTE, Comédie en cinq actes & en vers, 1619.

PASITHÉE, Tragi-Comédie, 1624.

Piéces non représentées.

LA VIE ET CONVERSION DE GUILLAUME DUC D'AQUITAINE.

ARISTENE, Pastorale.

LA DRYADE AMOUREUSE, Pastorale.

L'AMOUR TRIOMPHANT, Pastorale.

LE RAVISSEMENT DE FLORISE, Pastorale-
Hist. du Théatre François, année 1610.

TROUSSEAU, (le) Piéce en un acte de M. *Carolet*, 1727. non imp. Nous hazardons l'Extrait de cette piéce, sans avoir la preuve qu'elle ait été représentée.

M. Cornillard Procureur est depuis huit jours époux d'une jeune & jolie personne, dont il attend une dot opulente & un riche trousseau. La satisfaction qu'il a d'avoir fait un mariage aussi avantageux, l'a rendu libéral jusqu'à la prodigalité ; Arlequin son valet, & Lisette fille de Chambre de la jeune Mariée, contens de leur condition, ne laissent pas d'être étonnés que leur Maître passe le temps à prévenir sa femme par de continuelles galanteries, & des repas magnifiques. Arlequin sort pour exécuter de nouveaux ordres de son Maître. Lisette reste seule à faire des réflexions, mais elle est bientôt interrompue par l'arrivée de M. Cornillard. Cette jeune personne élevée dans le Couvent dès son enfance, paroit avoir beaucoup de répugnance à se faire aux manieres de Paris & du grand monde.

LISETTE.

« Vous ne me dites rien de Monsieur votre mari, Mada-
» me, est-ce que vous ne sçauriez encore vous faire à ce
» meuble-là.

LA PROCUREUSE.

» Oh c'est un bien bon homme, il m'aime à la folie. Je ne
» sçaurois pourtant m'empêcher de trembler quand je suis
» seule avec lui, cela vient de l'habitude où j'étois de ne
» point voir d'homme..... Lisette, une chose m'embarrasse.

LISETTE.

» Et quoi, Madame ?

LA PROCUREUSE.

» Mon oncle le Commandeur ne vient point, que ferai-je
» quand mon mari sçaura qu'il ne peut lui donner la terre
» qu'il lui a promise, puisque c'est une Commanderie ? Mon
» mari s'y attend pourtant bien.

LISETTE.

» Cela est fâcheux, mais n'êtes-vous pas assez jolie sans
» avoir besoin d'une dot ? »

La Procureuse se retire à l'approche de M. Cornillard ; la femme de Chambre reste pour adoucir l'esprit du mari, & tâcher de le prévenir sur le défaut de la dot. Cornillard ne lui en donne pas le temps ; Lisette, lui dit il, je n'ai jamais eu les inclinations d'un Procureur, je hais la lésine, je ne suis point jaloux : en un mot je crois que je ne ferai point un mauvais marché de troquer mon étude & la dot de ma femme contre un Palais à la Financiere. Arlequin revient dans ce moment ; eh bien, lui demande le Procureur, as-tu trouvé le Poëte, le Musicien & le Maître de Ballet que je t'ai ordonné de m'amener ; « non Monsieur, répond
» Arlequin, mais ils sont venus me trouver ;
» n'est ce pas la même chose ? Je les attendois à
» la cave où ils tiennent leurs assemblées. Je leur
» ai expliqué vos intentions, & je viens de les
» laisser dans le fort du travail. Ah ! Monsieur,
» ajoûte-t-il, ils font des merveilles, le Poëte se
» gratte le front, se mord les lévres, se ronge
» les ongles, le Musicien note avec un charbon
» sur la muraille les paroles à mesure qu'elles
» sortent de la bouche du Poëte. Moi pendant
» ce duo là, la main droite armée d'un grand
» verre, je leur disputois l'honneur de m'enny-

» vrer à votre santé ». M. Cornillard s'apperçoit fort du dégât que l'on fait dans son ménage, mais il passe tout en faveur de la réjouissance, & ne veut rien épargner pour recevoir le Commandeur oncle de la nouvelle mariée, & lorsque tout est prêt, on voit arriver le Paysan Thibaut & Christine sa femme, montée sur un Asne. Tenez, Monsieur, dit cette derniere, en remettant une lettre au Procureur, lisez cette écriture.

CORNILLARD *lit haut.*

» Je vous envoye, Monsieur, par ces bonnes gens le
» trousseau de votre femme : Je suis au désespoir de ne pou-
» voir venir vous voir, je pars pour faire une prise sur les
» Turcs ; si jamais vous avez le malheur d'être aux galeres,
» je me ferai un vrai plaisir de vous délivrer. Quant à la
» terre de Monbois, comme c'est une Commanderie, je ne
» puis vous la donner. Conservez bien le paquet que je vous
» envoye, c'est la premiere piéce de votre ménage. Je suis
» tout à vous

LE COMMANDEUR DE MONBOIS.

CHRISTINE.

» Tenez, Monsieur, vla le paquet.

CORNILLARD.

» Comment morbleu, je crois que c'est un enfant !

CHRISTINE.

» Excusez, Monsieur Cornillard, si je ne lui avons pas
» bouté ses belles braveries, il fait trop mauvais temps.
» Dame, il est sain & net comme un denier, voulez-vous
» que je le remulons devant vous ?

CORNILLARD.

» Qu'est-ce donc que tout cela signifie ?

ARLEQUIN.

» C'est le trousseau de Madame ; soyez persuadé que rien
» n'y manque, elle l'a fait elle-même.

Cornillard s'emporte, Christine pleure & dit

que cela est indigne de méconnoître l'enfant de sa femme.

THIBAULT.

» Morgué il ne faut pas tant tourner autour du pot ; M. le
» Commandeur n'est pas l'oncle de votre femme ; il vous
» envoye son enfant, ne sonnez mot, croyez-moi ; je le
» garderons, si vous nous payez s'entend, & je vous l'ap-
» porterons ; il passera pour être de vous ; cela se fait tous
» les jours.

LISETTE à *Cornillard*.

» Je gage que les cornes vous en viennent à la tête ?

Cornillard sort pour cacher sa confusion, mais son absence n'empêche pas le divertissement qu'il a fait préparer. Voici un couplet du Vaudeville.

ARLEQUIN à *Lisette*.

L'intérêt n'est point mon partage,
Lisette, aimons-nous au niveau,
Je n'apporte rien en ménage ;
Je te tiens quitte d'un trousseau.

Extrait Manuscrit.

TU FERAS LE MÉNAGE, c'est le titre d'une Parade qui n'a jamais été imprimée, & dont voici l'Extrait.

Gille congédié par son Maître, n'a plus d'autre parti à prendre que de revenir chez sa femme ; il heurte rudement à la porte : Quel est le butor qui frappe ainsi, dit Gillette en dedans de la maison ?

GILLE.

» C'est moi, Gillette.

GILLETTE.

» Qui toi ?

GILLE.

» Et parbleu, c'est Gille, le mari de Madame Gillette.

GILLETTE.

» Eh bien attens, je ne sçaurois t'ouvrir à présent.

GILLE.

» Pourquoi donc, qu'est-ce qui t'en empêche ?

GILLETTE.

» C'est que je suis en voyage.

GILLE.

» Comment en voyage ?

GILLETTE.

» Oui, je suis actuellement dans l'isle de Chio.

GILLE *se bouchant le nez.*

» Ma foi je crois qu'elle dit vrai ; cela ne sent pas trop bon.

Gillette paroît enfin : elle reproche à Gille son yvrognerie, & celui ci se plaint qu'elle babille trop, & que le ménage n'est jamais bien rangé. Cette contestation est terminée par une convention que les deux époux garderont le silence pendant une heure, & que le premier qui le rompra sera tenu de faire le ménage. Une heure, dit Gillette à part ? c'est pour en mourir ; mais n'importe. Ils s'asseyent sur une banquette, se font plusieurs signes ; Gille montre à sa femme la porte de son Amant, Gillette répond par gestes que cela est faux, & faisant les cornes, elle fait entendre qu'il n'est point cocu : Gille secouë la tête pour soutenir le contraire. Pendant cette dispute muette, un Suisse à moitié yvre passe ; il apperçoit Gillette qui lui paroît jolie ; il veut la cajoller à sa maniere ; Gillette le repousse ; donne à connoître qu'elle est mariée avec l'homme qu'il voit, & qui est jaloux. Gille n'osant pas parler, mais voyant qu'on veut prendre sa femme, s'y oppose : Par mon foi, dit le Suisse, moi tonnir à toi une chindenaude sur ton face. En disant ces mots il emmene Gillette malgré Gille, qui reçoit quelques soufflets, sans dire mot.

GILLETTE *derriere le Théatre.*

» Au secours Gille,.... Gille.... à moi. (*Gille rit de toutes
» ses forces.*) Gille..... Gille..... (*Gillette reparoît.*) Ah!
» vilain coquin, il faut que tu sois bien lâche pour souffrir
» que l'on me traite ainsi.

GILLE.

» Tu as parlé la premiere, tu feras le ménage.

GILLETTE.

» Vilain gueux! vilain yvrogne!

GILLE.

» Tu feras le ménage.

GILLETTE *le battant.*

» Sac à vin! infâme!

GILLE.

» Tu feras le ménage.

Puisque ce vilain marsouin est si bête, dit Gillette dans un *à parte*, je vais le faire porteur de cette lettre que j'écris à M. Olibrius mon Amant, en lui faisant accroire qu'elle est de M. Stirlik Berlik, & qu'il y a un écu pour le porteur. Effectivement, Gille entendant parler d'un écu à gagner, arrache la lettre des mains de Gillette, & veut en être le porteur.

LE CARTEL, *Parade.*

Gille frappe à la porte de M. Olibrius. Monsieur, dit-il, voilà une lettre de la part de M. Stirlik Berlik, il me faut un écu pour le port.

Olibrius lit tout bas la lettre de Gillette, & voyant Gille qui veut entendre cette lecture, il dit, vous êtes bien curieux, mon ami.

GILLE.

» M. outre l'écu promis, j'ai encore des raisons pour sça-
» voir ce que contient cette lettre.

OLIBRIUS à part.

» Je vais lui jouer d'un tour à quoi il ne s'attend pas.
» (haut.) Eh bien, il faut vous satisfaire. (*Au lieu de la*
» *lettre il lit le billet suivant.*)

MONSIEUR,

» Vous m'avez offensé dans l'honneur, & je veux vous voir
» l'épée à la main : mais comme j'ai pris une médecine aujour-
» d'hui, & que je ne puis me battre, ce sera s'il vous plaît con-
» tre le porteur que vous aurez affaire.

GILLE.

» Contre le porteur ! cet homme est fou ; à propos de
» quoi me battre, moi ?

OLIBRIUS.

» Attendez mon ami. (*Il feint de continuer de lire.*)

» C'est un brave garçon ; cependant comme il est journalier ;
» s'il refusoit de mesurer son épée contre la vôtre.....

GILLE.

» Il ne faut pas être bien brave pour mesurer deux épées,
» & voir qu'elle est la plus longue.

OLIBRIUS *continue de feindre à lire.*

» Avec une douzaine de coups de bâton, vous viendrez à bout
» d'échauffer sa bile, & en cas que vous ne soyez pas content de
» son procédé, vous pouvez l'assommer, ou lui couper la tête ;
» je prens le tout sur mon compte, & suis votre ennemi

STIRLIK BERLIK.

Gille doublement étonné de n'entendre point parler de l'écu, & d'apprendre qu'il faut se battre, refuse d'y souscrire. Olibrius le rosse, Gille appelle du secours. Qu'y a-t-il, dit Gillette ? tu cries comme un homme qu'on assomme.

Eh! parguenne, répond Gille, c'est à peu près la même chose. Lâche que tu es, replique Gillette, ne vois-tu pas que tu as affaire à un poltron? que la lame de son épée n'est que de plomb, & la garde de fer blanc? Ah! s'écrie Gille, si j'en étois sûr! Gillette lui apporte une épée, & sort. Gille cache son arme, de sorte qu'Olibrius est obligé de le menacer de lui abattre la tête. Il crie encore, Gillette vient & l'assure que son ennemi fuira aussi-tôt qu'il présentera son épée. Gille la tire, mais comme Olibrius l'attend de pied ferme: Tenez, lui dit Gille, je ne me bats jamais de sens froid. Olibrius l'accable d'injures; les coups qu'il ajoute ensuite sont un peu plus d'effet. Ah! passe pour cela, dit Gille, mais comment nous battrons-nous? Seul à seul répond Olibrius. A ce mot Gille tourne le dos, & tire des bottes en l'air. Olibrius ne voulant pas se prêter à plaisanterie, s'avance: Attendez, dit Gille, vous poussez comme un diable, faisons une raye sur le plancher. Cet expédient n'étant pas capable de mettre sa vie en sûreté, il chicane sur la longueur de l'épée de son adversaire: celui-ci la lui remet pour la mesurer. Alors Gille muni des deux armes, fait le brave, mais Olibrius feignant d'avoir trouvé une autre épée, & se servant du fourreau, le poursuit si vivement, que ce lâche se sauve, & appelle sa femme.

GILLETTE.

» Eh! bien, que me veux-tu?

GILLE.

» Vois-tu comme il me pousse, arrête-le donc.

GILLETTE.

» Attens, attens. (*Elle prend Olibrius, & l'enleve dans la*
» *maison.*)

OLIBRIUS *feignant de se mettre en colere.*

» Ah ! traîtresse, lâchez-moi.

GILLE.

» Ne le lâche pas, au contraire, pousse la porte. Diable !
» ma vie en dépend.

GILLETTE *en dedans.*

» Ne crains rien, j'ai mis les verrouils.

GILLE.

» Ce n'est pas assez, ferme la serrure à double tour.

GILLETTE.

» Sauve-toi, Gille, c'est le plus court : il est si furieux
» qu'il veut sauter par la fenêtre.

GILLE.

» Ma foi, sauvons-nous, c'est un diable que cette
» homme-là ».

Extrait Manuscrit.

TUILLERIE, (Jean-François Juvenon, Sieur de la) Comédien François, fils de *Juvenon de la Fleur*, débuta au Théatre de l'Hôtel de Bourgogne au mois d'Octobre 1672. pour les premiers rôles tragiques. Il joua ensuite ceux de jeunes *Rois*, & fut conservé à la réunion des Troupes en Août 1680. mourut à Paris le Vendredi 13 Février 1688. âgé de 34 à 35 ans.

Indépendamment des piéces que M. l'Abbé *Abeille* a composé sous le nom de M. de la *Tuillerie*, sçavoir :

HERCULE, Tragédie.

SOLYMAN, Tragédie.

Cet Acteur a composé:

CRISPIN PRÉCEPTEUR, Comédie en un acte & en vers, 1679.

CRISPIN BEL-ESPRIT, Comédie en un acte & en vers, 1681. *Hist. du Th. Franç. année* 1689.

TUILLERIE, (Louise - Catherine Poisson, femme de Jean-François Juvenon de la) étoit fille de Raymond Poisson, & Comédienne de l'Hôtel de Bourgogne, retirée au mois d'Août 1680, lors de la réünion des Troupes, avec une pension de 1000 livres, morte à Paris le Samedi 15 Mai 1706. *Histoire du Th. Fr. année* 1680.

TURC, (le Bon) c'est le titre d'une des Entrées du Ballet des *Amours des Indes*, Parodie des *Indes Galantes*, par M. *Carolet*. Voyez *Amours (les) des Indes*.

TURC (le) GÉNÉREUX, titre de la premiere Entrée du Ballet des *Indes Galantes*, de M. *Fuselier*, Musique de M. *Rameau*, représentée en 1735. Voyez *Indes (les) Galantes*.

TURC (le) GÉNÉREUX, c'est encore le titre d'un acte de la Parodie du Ballet des *Indes Galantes*, donnée à l'Opéra Comique sous le titre de *La Grenouilliere Galante*. Voyez *Grenouilliere (la) Galante*.

TURCARET, Comédie en cinq actes & en prose, de M. *Le Sage*, représentée le Jeudi 14 Février 1709. imp. la même année, in-12. Paris, Ribou, & dans le Recueil des Œuvres de l'Auteur. *Histoire du Th. Franç. année* 1709.

TURLUPIN, (Henry le Grand, *dit* Belleville, &) lorsqu'il jouoit dans les farces, entra

dans

dans la Troupe des Comédiens de l'Hôtel de Bourgogne vers l'an 1583. mort vers l'an 1634; après avoir exercé son talent près de 55 ans. *Hist. du Théatre François, année* 1616.

TURNE, Tragédie de *Jean Prevost*, 1614. imp. la même année, avec les autres Œuvres Dramatiques de cet Auteur, in 12. Poitiers. *Hist. du Th. Fr. année* 1614.

TURNE (le) DE VIRGILE, Tragédie de M. *Brosse*, représentée en 1646. in-4°. Paris, de Sercy, 1648. *Histoire du Th. Fr. année* 1646.

TURQUIE, (la) c'est le titre de la cinquiéme & derniere Entrée du Ballet de l'*Europe Galante*, de M. *De la Motte*, Musique de M. *Campra*, représentée en 1697. Voyez *Europe (l') Galante*.

TUTEUR, (le) Comédie en un acte & en prose, de M. *Dancourt*, représentée à la suite de la Tragédie de *Bérénice*, le Mercredi 13 Juillet 1695, in-12. la même année, Paris, Ribou, & dans le Recueil des Œuvres dramatiques de l'Auteur. *Histoire du Théatre Franç. année* 1695.

TUTEUR, (le) Canevas Italien en deux actes, représenté pour la premiere fois sous ce titre, le Mardi 7 Janvier 1744. *Note du Sieur Laffichard*. Voyez *Tuteur (le) trompé*.

TUTEUR (le) TROMPÉ, Canevas Italien en un acte, représenté pour la premiere fois à la Cour, devant Monseigneur le Dauphin, le Vendredi (*) 11 Décembre 1733. (Voyez le *Mercure de Décembre* 1733. *premier volume*,

---

(*) Cette date est copiée exactement du Mercure, à l'endroit cité immédiatement après.

Tome V.   B b

page 2729. (*) Il est composé de plusieurs scénes très-comiques détachées de différentes Comédies Italiennes, & liées ensemble par une espéce d'intrigue ; au fond ce n'est qu'une farce, mais une farce amusante. C'est le même Canevas qui depuis fut représenté en deux actes, sous le nom du *Tuteur*, le Mardi 7 Janvier 1744. Voyez l'article *Tuteur*. (*le*) On y avoit ajoûté quelques scénes empruntées, aussi bien que le reste, de plusieurs autres Canevas. Nous devons à M. *Sticotti* presque tous les éclaircissements dont nous venons de faire usage au sujet de ces deux piéces, aussi bien que l'extrait que nous en allons donner.

Le Théâtre représente une rue où l'on remarque la maison de Pantalon, & une autre maison qui appartient à Scapin.

Mario (**) amant de Camille, se plaint à Scapin son valet de la difficulté qu'il trouve à s'introduire chez Pantalon Tuteur de sa Maîtresse. C'est une orpheline fort riche, que son pere a confiée en mourant à Pantalon, qui la tient rigoureusement enfermée. On ne dit point dans la piéce comment les deux Amants ont fait connoissance, mais il y est exprimé qu'ils soupçonnent que Pantalon veut lui-même épouser Camille, pour se dispenser de lui rendre compte de son bien, & la suite fait voir qu'ils ont soupçonné juste. Scapin assure son Maître qu'il vien-

(*) Il ne nous a pas été possible de nous éclaircir du jour où il a été représenté pour la premiere fois à *Paris*.

(**) Il faut remarquer que nous nous servons des noms de l'*Amoureux*, de l'*Amoureuse* & de la *Servante*, qui jouent actuellement ces emplois au Théâtre Italien. Les personnages de cette Comédie ayant changé de nom, selon les différents Acteurs qui les ont représentés.

dra à bout de tromper la vigilance du Tuteur, & Mario sort, en lui recommandant ses intérêts. Pendant que Scapin rêve aux moyens de dégager sa parole, il voit arriver Arlequin équipé en voyageur; Scapin & lui se reconnoissent pour amis intimes, & se rendent compte mutuellement de leurs avantures depuis qu'ils ne se sont vûs; le résultat de celles d'Arlequin, c'est qu'il est fort las, qu'il meurt de faim, & qu'il n'a point d'argent pour payer son gîte, & acheter de quoi manger. Scapin lui apprend qu'il est au service d'un Seigneur fort riche & fort généreux, à qui l'habileté d'Arlequin peut être utile, & qui le récompensera bien, & fournira à tous ses besoins; qu'en attendant il lui offre un asile dans une maison qu'il lui montre; qu'il a déja acquise des libéralités de son Maître, & dont Arlequin peut compter dès ce moment que la moitié est à lui; en même temps il le fait entrer dans cette maison, & va rendre compte à Mario de ce qu'il vient de faire pour son service. Il revient un moment après avec Mario, auquel il conseille de ne pas manquer de donner une bonne idée de sa libéralité à l'habile intrigant qu'il vient de mettre dans ses intérêts; il frappe à la porte du logis où il l'a laissé; Arlequin lui répond de dedans la maison, & lui désignant différents ustenciles qu'il y a trouvés; & dont il lui demande le nom; il lui crie à mesure que Scapin l'en instruit, qu'il vient de les manger, jusqu'à de la chandelle & à des bottes, (*) Enfin Arlequin sort de la maison, & Sca-

_____

(*) Cette scène est prise du *Baron Allemand*, Comédie en trois actes de l'ancien Théatre Italien, aujourd'hui réduite

pin le présente à Mario, auquel il promet des merveilles. Cette scéne est interrompue par des *lazzis* d'Arlequin, qui s'imagine sentir alternativement dans toutes les parties de son corps les éperons des bottes qu'il vient de manger Scapin quitte la scéne, & le laisse avec Mario, qui lui promet de récompenser généreusement ses services, & lui montre une bourse pleine d'or qui excite l'avidité d'Arlequin. Tout en entretenant Mario de son zéle, & de la capacité qu'il a acquise dans ses voyages, il fait ce qu'il peut pour s'en saisir sans en pouvoir venir à bout, Mario qui la tient à sa main, esquivant toujours en gesticulant celle d'Arlequin qui suit la sienne, sans faire semblant de s'appercevoir de son dessein. Enfin, il fait le geste de la remettre dans sa poche, & la laisse tomber; Arlequin met le pied dessus, & Mario qui affecte de se promener en lui parlant, a toutes les peines du monde à lui faire quitter sa place pour le suivre ; il allégue un rhumatisme qui le rend boiteux, & obligé de céder aux raisons de Mario, qui lui persuade que l'exercice est bon pour son mal, & aux efforts qu'il fait pour l'attirer à lui, il se baisse, ramasse la bourse le plus adroitement qu'il peut, & la cache sous sa veste. Mario s'apperçoit d'une tumeur qui lui est survenue à la poitrine, & veut à toute force ouvrir cet abscès avec son épée; Arlequin effrayé, s'écrie qu'il se sent mieux, & en effet l'abscès disparoît, la bourse ayant changé de place, & Arlequin l'ayant cachée sous son chapeau. Mario,

---

en un acte, au nouveau, sous le nom d'*Arlequin Baron Suisse*. Voyez l'*Histoire de l'ancien Théatre Italien*, pag. 184. Paris, Lambert.

après avoir joui encore quelques moments de l'embarras d'Arlequin, le quitte en lui ôtant son chapeau fort honnêtement, & lui disant: *Adieu, mon cher Arlequin.* Il répéte deux ou trois fois cette politesse & sort; mais Arlequin n'a pas beaucoup de temps pour s'en applaudir, car il rentre dans l'instant, & vient comme par réflexion reprocher à son nouveau valet sa grossiéreté de ne pas ôter son chapeau à son Maître qui lui marque tant d'amitié, & qui le salue le premier; il ne peut comprendre qu'un homme qui doit avoir appris à vivre en voyageant, tombe dans une pareille faute; Arlequin s'excuse sur un gros rhume, mais Mario lui répond que le peu de temps qu'il faut pour ôter son chapeau & le remettre, ne peut lui faire courir aucun risque, & en même temps il le lui ôte lui-même; la bourse tombe; Mario s'en saisit, & feint une grande colere; il fait les plus vifs reproches à Arlequin, & malgré sa résistance, il lui saisit le bras, disant qu'il veut percer de son épée la main qui a fait un coup si hardi; mais au lieu de la percer, il remet dedans la bourse qu'il vient de ramasser, & assure Arlequin qu'il en a beaucoup d'autres pareilles pour le payer de chaque service qu'il lui rendra; en même temps il le quitte tout de bon, & le laisse transporté de joie. Scapin revient sur la scéne; Arlequin lui fait part de sa bonne fortune, & lui propose de lui vendre la part qui lui reste de la maison dont il lui a donné la moitié, parce qu'il aime à loger à son aise, & qu'il est bien aise d'être en droit de le prier de chercher un autre logement; Scapin a bien de la peine à lui faire comprendre que son intention, en partageant sa maison avec lui, a été de lui donner un asile, & non le droit de le mettre lui-même à la porte. Ils sortent ensemble. Le Théatre change & représente le cabinet de Pantalon, où on le voit qui appelle Coraline sa servante, & qui défend qu'on le vienne troubler. Il se met à une table à compter de l'argent, (*) dont Arlequin qui s'est déja introduit chez lui, & jusques dans cette chambre, on ne sçait comment, se saisit à mesure. D'abord il croit se tromper dans son compte, puis il appelle Coraline, croyant que c'est elle qui veut l'inquiéter par plaisanterie; elle arrive, & lui prouve qu'elle n'est point entrée dans le cabinet depuis qu'il l'a renvoyée, & se retire. Pantalon se prend de tous ses mécomptes à la force d'une imagination préoccupée; il se remet à calculer, & surprend enfin la main d'Arlequin; il se retourne, voit une face noire à côté de la sienne, & s'écrie avec frayeur que c'est le diable; le tremblement qui doit le saisir, & les autres symptomes d'effroi donnent beau jeu au talent de l'Acteur chargé de ce rôle. Coraline accourt à ses cris, & ne trouvant plus personne avec lui, parce qu'Arlequin s'est caché pendant le saisissement de Pantalon, elle se moque de lui, & le rassure avec bien de la peine. Il ne veut pas même continuer le calcul qu'il avoit entrepris, & dit à

(*) Cette scéne & les suivantes, jusqu'au moment où Pantalon se prépare à sortir, ont été ajoutées quand on a repris le *Tuteur trompé*, sous le titre du *Tuteur*; elles sont prises du Canevas Italien intitulé: l'*Amour extravagant*, ou *Les Filles amoureuses du Diable*. On en a fait usage dans plusieurs Pantomimes à la Foire. Voyez *Amour* (l') *extravagant*, & *Filles* (les) *amoureuses du Diable*, Supplément.

Coraline qu'il est obligé de sortir pour une affaire pressée, mais il lui parle, avant que de s'en aller, de l'inquiétude où il est toutes les fois qu'il est obligé de s'absenter du logis; il lui confie ses vues sur Camille, & les motifs qui les ont fait naître; il lui recommande, en lui promettant une bonne récompense, de faire une garde assidue, & lui défend de laisser entrer personne qu'il ne soit revenu ; elle promet d'obéir, & Pantalon sort de chez lui. Le Théatre change encore, & représente l'appartement de Camille, où elle s'entretient avec Coraline de la sévérité de son Tuteur, dont la Soubrette gagnée par les promesses qu'il lui a faites, excuse le procédé. Mario, Scapin & Arlequin, qui vient apparemment d'introduire les deux premiers, entrent pendant cette conversation. D'abord Coraline les querelle avec beaucoup de volubilité, en haussant la voix de plus en plus; mais au milieu d'une tirade fort vive, la vue d'Arlequin qui lui est nouvelle, fait sur elle une telle impression qu'elle en perd la parole, & ne fait plus que béguayer quelques mots avec la joie peinte sur le visage. Enfin elle recouvre la parole, après avoir écouté tout ce qu'Arlequin lui dit du pouvoir de l'Amour que Pantalon a grand tort de vouloir borner en captivant Camille comme il fait, & dont lui-même qui lui parle n'a pu se défendre à la premiere vue de Coraline; mais elle la recouvre pour déclamer sans ménagement contre la tirannie de son Maître, & pour encourager sa jeune Maîtresse à s'en affranchir. Mario s'entretient avec Camille; Arlequin & Scapin se disputent à qui sera la conversation avec Coraline ; mais elle préfére Arlequin, qu'elle appelle un joli brunet, au grand regret de Scapin, qui en est depuis longtemps amoureux. Son nouvel Amant lui apprend qu'il est un des bons partis de la ville ; qu'il posséde une bourse pleine d'or, sans compter toutes celles qu'on lui a promises, & la moitié d'une maison ; il atteste Scapin de la réalité de cette derniere possession ; pendant ce détail & les *lazzis* de jalousie de Scapin, Pantalon frappe à la porte ; Mario & les deux valets effarouchés se cachent sous un tapis, auquel les femmes font prendre la forme d'un canapé ; (*) elles disent à Pantalon, après l'avoir fait entrer, que c'est un meuble nouveau dont Camille vient de faire emplette. Pantalon s'asseoit dessus, & à chaque mouvement qu'il fait, le Canapé prend une nouvelle situation ; à cette incommodité se joignent les malices que lui fait Arlequin, auquel d'un autre côté, la posture gênée du Maître & des valets donne lieu de se livrer à beaucoup d'autres *lazzis*. Enfin, Mario lassé de se contraindre, se leve, & voyant Pantalon porter la main à son poignard, il tire son épée pour lui en imposer, & lui déclare que quoiqu'il soit Tuteur de Camille, il n'a aucun droit de l'empêcher de l'épouser, puisque c'est un établissement convenable pour elle, & qu'il est résolu de terminer malgré lui. Pantalon répond qu'il ne lui sera pas aussi aisé d'ôter de ses mains le bien de Camille que sa personne ; Mario replique qu'il va se saisir de ce qui l'inté-

---

(*) Cette scéne est prise de la Comédie Italienne intitulée : *Le Mariage entre les vivants & les morts*, voyez Mariage (le) *entre les vivants & les morts*.

resse le plus, & qu'il attendra les ordres de Camille sur le reste; en même temps il sort & emmene Camille; Arlequin & Scapin le suivent, & le premier emmene Coraline; Pantalon n'ose s'opposer au départ de sa pupille, non plus qu'à celui de sa servante, & la Comédie finit.

Comme nous n'avons fait l'extrait du *Tuteur* & du *Tuteur trompé* qu'après coup, sur les représentations, & sur ce que nous a bien voulu raconter M. *Sticoti*, (*Fabio*) du sujet de cette piéce, dont quelques détails peuvent nous être échappés, & non sur le Canevas même. Nous n'oserions répondre de son exactitude, sur-tout à l'égard de l'enchaînement des scénes, qui d'ailleurs varie assez souvent, & n'est pas fort essentiel dans une Comédie composée pour ainsi dire de piéces de rapport, dont on supprime une partie sans qu'il y paroisse, quand la longueur du reste du Spectacle l'exige. C'est par les mêmes raisons que nous n'avons point partagé l'extrait en deux actes, quoique nous croyons n'avoir oublié aucune des scénes ajoutées qui ont donné lieu à cette distribution, quand la piéce a été remise au Théatre sous le nom du *Tuteur*; distribution arbitraire, & qui n'a maintenant lieu aux représentations que suivant les circonstances.

TUTEURS (les) TROMPÉS, (*i Tapeti Alexandrini.*) Canevas Italien en trois actes, représenté pour la premiere fois au nouveau Théatre Italien, le Lundi 14 Septembre 1716. Cette piéce qui tire son nom de *tapis* qu'on met sur des fenêtres, par dessous lesquels des Amans sortent de chez leurs Maîtresses, est de l'ancien Théatre Italien, & y a été représentée en 1667. sous le titre des *Tapis*, (*Li Tapeti*.) Les nouveaux Comédiens Italiens, en la mettant au leur, y firent quelques corrections, dont la principale est d'avoir changé des Mariés en Tuteurs amoureux de leurs pupilles, apparemment pour se conformer à la décence qu'exigent en France la police des Spectacles, & la sévérité des Spectateurs, que l'adultere révolte, même au Théatre.

Quoique nous nous fassions ordinairement une loi de renvoyer à l'Histoire de l'ancien Théatre Italien, pour les extraits qui y sont déja employés, celui de ce Canevas mérite une exception, par le comique & la singularité de quelques-unes de ses scénes, & par la conformité de deux autres, avec deux scénes fort connues de M. *Moliere*.

« Pantalon & Arlequin paroissent au premier
» acte, & vantent l'honneur de leurs femmes.
» *La mienne*, dit Arlequin, *en est tellement*
» *remplie, que j'en suis honteux*. Pendant qu'ils
» parlent à l'avantage de leurs vertueuses épou-
» ses, elles paroissent à la fenêtre, & par le
» moyen des tapis qu'elles attachent, elles faci-
» litent la retraite de leurs Amans. Ce jeu de
» Théatre s'exécute de façon qu'Arlequin ne
» voit que la femme de Pantalon, & ce dernier
» celle d'Arlequin, ce qui leur donne lieu de se
» mocquer l'un de l'autre, & termine l'acte
» d'une façon très-comique. A l'ouverture du
» second, Arlequin surprend sa femme Eularia
» en conversation avec Octave : ce dernier se
» retire à l'approche du mari. Eularia le croyant
» toujours présent, dit : *Adieu, mon cher cœur*;

» *prens cette lettre.* Arlequin qui a tout entendu
» arrête sa femme par le bras ; elle reconnoît
» alors sa méprise, & se sauve très-confuse dans
» sa maison. Arlequin reste seul, & fait de
» cruelles réflexions sur son avanture. *Mon cher*
» *cœur,* dit-il, *ha ! me voila donc au nombre*
» *des cocus ! prens cette lettre ! sans doute,* ajoûte-
» t'il, *c'est un billet d'amour, je le sens à l'odeur.*
» *Maintenant, au lieu de me nommer Arle-*
» *quin, on ne m'appellera plus que le Seigneur*
» *Cornelio. Ha ! traitresse ! me faire un pareil*
» *affront ! je veux te faire châtier pour cette*
» *infamie !* Arlequin se propose d'aller porter
» ses plaintes à la Justice, mais il fait réfléxion
» que surement le Magistrat répondra que s'il
» étoit obligé de recevoir les plaintes de tous les
» maris cornards, il ne pourroit pas trouver
» assez de papiers pour les écrire. *Si je fais,*
» ajoute-t'il, *lire cette lettre par quelqu'un,*
» *aussi-tôt les cornes que je n'ai encore que dans*
» *le cœur, pousseront sur ma tête. Que je suis*
» *malheureux ! si je sçavois lire, je pourrois me*
» *rendre certain de mon deshonneur, sans que*
» *les autres s'en apperçoivent. Morbleu,* ajoute-
» t'il ! *pourquoi ne suis-je qu'un ignorant ?* de
» rage il se donne des soufflets & des coups de
» poings. *Je veux,* dit-il, *aller à l'école ; afin*
» *d'être en état de lire cette lettre, & de sçavoir*
» *ce qu'elle contient.* En faisant ces lamentations,
» Arlequin se tourne de temps en temps du
» côté de la maison, gesticulant & faisant des
» menaces. Octave qui l'a entendu, entre dans
» ce moment, & lui arrache la lettre, en disant :
» *J'ai pitié de ce galant homme, de cet homme*
» *honorable. Qu'avez-vous donc, Monsieur*

» ajoute-t-il? *un très-grand mal de tête*, répond
» Arlequin, *qui me tourmente depuis que je sçais*
» *que ma femme est amoureuse d'un Gentilhom-*
» *me à qui elle vient d'écrire cette lettre d'amour*
» *que je viens de surprendre*. Octave croyant
» effectivement qu'Eularia en aime un autre,
» entre dans une extrême colere, & se tournant
» du côté de la maison de cette femme, il lui
» fait de sanglans reproches. *Quelle bonté*, s'écrie
» Arlequin, qui s'imagine qu'on parle pour lui !
» *Que ce Seigneur est charitable ! il prend mes*
» *intérêts avec autant de chaleur que s'ils*
» *étoient les siens propres*. (*) Octave lui deman-
» de s'il a lû la lettre en question : *non*, répond-
» il. *Lisez-la donc*, dit Octave. Arlequin très-
» embarrassé hésite quelque temps, & demande
» enfin quel est le mois présent. *Nous sommes*
» *en Janvier*, répond Octave. *Ho ! bien*, ajoûte
» Arlequin, en faisant mine de mettre la lettre
» dans sa poche, *je vous avouerai que j'ai fait*
» *vœu de ne jamais lire de lettre pendant ce mois,*
» *parce qu'autrefois en un pareil, j'en lus une*
» *dont je reçus un tel chagrin, que je pensai en*
» *crever*. Pour couper court, après bien des
» *lazzis*, Arlequin est obligé de confesser qu'il
» ne sçait pas lire, & prie Octave de vouloir
» suppléer à son défaut. Octave prend la lettre,
» & s'appercevant d'abord que c'est à lui qu'elle
» s'adresse, il feint qu'elle est mal écrite, & qu'il
» en faut étudier le caractere. *Vous avez tort*
» *de vous mettre en colere*, ajoûte-t-il, peu de
» temps après ; *cette lettre est de la sœur de votre*

(*) Il n'est pas difficile de reconnoître ici une des prin-
cipales scénes du *Cocu imaginaire*; mais la piéce de M. Moliere a précédé celle-ci, du moins en *France*.

» *femme, qui lui écrit de Milan.* Ensuite il fait
» semblant de lire la lettre suivante qu'il a com-
» posée dans son imagination. *Ma chere sœur,*
» *je vous fais part d'une nouvelle bien triste ;*
» *notre jeune frere a été tué en Flandres.* Arle-
» quin interrompt ici Octave, se désespere, &
» dit qu'il est dans la nécessité de prendre le
» deuil. *Il s'est souvenu de vous avant que de*
» *mourir,* continue Octave, *& il vous laisse dix*
» *mille écus.* Dix mille écus, s'écrie Arlequin !
» *Voilà ce qui s'appelle mourir glorieusement &*
» *en brave homme.* Octave sort, après avoir
» remis une autre lettre à Arlequin. Celui-ci
» transporté de joie, veut au plutôt en faire part
» à sa femme. *Ho ! l'animal que j'étois,* dit-il,
» *que j'étois bête de m'aller imaginer que cette*
» *lettre étoit un billet amoureux !* Il heurte à la
» porte de sa maison avec vivacité. Eularia ar-
» rive toute tremblante. Sa frayeur redouble,
» lorsqu'elle voit Arlequin qui frappe du pied.
» *Ma chere amie,* dit-il, *il faut que nous mour-*
» *rions tous deux.* Ha ciel ! s'écrie-t-elle, en se
» jettant à genoux, fondante en larmes ; Arle-
» quin fait de même, & en montrant la lettre, il
» ajoûte qu'il se l'est fait lire. La femme pleure ;
» sa crainte augmente ; *il faut mourir,* répéte
» Arlequin de temps en temps. *Hélas ! ayez*
» *pitié d'une infortunée,* dit Eularia. *J'en ai*
» *beaucoup,* répond le mari, *mais il n'y a pas*
» *de reméde, il faut mourir. Mon cher beau-*
» *frere,* ajoûte-t-il, en frappant du pied ! enfin
» après bien des *lazzis,* il apprend à sa femme
» que son frere est mort à la guerre de Flandres.
» *Qui vous a dit cette nouvelle,* demande Eula-
» ria ? *C'est,* répond il, *cette lettre que je viens*

» de faire lire au Seigneur Octave. Ha! je res-
» pire, dit-elle tout bas. Arlequin lui montre
» ensuite la lettre; Eularia la reconnoît pour
» n'être pas la sienne, la prend, feint de la lire,
» & fait le *lazzi* tantôt de rire & tantôt de
» pleurer. Arlequin qui l'observe, croit qu'elle
» pleure la mort de son frere, & qu'elle rit de
» la succession de dix mille écus. *Or ça*, dit-il,
» *je vais te quitter pour aller acheter des habits*
» *de deuil.* Il sort; dans le moment Octave
» entre; Eularia & lui plaisantent beaucoup sur
» la réussite de la fourberie. Arlequin arrive
» sans être apperçu; il entend une partie de la
» conversation; comme les discours des deux
» Amants sont équivoques, ce pauvre mari les
» expliquant à son avantage, est bien content,
» & se félicite de posséder une épouse si ver-
» tueuse. Il se retire, & revient encore écouter;
» il entend qu'Eularia & Octave concertent les
» moyens de fuir ensemble; en gesticulant, ce
» dernier lui donne de ses gands à travers le
» visage. Arlequin fait ici force *lazzis*, pendant
» lesquels les Amants se retirent. Les derniers
» propos qu'ils ont tenus suffisent pour convain-
» cre Arlequin qu'il est trahi. *Ha! ciel*, s'écrie-
» t'il, *dix mille écus! dix mille cornes! ha! scé-*
» *lérat Octave! ha! perfide femme!* Trivelin
» qui entre le surprend dans ses lamentations;
» *je suis au désespoir*, dit Arlequin, en racon-
» tant sa triste avanture. *Console-toi*, répond
» Trivelin, *& usons de finesse. Il faut que tu*
» *contrefasse le personnage d'Octave; tu vien-*
» *dras sous les fenêtres de ta maison, ta femme*
» *descendra, tu me la remettras entre les mains,*
» *& je la placerai en lieu de sureté; ensuite,*

» continue Trivelin, *tu t'habilleras en femme*,
» *& feignant d'être Eularia, lorsqu'Octave pa-*
» *roîtra, tu sortiras, & lui passeras ton épée,*
» *que tu auras cachée sous ta robe, au travers*
» *du corps*. Arlequin approuve fort ce projet,
» & sort avec Trivelin pour l'éxécuter. Au troi-
» siéme acte qui se passe la nuit, Arlequin paroît
» armé. Comme il compte que Trivelin doit se
» trouver au rendez-vous, il fait le signal con-
» venu, & voyant qu'on y répond, il frappe à
» la porte de son logis, & feint d'être Octave.
» Eularia sort, & Arlequin la consigne à Octa-
» ve, que dans l'obscurité il prend pour Trive-
» lin. Très-satisfait de ce premier coup, il entre
» dans la maison en éclatant de rire, & va se
» travestir en femme. A la derniere scéne, Octa-
» ve instruit par Trivelin, se présente sous la
» fenêtre d'Eularia. Arlequin sort, vêtu ridicu-
» lement des habits de cette derniere, & contre-
» faisant sa voix. Octave feignant de le prendre
» pour elle, lui fait une vive reprimande, qu'il
» assaisonne d'une grêle de coups de bâton ; Ar-
» lequin fort joyeux, est cependant forcé de se
» découvrir, pour faire cesser cet orage. Il em-
» brasse Octave, le remercie, & lui demande
» son amitié ; Octave lui dit qu'il est marié, &
» ajoûte qu'il est aussi fort jaloux de sa femme,
» & que par cette raison il ne lui permet de
» sortir qu'avec un masque. Arlequin demande
» à voir cette femme ; Eularia sort couverte
» d'une grande mante, & masquée. Octave
» donne la main à la Dame, & dit qu'il part
» avec elle ; Arlequin répond qu'il fait fort
» bien, & lui souhaite un heureux voyage. »

(*) *Extrait imprimé. Histoire de l'ancien Théatre Italien*, page 252. Paris, Lambert.

TUTEURS, (l'Ecole des) Opéra Comique en un acte, de M. *Rochon de la Valette*, représenté le Lundi 4 Février 1754. in-8°. Paris, Duchesne.

TYNDARIDES, (les) Tragédie de M. *Danchet*, représentée le Jeudi 16 Décembre 1707. in 12. Paris, Ribou, 1708. & dans le Recueil des Œuvres de l'Auteur. *Hist. du Th. Franç.* année 1707.

TYRIDATE, Tragédie de M. l'Abbé *Boyer*, représentée au Théatre du Marais en 1648. in-4°. Paris, Quinet, 1649. L'Auteur en retouchant cette Tragédie, & après avoir fait quelques changemens, la donna au Théatre de l'Hôtel de Bourgogne au mois d'Octobre 1617. sous le titre du *Fils supposé*. Elle est imprimée de cette derniere façon, in-12. Paris, 1672. *Hist. du Th. Franç.* année 1648.

TYRTÉE, c'est le sujet de la deuxiéme Entrée du Ballet des *Fêtes d'Hébé*, ou les *Talens lyriques*, que l'Auteur avoit traité sous le titre de la Musique, qui parut pour la premiere fois le Jeudi 21 Mai 1739. & avec des changemens, le Mardi 23 Juin suivant. Voyez *Fêtes (les) d'Hébé*, ou *Les Talens lyriques*.

(*) Voila encore la scène du dénouement du *Sicilien*, de M. *Moliere*; mais cette piéce & celle dont il s'agit étant de la même année, & n'ayant pû découvrir la date précise des *Tapis*, nous ignorons laquelle des deux a précédé l'autre en France.

Fin du cinquiéme Volume.

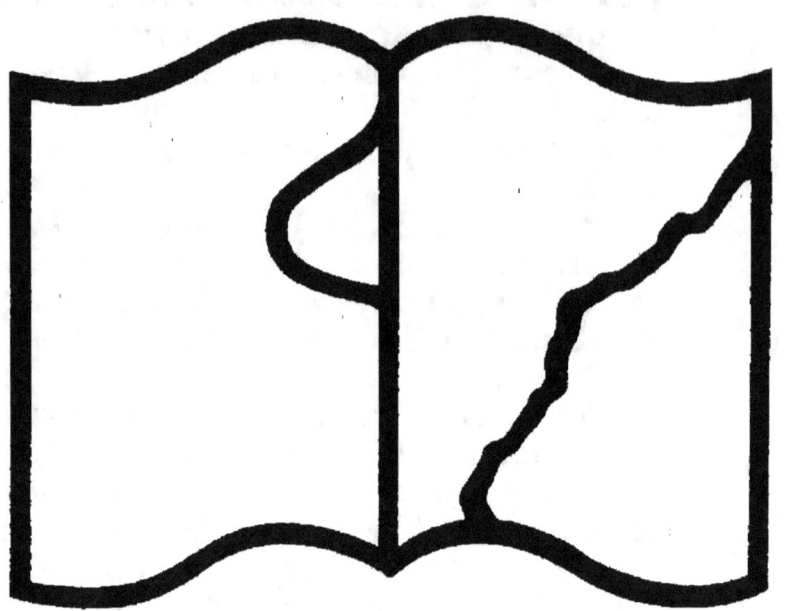

Texte détérioré — reliure défectueuse
NF Z 43-120-11

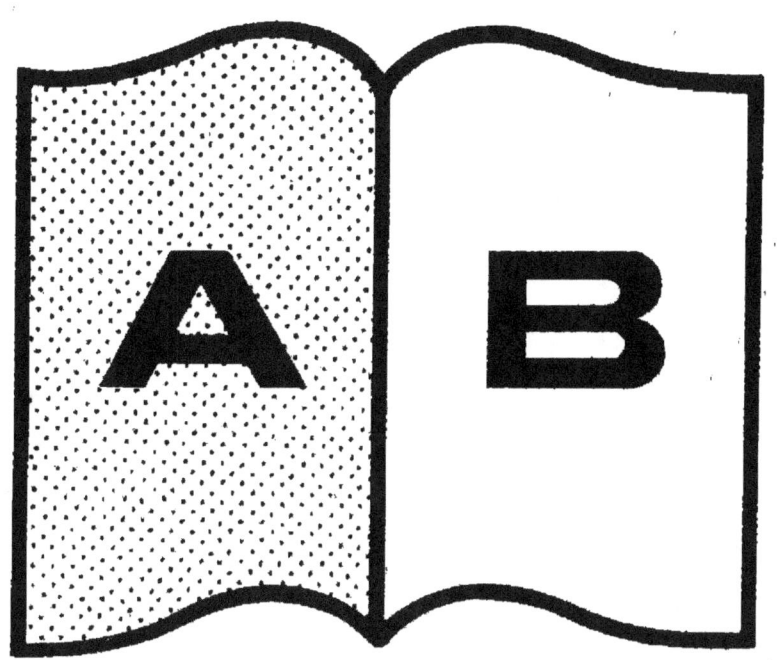

Contraste insuffisant

NF Z 43-120-14

www.ingramcontent.com/pod-product-compliance
Lightning Source LLC
Chambersburg PA
CBHW071040240526
45471CB00014B/3

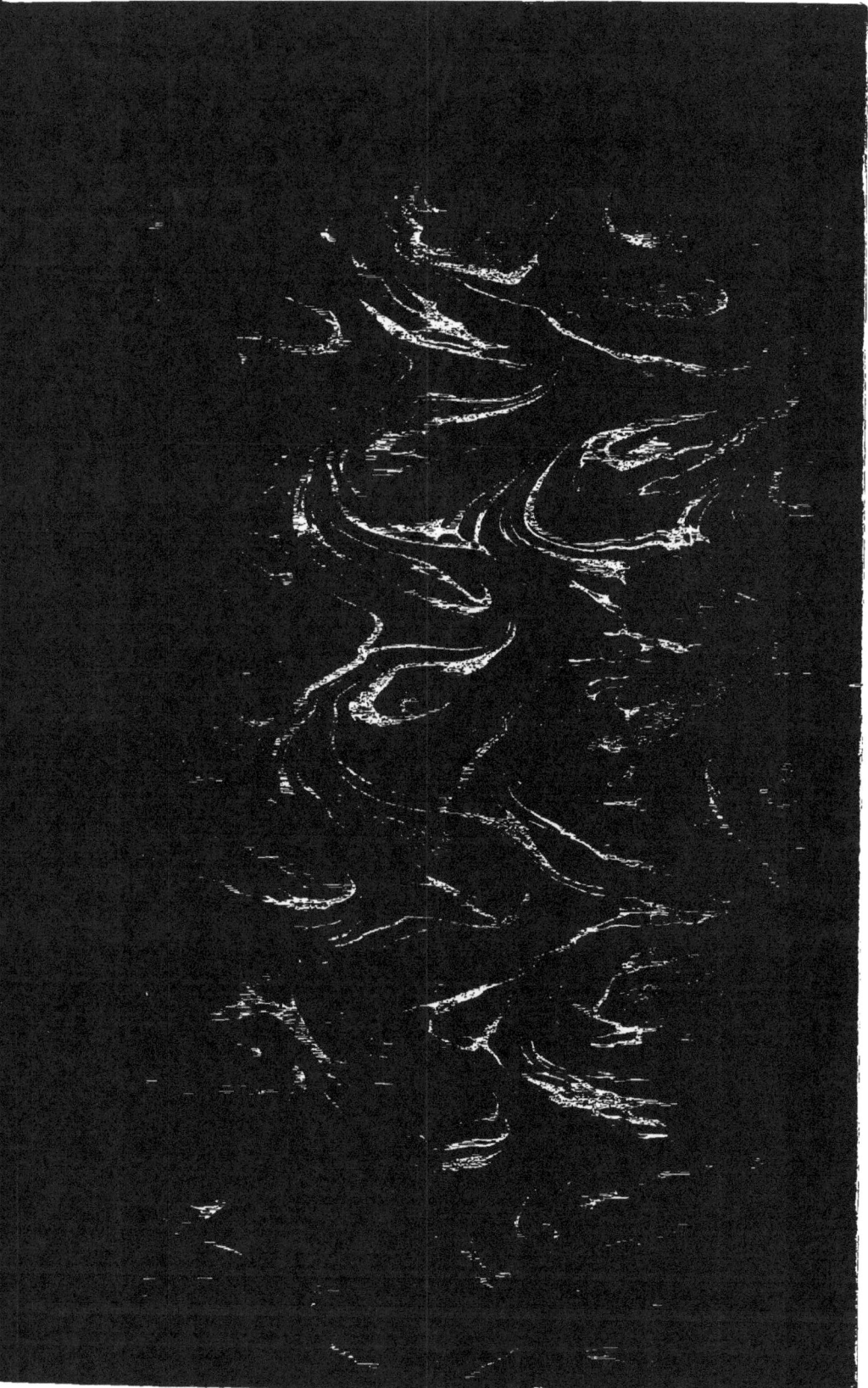

17346

LES

LÉPIDOPTÈRES DE L'EUROPE

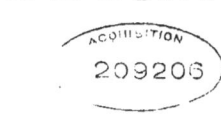

PREMIÈRE SÉRIE

ESPÈCES OBSERVÉES EN BELGIQUE

Ouvrage publié sous les auspices du Gouvernement Belge.

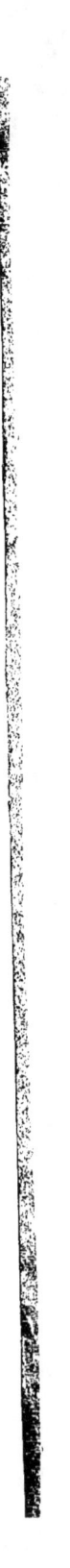

LES
LÉPIDOPTÈRES
DE LA BELGIQUE

LEURS

CHENILLES ET LEURS CHRYSALIDES

DÉCRITS ET FIGURÉS D'APRÈS NATURE

PAR

Alphonse DUBOIS

DOCTEUR EN SCIENCES NATURELLES, CONSERVATEUR AU MUSÉE ROYAL D'HISTOIRE NATURELLE DE BELGIQUE.
EMBRE HONORAIRE, CORRESPONDANT OU EFFECTIF DE PLUSIEURS SOCIÉTÉS SAVANTES.

TOME TROISIÈME

AVEC 142 PLANCHES

BRUXELLES & LEIPZIG

LIBRAIRIE C. MUQUARDT, MERZBACH ET FALK SUCC.rs

1884

TABLE SYSTÉMATIQUE DES ESPÈCES

FIGURÉES DANS LE TOME 3ᵐᵉ

			NUMÉROS des	
			PL.	FIG.
337 Charéas graminivore.	Charæas graminis	282	
338 Nasse populaire.	Neuronia popularis.	283	1
339 Mamestre carnée.	Mamestra advena.		2
340 — coureuse.	— leucophæa.	284	
341 — cachée.	— tincta.	285	1
342 — enfumée.	— suasa.		2
343 — teinte.	— contigua.	286	
344 — brodée.	— nebulosa.	287	
345 — thalassine.	— thalassina.	288	
346 — pisivore.	— pisi.	289	
347 — brassicaire.	— brassicæ.	290	
348 — de la persicaire.	— persicariæ.	291	
349 — pointillée.	— albicolon.	292	1
350 — étrangère.	— aliena.		2
351 — des potagers.	— oleracea.	293	
352 — du genêt.	— genistæ.	294	
353 — ondée.	— dentina.	295	1
354 — de l'ansérine.	— chenopodii.		2
355 — réticulée.	— reticulata.	296	
356 — cerisière.	— dysodea.	297	1
357 — joconde.	— serena.		2
358 Dianthoécie arrosée.	Dianthoecia conspersa.	298	1
359 — arrangée.	— compta.		2
360 — parée.	— albimacula.	299	
361 — des capsules.	— capsincola.	300	
362 — du cucubale.	— cucubali.	301	1
363 — carpophage.	— perplexa.		2
364 Aporophyle lunéburgenne.	Aporophyla lutulenta.	302	
365 Gloutéronne bigarrée	Polia flavicincta.	303	
366 — chi.	— chi.	304	
367 Dryobate protée.	Dryobata protea.	305	1
368 Dichonie runique.	Dichonia aprilina.		2
369 Misélie aubépinière.	Miselia oxyacanthæ.	306	
370 Apamée avare.	Apamea testacea.	307	
371 Lupérine cythère.	Luperina matura.	308	1
372 — verdoyante.	— virens.		2
373 Hadène porphyre.	Hadena satura	309	
374 — indifférente.	— adusta.	310	
375 — ochroleuque.	— ochroleuca.	311	1
376 — ténébreuse.	— furva.		2
377 — noirâtre.	— abjecta.	312	1
378 — latérice.	— lateritia.		2
379 — monoglyphe.	— polyodon.	313	1
380 — doucette.	— lithoxylea.		2
381 — tache rousse.	— sordida.	314	
382 — trait noir.	— basilinea.	315	1
383 — bigarrée.	— rurea.		2
384 — mignonne.	— scolopacina.	316	1
385 — hépatique.	— hepatica.		2
386 — brouillée.	— gemina.	317	1
387 — mêlée.	— ophiogramma.		2
388 — variable.	— didyma.	318	

— VI —

			NUMÉROS des	
			PL.	FIG.
389 Hadène lettrée.	Hadena literosa.		319	1
390 — ciselée.	— strigilis.			2
391 — bicolore.	— furuncula.		320	1
392 Dyptérygie du pin.	Dypterygia pinastri.			2
393 Hadène bordée.	Hadena fasciuncula.		321	1
394 Hyppa saxonne.	Hyppa rectilinea.			2
395 Chloanthe perspicillaire.	Chloantha perspicillaris.		322	
396 Arrochière volant doré.	Trachea atriplicis.		323	
397 Euplexie brillante.	Euplexia lucipara.		324	
398 Brotolome craintive.	Brotolomia meticulosa.		325	
399 Maure nègre.	Mania maura.		326	
400 Naenie typique.	Naenia typica.			
401 Hélotrophe rouillée.	Helotropha leucostigma.		327	1
402 Hydroécie éclatante.	Hydroecia nictitans.			2
403 — irrésolue.	— micacea.		328	1
				2
404 Gortyne drap d'or.	Gortyna flavago.		329	
405 Nonagrie du rubanier.	Nonagria sparganii.		330	
406 — de la massette.	— arundinis.		331	
407 Tapinostole de l'élyme.	Tapinostola elymi.		332	
408 — incertaine.	— fulva.		333	1
409 Calamie bathyerga.	Calamia lutosa.			2
410 Leucanie blême.	Leucania pudorina.		334	1
411 — pâle.	— pallens.			2
412 — impure.	— impura.		335	1
413 — de Graslin.	— albivena.			2
414 — comma.	— comma.		336	1
415 — conigère.	— conigera.			2
416 — littorale.	— littoralis.		337	1
417 — point blanc.	— albipuncta.			2
418 — L blanche.	— L album.		338	1
419 - argentée.	— lythargyria.			2
420 — turque.	— turca.		339	
421 Grammésie évidente.	Grammesia trigrammica.		340	
422 Caradrine incertaine.	Caradrina morpheus.		341	
423 — fâcheuse.	— quadripunctata.		342	1
424 — arrosée.	— respersa.			2
425 — alsine.	— alsines.		343	1
426 — du plantain.	— ambigua.			2
427 — résistante.	— superstes.		344	1
428 — du pissenlit.	— taraxaci.			2
429 — uligineuse.	— gluteosa.		345	1
430 — de Duponchel.	— arcuosa.			2
431 Rusine ténébreuse.	Rusina tenebrosa.		346	
432 Amphipire triponctué.	Amphipyra tragopogonis.		347	
433 — du noisetier.	— pyramidea.		348	
434 — dentelé.	— perflua.		349	
435 Téniocampe gothique.	Taeniocampa gothica.		350	1
436 — peinte.	— miniosa.			2
437 — ambiguë.	— cruda.		351	1
438 — du peuplier.	— populeti.			2
439 — constante.	— stabilis.		352	1
440 — grêle.	— gracilis.			2
441 — inconstante.	— incerta.		353	1
442 — proprette.	— munda.			2
443 Panolis piniphage.	Panolis piniperda.		354	1
444 Pachnobie erythrocéphale.	Pachnobia rubricosa.			2
445 Dicycle oo.	Dicycla oo.		355	
446 Calymnie pyraline.	Calymnia pyralina.		356	1
447 — nacarat	— diffinis.			2

		NUMÉROS des	
		PL.	FIG.
448 Calymnie analogue.	Calymnia affinis.	357	1
449 — trapèze.	— trapezina.		2
450 Cosmie paillée.	Cosmia paleacea.	358	1
451 Dyschoriste ypsilon.	Dyschorista ypsilon.		2
452 Plastène obtuse.	Plastenis retusa.	359	1
453 — soumise.	— subtusa.		2
454 Cirroédie xérampéline.	Cirrhoedia xerampelina.	360	1
455 Cléocère du saule.	Cleoceris viminalis.		2
456 Orthosie lavée.	Orthosia lota.	361	1
457 — ferrée	— macilenta.		2
458 — fauvette.	— circellaris.	362	1
459 — dorée.	— rufina.		2
460 — cannelée.	— pistacina.	363	1
461 — humble.	— humilis.		2
462 Xanthie citronelle.	Xanthia citrago.	364	1
463 — éblouissante.	— aurago.		2
464 — mantelée.	— flavago.	365	1
465 — sulphurée.	— gilvago.		2
466 — safranée.	— fulvago.	366	1
467 — ocellaire.	— ocellaris.		2
468 Hoporine safranée.	Hoporina croceago.	367	
469 Orrhodie érythrocéphale.	Orrhodia erythrocephala.	368	1
	— var. Glabra.		2
470 — doucette.	— silene.	369	1
471 — tigrée.	— rubiginea.		2
472 — de l'airelle.	— vaccinii	370	1
473 Scopelosome satellite.	Scopelosoma satellita.	371	2
474 Scoliopteryx libatrice.	Scoliopteryx libatrix.		
475 Xyline du frêne.	Xylina semibrunnea.	372	1
	— var. Oculata.		2
	— Zinckenii.		3
476 — Zincken.	— socia.	373	1
477 — tachée.	— ornithopus.		2
478 — nebuleuse.			
479 Calocampe antique.	Calocampa vetusta.	374	
480 — passé.	— exoleta.	375	
481 Xylomige conspicillaire.	Xylomyges conspicillaris.	376	
482 Asteroscope sphinx.	Asteroscopus sphinx.	377	1
483 Xylocampe brunâtre.	Xylocampa areola.		2
484 Calophasie de la linaire.	Calophasia lunula.	378	
485 Cucullie de la molène.	Cucullia verbasci.	379	
486 — de la scrophulaire.	— scrophulariæ.	380	
487 — bréchette.	— lychnitis.	381	
488 — astrée.	— asteris.	382	
489 — ombrageuse.	— umbratica.	383	
490 — de la camomille.	— chamomillæ.	384	
491 — du gnaphale.	— gnaphalii.	385	
492 — de l'absinthe.	— absinthii.	386	
493 Abrostole triplasie.	Abrostola (Plusia) triplasia.	387	
494 — de l'ortie.	— (—) urticæ.	388	
495 — C d'or.	Plusia C aureum.	389	
496 — dorée.	— moneta.	390	
497 — vert-doré.	— chrysitis.	391	
498 — riche.	— festucæ.	392	
499 — jota.	— jota.		
500 — du dompte-venin.	— asclepiadis.	393	
501 — V doré.	— pulchrina.		
502 — lambda.	— gamma.	394	
503 Edie pie.	Ædia funesta.	395	1
504 Anarte myrtille.	Anarta myrtilli.		2

			NUMEROS des	
			PL.	FIG.
505 Héliaque polynome.	Heliaca tenebrata.	396	1
506 Héliothe dipsacé.	Heliothis dipsaceus.		2
507 — peltigère.	— peltiger.	397	1
508 — armigère.	— armiger.		2
509 Chariclé incarnat.	Chariclea delphinii.	398	
510 — chrysographe.	— umbra.	399	1
511 Acontia funèbre.	Acontia luctuosa.		2
512 Erastrie argentule.	Erastria argentula.	400	1
513 — ancre.	— uncana.		2
514 — venustule.	— venustula.	401	1
515 — atratule.	— deceptoria.		2
516 — albule.	— fasciana.	402	1
517 Prothymie bronzée.	Prothymia laccata		2
518 Agrophile sulfuré.	Agrophila trabealis.	403	1
519 Euclidie M noire.	Euclidia mi.		2
520 — doublure jaune.	— glyphica.	404	1
521 Pseudophie lunaire.	Pseudophia lunaris.		2
522 Alchimiste leucomèle.	Catephia alchymista.	405	
523 Likenéa du frêne.	Catocala fraxini.	406	
524 — mariée.	— nupta.	407	
525 — rouge.	— sponsa.	408	
526 — promise.	— promissa.	409	
527 — accordée.	— electa.	410	
528 Toxocampe houé.	Toxocampa pastinum.	411	1
529 — de la vesce.	— craccæ.		2
530 Ennomos sinué.	Aventia flexula.	412	1
531 Bolétobie inégale.	Boletobia fuliginaria.		2
532 Zanclognathe pattu.	Zanclognatha tarsiplumalis.	413	1
533 — des forêts.	— grisealis.		2
534 — de Zeller.	— zelleralis.	414	1
535 — tarsier.	— tarsicrinalis.		2
536 — tarsipenne.	— tarsipennalis.	415	1
537 — émortuale.	— emortualis.		2
538 Madopa du saule.	Madopa salicalis.	416	1
539 Pechipogon raquette.	Pechipogon barbalis.		2
540 Herminie crinale.	Herminia crinalis.	417	1
541 — anomale.	— derivalis.		2
542 Bomoloche épaissie.	Bomolocha fontis.	418	1
543 Rivule soyeuse.	Rivula sericealis.		2
544 Hypène à rostre.	Hypena rostralis.	419	1
545 — à museau.	— proboscidalis.		2
546 Hypénode acuminé.	Hypenodes costæstrigalis.	420	1
547 — strié.	— albistrigatus.		2
548 Brephos intrus.	Brephos parthenias.	421	1
549 — bâtard.	— nothum.		2

Planches supplémentaires aux tomes précédents.

550 Satyrus hermione.			1
551 Ino pruni.			2
552 — geryon.			3
553 Nola cucullatella.		I	4
554 — strigula.			5
555 — centonalis.			6
556 Fumea sepium.			7-12
557 Ptilophora plumigera.			1
558 Agrotis sobrina.			2
559 — cuprea.		II	3
560 — ripæ.			4

LES
LÉPIDOPTÈRES DE LA BELGIQUE

SUITE ET FIN DES

NOCTUELLES. - NOCTUÆ.

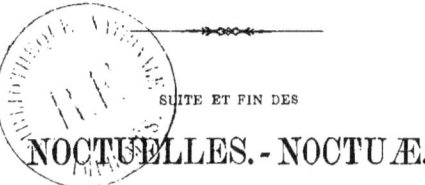

Genre 102. — CHARÉAS. — CHARÆAS, Steph.

Episema, Tr. — **Cerapteryx**, Steph.

Car. — Front garni de poils couchés; palpes velus, dépassant légèrement le front, à dernier article court et obtus; trompe longue et forte; yeux velus; antennes assez faibles, ciliées; corselet et thorax voûtés, garnis de poils longs; abdomen grêle et tronqué à son extrémité chez le mâle, cylindrique et à extrémité obtuse chez la femelle; pièces anales de longueur moyenne, larges, fléchies en dedans, arrondies à leur partie supérieure et prolongées en un crochet court à leur partie inférieure.

Les chenilles ressemblent à celles du genre suivant et vivent de graminées.

Esp. : *C. graminis*, L.

Genre 103. — NASSE. — NEURONIA, Hb.

Hadena, Tr. — **Heliophobus**, Boisd.

Car. — Les espèces de ce genre diffèrent du précédent par des poils courts et serrés, par une gibbosité placée en avant et en arrière du thorax, par une trompe courte et molle, par des antennes robustes et par des pièces anales ne se prolongeant pas en crochet.

Chenilles trapues, cylindriques, luisantes, avec une plaque cornée sur le premier et le dernier segment, d'un brun foncé avec des raies étroites jaunâtres. Elles se nourrissent de racines et de jeunes pousses de graminées et se métamorphosent dans la terre.

Esp. : *N. popularis*, Fab.

Genre 104. — MAMESTRE. — MAMESTRA, Tr.

Car. — Noctuelles de taille moyenne, à ailes antérieures un peu élargies extérieurement et à bord externe ondulé, et à ailes postérieures arrondies.

Tête non rentrée; trompe longue et forte; yeux velus; front, palpes et dos grossièrement velus; palpes retroussés, à dernier article court et écailleux; thorax bombé, quadrangulaire, avec une légère gibbosité en avant et en arrière; segments abdominaux, surtout les antérieurs, plus ou moins garnis de touffes de poils en brosse disposées sur la ligne médiane; pièces anales fortement velues, garnies de soies sur le bord interne, recourbées en dedans et de forme très variable.

Chenilles nues, arrondies; se métamorphosent dans la terre.

Esp.: 1. *M. advena*, Sch.; 2. *leucophæa*, Sch.; 3. *tincta*, Br.; 4. *suasa*, Sch.; 5. *contigua*, Sch.; 6. *nebulosa*, Hufn.; 7. *thalassina*, Rott.; 8. *pisi*, L.; 9. *brassicæ*, L.; 10. *persicariæ*, L.; 11. *albicolon*, Hb.; 12. *aliena*, Hb.; 13. *oleracea*, L.; 14. *genistæ*, Bkh.; 15. *dentina*, Sch.; 16. *chenopodii*, Sch.; 17. *reticulata*, D.V.; 18. *dysodea*, Sch.; 19. *serena*, Sch.

Genre 105. — DIANTHOÉCIE. — DIANTHOECIA, Boisd.

Miselia, Hadena, Tr.

Car. — Les noctuelles de ce genre diffèrent seulement des précédentes par la forme de l'abdomen des femelles, qui se termine en pointe. Les pièces anales sont étroites à leur base et se terminent de chaque côté par un lambeau arrondi et découpé dont le bord supérieur est parfois un peu corné; les antennes des mâles sont ciliées.

Les chenilles sont nues et assez grêles.

Esp.: 1. *D. conspersa*, Sch.; 2. *compta*, Sch.; 3. *albimacula*, Bkh.; 4. *capsincola*, Hb.; 5. *cucubali*, Sch.; 6. *perplexa*, Sch.

Genre 106. — APOROPHYLE. — APOROPHYLA, Gn.

Agrotis, Tr. — **Charæas,** Steph. — **Hadena,** Boisd.

Car. — Front saillant, velu; palpes dépassant ce dernier, retroussés; antennes longues, sétacées chez les femelles, pectinées ou dentelées chez les mâles; thorax large, quadrangulaire, voûté, avec les poils couchés et lisses; poitrine et pattes velues; abdomen finement velu, terminé obtusément chez les mâles, en pointe obtuse chez les femelles.

Chenilles de la forme de celles des Mamestres ; se métamorphosent dans la terre.

Esp. : *A. lutulenta*, Sch.

GENRE 107. — GLOUTERONE. — POLIA Tr.

Noctua, Hb.

Car. — Front non saillant, hérissé de soies antennes avec un pinceau de poils à leur base, dentelées chez les mâles ; yeux ciliés ; trompe en spirale ; thorax quadrangulaire, faiblement bombé avec une petite gibbosité en avant et en arrière mais peu distinctes ; abdomen avec des houppes également peu distinctes ; pièces anales assez étroites, d'égale largeur, obtuses à l'extrémité et repliées en dedans.

Les chenilles ne présentent rien de particulier.

Esp. : 1 *P. flavicincta*, Sch. ; 2. *chi*, L.

GENRE 108. — DRYOBATE. — DRYOBATA, Led.

Hadena, Tr.

Car. — Thorax aplati, angulaire en avant ; villosités du front et de la base des antennes grossières ; pattes de forme normale.

Chenilles nues ; elles se métamorphosent entre des feuilles mortes.

Esp. : *D. protea*, Sch.

GENRE 109. — DICHONIE. — DICHONIA, Hb.

Miselia, Tr. — **Agriopis**, Boisd.

Car. — Les espèces de ce genre ressemblent aux précédentes, mais les cuisses antérieures sont élargies en massue dans les deux sexes, avec une rainure en avant ; pièces anales courtes, larges et obtuses, profondément creusées en forme de cuillère ; antennes sétacées, ciliées ; abdomen surmonté de houppes peu saillantes.

Chenilles comme les précédentes.

Esp. : *D. aprilina*, L.

GENRE 110. — MISELIE. — MISELIA, Steph.

Car. — Front, palpes et pattes garnis de poils rudes ; yeux nus, ciliés ; antennes des mâles dentelées en scie et ciliées ; corselet découpé ; thorax aplati, grossièrement velu, retroussé sur les côtés, angulaire en avant ; abdomen avec des houppes peu saillantes ; pièces anales presque droites, se rétrécissant insensiblement, obtuses à leur extrémité et cornées à leur bord supérieur.

Chenilles cylindriques, grêles; dernier segment surmonté de petites pointes; tête grosse, aplatie; 16 pattes. Se métamorphosent à terre dans un épais tissu.

Esp. : *M. oxyacanthæ*, L.

Genre 111. — APAMÉE. — APAMEA, Tr.

Luperina, Boisd.

Car. — Tête rentrée, pubescente; palpes faibles, dépassant à peine le front; trompe plus courte et plus molle que chez les espèces des genres voisins; yeux nus, non ciliés; antennes ciliées chez les mâles, sétacées chez les femelles; thorax et poitrine laineux; le premier voûté, quadrangulaire, avec une touffe de poils peu distincte en avant et en arrière; abdomen assez grêle chez les mâles, épais et cylindrique chez les femelles; pattes courtes.

Chenilles épaisses, cylindriques; le premier et les deux derniers segments sont surmontés d'un écusson corné; tête grosse et arrondie; 16 pattes. Métamorphoses dans la terre.

Esp. : *A. testacea*, Sch.

Genre 112. — LUPÉRINE. — LUPERINA, Boisd.

Caradrina, Polia, Tr. — **Cerigo**, Steph.

Car. — Les espèces de ce genre diffèrent de celles du précédent par une trompe plus robuste et plus longue et par l'abdomen des femelles qui est moins épais.

Chenilles cylindriques, comprimées, à 16 pattes.

Esp. : *L. matura*, Hufn. — *2 virens*, L.

Genre 113. — HADÈNE. — HADENA, Tr.

Luperina, Ilarus, Boisd. — **Eremobia, Hama, Xylophasia, Miana**, Steph. — **Mamestra, Xylina, Apamea**, Tr.

Car. — Trompe robuste, en spirale; yeux nus, non ciliés; front et palpes grossièrement velus; thorax voûté, quadrangulaire, velu, avec des touffes de poils divisées en avant et en arrière; abdomen velu, surmonté de brosses médianes et de pinceaux de poils latéraux; pattes robustes, lisses.

Chenilles ressemblant à celles des Mamestres ; premier segment le plus souvent avec un écusson ; 16 pattes.

Esp. : 1. *H. satura*, Schiff.; 2. *adusta*, Erp.; 3. *ochroleuca*, Sch.; 4. *furva*, Sch.; 5. *abjecta*, Hb.; 6. *lateritia*, Hfn.; 7. *polyodon*, L.; 8. *lithoxylea*, Sch.; 9. *sordida*, Bkh.; 10. *basilinea*, Sch.; 11. *rurea*, F.; 12. *scolopacina*, Esp.; 13. *hepatica*, Sch.; 14. *gemina*, Hb.; 15. *ophiogramma*, Esp.; 16. *didyma*, Esp.; 17. *literosa*, Haw.; 18. *strigilis*, L.; 19. *furuncula*, Sch.; 20. *fasciuncula*, Hw.

GENRE 114. — DYPTÉRYGIE. — DYPTERYGIA, Steph.

Xylina, Tr. — **Luperina**, Boisd.

Car. — Ces lépidoptères ressemblent aux précédents, mais ils s'en distinguent par la forme de la gibbosité du dos qui s'avance en forme de V sur le premier segment abdominal ; les antennes des mâles sont à peine ciliées ; front et palpes pubescents, ces derniers s'avancent au devant du front en forme de faucille ; pièces anales très courtes, creuses à l'intérieur.

Chenilles épaisses, cylindriques, le onzième segment un peu proéminent, à 16 pattes.

Esp. : *D. pinastri*, L.

GENRE 115. — HYPPA. — HYPPA, Dup.

Car. — Ce genre ressemble également aux Hadènes mais s'en distingue par le corselet qui est plus haut et voûté, par le thorax privé de gibbosité antérieure, par la tête plus rentrée et par les antennes des mâles ciliées et pectinées dans la majeure partie de leur étendue.

Esp. : *H. rectilinea*, Esp.

GENRE 116. — CHLOANTHE. — CHLOANTHA, Boisd.

Car. — Trompe en spirale ; yeux nus ; antennes sétacées, faiblement ciliées chez les mâles ; dos revêtu de poils fins et couchés, à gibbosités divisées ; abdomen court, surmonté de touffes de poils ; pattes assez courtes, épineuses ; pièces anales repliées en dedans en forme de pince, à extrémité étroite.

Chenilles épaisses, cylindriques, à tête arrondie, voûtée ; 16 pattes.

Esp. : *C. perspicillaris*, L.

GENRE 117. — ARROCHIÈRE. — TRACHEA, Hubn.

Hadena, Boisd.

Car. — Voisin du genre *Hadena* dont il diffère par la pubescence du front et des palpes, par la villosité du dos qui est entremêlée d'écailles aplaties, et par la base nue des antennes.

Les chenilles ont la même structure que celles des hadènes.

Esp. : *T. atriplicis*, L.

Genre 118. — EUPLEXIE. — EUPLEXIA, Steph.

Phlogophora, Tr.

Car. — Antennes sétacées, ciliées chez les mâles ; thorax relativement large, très voûté, garni d'une villosité lisse entremêlée d'écailles aplaties, s'avançant en arrière en formant deux boursouflures qui se réunissent en formant un V ; abdomen grêle et court relativement au thorax, garni de touffes de poils sur les 3e, 4e et 5e segments ; pièces anales longues et grêles, recourbées en dedans et échancrées en dessous.

Chenilles s'épaississant en arrière, le onzième segment plus proéminent ; 16 pattes.

Esp. : *E. lucipara*, L.

Genre 119. — BROTOLOME. — BROTOLOMIA, Led.

Phlogophora, Tr.

Car. — Front, palpes, poitrine et pattes couverts d'une pubescence couchée ; palpes retroussés, formant une espèce de rostre ; corselet échancré ; thorax surmonté d'une gibbosité en forme de selle ; abdomen garni de touffes de poils très prononcées ; bord externe des ailes festonné.

Chenilles grêles, cylindriques, plus épaisses en arrière, le onzième segment un peu proéminent ; 16 pattes.

Esp. : *B. meticulosa*, L.

Genre 120. — MAURE. — MANIA, Treit.

Mormo, Steph.

Car. — Insectes de grande taille ; yeux grands et nus ; front et palpes velus ; trompe en spirale ; antennes sétacées, ciliées chez les mâles ; thorax large relativement à l'abdomen ; celui-ci allongé avec des touffes de poils sur la ligne médiane.

Chenilles épaisses, cylindriques, le onzième segment un peu proéminent ; tête petite et arrondie ; 16 pattes.

Esp. : *M. Maura*, L.

Genre 121. — NAENIE. — NÆNIA, Steph.

Mania, Tr.

Car. — Voisin des précédents, mais d'une taille plus petite. Front garni entre les antennes d'une touffe de poils de forme triangulaire ; poils du thorax entremêlés d'écailles aplaties et formant une gibbosité antérieure et une postérieure, divisées et d'égale hauteur; abdomen lisse; pattes médianes et postérieures épineuses ; pièces anales en forme de spatules, très peu courbées en dedans, obtuses à l'extrémité.

Chenilles cylindriques, plus épaisses en arrière, plissées sur les flancs ; 16 pattes.

Esp.: *N. Typica*, L.

GENRE 122. — HÉLOTROPHE. — HELOTROPHA, Led.

Gortyna, Tr. — **Luperina**, Boisd. — **Hydræcia**, Steph.

Car. — Palpes, thorax et abdomen comme chez les *Hadena*, mais le poil plus fin, comme velouté ; abdomen de la femelle terminé en pointe ; antennes sétacées, faiblement ciliées chez les mâles ; pièces anales presque droites.

Chenilles comme dans le genre suivant.

Esp. : *Helotropha leucostigma*, Hb.

GENRE 123. — HYDROÉCIE. — HYDROECIA, Guen.

Apamea, Gortina, Tr. — **Luperina**, Boisd.

Car. — Front et palpes couverts d'une villosité courte et laineuse ; ces derniers courts, à dernier article caché dans la villosité ; trompe en spirale ; yeux nus ; antennes robustes, ciliées chez les mâles ; thorax voûté, quadrangulaire, avec une crête antérieure et une touffe de poils postérieure ; abdomen épais, à extrémité obtuse chez les mâles, aiguë chez les femelles.

Chenilles cylindriques, avec une plaque cornée sur le premier segment et de petites verrues garnies de quelques poils ; tête arrondie ; 16 pattes.

Esp. : 1. *H. nictitans*, Bkh., 2. *micacea*, Esp.

GENRE 124. — GORTYNE. — GORTYNA, Treit.

Car. — Mêmes caractères que les précédents, mais le front prolongé en une massue cornée cachée dans le poil; pièces anales presque droites; antennes des mâles faiblement ciliées.

Esp. : *Gortyna flavago*, Sch.

Genre 125. — NONAGRIE. — NONAGRIA, Tr.

Car. — Front coupé carrément, couvert d'une fine pubescence; palpes retroussés, dépassant le front; yeux nus; trompe en spirale; antennes dentelées ou ciliées chez les mâles; thorax voûté, à villosités lisses, avec une gibbosité peu distincte en avant; abdomen dépassant d'un tiers les ailes postérieures, grêle chez les mâles, plus épais chez les femelles surtout vers le milieu; poitrine laineuse; pattes courtes, velues; pièces anales courtes et obtuses.

Chenilles grêles, cylindriques, nues; tête arrondie, aplatie; 16 pattes.

Esp. : 1. *N. sparganii*, 2 .Esp. *N. arundinis*, Fab.

Genre 126. — TAPINOSTOLE. — TAPINOSTOLA, Led.

Nonagria, Tr.

Car. — Tête rentrée; yeux nus; trompe robuste, assez courte; front et palpes velus; antennes sétacées, ciliées chez les mâles; thorax quadrangulaire, voûté, sans gibbosités; abdomen et pattes courts, ces dernières poilues en dehors; pièces anales courtes et étroites.

Chenilles inconnues.

Esp. : 1. *T. fulva*, Hb., 2. *elymi*, Tr.

Genre 127. — CALAMIE. — CALAMIA, Hb.

Leucania, Tr.

Car. — Ressemble aux précédents, mais la tête non rentrée; antennes ciliées chez les mâles; pièces anales allongées, élargies à l'extrémité.

Chenilles cylindriques, grêles, avec de petites verrues poilues sous forme de points; tête grosse, sphérique; 16 pattes.

Esp. : *C. lutosa*, Hb.

Genre 128. — LEUCANIE. — LEUCANIA, Tr.

Car. — Front arrondi; palpes retroussés, ne dépassant que peu le front; trompe en spirale, longue; yeux velus; antennes sétacées, faiblement ciliées chez les mâles, chaque article muni sur les côtés d'une soie un peu plus forte que les cils; thorax quadrangulaire, voûté, avec les poils lisses et couchés; abdomen conique, obtus, grêle chez les mâles et terminé par une touffe de poils en dessous de sa base; poitrine et pattes laineuses; pièces anales pédonculées et formant un lambeau piriforme laineux.

Chenilles cylindriques, rétrécies aux deux extrémités, avec de petites verrues poilues et en forme de points; 16 pattes.

Esp. : 1. *L. pudorina*, Sch.; 2. *pallens*, L.; 3. *impura*, Hb.; 4. *albivena*, Grasl; 5. *comma*, L.; 6 *conigera*, Sch.; 7. *littoralis*, Curt.; 8. *albipuncta*, L.; 9. *L. album*, L; 10. *lythargyria*, Esp.; 11. *turca*, L.

GENRE 129. — GRAMMÉSIE. — GRAMMESIA, Steph.

Caradrina, Tr.

Car. — Tête courte; front arrondi et velu; trompe en spirale; yeux nus; antennes robustes, pectinées chez les mâles, sétacées chez les femelles; palpes retroussés, velus; thorax quadrangulaire, voûté avec une épaisse toison; abdomen court, grêle chez les mâles comparativement au thorax, plus lourd chez les femelles, le dernier segment en forme de massue; pattes courtes, inermes, poilues en dehors; pièces anales courtes et creuses, terminées par une petite pointe obtuse.

Chenilles courtes, épaisses, plus larges en arrière, garnies de poils isolés; tête petite; 16 pattes.

Esp. : *G. trigrammica*, Hnfn.

GENRE 130. — CARADRINE. — CARADRINA, Tr.

Apamea, Hydrilla, Boisd.

Car. — Yeux nus; trompe en spirale; antennes grêles, sétacées, ciliées chez les mâles; palpes retroussés, dépassant le front, velus; corselet et thorax arrondis, garnis de poils fins et couchés; abdomen conique, grêle, pas beaucoup plus épais chez les femelles que chez les mâles; poitrine faiblement voûtée, couverte, ainsi que les pattes, d'une pubescence laineuse; pièces anales grêles, creuses, rétrécies à leur extrémité.

Chenilles courtes, à dos peu voûté, aplaties en dessous; tête petite; 16 pattes.

Esp. : 1. *C. morpheus*, Hnfn.; 2. *quadripunctata*, F.; 3. *respersa*, Sch.; 4. *alsines*, Brm.; 5. *ambigua*, Sch.; 6. *superstes*, Tr.; 7. *taraxaci*, Hb.; 8. *gluteosa*, Tr.; 9. *arcuosa*, Hw.

GENRE 131. — RUSINE. — RUSINA, Boisd.

Agrotis, Tr. — **Bombyx**, Hw.

Car. — Ressemble au précédent pour la taille, mais le thorax présente une gibbosité transversale derrière le corselet : palpes très développés et dépassant fortement le front; yeux nus; antennes pectinées chez les mâles, sétacées chez les femelles, velues et munies d'une soie de chaque côté des articles ; poitrine et pattes fort velues ; abdomen des femelles robuste et cylindrique.

Chenilles épaisses, cylindriques, nues ; 16 pattes.

Esp. : *R. tenebrosa*, Hb.

GENRE 132. — AMPHIPYRE. — AMPHIPYRA, Tr.

Pyrophyla, Steph. — **Scotophila**, Bd.

Car. — Front et palpes courts, finement velus, ces derniers retroussés ; trompe en spirale ; yeux nus ; antennes sétacées, ciliées chez les mâles ; thorax faiblement voûté, avec des poils fins et couchés ; abdomen large, un peu atténué vers l'extrémité ; pièces anales grêles, élargies un peu vers le dehors et arrondies à leur extrémité ; ailes antérieures une fois aussi longues que larges.

Chenilles cylindriques, nues ou garnies de poils fins et isolés ; le onzième segment ordinairement proéminent ; 16 pattes.

Esp. : 1. *A. tragopogonis*, L. ; 2. *pyramidea*, L. ; 3. *perflua*, F.

GENRE 133. — TÉNIOCAMPE. — TÆNIOCAMPA, Gn.

Semiophora, Steph. — **Orthosia**, Tr.

Car. — Tête rentrée ; front laineux avec plus ou moins de tubérosités entre les antennes ; palpes dépassant le front, les deux premiers articles velus, le dernier écailleux ; trompe en spirale ; yeux velus ; antennes pectinées ou dentelées chez les mâles ; thorax épais, voûté, très velu, sans gibbosité ; abdomen relativement court, conique ; pattes courtes, laineuses, inermes ; pièces anales de forme variable.

Chenilles cylindriques, un peu épaissies après le onzième segment, nues ou garnies de quelques poils isolés ; tête arrondie, peu bombée ; 16 pattes.

Esp. : 1. *T. gothica*, L. ; 2. *miniosa*, Sch. ; 3. *cruda*, Sch. ; 4. *populeti*, F. ; 5. *stabilis*, Sch. ; 6. *gracilis*, Sch. ; 7. *incerta*, F. ; 8. *munda*, Sch.

GENRE 134. — PANOLIS. — PANOLIS, Hb.

Trachea, Tr.

Car. — Tête rentrée ; palpes courts, atteignant à peine le front, mais garnis de poils longs ; trompe en spirale ; yeux nus ; antennes faiblement ciliées chez les mâles ; thorax arrondi, velu de même que le front et les pattes.

Chenilles grêles, nues ; tête ronde ; 16 pattes.

Esp. : *P. piniperda*, Panz.

GENRE 135. — PACHNOBIE. — PACHNOBIA, Gn.

Cerastis, Tr. — **Orthosia**, Boisd. — **Glæa**, Steph.

Car. — Lépidoptères robustes et lourds, voisins des Téniocampes dont ils se distinguent par des yeux nus, des pattes épineuses, des ailes antérieures plus courtes et par les pièces anales grêles, légèrement rétrécies à leur extrémité et recourbées en dedans.
Les chenilles ressemblent à celles des Téniocampes.

Esp. : *P. rubricosa*, Sch.

GENRE 136. — DICYCLE. — DICYCLA, Gn.

Engramma, Steph. — **Cymatophora**, Tr. — **Cleoceris**, Boisd. — **Tethea**, Ld.

Car. — Palpes en forme de faucille, à dernier article retroussé, assez long et cylindrique; yeux nus; trompe en spirale; antennes dentelées chez les mâles, sétacées chez les femelles; thorax arrondi, sans gibbosité; abdomen grêle chez les mâles, chez les femelles le dernier segment très long avec une tarière saillante et allongée; pattes robustes, inermes; pièces anales grêles, d'égale largeur, obtuses à leur extrémité.
Chenilles grêles, cylindriques, nues; 16 pattes.

Esp. : *D. oo*, L.

GENRE 137. — CALYMNIE. — CALYMNIA, Hb.

Cosmia, Tr.

Car. — Taille assez petite; palpes, front et pattes écailleux; trompe en spirale; yeux nus; antennes sétacées, faiblement ciliées chez les mâles; thorax arrondi, garni de poils fins et couchés, avec ou sans gibbosité en arrière; abdomen grêle, celui de la femelle acuminé; ailes antérieures étroites à la base, élargies en dehors; les postérieures arrondies.
Chenilles épaisses, atténuées en avant, garnies de petites verrues en forme de points et surmontées de poils isolés; tête petite et arrondie; 16 pattes.

Esp. : 1. *C. pyralina*, Sch.; 2. *diffinis*, L.; 3. *affinis*, L.; 4. *trapezina*, L.

GENRE 138. — COSMIE. — COSMIA, Tr.

Euperia, Steph.

Car. — Assez semblable au genre précédent, mais les ailes antérieures plus longues et moins larges à leur extrémité; dos voûté, quadrangulaire et laineux; palpes, pattes et abdomen également laineux; ce dernier allongé et prolongé, chez les femelles, en une tarière saillante; antennes ciliées chez les mâles.

Les chenilles ressemblent aux précédentes.

Esp. : *C. paleacea*, Esp.

Genre 139. — DYSCHORISTE. — DYSCHORISTA, Led.

Orthosia, Tr. — **Hama**, Steph.

Car. — Mêmes caractères que le genre *Orthosia*, mais les yeux non ciliés ; antennes sétacées, ciliées chez les mâles.

Esp. : *D. ypsilon*, Sch.

Genre 140. — PLASTÈNE. — PLASTENIS, Boisd.

Cymatophora, Tr. — **Tethea, Ipimorpha**, Steph.

Car. — Noctuelles de petite taille ; palpes saillants; trompe en spirale ; yeux nus ; antennes sétacées, finement ciliées chez les mâles ; thorax arrondi, finement poilu.

Chenilles grêles, peu voûtées, comprimées en dessous; tête arrondie; 16 pattes.

Esp. : 1. *P. retusa*, L.; 2. *subtusa*, Sch.

Genre 141. — CIRRHOÉDIE. — CIRRHOEDIA, Gn.

Xanthia, Tr.

Car. — Front, dos et palpes couverts d'un duvet fin et laineux ; palpes très courts, dépassant à peine le front; trompe en spirale ; yeux nus ; antennes sétacées, ciliées chez les mâles ; thorax voûté, quadrangulaire, avec des gibbosités antérieures ; abdomen conique ; ailes antérieures terminées en une pointe aiguë et munies d'une dent angulaire sur la quatrième nervure.

Chenilles courtes et épaisses, à tête petite et arrondie et avec un écusson sur le premier segment; 16 pattes.

Esp. : *C. xerampelina*, Hb.

Genre 142. — CLÉOCÈRE. — CLEOCERIS, Boisd.

Cymatophora, Tr.

Car. — Ce genre diffère peu du suivant dont il se distingue par les antennes pectinées des mâles et par un pinceau horizontal de poils sur le deuxième segment abdominal.

Chenilles grêles, cylindriques, avec des verrues en forme de points; 16 pattes.

Esp. : *C. viminalis*, Fab.

Genre 143. — ORTHOSIE. — ORTHOSIA, Tr.

Car. — Taille moyenne; corps et pattes velus; palpes retroussés; trompe en spirale; yeux nus, ciliés sur les bords; antennes pectinées ou ciliées chez les mâles, sétacées chez les femelles; thorax voûté, à poils lisses et couchés, sans gibbosité; abdomen tronqué en arrière chez les mâles, terminé en pointe obtuse chez les femelles et à peine plus épais que chez ces derniers.

Chenilles épaisses, légèrement atténuées en avant; tête petite et arrondie; 16 pattes.

Esp. : 1. *O. lota*, Cl.; 2. *macilenta*, Hb.; 3. *circellaris*, Hnfn.; 4. *rufina*, L.; 5. *pistacina*, Sch; 6. *humilis*, Sch.

Genre 144. — XANTHIE. — XANTHIA, Tr.

Car. — De forme assez semblable au précédent, mais le thorax quadrangulaire et le corselet relevé en pointe; front et palpes laineux; dernier article des palpes horizontal et de longueur variable; antennes ciliées chez les mâles; le reste comme chez les espèces du genre précédent.

Chenilles grêles, nues, plus épaisses en arrière; tête petite et comprimée; premier segment surmonté d'un écusson; 16 pattes.

Esp. : 1. *X. citrago*, L.; 2. *aurago*, Sch.; 3. *flavago*, F.; 4. *gilvago*, Sch.; 5. *fulvago*, L.; 6. *ocellaris*, Borkh.

Genre 145. — HOPORINE. — HOPORINA, Boisd.

Xanthia, Tr. — **Oporina**, Ld.

Car. — Tête, dos, palpes et pattes velus; front orné d'un pinceau de poils disposé horizontalement; palpes aigus, saillants, comprimés; trompe en spirale; yeux ciliés; antennes sétacées, ciliées chez les mâles et munies d'une soie de chaque côté des articles; corselet tranchant sur les côtés; thorax voûté, quadrangulaire; abdomen court, comprimé, tronqué à son extrémité dans les deux sexes.

Chenilles épaisses, le onzième segment un peu proéminent, premier segment avec un écusson corné; tête grosse et arrondie; 16 pattes.

Esp. : *H. croceago*, Sch.

Genre 146. — ORRHODIE. — ORRHODIA, Hb.

Cerastis, Tr.

Car. — Pubescence laineuse ; front et dos arrondis, ce dernier sans gibbosité ; palpes dépassant peu ou point le front, velus; trompe en spirale ; yeux ciliés ; antennes sétacées, ciliées chez les mâles ; abdomen de même volume dans les deux sexes, tronqué ; poitrine et cuisses un peu laineux ; pattes garnies de poils courts et couchés.

Chenilles cylindriques, peu atténuées en avant ; 16 pattes.

Esp. : 1. *O. erythrocephala*, Sch.; 2. *silene*, Sch.; 3. *rubiginea*, Sch.; 4. *vaccinii*, L.

Genre 147. — SCOPELOSOME. — SCOPELOSOMA, Curt.

Cerastis, Tr. — **Glæa, Eupsilla**, Steph.

Car. — Très voisin du précédent dont il se distingue par la frange des ailes antérieures qui est plus large et crénelée ; corselet muni d'une crête aiguë suivie d'une autre longitudinale et tranchante.

Esp. : *S. satellita*, L.

Genre 148. — SCOLIOPTERYX. — SCOLIOPTERYX, Germ.

Calyptra, Steph.

Car. — De taille moyenne et robuste ; tête rentrée ; front proéminent ; palpes dépassant ce dernier, garnis de poils courts et couchés, le dernier article presque aussi long que les deux autres ; trompe en spirale; yeux nus, cachés, recouverts par des cils piliformes ; antennes pectinées chez les mâles, dentelées chez les femelles ; thorax quadrangulaire, voûté, garni d'une villosité laineuse ; corselet un peu plus élevé que le thorax, découpé, s'avançant en forme de capuchon ; abdomen assez court, comprimé, tronqué à l'extrémité ; pattes laineuses ; bord externe des ailes antérieures découpé.

Chenilles grêles, lisses, transparentes, à tête arrondie et comprimée; 16 pattes.

Esp. : *S. libatrix*, L.

Genre 149. — XYLINE. — XYLINA, Tr.

Car. — Espèces de taille moyenne et à ailes étroites; tête légèrement rentrée ; front garni de poils assez longs formant deux crêtes superposées et horizontales ; palpes velus, atteignant l'extrémité des poils du front ou les dépassant un peu ; trompe en spirale; yeux ciliés ; antennes sétacées, ciliées chez les mâles ; thorax large, comprimé, garni de poils couchés et laineux, orné d'une crête longitudinale et divisée ; abdomen laineux, faiblement conique ; pattes courtes, laineuses ; ailes antérieures longues et étroites, presque partout d'égale largeur.

Chenilles épaisses, avec des verrues en forme de points surmontées de poils isolés ; 16 pattes.

Esp. : 1. *X. semibrunnea*, Hw. ; 2. *zinckenii*, Tr. ; 3. *socia*, Hfn. ; 4. *ornithopus*, Hfn.

Genre 150. — CALOCAMPE.—CALOCAMPA, Steph.
Xylina, Tr.

Car. — Voisin du précédent, mais le front et les palpes plus courts et velus, le dos plus voûté, avec la crête dorsale peu saillante ; pièces anales larges, arrondies à leur extrémité inférieure et aiguës supérieurement ; le reste comme chez le précédent.

Chenilles allongées, cylindriques, nues ; tête petite, arrondie ; 16 pattes.

1. *C. vetusta*, Hb.; 2. *exoleta*, L.

Genre 151. — XYLOMIGE. — XYLOMIGES, Guen.
Xylina, Tr. — **Luperina**, Boisd.

Car. — Les espèces de ce genre ressemblent à celles du précédent dont elles se distinguent par des yeux velus, le front et les palpes garnis de poils grossiers, le premier segment abdominal muni d'une touffe de poils et par les pièces anales angulaires.

Esp. : *X. conspicillaris*, L.

Genre 152. — ASTÉROSCOPE. — ASTEROSCOPUS, Boisd.
Xylina, Tr.

Palpes courts, ne dépassant pas le front ; trompe courte et molle ; yeux nus, ciliés ; antennes relativement longues, avec une touffe de poils à leur base, pectinées chez les mâles, ciliées chez les femelles; thorax large, voûté, garni de longs poils laineux ; abdomen velu ; poitrine et pattes laineuses, ces dernières courtes avec une forte épine à la base du tarse ; pièces anales assez longues et étroites.

Chenilles épaisses, nues, transparentes, le onzième segment proéminent ; tête ronde, comprimée ; 16 pattes.

Esp. : *A. sphinx*, Hfn.

Genre 153. — XYLOCAMPE. — XYLOCAMPA, Guen.

Xylina, Tr.

Car. — Front muni de deux touffes de poils superposées et placées entre les antennes ; palpes dépassant le front, longs faiblement velus ; trompe en spirale ; yeux nus, ciliés sur les bords ; antennes sétacées, robustes chez les mâles, non ciliées dans les deux sexes ; thorax quadrangulaire et voûté ; corselet plus élevé que le thorax et prolongé en un capuchon; abdomen garni de poils grossiers avec des houppes sur la ligne médiane ; poitrine et pattes laineuses, ces dernières courtes et inermes.

Chenilles grêles, atténuées en avant, garnies de petites verrues ; 16 pattes.

Esp. : *X. areola*, Esp.

Genre 154. — CALOPHASIE. — CALOPHASIA, Steph.

Xylina, Tr. — **Cleophana**, Boisd.

Car. — Front et palpes garnis de poils isolés, ces derniers retroussés ; trompe en spirale ; yeux nus, ciliés sur les bords ; antennes sétacées, ciliées chez les mâles ; corselet voûté formant une sorte de capuchon ; thorax large, quadrangulaire, voûté, avec une épaisse fourrure et une gibbosité postérieure ; abdomen assez court, à fourrure fine ; pattes courtes, laineuses ; pièces anales étroites, en forme d'épines ; ailes antérieures courtes, légèrement élargies en dehors.

Chenilles nues, fusiformes, à tête petite et comprimée; 16 pattes.

Esp. : *C. lunula*, Hfn.

Genre 155. — CUCULLIE. — CUCULLIA, Schrk.

Car. — Fourrure du dos et du corselet assez courte et lisse, formant souvent une petite gibbosité sur l'écusson ; front garni de poils courts ; palpes dépassant un peu le front, retroussés, laineux ; yeux nus, à bords ciliés ; trompe en spirale ; antennes sétacées, finement ciliées chez les mâles ; corselet en forme de capuchon ; dos quadrangulaire, voûté; abdomen long et étroit, s'amincissant en arrière, avec une petite touffe de poils sur le premier segment, parfois aussi sur le deuxième et le troisième ; pattes relativement courtes ; ailes antérieures en forme de lancette.

Chenilles nues, luisantes, parcheminées, bariolées ; 16 pattes.

Esp. : 1. *C. verbasci*, L ; 2. *scrophulariæ*, Sch. ; 3. *lychnitis*, Rbr.; 4. *asteris*, Sch.; 5. *umbratica*, L.; 6. *chamomillæ*, Sch.; 7. *gnaphalii*, Hb.; 8. *absinthii*, L.

Genre 156. — ABROSTOLE. — PLUSIA, Tr.

Abrostola, Steph.

Car. — Ce genre comprend des noctuelles de taille moyenne et de forme assez grêle. Yeux nus, ciliés sur les bords ; trompe en spirale ; antennes sétacées, courtes et ciliées chez les mâles ; front et palpes laineux, ces derniers retroussés en faucille, de longueur variable; corselet voûté ; dos court, avec une fourrure fine et lisse, présentant en avant une éminence en forme de selle ; abdomen grêle, avec des touffes de poils sur la ligne médiane ; poitrine et pattes laineuses ; ailes antérieures étroites à leur base mais s'élargissant en dehors.

Chenilles atténuées en avant, garnies de poils fins et isolés ; 16 ou 12 pattes.

Esp. : 1. *P. triplasia*, L.; 2. *urticæ*, Hb.; 3. *asclepiadis*, Sch.; 4. *C aureum*, Kn.; 5. *moneta*, Fab.; 6. *chrysitis*, L.; 7. *festucæ*, L.; 8. *jota*, L.; 9. *pulchrina*, Hw.; 10. *gamma*, L.

Genre 157. — ÉDIE. — AEDIA, Hb.

Catephia, Tr.

Car. — Yeux nus, non ciliés ; trompe en spirale ; palpes dépassant le front, retroussés; antennes des mâles finement ciliées et une soie sur les côtés de chaque article ; abdomen assez court ; pattes courtes finement velues.

Chenilles grêles, garnies de verrues alignées ; 16 pattes.

Esp.: *A. funesta*, Hb.

Genre 158. — ANARTE. — ANARTA, Tr.

Car. — Tête petite, rentrée; yeux petits, velus ; trompe en spirale; antennes sétacées, presque filiformes, finement ciliées chez les mâles ; front et palpes garnis de poils longs et rudes; palpes courts, dépassant à peine le front; thorax large, voûté, légèrement quadrangulaire ; abdomen court relativement au thorax ; poitrine et pattes velues, ces dernières courtes, inermes ; pièces anales assez étroites, à extrémité obtuse et courbée en dedans ; ailes antérieures courtes et larges.

Chenilles épaisses, cylindriques, à tête petite et arrondie ; 16 pattes.

Esp. : *A. myrtilli*, L.

G nre 159. — HÉLIAQUE. — HELIACA, H. S.

Anarta, Tr. — **Panemeria, Gymnopa**, Steph.

Car. — Noctuelles de petite taille, à thorax arrondi et, de même que le front et les palpes, grossièrement velu ; palpes courts, ne dépassant pas le front ; yeux petits et nus ; trompe en spirale ; antennes grêles, sétacées, à peine ciliées chez les mâles ; abdomen court, écailleux, un peu plus gros chez les femelles ; poitrine et pattes garnies de poils rudes mais peu abondants, ces dernières courtes et armées de longues épines ; ailes antérieures courtes et larges.

Chenilles cylindriques, épaisses ; 16 pattes.

Esp. : *H. tenebrata*, Scop.

Genre 160. — HÉLIOTHE. — HELIOTHIS, Tr.

Car. — Front plus ou moins boursouflé, poilu ; trompe en spirale ; yeux nus ; antennes sétacées, ciliées chez les mâles ; palpes retroussés, velus ; thorax voûté; à poils lisses et couchés ; abdomen grêle ; pattes poilues, épineuses, les antérieures terminées par un ou deux crochets.

Chenilles grêles, nues ou parsemées de poils courts et fins ; 16 pattes.

Esp. 1. *H. dipsaceus*, L. ; 2. *peltiger*, Sch. ; 3. *armiger*, Hb.

Genre 161. — CHARICLÉ. — CHARICLEA, Kirby.

Xylina, Tr.

Car. — Ce genre diffère du précédent par l'absence d'épines aux pattes et par la présence d'une gibbosité placée derrière le corselet et se prolongeant jusqu'à l'extrémité du dos.

Esp. : 1. *C. delphinii*, E. ; 2. *umbra*, Hfn.

Genre 162. — ACONTIA. — ACONTIA, Tr.

Car. — Noctuelles de taille moyenne; têtes, palpes, thorax, pattes et abdomen écailleux; palpes retroussés; yeux nus et relativement gros; trompe en spirale; antennes sétacées dans les deux sexes; écusson grand et boursouflé se prolongeant jusqu'à la base du dos; pièces anales courtes, terminées supérieurement en pointe obtuse et arrondies inférieurement.

Chenilles grêles, lisses, avec un écusson corné sur le premier segment; 16 pattes.

Esp. *A. luctuosa*, Sch.

Genre 163. — ERASTRIE. — ERASTRIA, Tr.

Pyralis, Fab. — **Anthophila, Agrophila**, Boisd.

Car. — Lépidoptère de petite taille, ailes presque triangulaires; front, palpes, poitrine, pattes et abdomen écailleux; yeux nus; trompe en spirale; antennes sétacées, faiblement ciliées chez les mâles; palpes retroussés ; thorax arrondi, écailleux, avec une faible gibbosité postérieure; abdomen grêle, légèrement plus gros chez les femelles.

Chenilles grêles, nues, troisième et quatrième paires de pattes abdominales bien conformées, la deuxième est rudimentaire et la première manque complètement.

Esp. : 1.; *E. argentula*, Hb.; 2. *uncana*, L.; 3. *venustula*, Hb.; 4. *deceptoria*. Scop.; 5. *fasciana*, L.

Genre 164. — PROTHYMIE. — PROTHYMIA, Hb.

Anthophila, Tr.

Car. — Taille petite; front, palpes et pattes écailleux; palpes dépassant fortement le front, à dernier article long et grêle; trompe en spirale; yeux gros et nus; antennes sétacées, ciliées chez les mâles; thorax arrondi et, de même que l'abdomen, comprimé, pubescent et écailleux.

Chenilles inconnues.

Esp. : *P. laccata*, Scop.

Genre 165. — AGROPHILE. — AGROPHILA, Boisd.

Erastria, Tr.

Car. — Taille petite; corps finement écailleux; trompe en spirale; yeux nus; antennes sétacées, chez les mâles avec une courte soie de chaque côté des articles; palpes grêles, retroussés, à dernier article assez long; thorax arrondi et écailleux; abdomen grêle, un peu plus gros chez les femelles.

Chenilles grêles, en forme d'arpenteuses; 12 pattes.

Esp. : *A. trabealis*, Scop.

GENRE 166. — EUCLIDIE.— EUCLIDIA, Treit.

Car. — De taille moyenne, les mâles grêles, les femelles plus robustes; trompe en spirale; yeux nus; antennes grêles, assez longues, ciliées ou pectinées chez les mâles ; palpes retroussés ; thorax velu, arrondi; abdomen plus court chez les femelles; poitrine et cuisses peu velues; pattes écailleuses et armées d'épines.

Chenilles grêles, longues, nues, en forme d'arpenteuses; 12 pattes bien développées.

Esp. : 1. *E. mi*, Cl.; 2, *glyphica*, L.

GENRE 167. — PSEUDOPHIE. — PSEUDOPHIA. Guen.

Ophiusa, Tr.

Car. — Genre voisin des deux derniers, mais à formes beaucoup plus robustes : thorax plus large et velu ; pattes robustes, épineuses ; ailes plus étroites, peu élargies en dehors.

Chenilles grêles, nues; 16 pattes, mais les deux premières paires abdominales moins bien développées que les autres.

Esp. : *P. lunaris*, Sch.

GENRE. 168. — ALCHIMISTE. — CATEPHIA, Treit.

Car. — Ce genre tient des *Pseudophia* et des *Catocala* dont il se distingue par des pattes non épineuses.

Taille moyenne, assez robuste; front et palpes courts, finement velus, ces derniers retroussés et dépassant le front; trompe en spirale; yeux nus; antennes sétacées, ciliées chez les mâles; thorax à fourrure épaisse et lisse, quadrangulaire, avec une gibbosité postérieure; abdomen atténué en arrière, velu, avec de fortes touffes de poils sur la ligne médiane; poitrine et pattes laineuses.

Chenilles grêles, garnies de verrues, quatrième et onzième segments surmontés d'excroissances charnues; tête arrondie; 16 pattes.

Esp. : *C. alchymista*, Sch.

GENRE 169. — LIKENÉE. — CATOCALA, Schrk.

Car. — Front et palpes velus, ces derniers très développés; trompe en spirale et longue; yeux nus et gros; antennes grêles, ciliées chez les mâles; thorax faiblement voûté, velu, avec une faible gibbosité en arrière; abdomen dépassant les ailes chez les mâles, grêle, terminé en pointe, garni de poils courts; poitrine et pattes laineuses, ces dernières garnies d'épines; ailes antérieures larges.

Chenilles allongées, comprimées, avec les segments antérieurs plus étroits; huitième et onzième segments surmontés d'une proéminence charnue; flancs ciliés; abdomen comprimé; 16 pattes.

Esp.: 1. *C. fraxini*, L.; 2. *nupta*, L.; 3. *sponsa*, E., 4. *promissa*, Esp., 5. *electa*, Bkh.

Genre 170. — TOXOCAMPE — TOXOCAMPA, Guen.

Ophiusa, Tr. — **Phytometra**, Hw.

Car. — Palpes retroussés, dépassant le front, écailleux; trompe en spirale; yeux gros, nus; antennes de longueur moyenne, sétacées, ciliées chez les mâles et chaque article muni d'une soie sur les côtés; thorax faiblement voûté, à poils lisses; abdomen écailleux, grêle chez les mâles, un peu plus épais chez les femelles; pattes écailleuses ou pubescentes, inermes; pièces anales larges et obtuses; ailes larges.

Chenilles grêles, nues; 16 pattes, la première paire des abdominales plus courte.

Esp.: 1. *T. pastinum*, Tr.; 2. *craccæ*, Sch.

Genre 171. — ENNOMOS. — AVENTIA, Dup.

Ennomos, Tr.

Car. — De taille moyenne. Palpes dépassant le front de la longueur de la tête, velus; trompe en spirale; yeux nus; antennes sétacées, chez les mâles très courtes et faiblement ciliées; front et dos très courts, à poils couchés; abdomen et pattes écailleux; ailes antérieures de forme particulière, aiguës et découpées en faucille depuis la pointe jusqu'à la quatrième nervure.

Chenilles courtes et épaisses; 12 pattes et des poils en franges sur les flancs.

Esp. *A. flexula*, Sch.

Genre 172. — BOLÉTOBIE. — BOLETOBIA, Boisd.

Gnophos, Tr.

Car. — Palpes grêles, très allongés; trompe en spirale; antennes pectinées chez les mâles; corps grêle.

Chenilles cylindriques, molles, garnies de verrues en forme de points et surmontées d'un poil long et recourbé; 12 pattes.

Esp. : *D. fuliginaria*, L.

Genre. 173. — ZANCLOGNATHE. — ZANCLOGNATHA, Led.

Herminia, Treit.

Car. — De formes grêles; front garni de touffes de poils courts; palpes en faucille, dépassant la tête de beaucoup, à dernier article aigu; trompe en spirale; yeux nus; antennes des mâles finement mais longuement frangées, avec une forte soie sur les côtés de chaque article, avec ou sans nœud au milieu, sétacées chez les femelles; pattes grêles, écailleuses; chez les mâles, la paire antérieure est souvent ornée de brosses de poils allongés et disposés comme des plumes ; ailes antérieures un peu plus longues que larges.

Chenilles à 14 ou à 16 pattes.

Esp. : *Z. tarsiplumalis*, Hb.; 2, *grisealis*, Sch.;3. *zelleralis*, Wk.; 4. *tarsicrinalis*, Kn.; 5. *tarsipennalis*, Tr.; 6. *emortualis*, Sch.

Genre 174. — MADOPA. — MADOPA, Steph.

Hypena, Tr.

Car. — Mêmes caractères que le genre précédent, mais les palpes retroussés, beaucoup plus courts et à dernier article court et aigu; antennes sétacées, ciliées chez les mâles et chaque article muni de soies latérales; pattes de forme ordinaire.

Chenilles grêles, molles, à tête arrondie ; 14 pattes.

Esp. *M. salicalis*, Sch.

Genre 175. — HERMINIE. — HERMINIA, Treit.

Car. — Les espèces de ce genre sont très voisines des Zanclognathes dont elles se distinguent par la structure des palpes; ceux-ci sont écailleux et leur deuxième article très long et droit, le dernier retroussé et aigu.

Esp. : *H. crinalis*, Tr.; 2. *derivalis*, Hb.

Genre 176. — PÉCHIPOGON. — PECHIPOGON, Steph.

Herminia, Treit.

Car. — Ce genre ne diffère du précédent que par la forme des ailes antérieures à leur point d'attache ; antennes des mâles avec un nœud au

milieu, légèrement pectinées et chaque dent munie d'un long pinceau de poils; pattes antérieures des mâles avec des pinceaux de poils.
Chenilles à 16 pattes.

Esp. : *P. barbalis*, Cl.

Genre 177. — BOMOLOCHE. — BOMOLOCHA, Hb.

Hypena, Treit.

Car. — De forme plus robuste que les précédents, l'abdomen plus court et les ailes antérieures plus aiguës.

Front garni de poils horizontaux saillants formant entre les antennes une sorte de crête; palpes horizontaux, dépassant le front de la longueur de la tête, écailleux; trompe en spirale; yeux nus, ciliés sur les bords; antennes sétacées, faiblement ciliées chez les mâles; fourrure du thorax épaisse, ce qui le rend plus robuste et plus voûté que chez les genres précédents; abdomen écailleux avec de petites brosses sur la ligne médiane; poitrine et pattes laineuses.

Chenilles grêles, cylindriques, verruqueuses; tête petite ; 14 pattes.

Esp. : *B. fontis*, Thnb.

Genre 178. — HYPÈNE. — HYPENA, Treit.

Car. — Front grossièrement écailleux avec une sorte de crête au milieu; trompe en spirale; yeux nus, non ciliés; palpes horizontaux; antennes sétacées, plus ou moins ciliées; abdomen grêle; pattes écailleuses.

Chenilles grêles, garnies de verrues hérissées de poils; 14 pattes.

Esp. : 1. *H. rostralis*, L.; 2. *proboscidalis*, L.

Genre 179. — HYPENODE. — HYPENODES, Guen.

Car. — Taille très petite, mais ressemblant aux Hypènes pour les antennes, les palpes et les pattes, qui sont cependant beaucoup plus faibles; se caractérisent par l'absence d'ocelles.
Chenilles inconnues.

Esp. : 1. *H. costæstrigalis*, Steph.; 2. *albistrigatus*, Hw.

Genre 180. — RIVULE. — RIVULA, Guen.

Botys, Tr.

Car. — De taille assez petite et grêle; front avec une crête écailleuse horizontale; palpes écailleux, dépassant le front de deux fois la longueur de la tête; trompe en spirale; yeux nus; ocelles visibles; antennes sétacées légèrement ciliées chez les mâles; thorax et pattes écailleux, ces dernières robustes.

Chenilles garnies de verrues poilues; 16 pattes.

Esp. : *R. sericealis*, Scop.

GENRE 181. — BREPHOS. — BREPHOS, Ochs.

Car. — Palpes médiocres, très velus; antennes subpectinées chez les mâles, sétacées chez les femelles; thorax comprimé; abdomen grêle; ailes antérieures étroites, triangulaires.

Chenilles grêles, comprimées en dessous; 16 pattes, mais les deux premières paires des abdominales sont peu développées.

Esp. : 1. *B. parthenias*, L. — 2. *nothum*, Hb.

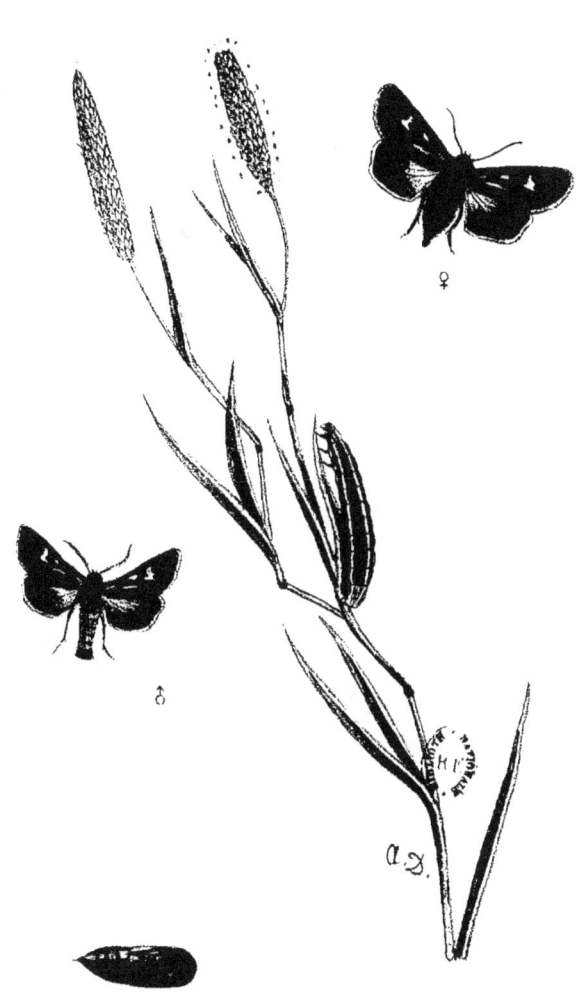

Charéas graminivore.

CHARÉAS GRAMINIVORE

CHARÆAS GRAMINIS, Lin.

THE ANTLER. — FUTTERGRASEULE.

Lin. S. N. x, p. 506; F. S. p. 303. — Esp. III pl. 68, f. 1-3. — Hubn. f. 480-1. — Treits. V, 1, p. 120. — Boisd. Ic. pl. 74, f. 4, 5. — Dup. VI, pl. 85, f. 4. — Gn. I, p. 176. — Ann. Soc. ent. B. I, p. 85. — Spey. Geogr. verb. II, p. 130. — Staud. Cat. p. 89, n° 1249.

Phalæna graminis, L. — Bombyx tricuspis, Esp. — Noctua tricuspis, Hb. — Episema graminis, Treits. — E. albineura et heliophobus graminis, Boisd. — Charæas graminis, Cerapteryx graminis et hibernica, Step.

Cette noctuelle est répandue dans l'Europe centrale et septentrionale depuis l'Irlande jusqu'aux monts Ourals ; on l'observe au nord jusqu'au 70°. Elle est surtout commune dans les contrées arctiques, en Islande et au Groenland, et l'abondance de ses chenilles la rend parfois fort nuisible. Elle est rare en Belgique où on la rencontre parfois dans la province de Liége; il paraît que cette espèce a également été observée dans la Sibérie orientale et au Labrador.

La chenille se montre en automne et elle passe l'hiver près des racines de diverses graminées qui forment les prairies. Les métamorphoses ont lieu dans la terre pendant le mois de juin, et l'insecte parfait vole en juillet et août.

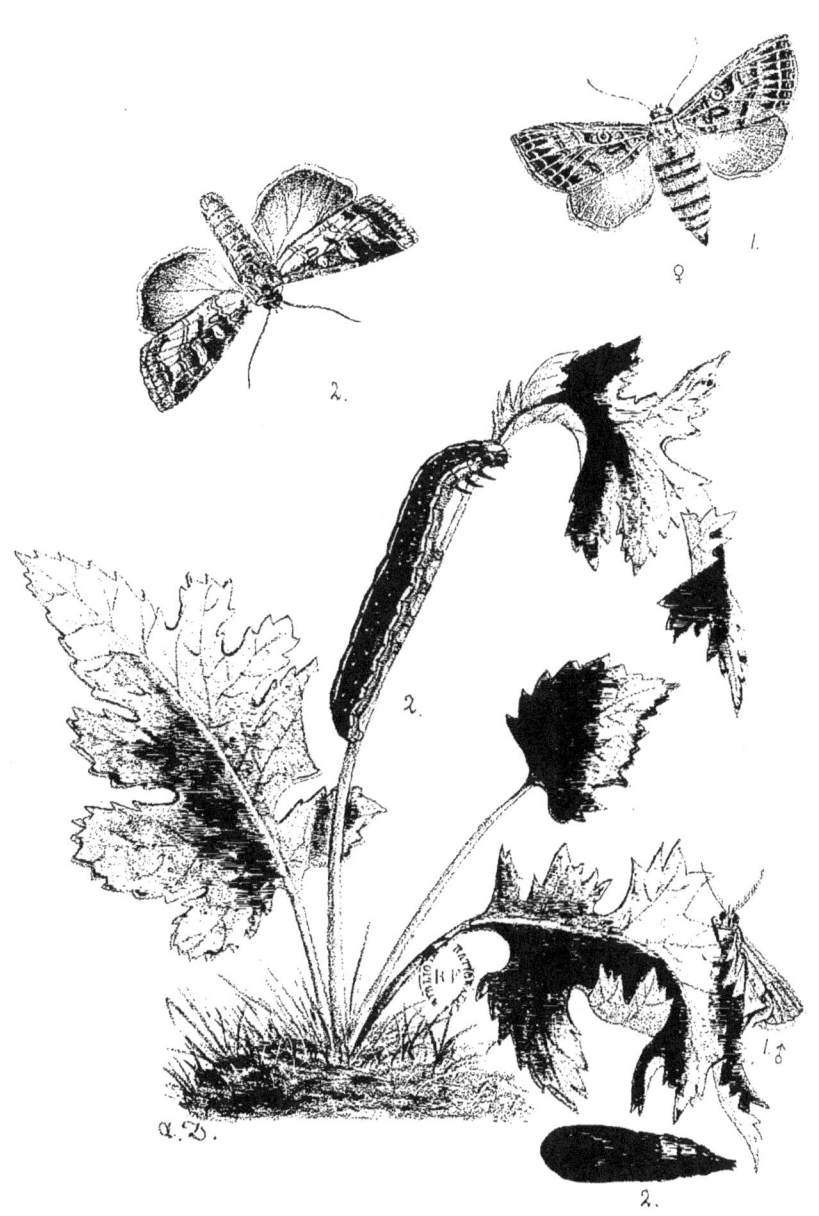

1. Nasse populaire, 2. Mamestre carnée.

NASSE POPULAIRE
NEURONIA POPULARIS, Fab.

Fab. Syst. Ent. p. 577 — Esp. III pl. 48, f. 1-5. — Hubn. f. 59. p. 174. — Bkh. IV, p. 398. — Treits. V, 1, p. 316. — Gn. 1, p. 170. — Dup. VI, pl. 90, f. 5. — Led. Noct. pp. 31,88. — Ann. Soc. ent. B. I, p. 85. — Spey. Geogr. verb. II, p. 131. — Staud. Cat. p. 89, n° 1250
Bombyx popularis, F. — B. lolii, Esp. — Noctua graminis, Hb. — Hadena popularis, Treits. — Heliophobus popularis, Boisd. — Neuronia popularis, Led.

Cette espèce habite l'Europe centrale et la Sibérie entre le 43° et le 60°, depuis l'Angleterre jusqu'aux monts Altaï; elle est rare en Belgique, où elle a été observée dans diverses localités, particulièrement à Laeken, à Liège, à Huy, etc.

On trouve la chenille depuis l'automne jusqu'au printemps, sur l'ivraie *(Lolium perenne)*, le chiendent *(Triticum repens)* et autres graminées. Elle hiverne et a des habitudes nocturnes, car elle se tient cachée dans la terre durant le jour. La chrysalidation a lieu dans le sol et l'insecte parfait vole en août et septembre.

MAMESTRE CARNÉE
MAMESTRA ADVENA, Sch.

Schiff. S. V. p. 77. — Esp. pl. 178, f. 4-5. — Hubn. f. 81. — Treits. V, 2, p. 39. — Frey. N. Beitr. pl. 28. — Gn. II, p. 81. — Ann. Soc. ent. B. I, p. 90. — Spey. Geogr. verb. II, p. 156. — Staud. Cat. p. 90, n° 1255.
Noctua advena, Sch. — Polia advena, Treits. — Aplecta advena, Gn. — Mamestra advena, Led.

On observe cette noctuelle entre le 44° et le 57°, depuis l'Angleterre jusqu'aux monts Altaï. Elle est très rare en Belgique : elle a été capturée près de Bruxelles, de Liège, de Huy et de Dinant.

La chenille vit sur les laiterons *(Sonchus)* et se tient cachée sous les feuilles pendant le jour; elle hiverne dans la mousse ou sous des pierres et se métamorphose en avril dans la terre. L'insecte parfait vole en juin et juillet.

Chenille et chrysalide d'après Freyer.

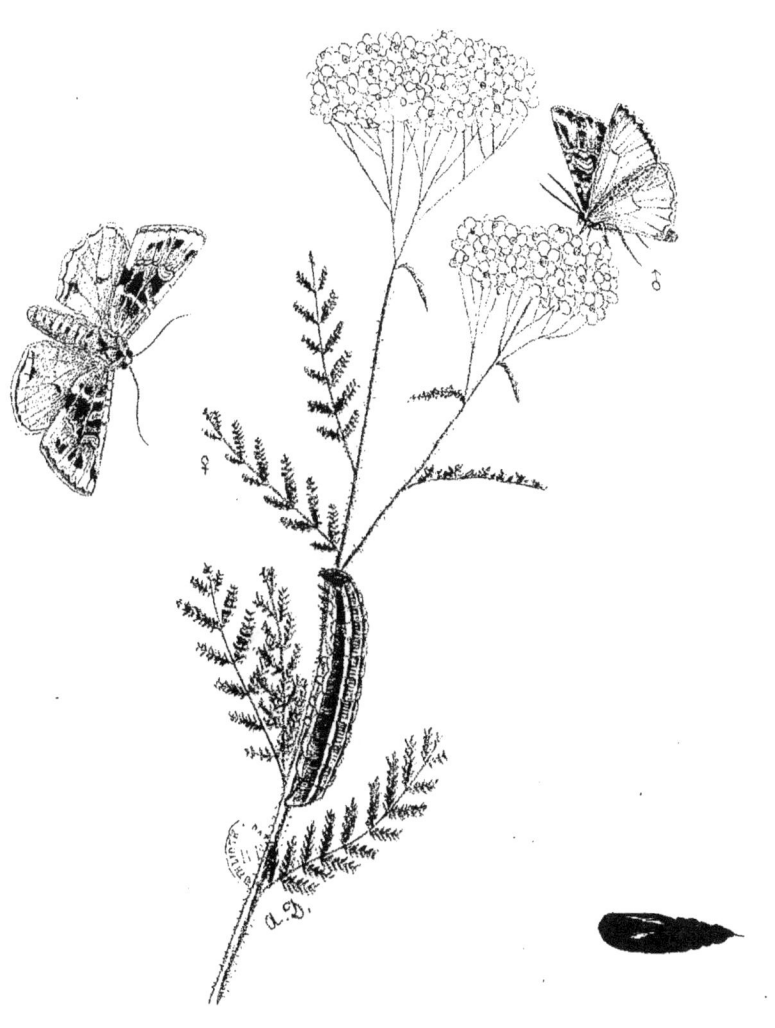

Mamestre coureuse
sur l'Achillée.

MAMESTRE COUREUSE

MAMESTRA LEUCOPHÆA, Schiff.

THE FEATHERED EAR. — TAUSENDBLATTEULE.

Schiff. Syst. verz. p. 82. — Esp. Schm. III. pl. 53, f. 4 5 ; IV, pl. 145. f. 1. — Fab. Ent. syst. p. 484. — Treits. Schm. Eur. V, 1. p. 319. — Dup. Hist. nat. lep VI, pl. 90, f. 6. Frey. N. Beitr. pl. 382 — Led. Noct. p. 31 et 89. — Step. Cat. Br. Lep. p. 97. — Ann. Soc. ent. B. I, p. 85. — Spey. Geogr. verb II, p. 156. — Staud. Cat. p. 90, n° 1252.

Noctua leucophæa, Sch. — N. ravida et Bombyx vestigialis, Esp. — B. fulminea, F.—Heliophobus leucophæus et Pachetra leucophæa, Step.—Hadena leucophæa, Treits. — Luperina leucophæa, Boisd. — Mamestra leucophæa, Led.

Cette noctuelle est généralement répandue depuis l'Angleterre jusqu'à l'Altaï ; en Europe, on la rencontre presque partout entre le 44° et le 56°. Elle est assez commune dans la plupart des bois de la Belgique.

La chenille vit en automne et au printemps sur plusieurs plantes herbacées, telles que l'achillée, le genêt et diverses graminées ; elle hiverne sous de la mousse ou sous des feuilles mortes. Elle a toute sa taille en avril et se chrysalide alors sur la terre à l'intérieur d'un léger tissu.

L'insecte parfait vole en mai et en juin.

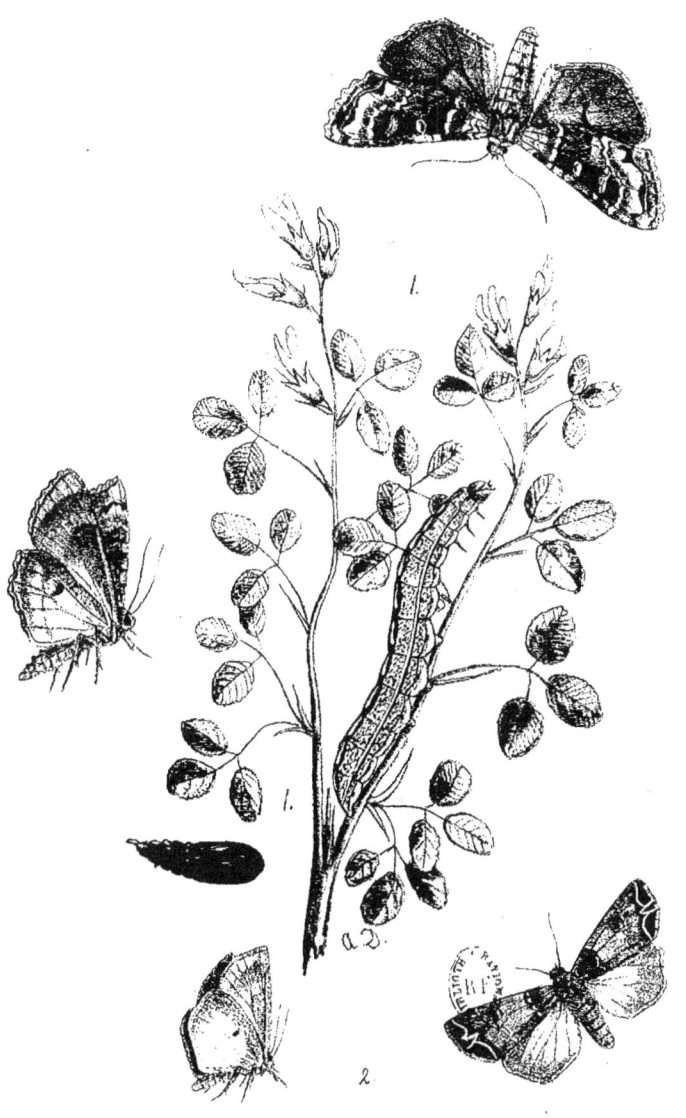

1 Mamestre cachée, 2. M. enfumée.

MAMESTRE CACHÉE
MAMESTRA TINCTA, Brahm.

Brahm. Ins. Kal. II, p. 395. — Esp. pl. 131. f. 5. — Hubn. p. 190; pl. 77. — Treits. Schm. Eur. V, 2, p. 43. — Dup. VI, pl. 96, f. 3 — Frey. N. Beitr. pl. 293. — Ann. Soc. ent. B. I, p. 90. — Led. Noct p. 31 et 89. — Spey. Geogr. Verb. II, p. 155. — Stgr. Cat. p. 90, n° 1256.
Noctua tincta, Brah. — N. trimaculosa, Esp. — N. hepatica, Hb. — Polia tincta, Treits. — Eurois tincta. Step. — Aplecta tincta, Gn. — Mamestra tincta, Led.

Cette noctuelle est répandue en Europe et en Sibérie entre le 60° et le 44° depuis l'Angleterre jusqu'à l'Altaï. Elle est rare en Belgique.

La chenille apparaît en automne et hiverne; on la retrouve en mai, dans son entier développement, sur diverses plantes herbacées et principalement sur celles des genres bugrane *(Ononis)* et airelle *(Vaccinium)*. Elle se tient cachée pendant le jour et se métamorphose à l'intérieur d'un léger cocon. L'insecte parfait vole en juin et en juillet.

MAMESTRE ENFUMÉE
MAMESTRA SUASA, Schiff.

Schiff. W. V. p. 83. — Knoch, Beitr. I, p. 57. — Treits. Schm. Eur. V, 2, p. 136. — Dup. III, pl. 1, f. 7; pl. 30, f. 1 (Ab.). — Ann. Soc. ent. B. I, p. 88. — Spey. Geogr. verb. II, p. 151. — Staud. Cat. p. 90, n° 1261.
Noctua suasa, Sch. — N. dissimilis, Kn. — N. aliena, Dup. (Ab.). — Hadena suasa, Boisd. — Mamestra suasa, Treits. — M. dissimilis, Stgr.

La mamestre enfumée habite presque toute l'Europe et la Sibérie jusqu'au Japon; elle est plus ou moins répandue entre le 62° et le 44°. Elle est assez rare en Belgique.

La chenille vit en août et en septembre sur les choux, l'arroche, la bette, la laitue, etc. et se tient toujours à la partie inférieure des feuilles ou sur le sol. Elle se métamorphose à l'intérieur d'un léger cocon formé en partie de terre. La noctuelle vole en mai et en juin de l'année suivante.

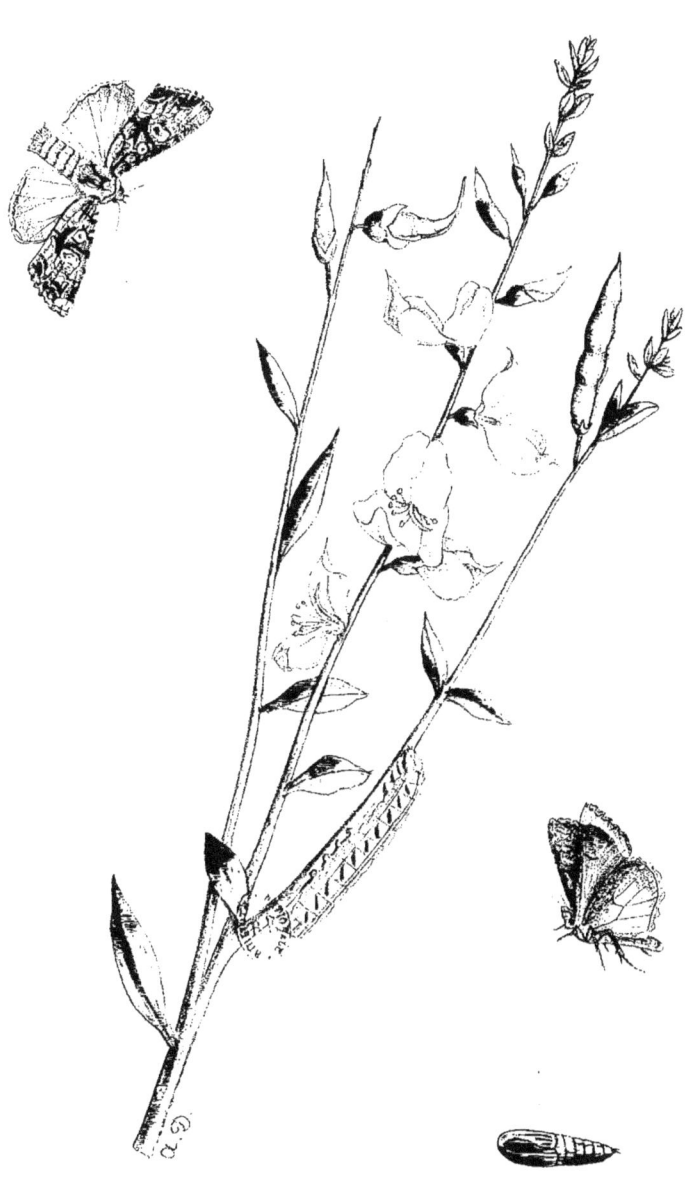

Mamestre teinte,
sur le Genet d'Espagne

MAMESTRE TEINTE.

MAMESTRA CONTIGUA, Schiff.

THE BEAUTIFUL BROCADE. — GUTHEINRICHEULE

Schiff. W. V. p. 82. — Esp. Schm. pl. 160, f. 8. — Hubn. Noct f. 85 et 609. — Brah. Ins. Kal. II, p. 323. — Treits. Schm. Eur. V. 1, p. 352. — Dup. Lep. de Fr. VI, pl. 91, f. 2. — Frey. N. Beitr. pl. 16. — Ann. Soc. ent. B. I, p. 89. — Led. Noct. p. 31. — Spey. Geogr. verb. II, p. 150. — Staud. Cat. p. 90, n° 1258

Noctua contigua, Sch. — N. ariæ, Esp. — N. dives et pulchellina, Haw. — Hadena contigua, Treits. — H. spartii, Borkh. — Mamestra contigua, Led.

Cette noctuelle est répandue dans toute l'Europe centrale, entre le 60° et le 45° degré, depuis l'Angleterre jusqu'aux monts Altaï. Elle est assez rare en Belgique.

On trouve la chenille depuis le mois de juillet jusqu'en septembre, sur les genêts, les vacciniées, le sarothamne, l'achillée et autres plantes herbacées. Elle se métamorphose, dans la terre, en automne et vole en mai et en juin dans les bois.

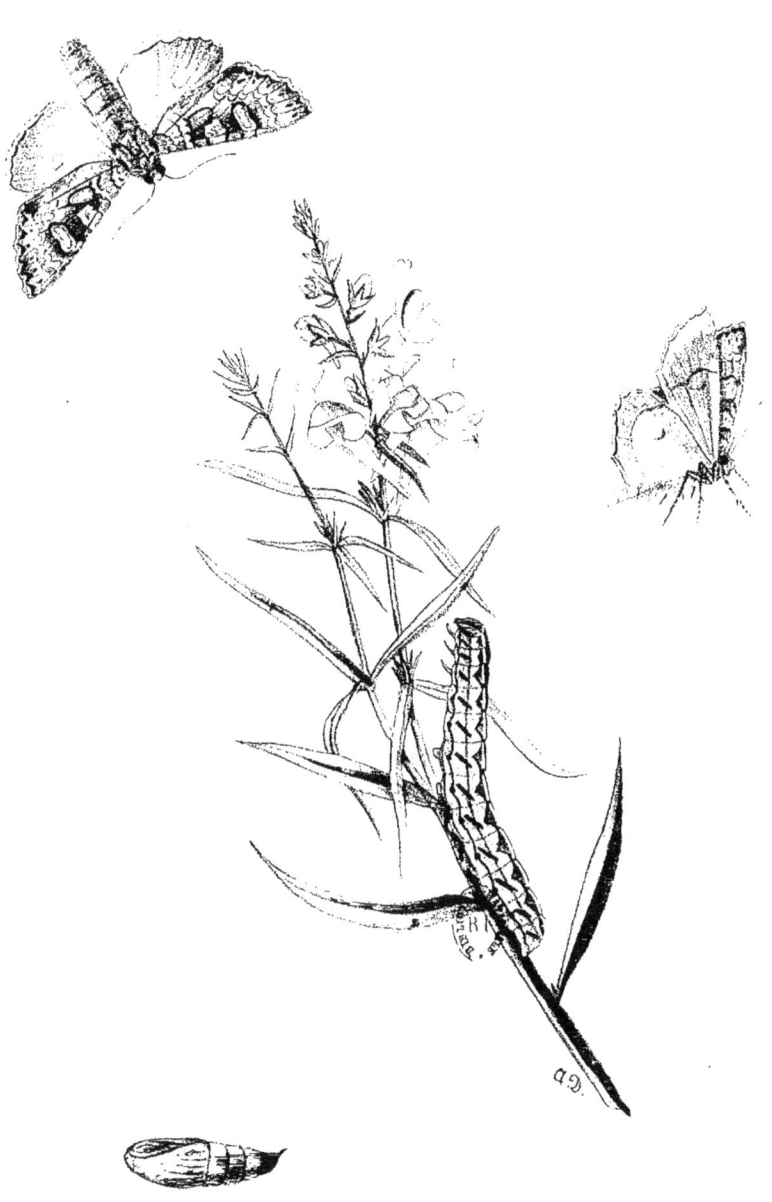

Mamestre brodée
sur la Linaire commune

MAMESTRE BRODÉE

MAMESTRA NEBULOSA, Hufn.

THE GRAY ARCHES. — NEBELEULE.

Hufn. BERL. MAG. III, 418. — Hubn. NOCT. pl. 16, f. 78. — Esp. SCHM. pl. 132, f. 1, 2. — Treits. SCHM. EUR. V, 2, p. 48. — Step. H. III, 28; CAT. 101. — Dup. PAP. DE FR. VI. pl. 97, f. 1. — Frey. BEITR. pl. 52. — ANN. SOC. ENT. B. I, 90. — Led. NOCT. 31 et 189. — Spey. GEOGR. VERB. II, 155. — Staud. CAT., 90, n° 1257.

PHALÆNA NEBULOSA, Hufn. — PH. THAPSI, Brab. — NOCTUA PLEBEJA, Hb. — N. POLYODON, Sch. — N. BIMACULOSA, Esp. — POLIA NEBULOSA, Treits. — P. BIMACULOSA et EUROIS NEBULOSA, Step. — MAMESTRA NEBULOSA, Led.

Cette noctuelle est plus ou moins commune dans toute l'Europe située entre le 60° et le 38° degré, depuis les îles Britanniques jusqu'aux monts Altaï. Elle est très-commune dans beaucoup de localités de la Belgique.

On trouve la chenille, en septembre et en octobre, dans les clairières des bois. Elle se nourrit de ronces, de graminées, de patiences *(Rumex)* de primevères *(Primula)*, de linaires *(Linaria)*, de molènes *(Verbascum)* de laitues, etc. Après avoir hiverné, cette chenille opère sa métamorphose en avril; celle-ci a lieu à l'intérieur d'un léger cocon, formé en grande partie de terre et caché à la surface du sol.

L'insecte parfait prend son essor au bout de six semaines ; on le rencontre pendant les mois de mai et de juin, aussi bien dans les montagnes que dans les plaines.

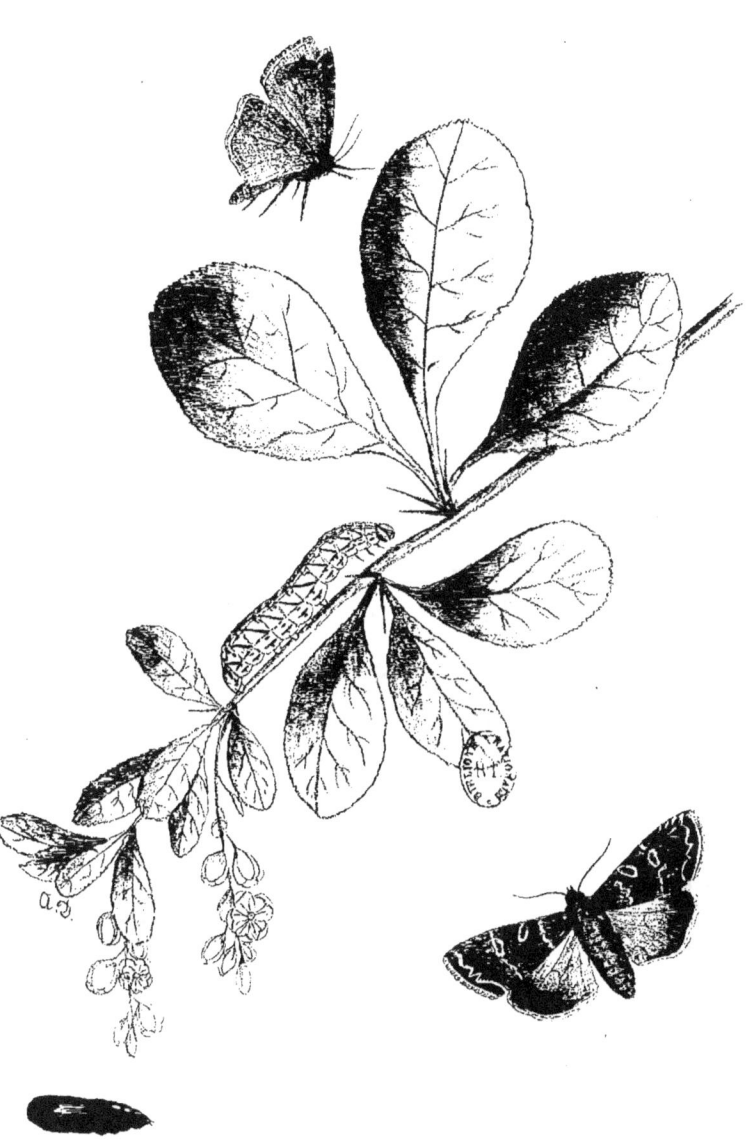

Mamestre Thalassine
sur l'Epine Vinette.

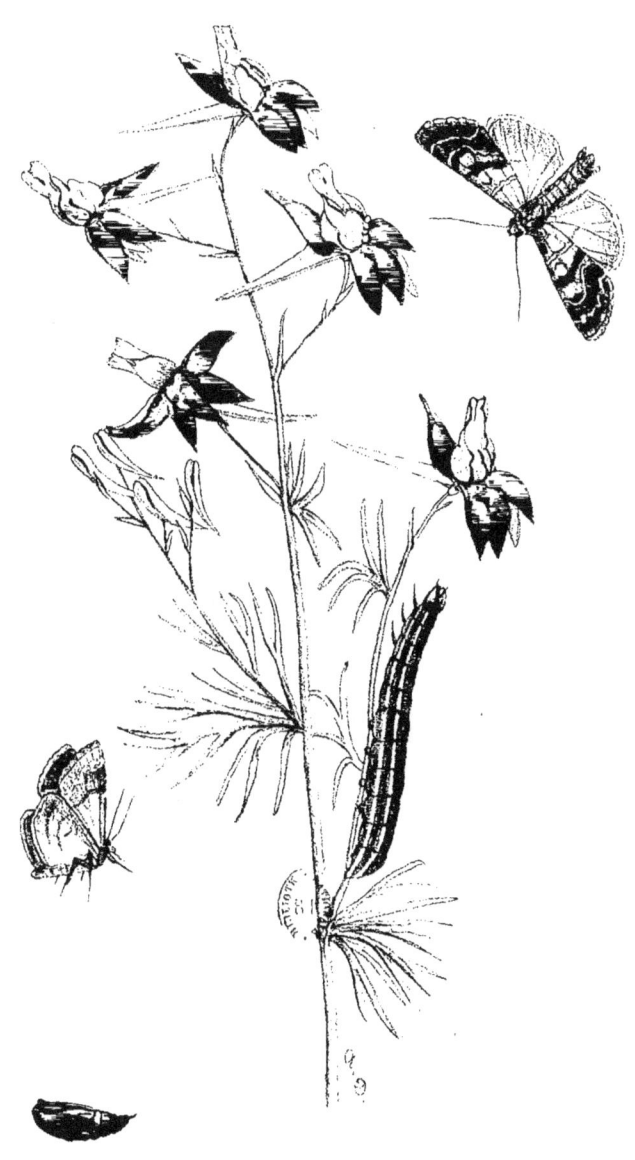

Mamestre pisivore.

MAMESTRE PISIVORE

MAMESTRA PISI, Lin.

BROOM MOTH. — ERBSENEULE

Lin. Syst. Nat. X, p. 517; F. S. p. 319. — Esp. Schm. pl. 167, f. 1-5. — Hubn. Noct pl. 91, f. 429. — Treits. Schm. Eur. V, 2, p. 128. — Dup. Lep. de Fr. VII, pl. 101, f. 5. — Sepp, Nederl. ins. IV, pl. 46. — Ann. Soc. ent. B. I, p. 88. — Spey. Geogr. verb II, p. 153. — Staud. Cat. p. 90, n° 1269.

Phalæna pisi, L. — Noctua pisi, Esp. — Mamestra pisi, Treits. — M. splendens, Step. Hadena pisi, Boisd.

Cette noctuelle est généralement commune dans toute l'Europe depuis la Laponie et l'Islande jusqu'en Toscane, et depuis l'Angleterre jusqu'à l'Oural; on la rencontre également dans l'Amérique du nord. Elle est très-commune en Belgique.

La chenille vit de juillet en septembre sur diverses papilionacées, telles que: pois *(Pisum)*, haricot *(Phaseolus vulgaris)*, vesces *(Vicia)*, genêt *(Sarothamnus scoparius)* et trèfles *(Trifolium)*; on l'a également trouvée sur les dauphinelles *(Delphinium)*, les patiences *(Rumex)*, l'asperge *(Asparagus)*, les saules *(Salix)* et même sur la bruyère.

La chrysalide hiverne dans la terre et la noctuelle vole en mai et en juin.

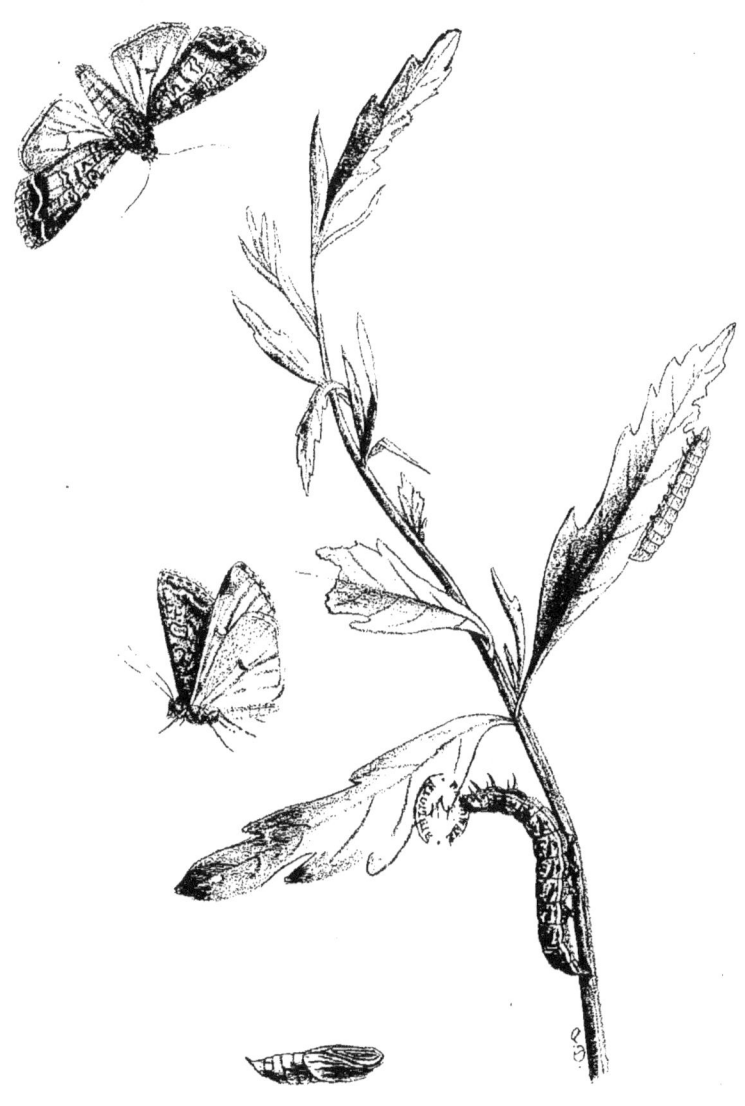

Mamestre brassicaire.

MAMESTRE BRASSICAIRE

MAMESTRA BRASSICÆ, Lin.

THE CABBAGE MOTH. — KOHL-EULE.

Lin. S. N. X, 516; F. S , p. 319. — Esp. Schm. IV, pl. 159, f. 1-6. — Hubn. Noct , pl. 18, f. 88. — Treits. Schm. Eur. V, 2, p. 150. — Dup. Lép. de Fr. VII, pl. 102, f. 5 — Boisd. Ind. p. 118, n° 915. — Ann. Soc. ent. B. I, p. 88. — Spey. Geogr. verb. II, p. 154. — A. Dub. Traité d'ent. hort. p. 132. — Staud. Cat. p. 90, n° 1263.

Noctua brassicæ, L. — Mamestra brassicæ, Treits. — Hadena brassicæ, Bd. — *Var.* : Andalusica, Staud. — *Ab.:* Noctua albidilinea, Haw.

Cette espèce est très-commune dans toute l'Europe, depuis la Laponie jusqu'à la Méditerranée, et depuis les îles Britanniques jusqu'à l'Oural. On la trouve également au Groenland et dans le sud de l'Asie. La var. *Andalusica* est propre à l'Andalousie.

La mamestre du chou ou brassicaire cause, pendant son premier état, de grands dommages aux végétaux dont elle porte le nom. On trouve la chenille, depuis le mois de juin jusqu'au commencement d'août, sur les laitues et les choux et particulièrement sur la variété dite cabus ou pommé blanc, dont elle ronge les feuilles en pénétrant jusqu'au cœur de la plante ; elle est excessivement abondante pendant certaines années. La chrysalidation a lieu dans la terre pendant les mois d'août et de septembre.

L'insecte parfait vole en mai et en juin de l'année suivante.

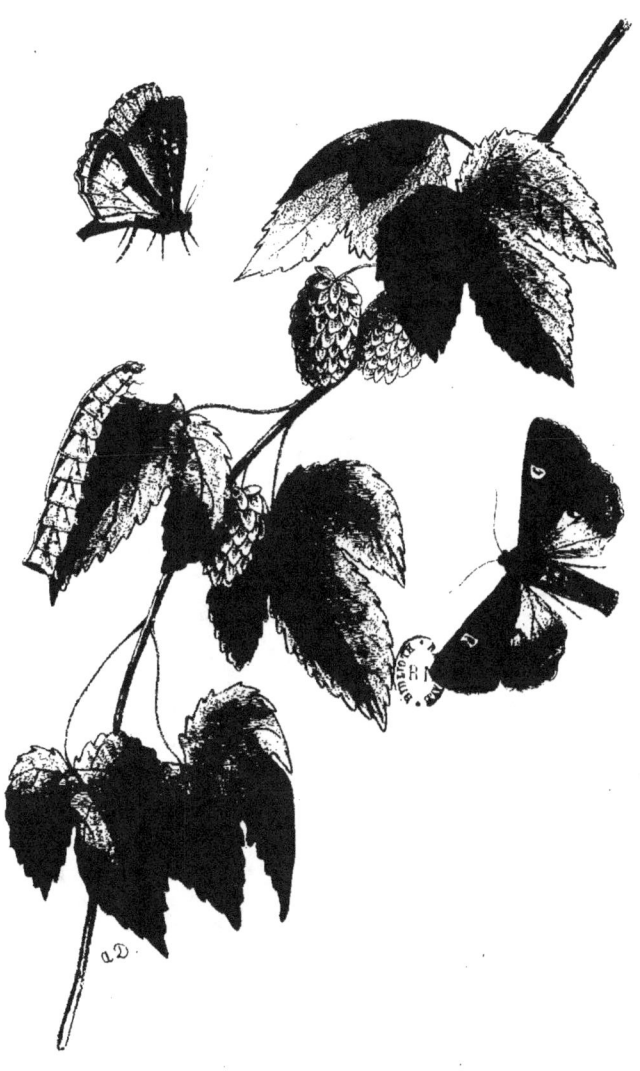

Mamestre de la persicaire
sur le Houblon.

MAMESTRE DE LA PERSICAIRE

MAMESTRA PERSICARIÆ, Lin

THE DOT. — FLOHKRAUT-EULE.

Lin. F. S., 319.—Esp. Schm., pl. 129, f. 1-4. — Hubn. Noct. pl. 13. f. 64. — Treits., Schm. Eur., V, 2, p. 156. — Dup. Pap. de Fr. VII, pl. 107, f. 4. — Boisd. Ind. 118, n° 913. — Step., Cat. 91. — Ann. soc. ent. B. I, 88. — Spey. Geogr. Verb. II, 153. —Staud. Cat. 91, n° 1265.

Phalæna n. persicariæ, Lin. — Ph. sambuci, Hufn. — Noctua persicariæ, Hb. — Mamestra persicariæ, Treits. — Hadena persicariæ, Boisd. — *Ab.* : Accipitrina, Esp. =Unicolor, Stgr.

Cette espèce est plus ou moins répandue, dans l'Europe centrale, depuis la Livonie jusqu'au Piémont et le nord de la Turquie, c'est-à-dire du 67e au 45e degré, et depuis les îles Britanniques jusqu'au Volga. En Belgique elle est assez commune dans un grand nombre de localités ; son aber. *Accipitrina* a été observée dans les environs de Bruxelles.

La chenille est polyphage ; elle vit en septembre et en octobre sur une infinité de plantes basses, particulièrement sur celles des genres *Humulus, Polygonum, Sambucus, Rumex, Beta, Artemisia, Urtica, Linaria, Heracleum, Spartium,* etc.

La chrysalidation se fait dans la terre, et l'insecte parfait éclôt en juin ou en juillet de l'année suivante.

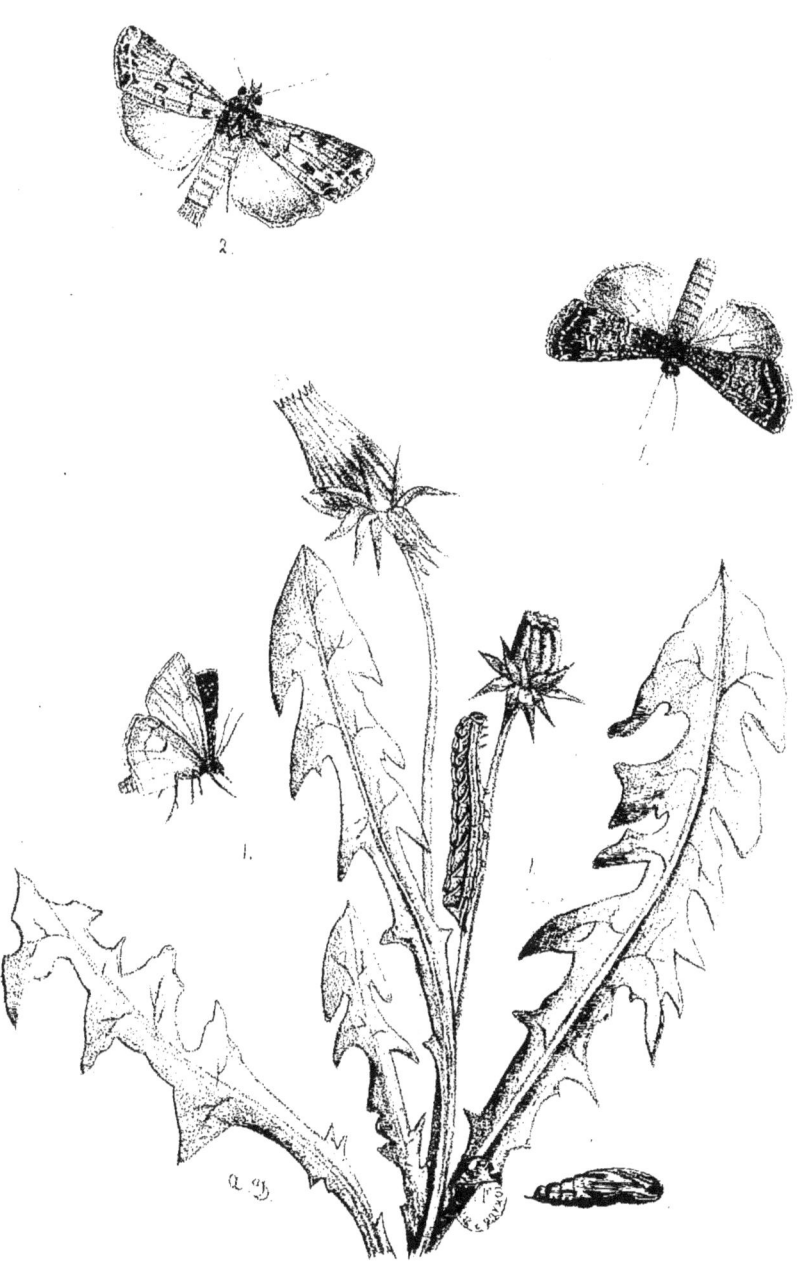

1. Mamestre pointillée, 2. M. étrangère.

MAMESTRE POINTILLÉE

MAMESTRA ALBICOLON, Hb.

Hb. f. 542-43. — Treits. V, 2, p. 147. — Dup. VII, pl. 117. f. 3. — Frey. N. Beitr., pl. 501, f. 4; pl. 592. — Boisd. Ind. p. 114. — Ann. Soc. ent. B. I, p. 175. — Spey. Geogr. Verb. II, p. 154. — Staud. Cat. p. 91, n° 1266.

Noctua albicolon, Hb.—Mamestra albicolon, Treits.—Luperina albicolon, Boisd.

Cette noctuelle habite l'Europe centrale et la Sibérie, entre le 60° et le 45°, depuis l'Angleterre jusqu'à l'Altaï ; elle est très-rare en Belgique où on l'observe quelquefois dans la Campine.

La chenille vit en juillet et en août sur le plantain, le pissenlit et autres plantes herbacées. La chrysalide hiverne dans une enveloppe formée de grains de sable agglutinés. L'insecte parfait vole en juin.

MAMESTRE ÉTRANGÈRE

MAMESTRA ALIENA, Hb.

Hb. f. 441. — Treits. V, 2, p. 139. — Gn. II, 100. — Boisd. Ind. p. 114. — Spey. Geogr. Verb. II, p. 152. — Ann. Soc. ent. B. III, p. 133. — Staud. Cat. p. 19, n° 1271.

Noctua aliena, Hb. — Mamestra aliena, Treits. — Luperina aliena, Boisd.

Cette espèce habite, entre le 60° et le 45°, l'Europe centrale et orientale ainsi que la Sibérie occidentale, depuis la Suisse et la Savoie jusqu'à l'Altaï. En Belgique elle est fort rare : elle a été observée pour la première fois par M. Ch. De Fré à Ostende.

On trouve la chenille en août et en septembre dans les endroits pierreux sur le pied-d'oiseau *(Ornithopus perpusillus)* et sur l'hippocrépide *(Hippocrepis comosa)*, mais elle se tient cachée dans le sol pendant le jour.

Les métamorphoses ont lieu dans la terre et la chrysalide hiverne. La noctuelle vole en juin.

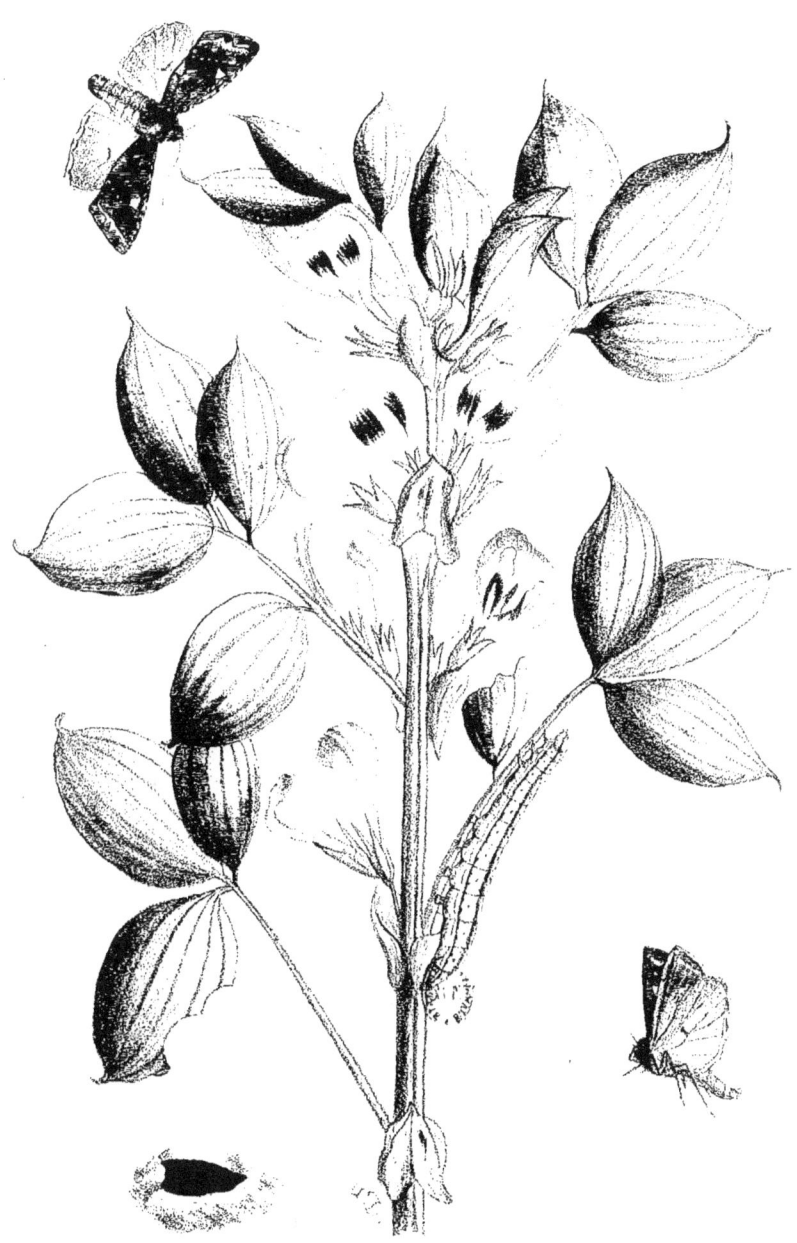

Mamestre des Potagers
sur la Fève des Marais.

MAMESTRE DES POTAGERS

MAMESTRA OLERACEA, Lin.

THE BRIGHT-LINE BROWN-EYE. — KOPFLATTICHEULE.

Lin. S. N. X, 517 ; F. S. 317. — Esp. Schm. pl. 165, f. 4-8. — Hubn. Noct., pl. 18, f. 87. — De Vill. Ent. Lin. II, p. 248. — Borkh. Eur. Schm. IV, p 451. — Treits. Schm. Eur. V. 2, p. 132. — Dup. Lep. de Fr. VII. pl. 101, f. 6. — Boisd. Ind. p. 118. n° 917. — Ann. soc. ent. B. I, p. 88. — Spey. Geogr verb. II, 152. — A. Duh. Traité d'ent. hort. p. 132 — Staud. Cat. p. 91, n° 1273.

Noctua oleracea, L. — N. spinaciæ, Bkh. — N. monstrosa, Vill. — Mamestra oleracea, Treits. — Hadena oleracea, Boisd.

Cette noctuelle est plus ou moins commune dans toute l'Europe et se montre même dans les montagnes. On la rencontre depuis les îles Britanniques et l'Espagne jusqu'à l'Oural, et depuis le 66° degré jusqu'à la Méditerranée. On l'observe également dans la partie Nord-ouest de l'Asie mineure.

La chenille est très-commune en Belgique et on la trouve partout en abondance à partir du mois de juin jusqu'en septembre. Elle occasionne parfois de grands dommages dans les jardins potagers, où elle vit aux dépens des feuilles de choux, d'épinards, de laitues, d'oseille, de pois, de fèves, etc. Elle est généralement verte, mais elle varie de couleur suivant les aliments qu'elle prend.

En automne, cette chenille se métamorphose dans la terre à l'intérieur d'un cocon formé en grande partie de grains de sable ; la chrysalide hiverne et l'insecte parfait prend son essor en mai ou en juin.

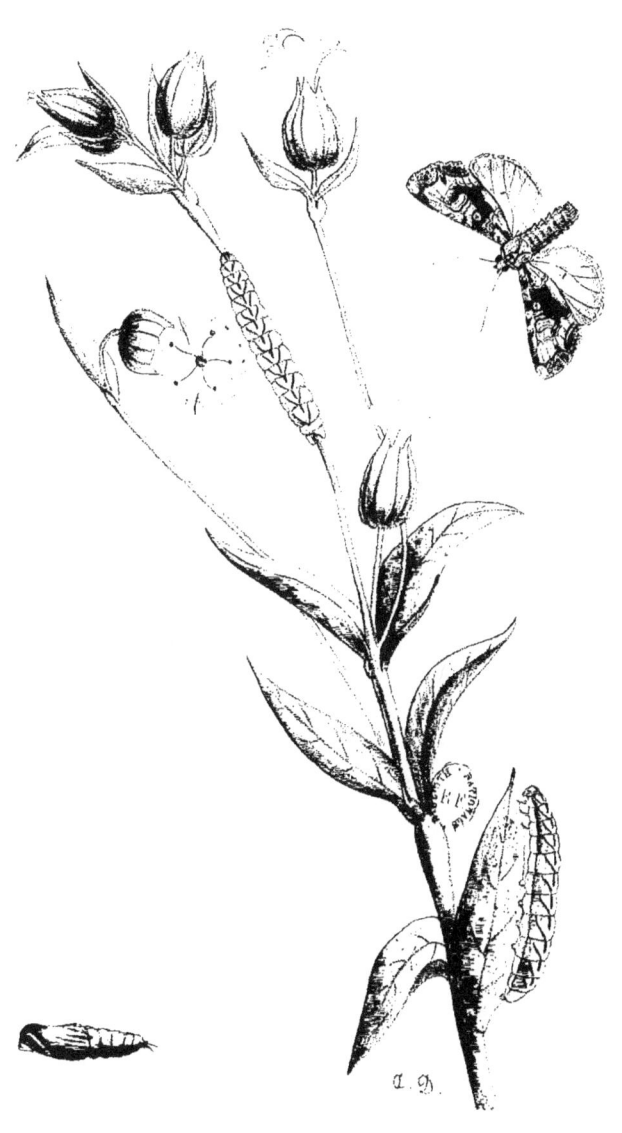

Mamestre du genêt
sur le Silène enflé.